Durch Luhmanns Brille

Peter Birle · Matias Dewey
Aldo Mascareño (Hrsg.)

Durch Luhmanns Brille

Herausforderungen an Politik
und Recht in Lateinamerika
und in der Weltgesellschaft

 Springer VS

Herausgeber
Peter Birle
Matias Dewey

Aldo Mascareño

Springer VS
ISBN 978-3-531-17982-7
DOI 10.1007/978-3-531-94084-7

ISBN 978-3-531-94084-7 (eBook)

Die Deutsche Nationalbibliothek verzeichnet diese Publikation in der Deutschen National-
bibliografie; detaillierte bibliografische Daten sind im Internet über http://dnb.d-nb.de
abrufbar.

Einbandentwurf: KünkelLopka Medienentwicklung, Heidelberg

Gedruckt auf säurefreiem und chlorfrei gebleichtem Papier

Springer VS ist eine Marke von Springer DE.
Springer DE ist Teil der Fachverlagsgruppe Springer Science+Business Media
www.springer-vs.de

Inhaltsverzeichnis

Zur Einführung – Luhmann und Lateinamerika[1]

Peter Birle, Matias Dewey, Aldo Mascareño

Das vorliegende Buch geht ursprünglich auf ein Symposium zurück, das im Dezember 2007 im Ibero-Amerikanischen Institut (IAI) in Berlin stattfand. Warum eine Veranstaltung zu Niklas Luhmann in einer Einrichtung, deren Forschung sich insbesondere mit Lateinamerika beschäftigt? Dafür gibt es eine Reihe von Gründen. Bereits bevor das IAI sich für die Jahre 2010-2014 für den Forschungsschwerpunkt „Kulturtransfer und wissenschaftlicher Austausch zwischen Europa und Lateinamerika" entschied, spielte dieser Themenbereich im Rahmen der instituteigenen Forschung eine wichtige Rolle. Zentrale Fragen in diesem Zusammenhang lauten: Welche aus Europa stammenden wissenschaftlichen Diskurse, Theorien, Methoden und Techniken wurden und werden in Lateinamerika rezipiert und auf welchen Wegen? Welche Veränderungen durchlaufen sie durch Prozesse des wissenschaftlichen Austauschs? Welche wechselseitigen epistemologischen Einflüsse zwischen den beiden Regionen sind zu beobachten? Welche Rolle spielen in diesem Zusammenhang Einzelpersonen wie Akademiker und wissenschaftliche *broker* sowie wissenschaftliche, politische und kulturelle Institutionen?[2]

Solche Fragen stellen sich auch mit Blick auf die soziologische Theorie Niklas Luhmanns. Dessen systemtheoretischer Ansatz wurde und wird nicht nur in verschiedenen lateinamerikanischen Ländern stark rezipiert, sondern lateinamerikanische Wissenschaftler wie Marcelo Neves (Brasilien), Darío Rodríguez (Chile) und Javier Torres Nafarrate (Mexiko) haben ihrerseits wichtige Beiträge zur Weiterentwicklung des systemtheoretischen Denken geliefert. Chile, Mexiko und Brasilien sind sicherlich diejenigen lateinamerikanischen Länder, in denen das Luhmannsche Denken am umfassendsten rezipiert wurde. Das mag damit zusammenhängen, dass aus diesen Ländern mehrere Wissenschaftler zu Gast in Luhmanns Universität Bielefeld waren. Marcelo Arnold, Darío Rodríguez und Claudio Souto haben bei Luhmann promoviert, bei den beiden letztgenannten schrieb er ein Vorwort zur publizierten Dissertation, zur Bremer Dissertation von

1 Die Herausgeber danken Klaus Dammann, Ignacio Farías und Darío Rodríguez für wertvolle Hinweise zum ursprünglichen Manuskript.
2 Eine ausführlichere Darstellung des Forschungsschwerpunktes findet sich auf der Website des IAI: http://www.iai.spk-berlin.de/forschung.html>.

Marcelo Neves das zweite Gutachten. Javier Torres hielt sich als Stipendiat für Übersetzungszwecke in Bielefeld auf.[3] Aber auch in anderen lateinamerikanischen Ländern existiert ein spürbares Interesse an den Ideen Luhmanns. Aus einer weltgesellschaftlichen Perspektive, die auch Wissenschaft als ein globales Kommunikationssystem versteht, in dem Theorien, Hypothesen und Forschungsergebnisse über nationalstaatliche Grenzen hinweg in einem intensiven Austausch stehen, ist dies nicht überraschend (Stichweh 1996).

Dieser Austausch war allerdings für die lateinamerikanische Soziologie in den 1970er und 1980er Jahren, als die dortige Luhmann-Rezeption begann, mit diversen Schwierigkeiten verbunden (zum Folgenden Torres/Rodríguez 2006). Dazu gehörten nicht nur die damals weitaus höheren Kosten für die Kommunikation mit deutschen und europäischen Kollegen, die sprachlichen Barrieren sowie die knappe Versorgung mit internationalen Fachzeitschriften. Hinzu kam, dass die Soziologie selbst in vielen Ländern, zumal zu Zeiten von Militärdiktaturen wie in Argentinien (1976-1983), Brasilien (1964-1985) oder Chile (1973-1990), einen sehr schweren Stand hatte. Viele Soziologen mussten ihre Heimatländer verlassen, universitäre Arbeitsmöglichkeiten für Soziologen, insofern es sie überhaupt zuvor bereits gegeben hatte, wurden weiter eingeschränkt.[4] Auch die traditionell eher normativ ausgerichtete, in Teilen stark vom akademischen Marxismus beeinflusste lateinamerikanische Soziologie war nicht unbedingt ein fruchtbarer Nährboden für eine Rezeption der theoretischen Überlegungen Luhmanns.[5]

Die Möglichkeiten der Rezeption sind immer auch verbunden mit der Verfügbarkeit von Übersetzungen. Insofern war es ein Glücksfall, dass bereits 1973 eine erste Sammlung mit Aufsätzen Luhmanns in spanischer Sprache in der mit Mitteln der auswärtigen Kulturpolitik geförderten Reihe *Estudios Alemanes* in Buenos Aires veröffentlicht wurde (Luhmann 1973). Mehr Bücher von ihm übersetzt als in das Spanische waren zu Luhmanns Lebzeiten, bis 1998, nur in die japanische, italienische und englische Sprache (in dieser Reihenfolge, bei Übersetzungen in insgesamt neunzehn Fremdsprachen) (Dammann 2012). Der kleinere Teil dieser Werke ist bei spanischen Verlagen erschienen, viele Übersetzungen sind einem von der mexikanischen Universidad Iberoamericana initi-

---

3   Im Luhmann-Gedächtnisband von Kollegen und Schülern haben Rodríguez und Souto über Luhmanns Gastfreundschaft und sein Interesse an Lateinamerika berichtet (Bardmann/Baecker 1999: 130ff. u. 154ff.). Luhmann hat drei seiner neun Ehrendoktorate in Lateinamerika erhalten: zwei in Brasilien, eines in Mexiko (Dammann 2012). In diesen beiden Ländern sind auch Interviews mit Luhmann erschienen.

4   Zur Entwicklung und Institutionalisierung der Soziologie sowie der Sozialwissenschaften insgesamt in Lateinamerika siehe Garretón (2005), Garretón et al. (2005), Murmis (2005), Reyna (2005) und Trindade (2005).

5   Siehe dazu auch den Beitrag von Aldo Mascareño in diesem Band.

ierten großangelegten Übersetzungsprogramm unter Leitung von Javier Torres Nafarrate zu verdanken.[6] Ein weiterer Faktor, der das Interesse an Luhmann vor allem in Chile gefördert hat (und der zudem sehr deutlich macht, dass Wissenstransfer keine Einbahnstraße ist), war die Tatsache, dass Luhmann selbst für einen seiner Schlüsselbegriffe, den des autopoietischen Systems, auf Ideen der chilenischen Neurobiologen Humberto Maturana und Francisco Varela zurückgegriffen hat. Deren 1973 erschienenes Werk *De máquinas y seres vivos. Autopoiesis: la organización de lo vivo* (deutsch: *Der Baum der Erkenntnis. Die biologischen Wurzeln menschlichen Erkennens.* München: Goldmann 1984) wurde interessanterweise von der chilenischen Soziologie zunächst nicht wahrgenommen (Tor-

---

6 In spanischer Sprache liegen neben Luhmann 1973 vor: *Rechtssystem und Rechtsdogmatik* (*Sistema jurídico y dogmática jurídica.* Madrid: Centro de Estudios Constitucionales 1983); *Zweckbegriff und Systemrationalität* (*Fin y racionalidad en los sistemas.* Madrid: Editora Nacional 1983); *Liebe als Passion* (*El amor como pasión.* Barcelona: Península 1985); *Soziale Systeme. Grundriß einer allgemeinen Theorie* (*Sistemas Sociales. Lineamientos para una teoría general.* México, D.F.: Alianza 1991/Barcelona u.a.: Anthropos 1998); *Soziologie des Risikos* (*Sociología del riesgo.* México, D.F.: Universidad Iberoamericana 1992); *Reflexionsprobleme im Erziehungssystem* (*El sistema educativo. Problemas de reflexión.* México D.F.: Universidad de Guadalajara/Universidad Iberoamericana/Iteso 1993); *Theorie der Gesellschaft* (*Teoría de la sociedad.* Guadalajara: Universidad de Guadalajara 1993); *Politische Theorie im Wohlfahrtsstaat* (*Teoría política en el Estado de bienestar.* Madrid: Alianza 1993); *Macht* (*Poder.* Barcelona: Anthropos 1995); *Die Wissenschaft der Gesellschaft* (*La ciencia de la sociedad.* Mexico, D.F.: Universidad Iberoamericana 1996); *Teoría de la sociedad y pedagogía.* Barcelona: Paidos 1996; *Einführung in die Systemtheorie* (*Introducción a la teoría de sistemas.* Universidad Iberoamericana/Iteso 1996/2002); *Vertrauen* (*Confianza.* México/Barcelona: Anthropos/Universidad Iberoamericana 1996); *Organisation und Entscheidung* (*Organización y decisión. Autopoiesis, acción y entendimiento comunicativo.* Barcelona: Anthropos; México, D.F.: Universidad Iberoamericana 1997/2005); *Beobachtungen der Moderne* (*Observaciones de la modernidad: racionalidad y contingencia en la sociedad moderna.* Barcelona: Paidós 1997); *Aufsätze zur Theorie sozialer Systeme* (*Teoría de los sistemas sociales.* México: Universidad Iberoamericana 1998; vol. II 2002); *Complejidad y modernidad: de la unidad à la diferencia.* Madrid: Trotta 1998; *Die Realität der Massenmedien* (*La realidad de los medios de masas.* Mexico, D.F.: Universidad Iberoamericana 2000); *Das Recht der Gesellschaft* (*El derecho de la sociedad.* México, D.F.: Herder 2002); Javier Torres Naffarate, Luhmann: *La política como sistema.* México: Fondo de Cultura Económica u.a. 2002; *Die Kunst der Gesellschaft* (*El arte de la sociedad.* México, D.F.: Universidad Iberoamericana 2002/Herder 2005); *Die Gesellschaft der Gesellschaft* (*La sociedad de la sociedad.* México, D.F.: Herder/Universidad Iberoamericana/DAAD 2007); *Die Religion der Gesellschaft* (*La religión de la sociedad.* Madrid: Editorial Trotta 2007); „Religiöse Dogmatik und gesellschaftliche Funktion" (*Sociología de la religión.* México, D.F.: Herder 2009); „Wie ist soziale Ordnung möglich?" (*¿Cómo es posible el orden social?* México D.F.: Herder 2009); *Grundrechte als Institution* (*Los derechos fundamentales como institución. Aportación a la sociología política.* México D.F.: Iteso/Universidad Iberoamericana, 2010); *Organisation und Entscheidung* (*Organización y decisión.* México, D.F.: Herder 2011).

res/Rodríguez 2006: 57). Erst über den Umweg der Rezeption durch Luhmann fand es später auch dort größere Beachtung.[7] Luhmann selbst ist einige Male nach Brasilien gereist. Die dort gemachten Erfahrungen, nicht zuletzt Besuche in Favelas, sollen ihn im Hinblick auf die wiederholt kritisierte Blindheit seiner Theorie funktionaler Differenzierung gegenüber Phänomenen sozialer Ungleichheit irritiert und zu einer intensiveren Auseinandersetzung mit dem Phänomen der Exklusion veranlasst haben. Mit dem brasilianischen Rechtssoziologen Marcelo Neves arbeitete Luhmann wiederholt zusammen. Während Neves Luhmanns Ideen im Bereich des Rechts weiterentwickelte, griff Luhmann seinerseits wiederholt auf Gedanken von Neves zurück. Im Gegensatz zu den zahlreichen spanischsprachigen Übersetzungen von Luhmanns Werken liegen allerdings nur wenige seiner Arbeiten in portugiesischer Sprache vor. Dazu gehört eine 1997 veröffentlichte Aufsatzsammlung, die auf ein 1990 an der Universidad Federal de Rio Grande do Sul veranstaltete Vortragsreihe zurückging (Luhmann 1997).[8]

Eine Reihe lateinamerikanischer Soziologen haben seit den späten 1970er Jahren in Deutschland promoviert oder sind zu Post-Doc-Forschungsaufenthalten nach Deutschland gereist und haben sich in diesem Zusammenhang ausführlich mit den Ideen Luhmanns auseinandergesetzt. Dazu gehören aus Argentinien Matías Dewey und Alejandro Pelfini, aus Brasilien Marcelo Neves und Leopoldo Waizbort, aus Chile Pedro Morandé, Carlos Cousiño, Darío Rodríguez, Marcelo Arnold, Pedro Güell, Jorge Vergara, Aldo Mascareño, Ignacio Farías und Fernando Valenzuela sowie aus Mexiko Javier Torres Nafarrate und Jorge Galindo.

Ein weiterer Beleg für das Interesse an Luhmann in Lateinamerika ist die Tatsache, dass inzwischen mehrere spanischsprachige Einführungen in seine Ideen und Konzepte vorliegen (Rodríguez/Arnold 1991; Rodríguez/Torres 2008; Torres Nafarrate 1996 u. 2004). Verschiedene Sammelbände bündeln Arbeiten vorwiegend lateinamerikanischer Wissenschaftler, die die Welt „durch Luhmanns Brille" analysieren (Comou/Castro 1997; Farías/Ossandón 2006 u. 2011; Torres/Rodríguez 2011).[9] Ein Blick in verschiedene in Lateinamerika weit ver-

---

7   Zu den zentralen Elementen des von Maturana entwickelten Konzeptes sowie dessen Rezeption durch Luhmann und die Inkorporation des Ansatzes in seine soziologische Theorie siehe Rodríguez Mansilla/Torres Nafarrate (2007).

8   In portugiesischer Sprache liegen vor: *Legitimation durch Verfahren* (*Legitimação pelo procedimento*. Brasília: Univ. de Brasília 1980); *Rechtssoziologie* (*Sociologia do Direito*. Rio de Janeiro: Tempo Brasileiro I 1983, II 1985); *Macht* (*Poder*. Brasilia: Univ. de Brasília 1985); *Liebe als Passion* (*O amor como paixão para a codificação da intimidade*. Lissabon: Difel 1991) sowie *Die Realität der Massenmedien* (*A realidade dos meios de comunicação*. São Paulo: Paulus 2005).

9   Eine dem Denken von Niklas Luhmann gewidmete Sondernummer der Zeitschrift *Metapolítica* (5. Jahrgang, Oktober/Dezember 2001) mit Beiträgen von Darío Rodríguez, Rudolf Stichweh, Fernando Robles und Marcelo Arnold, Josefina Granja Castro, Luis Vergara, Jorge Galindo

breitete und viel genutzte Zeitschriftenplattformen wie SCIELO (*Scientific Electronic Library Online*) oder Redalyc (*Red de Revistas Científicas de Latinoamérica y el Caribe, España y Portugal*) zeigt auch, dass das Interesse an Luhmann ungebrochen ist.[10] Viele neuere Aufsätze beziehen sich explizit auf ihn.[11]

Das Ende 2007 im IAI veranstaltete Symposium verstand sich als ein Brückenschlag zwischen der deutschen und der lateinamerikanischen Soziologie. Es ging darum, die Bedeutung der Luhmannschen Systemtheorie für die lateinamerikanische Soziologie zu analysieren, Studien zu politischen, sozialen und wirtschaftlichen Entwicklungen in Lateinamerika auf der Grundlage systemtheoretischer Ansätze vorzustellen und zudem Beiträge zur Entwicklung der Weltgesellschaft zu berücksichtigen, die sich auf Überlegungen Luhmanns beziehen. Um diesen Brückenschlag auch mit deutschen Kolleginnen und Kollegen zu ermöglichen, die nicht des Spanischen mächtig sind, fand die Konferenz durchgehend in deutscher Sprache statt. Nicht alle aktiven Teilnehmerinnen und Teilnehmer des Symposiums konnten einen Beitrag zu diesem Band liefern, aber andere, die eigentlich nur als interessierte Zuhörerinnen angereist waren, fanden die Diskussionen derart inspirierend, dass sie selbst später eigene Beiträge geliefert haben. Ihnen allen sei Dank für die Geduld, mit der sie die Entstehung dieses Buches begleitet haben.

Der brasilianische Soziologe *Marcelo Neves* hat bereits zu Beginn der 1990er Jahre die These aufgestellt, dass in Lateinamerika die steigende Komplexität der Gesellschaften nicht zu einem Primat der funktionalen Differenzierung führte. Die Moderne habe sich daher in dieser Region nicht als Auflösung von Tradition durch die Bildung autonomer Funktionssysteme, sondern als eine den traditional-hierarchischen Moralismus ablösende, steigende Komplexität der Gesellschaft präsentiert (Neves 1992). In seinem Beitrag zu diesem Band setzt er sich mit dem Problem der unstrukturierten Komplexität auseinander und geht der mangelhaften funktionalen Differenzierung in Lateinamerika nach. Angesprochen wird dabei auch das Problem der Systemkorruption und Exklusion.

Der chilenische Sozialanthropologe *Aldo Mascareño* fragt nach dem theoretischen Beitrag Lateinamerikas zur Analyse der Weltgesellschaft. Er untersucht die erkenntnistheoretischen Probleme der lateinamerikanischen Soziologie, sich mit den strukturellen und normativen Vorgängen der Weltgesellschaft in vier Perioden ihrer Entwicklung auseinanderzusetzen. Mascareño führt eine theoreti-

---

und César Cansino trägt den schönen Titel „Gesellschaft und System. Mit und gegen Luhmann denken" (*Sociedad y sistema. Pensar con y contra Luhmann*).

10   Siehe <http://www.scielo.org/php/index.php> und <redalyc.uaemex.mx>.
11   Einige Beispiele dafür sind die folgenden Arbeiten: Bachur 2011; Baeta Neves/Monteiro Neves 2006; Perreira de Melo 2006; Ramírez 2008; Tell 2007 und Vallejos Romero et al. 2009.

sche Variante ein, die Lateinamerika in der Weltgesellschaft strukturell und normativ zu erklären versucht und setzt diese in Verbindung mit einer neuen Version des auf den argentinischen Soziologen Gino Germani zurückgehenden Begriffs der Asynchronie.

Der argentinische Soziologie *Matias Dewey* überprüft ausgehend von Luhmanns Ideen zu *Legitimation durch Verfahren* die Hypothese, dass aufgrund eines Mangels an sozialer Relevanz des Rechts eine Legitimation des Staates durch Verfahren erschwert wird. Im Hinblick auf Argentinien spricht er in diesem Zusammenhang von „defekten Prozeduren" oder Verfahren, die ihre Funktion nicht erfüllen können. Dewey zeigt auf, dass dort gegenüber bestimmten Rollenträgern, beispielsweise gegenüber Richtern, Polizisten und Politikern, kein orientiertes Vertrauen vorliegt. Diesen Zustand führt er auf wiederholte Enttäuschungen zurück, da eine Erwartungsstabilisierung bei wichtigen gesellschaftlichen Anlässen nicht stattgefunden habe. In der Folge funktionieren in Argentinien andere Strukturen als funktionales Äquivalent von rechtsstaatlichen Normen.

Die Rechtssoziologin *Fatima Kastner* (Hamburg) setzt sich unter Berücksichtigung verschiedener lateinamerikanischer Fälle mit der Einsetzung von Wahrheits- und Versöhnungskommissionen auseinander und fragt danach, ob diese als universelles Konfliktbewältigungsmodell der Weltgesellschaft gelten können. Aus der Perspektive der kommunikationstheoretischen Überlegungen Luhmanns werden derartige Kommissionen weder normativ in Bezug zu den strengen justitiellen Formen der Unrechtsbehandlung beurteilt, noch zählen sie als politische Instrumente sozialer Aussöhnungsprozesse zu den Operationen des Systems Politik. Wahrheits- und Versöhnungskommissionen werden vielmehr als soziale Selbstthematisierungs- und Selbstbeschreibungsgeneratoren beschrieben, die Formen der Ingangsetzung kollektiv bindender Kommunikation über vergangenes Unrecht realisieren.

Der Jurist *Michael Klode* (GIZ Bolivien) geht der Frage nach, ob sich die Systemtheorie zur Erklärung völkerrechtlicher Zusammenhänge eignet. Er untersucht, ob sich im lateinamerikanischen Rechtsraum ein regionaler Menschenrechtsgerichtshof beobachten lässt, der funktional in einem System internationalen Rechts eine selbstständige Funktion ausübt. Klode gelangt zu dem Ergebnis, dass der Interamerikanische Gerichtshof für Menschenrechte (IAGMR) sich selbst als weltrechtliches Menschenrechtszentrum betrachtet und dass die Anwendung transnationaler Inhalte derart operationalisiert ist, dass eine Selbstreferenz festzustellen ist, die sich auch auf andere Weltrechtszentren bezieht. Als eine der Hauptaufgaben der demokratischen Stabilisierung lateinamerikanischer Gesellschaften betrachtet der Autor die Artikulation gesellschaftlicher Erwartungen, insbesondere auch hinsichtlich des Rechtssystems.

Klaus Dammann (Bielefeld) geht mit empirischen Beispielen aus Lateinamerika der Frage nach, wie Gewalt auf der Grundlage von Luhmannschen Konzepten analysiert werden kann. Er setzt sich mit fünf vermeintlichen Schwachstellen von Luhmanns Denken auseinander: fehlendes Perfektionsdenken, fehlende Opferperspektive sowie Leerstellen für Biopolitik, Ethnizität und Raum. Anschließend untersucht er, wie mittels verschiedener Theorieunterscheidungen (Systemtypen, weltgesellschaftliche Kommunikationscodierungen, personale Netzwerke und andere informale Strukturen, Risikokommunikation sowie die Abwicklung von Erwartungsenttäuschungen) Gewaltphänomene in Lateinamerika erklärt werden können.

Christian Büscher (Karlsruhe) diskutiert auf der Grundlage von Theorien der sozialen Differenzierung und der Selbstorganisation mit Blick auf lateinamerikanische, afrikanische und asiatische Megastädte die These, dass die Prozesse der Aufrechterhaltung basaler Funktionen der Stadt gleichzeitig Bedingungen der Selbstgefährdung generieren. Im Mittelpunkt der Analyse stehen endogene Prozesse der systematischen Risikoproduktion in sachlicher, zeitlicher und sozialer Sicht. Sie spannen analytisch in jeweils unterschiedlicher Hinsicht einen Möglichkeitsraum auf, anhand dessen die Entwicklung von Megastädten soziologisch eingeordnet werden kann.

Der chilenische Soziologe *Ignacio Farías* schlägt eine Neubetrachtung des Kulturbegriffes vor. Er spricht zum einen von Welten als *kultur*gesellschaftlichen Formen, die sich als vertraute Verdichtungen multipler Kommunikationsformen erkennen lassen und ihr Zusammenwirken ermöglichen. Zum anderen verweist er auf die Rolle von *kultur*materiellen Formen in der Ermöglichung des Sozialen und insbesondere eines sozialen Gedächtnisses. Durch seine Neubestimmung des Kulturbegriffs will Farias dazu beitragen, eine klare Unterscheidung zwischen gesellschaftlichen Strukturen und kulturellen Kollektiven zu ziehen. Diese Definition soll eine Revitalisierung bzw. eine Rückgewinnung des Kulturbegriffs ermöglichen.

Martin Petzke (Luzern) unternimmt in seinem Beitrag den Versuch, die Luhmannsche Annahme eines religionsübergreifenden Systemzusammenhangs in der Weltgesellschaft einer genaueren Prüfung zu unterziehen. Dazu beleuchtet er drei Problemkomplexe, die aus systemtheoretischer Perspektive im Falle Religion besonders scharf hervortreten: Fragen der *Grenzkonstitution* einer den Teilsystemen übergeordneten Systemebene; Fragen der *Integration* der Teilsysteme sowie Kriterien und Konzeptionen von funktionssystembezogener *Weltgesellschaftlichkeit*. Auf der Grundlage der so herausgearbeiteten Gesichtspunkte bietet Petzke eine Beschreibung für die religiöse Situation in Lateinamerika an.

Der argentinische Soziologe *Alejandro Pelfini* betrachtet die Expansion des Kosmopolitismus in kritischer Perspektive und plädiert für einen minimalistischen Kosmopolitismus. Er zeigt unter Bezugnahme auf das Agieren verschiedener lateinamerikanischer Gesellschaften in der Gestaltung der globalen Szene, wie ein pragmatischer und pluralistischer Kosmopolitismus möglich ist und dass die Nationalstaaten die Entfaltung eines minimalistischen Kosmopolitismus vorantreiben können. Wenn Kosmopolitismus überhaupt möglich sein soll, so Pelfini, dann muss er sowohl die Aspekte der Transparenz und eines Universalismus der Spielregeln erfüllen als auch Platz für das Partikuläre gewähren, das jede Region und Tradition enthält.

Den Abschluss des vorliegenden Bandes bildet ein theoretischer Beitrag des chilenischen Soziologen *Darío Rodríguez*. Er stellt sein Konzept des *Schutzmantels* vor. Es handelt sich dabei um einen Strukturtyp, der zum Globalsystem gehört und über die Möglichkeit verfügt, dergestalt Macht gegenüber der Umwelt auszuüben, dass sich die Wahrscheinlichkeit für das Auftreten oder den Erhalt von Teilsystemen erhöht, deren Auftreten oder Erhalt sonst hochgradig unwahrscheinlich wäre. Der Schutzmantel erweitert somit die Möglichkeiten der Systembildung indem er als Übersetzer zwischen unterschiedlichen Rationalisierungskriterien dazu beiträgt, zwei unterschiedliche Formen der Komplexitätsreduktion kompatibel zu machen.

Das akademische Interesse an Luhmanns Theorie entwickelt sich in Lateinamerika in den letzten Jahren weiter. Zudem spielt Lateinamerika eine wichtige Rolle im Hinblick auf die Analyse von regionalen Varianten der funktionalen Differenzierung in der Weltgesellschaft. Eine neue Generation von jungen Wissenschaftler/innen sowohl an deutschen als auch an lateinamerikanischen Universitäten beschäftigt sich mit einem breiten Spektrum von systemtheoretischen Themen und Begriffen. Sie reichen von den phänomenologischen Grundlagen der Theorie Luhmanns bis zur Musik als System, Bürgerlichkeit, Rechtsentsprechung und Umweltrisiken in Lateinamerika. Die ambivalente Position Lateinamerikas in der Weltgeschichte des 19. und 20. Jahrhunderts – einerseits als gemeinschaftliche Welt der Tradition und eines partikularistischen Kulturalismus und andererseits als westlicher Erwartungshorizont für unterschiedliche soziale Experimente wie Kolonialismus, Populismus, *Desarrollismo*, Neoliberalismus, links- und rechtsorientierte Diktaturen und *sogar* demokratische politische Systeme – hat dazu geführt, dass die Region ein variantenreiches gesellschaftliches Umfeld für die Analyse der Konstitution der Weltgesellschaft darstellt. Die Beobachtungen *durch Luhmanns Brille* werden also nicht mit diesem Band ausgeschöpft. Sie reichen weit darüber hinaus.

Literatur

Bachur, João Paulo (2011): „A diferenciação funcional da religião na teoria social de Niklas Luhman". In: *Revista Brasileira de Ciencias Sociais* 26, 76, S. 177-226.

Baeta Neves, Clarissa/Monteiro Neves, Fabrício (2006): „O que há de complexo no mundo complexo? Niklas Luhmann e a Teoria dos Sistemas Sociais". In: *Sociologias*, Porto Alegre, 8, 15, S. 182-207.

Bardmann, Theodor M./Baecker, Dirk (Hrsg.) (1999): *Gibt es den Berliner Zoo noch? Erinnerungen an Niklas Luhmann.* Konstanz: Universitätsverlag.

Camou, Antonio/Castro, José Esteban (1997) (Hrsg.): *La sociedad compleja. Ensayos en torno a la obra de Niklas Luhmann.* México, D.F.: Triana Editores.

Dammann, Klaus (2012): „Niklas Luhmann – Zur Person" und „Zeittafel". In: Oliver Jahraus/Armin Nassehi u.a. (Hrsg.): *Luhmann-Handbuch. Leben-Werk-Wirkung.* Stuttgart: Metzler (für 2012 angekündigt).

Farías, Ignacio/Ossandón, José (Hrsg.) (2006): *Observando sistemas. Nuevas apropiaciones y usos de la teoría de Niklas Luhmann.* Santiago de Chile: RIL editores.

— (2011): *Comunicaciones, semánticas y redes: usos y desviaciones de la sociología de Niklas Luhmann.* México, D.F.: Universidad Iberoamericana.

Garretón, Manuel Antonio (2005): „Social sciences and society in Chile: institutionalization, breakdown and rebirth". In: *Social Science Information* Vol 44(2 & 3), S. 359-409.

Garretón, Manuel Antonio/Murmis, Miguel/De Sierra, Jerónimo/Trindade, Hélgio (2005): „Social sciences in Latin America. A comparative perspective: Argentina, Brazil, Chile, México and Uruguay". In: *Social Science Information* Vol 44(2 & 3), S. 557-593.

González Oquendo, Luis J. (2007): *La teoría de sistemas sociales de Niklas Luhmann. Diccionario de términos.* Maracaibo, Venezuela: Universidad del Zulia.

Luhmann, Niklas (1973): *Ilustración sociológica y otros ensayos.* Buenos Aires: SUR (Serie Estudios Alemanes).

Luhmann, Niklas (1997): *A nova teoria dos sistemas.* Pôrto Alegre: Editorial da Universidade.

Murmis, Miguel (2005): „Sociology, political science and anthropology: institutionalization, professionalization and internationalization in Argentina". In: *Social Science Information* Vol 44(2 & 3), S. 227-282.

Neves, Marcelo (1992): *Verfassung und Positivität des Rechts in der peripheren Moderne: Eine theoretische Betrachtung und eine Interpretation des Falls Brasilien.* Berlin: Duncker & Humblot.

Pereira de Mello, Marcelo (2006): „A perspectiva sistêmica na sociologia do direito. Luhmann e Teubner". In: *Tempo Social, revista de sociologia da USP* 18, 1, S. 351-373.

Ramírez, Guillermina (2008): „Pensando la sociedad desde la perspectiva teórica de Niklas Luhmann". In: *Utopía y Praxis Latinoamericana* 13, 42, S. 151 – 162.

Reyna, José Luis (2005): „An overview of the institutionalization process of social sciences in Mexico". In: *Social Science Information* Vol 44(2 & 3), S. 411-472.

Rodríguez Mansilla, Darío/Arnold, Marcelo (1991): *Sociedad y teoría de sistemas*. Santiago de Chile: Editorial Universitaria.

Rodríguez Mansilla, Darío/Torres Nafarrate, Javier (2007): „Autopoiesis, die Einheit einer Differenz: Luhmann und Maturana". In: Birle, Peter / Schmidt-Welle, Friedhelm (Hrsg.): *Wechselseitige Perzeptionen: Deutschland – Lateinamerika im 20. Jahrhundert*. Frankfurt am Main: Vervuert, S. 79-108.

— (2008): *Introducción a la teoría de la sociedad de Niklas Luhmann*. México, D.F.: Herder.

Stichweh, Rudolf (1996): „Science in the System of World Society". In: *Social Science Information* 35, S. 327-340.

Tell, Elvio A. (2007): „Niklas Luhmann. La compleja incertidumbre de un mundo secularizado". In: *Ciencia, Docencia y Tecnologia* XVIII, 34, S. 67-95.

Torres Nafarrate, Javier (2002): *Luhmann: la política como sistema*, México, D.F.: Fondo de Cultura Económica [Autor des Buches ist Luhmann; Torres hat u.a. transkribiert und übersetzt sowie durch eigene Formulierungen etwas popularisiert].

Torres Nafarrate, Javier/Rodríguez Mansilla, Darío (2006): „La recepción del pensamiento de Niklas Luhmann en América Latina". In: Farías, Ignacio/Ossandón, José (eds.): *Observando sistemas. Nuevas apropiaciones y usos de la teoría de Niklas Luhmann*. Santiago de Chile: RIL editores, S. 55-70.

— (2011): *La sociedad como pasión: Aportes a la teoría de la sociedad de Niklas Luhmann*. México D.F.: Universidad Iberoamericana.

Trindade, Hélgio (2005): „Social sciences in Brazil in perspective: foundation, consolidation and diversifification". In: *Social Science Information* Vol 44(2 & 3), S. 283-357.

Vallejos Romero, Arturo/Montecinos Montecinos, Egon/Ortiz Leroux, Sergio/Pérez Vega, Moisés (2009): „Diferenciación funcional y sociedad civil: reflexiones para una nueva gobernación en América Latina". In: *INTERAÇÕES* 10, 2, S. 171-183.

Komplexitätssteigerung unter mangelhafter funktionaler Differenzierung: Das Paradox der sozialen Entwicklung Lateinamerikas[*]

Marcelo Neves

Mein Beitrag gliedert sich in fünf Abschnitte. Zunächst erfolgt eine kurze Vorbemerkung zum Begriff der Komplexität, die auf der Unterscheidung von Element und Relation beruht, sowie zum Konzept der funktionalen Differenzierung, die mit der Unterscheidung von System und Umwelt in Zusammenhang steht. Dabei betone ich, dass im Rahmen der Luhmann'schen Systemtheorie diese Begriffe voneinander unabhängig sind (I). Zweitens werde ich das Problem der unstrukturierten Komplexität betrachten, um der Frage der mangelhaften funktionalen Differenzierung in Lateinamerika nachzugehen (II). Drittens wird das Problem der Systemkorruption und Exklusion angesprochen (III). Im Anschluss daran werde ich die funktionsbezogene Entdifferenzierung der Gesellschaft in Lateinamerika darstellen und ein Modell der Mischform der Differenzierung in dieser Region der Weltgesellschaft vorschlagen (IV). Dann komme ich zu den Schlussfolgerungen (V).

I.

Im Rahmen der Luhmann'schen Systemtheorie ist das Komplexitätskonzept von den Begriffen Element und Relation nicht zu trennen. In diesem Sinne betont Luhmann:

> Wir wählen, nicht ohne Anhaltspunkte in der Literatur, einen problemorientierten Begriff und definieren ihn auf der Basis der Begriffe Element und Relation. Das hat den Vorteil, dass der Begriff auch auf Nichtsysteme (Umwelt, Welt) anwendbar ist und dass er, weil ohne Verwendung des Systembegriffs definiert, die systemtheoretischen Analysen durch zusetzbare Gesichtspunkte anreichern kann (Luhmann 1984: 45).

---

[*] Für Kommentare und Anregungen bin ich Emil Sobottka und Franz von Weber sehr dankbar.

Versteht Luhmann unter Komplexität, „dass es stets mehr Möglichkeiten gibt, als aktualisiert werden können" (1987: 31), so kann man auch behaupten, dass ein komplexer Sachverhalt vorkommt, wenn „bei der Zunahme der Zahl der Elemente" eine Schwelle überschritten ist, „von der ab es nicht mehr möglich ist, jedes Element zu jedem anderen in Beziehung zu setzen" (Luhmann 1984: 46). Das heißt, dass es Komplexität gibt, wenn es mehr Elemente gibt, als durch Relationen aktualisiert werden können. Daher impliziert Komplexität Selektionszwang. Erst im Zusammenhang mit dem Begriff der Selektion wird der Begriff der Komplexität für die Unterscheidung von System und Umwelt relevant. Und hier steht die Unterscheidung von strukturierter bzw. organisierter und unstrukturierter bzw. unorganisierter Komplexität im Mittelpunkt. Ich zitiere erneut Luhmann:

> Welche Beziehungen zwischen Elementen realisiert werden, kann nicht aus der Komplexität selbst deduziert werden; das ergibt sich auf jeder Ebene der Systembildung aus der Differenz von System und Umwelt und aus den Bedingungen ihrer evolutionsmäßigen Bewährung (1984: 47).

Dadurch wird nicht verkannt, dass sich „das Problem der System/ Umwelt-Differenz mit Hilfe des Komplexitätsbegriffs klären" lässt (Luhmann 1984: 47), weil strukturierte bzw. „organisierte Komplexität' nur durch Systembildung zustande kommen kann; denn ,organisierte Komplexität' heißt nichts anderes als Komplexität mit selektiven Beziehungen zwischen den Elementen" (Luhmann 1984: 46). Auf der Ebene der Unterscheidung von System und Umwelt ist es dann nicht die Komplexität selbst, die entscheidend ist, sondern das Gefälle zwischen Umweltkomplexität und Systemkomplexität, oder präziser, zwischen unstrukturierter bzw. unorganisierter Komplexität der Umwelt und strukturierter bzw. organisierter Komplexität des entsprechenden Systems. Die Differenzierungsform einer Gesellschaft hängt in Luhmanns Systemtheorie mit dem Grad dieses Gefälles und mit dem Niveau des Zwangs zur Strukturierung bzw. zur Reduktion von Komplexität, das heißt mit dem Niveau des systembildenden Selektionszwangs zusammen. Bei der zunehmenden Komplexität der modernen Gesellschaft wird dann die funktionale Differenzierung erforderlich, weil sich diese Differenzierungsform als die adäquateste erweist, um die systembildende Strukturierung der Komplexität erfolgreich zu betreiben. Damit hängt der Bergriff der Rationalität zusammen, denn bei Luhmann setzt das Rationalitätsproblem die Frage voraus, „wie es möglich ist, durch Reduktion von Komplexität erfaßbare Komplexität zu steigern" (1984: 236). Man könnte mit anderen Worten sagen, dass das funktionsbezogene Problem der Systemrationalität darin besteht, wie es möglich ist, unstrukturierte Umweltkomplexität in strukturierte Systemkomplexität zu transformieren.

Bei der Systemtheorie wird aber die Steigerung der Komplexität so eng mit der funktionalen Differenzierung der modernen Weltgesellschaft in Zusammenhang gebracht, dass das Risiko besteht, diese zwei Momente gleichzusetzen und sogar die Komplexitätssteigerung als Ergebnis der funktionalen Differenzierung darzustellen. Geht man aber davon aus, dass „der Motor der Evolution [...] die steigende Komplexität der Gesellschaft [ist]" (Luhmann 1987: 106), dann ist die funktionale Differenzierung die Differenzierungsform, die nach Luhmann in der modernen Gesellschaft darauf eine rationale Antwort geben kann. Aber trotz der Steigerung der Komplexität kann die funktionsbezogene Differenz von System und Umwelt in verschiedenen Erwartungs- und Kommunikationszusammenhängen der Weltgesellschaft versagen. Das impliziert Bifurkationen in der Entwicklung der modernen (Welt)Gesellschaft, die „im Hinblick auf Zahl, Verschiedenartigkeit und Interdependenz möglicher Handlungen – sehr viel komplexer [ist] als irgendeine der regional limitierten Gesellschaftsformationen älteren Typs" (Luhmann, 1981e: 80).

II.

Zu Beginn der 1990er Jahre habe ich die These aufgestellt, dass in Brasilien im Speziellen und in Lateinamerika im Allgemeinen die steigende Komplexität der Gesellschaft nicht zum Primat der funktionalen Differenzierung geführt hat (Neves 1992). Mit dem systemtheoretischen Modell als Bezugspunkt habe ich eine neue Lesart in dem Sinne vorgeschlagen, dass in Lateinamerika auf die hohe gesellschaftliche Komplexität keine Konstruktion und Entwicklung autonomer Funktionssysteme folgt. Dies stellt uns vor eine unstrukturierte und entstrukturierende Komplexität. Daraus ergeben sich soziale Probleme, die viel komplizierter sind als diejenigen, die die Länder der „zentralen Moderne" kennzeichnen. Die Beziehungen zwischen Kommunikationszusammenhängen nehmen selbst- und fremddestruktive Formen an, mit allen ihren verhängnisvollen Folgen für die Systemintegration und die soziale Inklusion. In diesem Kontext präsentiert sich die Moderne also nicht positiv als Auflösung der Tradition durch die Bildung autonomer Funktionssysteme, sondern eher negativ als eine den traditional-hierarchischen Moralismus auflösende, steigende Komplexität der Gesellschaft.

Hierbei handelt es sich um die Unfähigkeit der sozialen Systeme, Komplexität adäquat zu bestimmen bzw. zu strukturieren.[1] Das impliziert nicht den

---

[1] Über den Unterschied zwischen strukturierter und unstrukturierter Komplexität siehe Luhmann (1984: 383; 1987: 6f.). Parallel dazu schlägt er das Schema unbestimmte/unbestimmbare *ver-*

Grenzfall einer absoluten Unbestimmtheit: „Völlig unstrukturierte Komplexität
wäre der Grenzfall des Urnebels, der Beliebigkeit und Gleichheit aller Möglichkeiten".[2] Es geht vielmehr um die relative Unfähigkeit der Funktionssysteme, die
bestimmbare Komplexität ihrer jeweiligen Umwelten (Luhmann 1975a: 211) zu
strukturieren. Zwar besteht immer ein Komplexitätsgefälle zwischen System und
Umwelt (Luhmann 1975a: 210f.) und eine gewisse Unterbestimmtheit des Systems gegenüber seiner Umwelt ist Bedingung der Flexibilität (Luhmann 1975a:
209). Aber was die Gesellschaft in Lateinamerika betrifft, impliziert die Unterbestimmtheit unzureichend komplexe „Kopplungen zwischen System und Umwelt"
und infolgedessen Erwartungsunsicherheit (Luhmann 1981b: 96). Obwohl die
Steigerung der Komplexität entsprechende strukturelle Selektivität erfordert
(Luhmann 1975a: 209), versagen die komplexen sozialen Systeme in der selektiven Funktion gegenüber ihren überkomplexen Umwelten in den gesellschaftlichen Zusammenhängen der lateinamerikanischen Länder. Das bedeutet nicht
zuletzt Mangel an Systemrationalität bei der Differenzierung im Rahmen einer
hochkomplexen Gesellschaft.[3] Man stößt derart auf (relativ) unorganisierte Flexibilität bzw. Unterbestimmtheit und negative Kontingenz/Zukunftsoffenheit,
also auf das Fehlen an Sicherheit.

   In dieser Konstellation lassen sich die Probleme der peripheren Moderne
anhand der von Henri Atlan formulierten Dichotomie 'Redundanz/Varietät'
interpretieren (Atlan 1979). Behauptet man, „unstrukturierte Komplexität wäre
entropische Komplexität, sie würde jederzeit ins Unzusammenhängende zerfal-
len" (Luhmann 1984: 383), so lässt sich nach Atlans Schema ergänzen, dass es
den gesellschaftlichen Zusammenhängen Lateinamerikas an Redundanz mangelt.
Dementsprechend wird die Entropie als fehlende Information („incertitude
probabiliste", Atlan 1979: 33ff., 74f.) nicht hinreichend reduziert.[4] Zwischen
Redundanz und Varietät besteht dann eine große Kluft, die zur gesteigerten Unsicherheit führt. Zunahme der Varietät erfordert Zunahme der Redundanz: Das
Gleichgewicht ist Bedingung der Autonomie (Atlan 1979: insb. 43). Bei der
Reproduktion der Weltgesellschaft in Lateinamerika hat also das Gefälle zwi-
schen '(hoher) Varietät und (niedriger) Redundanz' starke heteronomisierende
Wirkungen, so dass sich unorganisierte Flexibilität und negative Zukunftsoffen-

---

   sus bestimmte/bestimmbare Komplexität vor (vgl. z.B. Luhmann 1971: 300-302; 1975a:
   209ff.).

2   Luhmann (1987: 7; vgl. auch 1975a: 211f.; 1984: 383).

3   „Jedes Entwicklungsniveau von System/Umweltbeziehungen hat spezifische Chancen der
   Rationalität je nach dem, wie die Komplexitätsdifferenz zur Umwelt behandelt wird. Das Problem der Rationalität liegt letztlich in der Verknüpfung von Selektionen, und der Bedarf dafür
   variiert mit der Komplexität des Systems" (Luhmann 1975a: 214).

4   Nach Atlan steht H („Information, die uns fehlt") im umgekehrten Verhältnis zur R (Redundanz) (vgl. Atlan 1979: 48, 50f., 76f., 79).

heit ergeben. Es handelt sich hier allerdings nicht um „strukturelle initiale Redundanz", sondern um „funktionale Redundanz", welche „fiabilité" als „Verknüpfung" („connectivité") der Systemelemente garantiert.[5] Im Rahmen des Atlan'schen Dualismus „Kristall/Rauch" („cristal/fumée") tendieren die Funktionssysteme in Lateinamerika mangels funktionaler Redundanz zur entropischen Komplexität, also zum „Rauch".[6]

III.

Dieses Problem hängt damit zusammen, dass die Codes und Kriterien eines Funktionssystems von den Codes und Kriterien anderer Systeme überlagert bzw. blockiert werden, so dass ein soziales Durcheinander von Codes und Kriterien zu Lasten der funktionalen Differenzierung zustande kommt. Dabei steht der Begriff der Systemkorruption im Vordergrund.

In diesem Zusammenhang ist zu beachten, dass sich die im Rahmen der Organisation auftretende Korruption als der Gegenpunkt für die strukturelle Kopplung zwischen autonomen Funktionssystemen auf der Ebene der Gesellschaft erweist (Luhmann 1993: 445). Es ist klar, dass das Gesellschaftssystem durch seine jeweiligen Teilsysteme gegen die Korruption in den Organisationen erfolgreich reagieren kann, so dass die einzelnen Korruptionspraktiken als negative Seite der entsprechenden Code-Differenz innensystemisch zurückgewiesen werden können und somit die funktionale Differenzierung nicht beeinträchtigen. Dann ist hier eine bloße Korruption innerhalb der Gesellschaft von einer die funktionale Differenzierung der Gesellschaft beschädigenden Systemkorruption zu unterscheiden. Aber man muss auch zwischen den Ebenen sowie zwischen den Reichweitengraden der Systemkorruption unterscheiden.

Eine Systemkorruption ist nur operativ, wenn sie momentan ist, also nur eine oder einige konkrete Operationen betrifft. In diesem Fall wirkt sie einfach auf die operativen Kopplungen zwischen Funktionssystemen der Gesellschaft. In manchen Fällen führen die Redundanz und Dauerhaftigkeit der Korruption zur

---

5   „la redondance initiale serait une redondance de modules, simple répétition d'éléments structuraux, tandis que la fiabilité serait une redondance de fonctions" (Atlan 1979: 52). An anderer Stelle spricht Atlan (1979: 129) von „connectivité"; hierzu vgl. auch Luhmann (1986: 35, Anm. 61).

6   „La mort par rigidité, celle du cristal, du minéral, et la mort par décomposition, celle de la fumée", so weist Atlan (1979: 281) auf die zwei Grenzfälle des Verhältnisses ‚Redundanz/Varietät' hin. Hier ist anzumerken, dass Atlan eine „analogische und differenzierende" Übertragung (1979: 7) seiner prinzipiell biologischen Konstruktion auf die psychische und die soziale Organisation (1979: 131ff.) sowie auf die Ethik (1979: 233ff.) vorschlägt. Ich nehme hier auch eine „analogische und differenzierende" Anwendung (kein Biologismus!) des Schemas ‚Redundanz/Varietät' auf die sozialen Systeme vor, aber keineswegs im Sinne der von Atlan vorgeschlagenen Übertragung.

Bildung von Erwartungsstrukturen, so dass man sowohl kognitiv als auch normativ nichts anderes als die korrupte Tätigkeit im entsprechenden Kontext mit Sicherheit erwarten kann. In diesem Fall beeinträchtigt die Systemkorruption die
strukturellen Kopplungen zwischen Funktionssystemen und ebenfalls deren
Autonomie und ist auf Organisationen angewiesen.

Aber eine strukturelle Systemkorruption kann bereichspezifisch bleiben,
ohne Tendenz zur Generalisierung im betroffenen Funktionssystem aufzuweisen.
Nur wenn die Systemkorruption in einer verallgemeinerten Weise auf das ge-
samte Teilsystem wirkt, wird die These der funktionalen Ausdifferenzierung
bzw. der operativen Autonomie dieses Systems unangebracht, realitätsfern. Und
vieles spricht dafür, dass in diesem Fall die Systemkorruption von einer Organisation, die im Zentrum des entsprechenden Systems angesiedelt ist, ausgeht. Die
organisierte Korruption hat dann entdifferenzierende Wirkungen auf das Teilsystem und infolgedessen auf die Gesellschaft.[7]

In Lateinamerika geht es nicht einfach um operative oder strukturell lokalisierte „Systemkorruption" im Bereich der Organisationen, wie sie sich auch in
den Erfahrungen des demokratischen Rechtsstaates in Westeuropa und Nordamerika feststellen lässt (Luhmann 2000: 295-297; 1993: 445, passim). Die Systemkorruption hat in den lateinamerikanischen Ländern Tendenzen zur Generalisierung, so dass der Primat der funktionalen Differenzierung selbst betroffen wird.

Die organisationsbezogene Systemkorruption ist sehr eng mit dem Problem
der Exklusion von breiten Teilen der Bevölkerung in Lateinamerika verbunden.
In diesem Zusammenhang ist die folgende Stelle von Luhmann relevant: „Die
Funktionssysteme gehen von Inklusion aus und lassen Exklusion gleichsam nur
geschehen. Bei Organisationen liegt der Fall umgekehrt" (Luhmann 2000: 392).
Das heißt: Dass die Organisation von der Nichtmitgliedschaft ausgeht, hängt mit
dem Primat der Inklusion in die Funktionssysteme zusammen. Aber im Fall der
organisationsbezogenen Korruption der Funktionssysteme in Lateinamerika
verwandelt sich die Organisationsunterscheidung Nichtmitglieder/Mitglieder in
die gesellschaftliche Differenz Inklusion/Exklusion, so dass die Exklusion im
Vordergrund steht. Und das verlangt nach wie vor eine neue Selbstbeschreibung
der heutigen Weltgesellschaft.

Ich gehe hier von der Annahme aus, dass die organisationsbezogene Systemkorruption in Verbindung mit der primären Exklusion in Lateinamerika und

---

7   Auch Luhmann hat zwar anerkannt, dass „im Extremfall" der Systemkorruption „nicht mehr
     von autopoietischer Schließung [...] die Rede sein" kann (1993: 82), aber daraus zog er keine
     konsequenten, empirisch bezogenen Folgerungen für seine theoretische Konstruktion, insofern
     er weiter sehr stark auf dem Primat der funktionalen Differenzierung in der heutigen Weltge-
     sellschaft bestand (vgl. z.B. 1993: 572; 1997: 743ff.).

anderen Regionen des Erdballs dem Primat der funktionalen Differenzierung in der Weltgesellschaft widerspricht.

IV.

Die Frage, die sich unter diesen Umständen aufdrängt, ist folgende: Was ist die primäre Differenzierungsform in der peripheren Moderne? Zuerst möchte ich das Problem auf andere Weise stellen: Welche sind die Bedingungen der funktions-bezogenen *Ent*differenzierung in den hochkomplexen gesellschaftlichen Kontex-ten der peripheren Moderne? Obwohl Luhmann diese Frage nicht konsequent beantwortet hat, findet man bei ihm einige Andeutungen. Er hat zum Beispiel in Anbetracht meiner Untersuchung zur peripheren Moderne dennoch die Relevanz der dargestellten Sachverhalte für die Theorie der funktionalen Differenzierung der Weltgesellschaft bejaht:

> Das weist auf Probleme hin, auf die weder die Klassentheorie marxistischer oder postmarxistischer Provenienz noch das übliche Konzept funktionaler Differenzie-rung der Gesellschaft eine Antwort weiß. Sind damit diese Theorien widerlegt? Aber wie, wenn nicht durch eine andere Theorie?
> Vielleicht erlauben die geschilderten Sachverhalte schon, wahrzunehmen, daß weitere Unterscheidungen sich den viel zu einfach gebauten Theorie unserer Tradi-tion überlagern (Luhmann 1992: 3).

Trotzdem bestand Luhmann selbst auf dem Primat der funktionalen Differenzie-rung in der heutigen Weltgesellschaft. Aber obwohl die funktionale Differenzie-rung ein von der zentralen Moderne ausgestrahltes Erfordernis der Weltgesell-schaft darstellt, wird die Verwirklichung dieser Differenzierungsform besonders in Lateinamerika durch eine Art Mischform (Durcheinander von Differenzen) so stark behindert, dass man von einem „Primat" nicht ohne Weiteres sprechen kann. Und das ist eine der gravierenden Paradoxien der heutigen Weltgesell-schaft: Die für sie erforderliche Differenzierungsform findet die empirischen Sozialbedingungen ihrer Realisierung – zumindest weitgehend – nicht vor.

Wenn man über eine Beschreibung und Aufklärung der funktionsbezogenen Entdifferenzierung der Weltgesellschaft in Lateinamerika hinausgehen möchte und fragt, wie diese Mischform zu charakterisieren ist, ist die weitere Ausfüh-rung von Luhmann an derselben Stelle hilfreich. Er schreibt fort:

> Vielleicht besagt die Realisierung funktionaler Differenzierung auf weltgesellschaft-licher Ebene mit einer hohen Eigendynamik von Wirtschaft, Wissenschaft, Mas-senmedien, Politik noch lange nicht, daß die entsprechenden Bedingungen sich auch regional realisieren lassen. Und vielleicht gibt es inzwischen schon Anzeichen für

eine vorgeordnete, primordiale Differenz, die den Zugang zu den Vorteilen funktionaler Differenzierung reguliert, nämlich die von Inklusion und Exklusion [...]. Das würde bedeuten, daß die Gesellschaft in Brasilien auf doppelte Weise integriert ist, nämlich positiv durch das Netzwerk der Gefälligkeiten, der Gunsterweise, der Patron/Klient-Verhältnisse, der Korruption und negativ durch den praktischen Ausschluss vieler von der Teilnahme an allen Funktionssystemen, wobei ein Ausschluss (kein Ausweis, keine Arbeit, kein regelmäßiges Essen, keine elementare Bildung, keine Krankenversorgung, keine Sicherheit von Leib und Leben) die jeweils anderen zwangsläufig mit sich bringt (Luhmann 1992: 3f.).

Wir können dann von zwei Modellen der Differenzierungsform der modernen Weltgesellschaft sprechen: das eine, das für die Reproduktion der Weltgesellschaft besonders in den entwickelten Ländern Westeuropas und Nordamerikas maßgeblich ist; das andere, das für die lateinamerikanischen Länder und zahlreiche Länder anderer Regionen des Erdballs zutreffend ist.

Im ersten Modell gilt der Primat der funktionalen Differenzierung, so dass das Netzwerk von guten und schlechten Beziehungen in der Form von „Kontaktsystemen" und die hierarchische Differenzierung durch Schichtung in den Hintergrund rücken. Das Netzwerk von guten und schlechten Beziehungen wird nur operative Korruption oder lokalisierte strukturelle Systemkorruption auslösen, nicht aber strukturelle Systemkorruption mit verallgemeinerten Wirkungen auf das entsprechende Funktionssystem. Die Schichtung ihrerseits wird nur sekundäre Exklusion auslösen, keine primäre Exklusion (Müller 1997: 50ff.).

In Lateinamerika können wir von einer Mischform der Differenzierung sprechen, in der die funktionale Differenzierung nicht den Primat hat. So artet das Netzwerk der guten/schlechten Beziehungen in umfassende und diffuse Netzwerke der Systemkorruption aus und die funktionale Differenzierung wird durch diese überlagert. Auf dieselbe Weise artet die ökonomisch bedingte Schichtung in Beziehungen von Überinklusion und Subinklusion in die Funktionssysteme aus, so dass die primäre Exklusion/Inklusion die entsprechenden funktionsbezogenen Systemcodierungen blockiert. Selbstverständlich sind Formen der Komplexitätsreduktion und Erwartungsstabilisierung im lateinamerikanischen Kontext vorhanden, aber sie sind zu stark organisations- bzw. interaktionsabhängig und bleiben im weiten Umfang von den Kriterien der Funktionssysteme unabhängig. Daraus folgt, dass die Mechanismen der Komplexitätsreduktion und Erwartungsstabilisierung den funktionalen Erfordernissen der hochkomplexen Weltgesellschaft nicht entsprechen, was zu gravierenden Problemen gesellschaftlich unadäquater Verarbeitung und Strukturierung von Komplexität führt.

Aber wenn dem so ist, kann man weiter auf dem *Primat* der funktionalen Differenzierung der Weltgesellschaft bestehen? Meine Antwort ist „nein". Die funktionale Differenzierung bildet – ich wiederhole – ein von der zentralen Moderne ausgestrahltes Erfordernis der Weltgesellschaft. Und das stellt eines der gravierendsten Paradoxe der heutigen Weltgesellschaft dar: Die für sie erforderliche Differenzierungsform findet die empirischen Sozialbedingungen ihrer Realisierung in der Mehrheit der Regionen des Erdballs nicht vor. Die These des Primats schrumpft dann auf eine eurozentrische oder auf eine auf die entwickelten Länder beschränkte Auffassung der Weltgesellschaft zusammen.

V.

Man könnte die Frage stellen, ob die These des Primats nicht mit einem funktionsbezogenen *normativen Anspruch* der Weltgesellschaft zusammenhängt, der von dem Zentrum dieser Gesellschaft ausgestrahlt wird. Die Selbstbeschreibung der normativen Strukturen der Weltgesellschaft würde dann dazu zwingen, sich mit dieser Frage zu befassen. Für diese Interpretationsmöglichkeit gibt es Anzeichen in Luhmanns Werk. Die folgende Stelle ist zu beachten:

> Kurz: die über binäre Eigencodierung gesicherte Autonomie der Funktionssysteme schließt eine Metaregulierung durch einen moralischen Supercode aus, und die Moral selbst akzeptiert, ja remoralisiert diese Bedingung. *Denn jetzt werden Code-Sabotierung zum moralischen Problem – etwa Korruption in der Politik und im Recht oder das Doping im Sport oder das Kaufen von Liebe oder die Mogelei mit Daten der empirischen Forschung* (Luhmann 1997: 1043).

Aus einer juristischen und interdisziplinären Perspektive hat Gunther Teubner sich mit diesem Problem als einem normativen Problem der Weltgesellschaft auseinandergesetzt. Die Antwort von Teubner verweist auf die zivilen Verfassungen der Weltgesellschaft, die als Mechanismen gegen die Expansion von bestimmten Gesellschaftsbereichen zu Lasten der Autonomie anderer dienen könnten (Teubner 2000; 2003). Diese Antwort kann zwar für die neuen transnationalen Fragen der Weltgesellschaft sehr relevant sein, aber sie hat wenig Bedeutung für die Entwicklungsprobleme Lateinamerikas, die aus der Beobachtungsperspektive des Rechts schon in der mangelhaften Verwirklichung der Rechtsstaatlichkeit in den entsprechenden Ländern liegen.

Nicht zuletzt kann man fragen, ob dieses Problem mit dem Primat der Wirtschaft, Technik und Wissenschaft in der Weltgesellschaft zusammenhängt. Zwar hat Luhmann zu Recht in seinem Frühwerk die Kompatibilität der funktionalen Differenzierung mit dem Primat der kognitiven Erwartungen in der Weltgesellschaft bejaht. Diese These wurde neuerdings von Teubner und Fischer-Lescano wiederbelebt. Die Weltgesellschaft wird dann als eine Gesellschaft charakterisiert, die sich *primär* auf der Basis von kognitiven Erwartungen (Wirtschaft,

Wissenschaft Technik) herausbildet,[8] also durch „einen gesellschaftlichen Primat der Wirtschaft" bzw. als eine „wirtschaftliche Gesellschaft" verstanden werden kann (Luhmann 1981d: 150). Zwar entfernte sich Luhmann später von dieser Position, um zugunsten einer Radikalisierung der These der Autopoiesis die Horizontalität in den Beziehungen zwischen den Funktionssystemen zu betonen (Luhmann 1988: insbes. 27; 1997: insbes. 747f., 762f.). Aber die frühere Position Luhmanns ist meines Erachtens unter dem systemischen Gesichtspunkt beizubehalten, nicht in dem Sinne eines „ontisch wesensmäßigen" Primats (Luhmann 1975b: 63f.) oder eines notwendigen Mangels an Autopoiesis bei den anderen sozialen Systemen, sondern in dem Sinne, dass in den Umwelten der verschiedenen Teilsysteme der (modernen) Weltgesellschaft die Wirtschaft den relevantesten, primär zu beobachtenden Faktor bildet. Mit anderen Worten: Die Wirtschaft ist bei aller erfolgreichen funktionalen Differenzierung mit der gesellschaftlich stärksten binären Codierung von Ja und Nein ausgestattet. Es ist jedoch nicht auszuschließen, dass bei starken Schichtungsklüften bzw. Exklusionen innerhalb des Wirtschaftssystems dieses Primat in eine ökonomisch bedingte Entdifferenzierung der Gesellschaft degeneriert. Und das steht im Mittelpunkt der gesellschaftlichen Konstellationen in Lateinamerika.

Literatur

Atlan, Henri (1979): *Entre le cristal et la fumée: Essai sur l'organisation du vivant.* Paris: Seuil.
Fischer-Lescano, Andreas/Teubner, Gunther (2006): *Regime-Kollisionen: Zur Fragmentierung des globalen Rechts.* Frankfurt am Main: Suhrkamp.
Luhmann, Niklas (1971): „Systemtheoretische Argumentationen: Eine Entgegnung auf Jürgen Habermas". In: Habermas, Jürgen/Luhmann, Niklas: *Theorie der Gesellschaft oder Sozialtechnologie – Was leistet die Systemforschung?* Frankfurt am Main: Suhrkamp, S. 291-405.
—   (1973): „Politische Verfassungen im Kontext des Gesellschaftssystems". In: *Der Staat* 12. Berlin: Duncker & Humblot, S. 1-22, 165-182.
—   (1975a): „Komplexität". In: Ders.: *Soziologische Aufklärung 2: Aufsätze zur Theorie der Gesellschaft.* Opladen: Westdeutscher Verlag, S. 204-222.
—   (1975b): Die Weltgesellschaft. In: Ders.: *Soziologische Aufklärung 2: Aufsätze zur Theorie der Gesellschaft.* Opladen: Westdeutscher Verlag, S. 51-71.
—   (1981a): *Ausdifferenzierung des Rechts.* Frankfurt am Main: Suhrkamp.
—   (1981b): „Konflikt und Recht". In: Ders. 1981a: *Ausdifferenzierung des Rechts.* Frankfurt am Main: Suhrkamp, S. 92-112.

---

8   Luhmann (1975b: insbes. 55, 57f.; 1981c: 32; 1981d: 149ff.; 1973: 5); Fischer-Lescano/ Teubner (2006: 7); Neves (1992: 75f.).

— (1981c): „Evolution des Rechts". In: Ders. 1981a: *Ausdifferenzierung des Rechts*. Frankfurt am Main: Suhrkamp, S. 11-34.

— (1981d): „Positivität des Rechts als Voraussetzung einer modernen Gesellschaft". In: Ders. 1981a: *Ausdifferenzierung des Rechts*. Frankfurt am Main: Suhrkamp, S. 113-153.

— (1981e). „Die Funktion des Rechts: Erwartungssicherung oder Verhaltenssteuerung? In: Ders. 1981a: *Ausdifferenzierung des Rechts*. Frankfurt am Main: Suhrkamp, S. 73-91.

— (1984): *Soziale Systeme: Grundriß einer allgemeinen Theorie*. Frankfurt am Main: Suhrkamp.

— (1986): *Die soziologische Beobachtung des Rechts*. Frankfurt am Main: Metzner.

— ([3]1987): *Rechtssoziologie*. Opladen: Westdeutscher Verlag.

— (1988): *Die Wirtschaft der Gesellschaft*. Frankfurt am Main: Suhrkamp.

— (1992): „Zur Einführung". In: Neves, Marcelo: *Verfassung und Recht in der peripheren Moderne: Eine theoretische Betrachtung und eine Interpretation des Falls Brasilien*. Berlin: Duncker & Humblot, S. 1-4.

— (1993): *Das Recht der Gesellschaft*. Frankfurt am Main: Suhrkamp.

— (1997): *Die Gesellschaft der Gesellschaft*. Frankfurt am Main: Suhrkamp, 2 Teilbände.

— (2000): *Organisation und Entscheidung*. Opladen/Wiesbaden: Westdeutscher Verlag.

Müller, Friedrich (1997): *Wer ist das Volk? Die Grundfrage der Demokratie – Elemente einer Verfassungstheorie VI*. Berlin: Duncker & Humblot.

Neves, Marcelo (1992): *Verfassung und Positivität des Rechts in der peripheren Moderne: Eine theoretische Betrachtung und eine Interpretation des Falls Brasilien*. Berlin: Duncker & Humblot.

Teubner, Gunther (2000): „Privatregimes: Neo-Spontanes Recht und duale Sozialverfassungen in der Weltgesellschaft". In: Simon, Dieter/Weiss, Manfred (Hrsg.): *Zur Autonomie des Individuums. Liber Amicorum Spiro Simitis*. Baden-Baden: Nomos, S. 437-453.

— (2003): „Globale Zivilverfassungen: Alternativen zur staatszentrierten Verfassungstheorie". In: *Zeitschrift für ausländisches öffentliches Recht und Völkerrecht* 63, 1. Heidelberg: Max Planck-Institut für ausländisches öffentliches Recht und Völkerrecht, S. 1-28.

Strukturelle und normative Interdependenz in der Weltgesellschaft und der lateinamerikanische Beitrag[*]

Aldo Mascareño

Der vorliegende Beitrag geht von der Hypothese aus, dass Weltgesellschaft eine strukturelle und normative Interdependenz voraussetzt, die auf jede Region der Welt einwirkt. Die Einwirkung auf die Region hängt davon ab, wie funktionale Differenzierung und normativ universalistische Semantiken mit den regionalen Institutionen und normativen Partikularismen interagieren. In diesem Sinne impliziert Weltgesellschaft eine Doppeldimensionalität struktureller und normativer Vorgänge, die Region und Welt miteinander verbinden.

Diese Hypothese möchte ich *durch Luhmanns Brille* – also aus systemtheoretischer Sicht – überprüfen und dadurch den theoretischen Beitrag der Region Lateinamerika zur Analyse der Weltgesellschaft erläutern. Es besteht kein Zweifel daran, dass in normativer Hinsicht die Idee einer (aus Menschen bestehenden) Weltgesellschaft – sei es in Form des *ius gentium*, des Naturrechts, der Weltbürger oder der Weltrepublik – auf eine lange Geschichte zurückblickt. Diesen Weg werde ich hier nicht verfolgen (dazu Höffe 2004, 2010; Habermas 2001; Stichweh 2004). Vielmehr handelt es sich hier um eine systemtheoretische Betrachtung der strukturellen und normativen Dimensionen der Weltgesellschaft. Die Frage lautet dann, wie solche Dimensionen zusammenkommen und regional bzw. weltgesellschaftlich miteinander interagieren.

Bei der Untersuchung dieser Problematik möchte ich mit den frühen Überlegungen über die Weltgesellschaft (*world society*) im Kontext des Zweiten Weltkrieges beginnen. Sie sind interessant, da sie schon damals die Doppeldimensionalität des Begriffs aufzeigen (1). Dann versuche ich diese Doppeldimensionalität in der Systemtheorie zu rekonstruieren. Dabei verbinde ich Luhmanns ersten Begriff der Weltgesellschaft (das ‚Und so weiter‘ der Interaktion) mit der Unterscheidung zwischen normativen und kognitiven Erwartungsstrukturen, Luhmanns zweiten Begriff der Weltgesellschaft (die weltweite Er-

[*] Die Analysen dieses Beitrages sind im Rahmen der Forschungsprojekte Nr. 1110437 und Nr. 1110428 entstanden. Sie wurden durch den chilenischen *Fondo Nacional de Desarrollo Científico y Tecnológico* gefördert.

reichbarkeit der Kommunikation) mit der Institutionalisierung der Grundrechte in der Moderne, Stichwehs Auffassung der Weltgesellschaft mit dem Imperativ der Vollinklusion, und Willkes Verständnis der Weltgesellschaft mit den normativen Aspekten von *Governance*-Strukturen (2). Die Doppeldimensionalität des Begriffes Weltgesellschaft wird dann bei der lateinamerikanischen Soziologie untersucht. Dabei handelt es sich um die erkenntnistheoretischen Probleme der regionalen Soziologie, sich mit den strukturellen und normativen Vorgängen der Weltgesellschaft in vier Perioden ihrer Entwicklung auseinanderzusetzen (3). Anschließend konzentriere ich mich darauf, eine theoretische Variante einzuführen, die die Region Lateinamerika in der Weltgesellschaft strukturell und normativ zu erklären versucht (4), und schließlich setze ich sie in Verbindung mit dem Vorschlag einer neuen Version des Begriffs von Asynchronie Gino Germanis (5).

1   Die Weltgesellschaft als strukturelle und normative Neuordnung der Welt

Im gegenwärtigen soziologischen Sinne des Wortes ist der Begriff Weltgesellschaft im Rahmen der pessimistischen Unsicherheit gegen Ende des Zweiten Weltkrieges entstanden. Leitdifferenz in diesem Zusammenhang ist der Unterschied Nation/Welt: Einerseits spricht man von den strukturellen Beziehungen zwischen Nationalstaat bzw. nationaler Souveränität und Weltgesellschaft, andererseits wird Frieden in der Nachkriegszeit als normatives Interesse hervorgehoben. Auch wenn die Bezeichnung Weltgesellschaft dazu verwendet wird, Begriffe und Sachverhalte wie ‚internationale Beziehungen' oder ‚internationale Politik' zu ersetzen und in diesem Zusammenhang nur geringe soziologisch theoretische Leistungen zu bieten hat (Stichweh 2004), sind schon damals gewisse Schlüsselwörter und Themenfelder eröffnet, die bis in die gegenwärtige Diskussion über die Weltgesellschaft hineinreichen.

Linden Manders Werk *Foundations of Modern World Society* (1941) liefert ein gutes Beispiel dafür. Auch wenn seine Hauptinteressen die internationalen Beziehungen und die Unmöglichkeit des Friedens unter einem *balance of power*-System sind, versucht Mander auch politikwissenschaftliche Analysen durchzuführen, die zu einer soziologisch-theoretischen Betrachtung des Themas beitragen. Auf der Basis der Erfahrung der ersten Hälfte des 20. Jahrhunderts geht Mander davon aus, dass sich Souveränität und Machtbalance gegenseitig stützen:

A nation's sovereignty can endure only if it has the power to maintain itself; and nations can have the power to maintain themselves only if there is a certain balance among them, the ideal being that each state can keep what it already possesses and no state or group of states is able to coerce the rest (Mander 1941: 27).

Meilenstein des Machtbalance-Systems ist keine positive Koordination, sondern eine kontinuierliche Stärkung der eigenen nationalen Position im Weltsystem, so dass eine negative Koordination mit den anderen Teilen des Systems dazu führt, die Stabilität des Ganzen zu ermöglichen. Negative Koordination reicht aber nach Mander nicht aus, um Stabilität aufrechtzuerhalten, weil im Machtbalance-System „everybody wishes to be the strongest, and in the attempt to reach that impossible goal tension increases with every increase in armaments" (Mander 1941: 28). Aufgrund der resultierenden Instabilitäten und Konflikte wird Krieg zum unvermeidlichen Faktor der internationalen Gesellschaft, die sich auf Macht und politische Unabhängigkeit (Souveränität) jedes Nationalstaates und nicht auf die Interdependenz einer Weltgesellschaft stützt.

Allerdings begreift Mander Interdependenz auf einer internationalen institutionellen Ebene als eine Kooperation unter Staaten. Es handelt sich nicht, zumindest nicht primär, um funktionale Interdependenz. Weltgesellschaft heißt in diesem Zusammenhang ‚internationale Gesellschaft':

> International society must develop along other lines by taking disputes in hand before they had reached the breaking point; by promoting friendly cooperation it should seek to maintain a spirit of mutual adjustment rather than to bring force and restraint into the foreground and to encourage peaceful change by conciliation and compromise rather than to introduce legal and forceful methods (Mander 1941: 67).

Weil dies indes nicht auf das Machtbalance-System hinauslaufen soll, bekommt Interdependenz einen supranationalen Charakter, der sich auf ein institutionelles Design und auf funktionelle *Governance*-Strukturen stützt. Daraus folgt, dass der Aufbau einer Weltgesellschaft unterschiedliche gesellschaftliche Felder einschließt, nämlich Gesundheitswesen, Arbeitsstandards, Handels- und Wirtschaftsbeziehungen, Kriminalitätsbekämpfung und Telekommunikation. Mander folgert daraus, dass „interdependence, and not independence, is the fundamental characteristic of world society" (1941: 813).

Harold Lasswell (1946) knüpft ebenfalls an das Thema Machtbalance und Weltgesellschaft an. Die Probleme Lasswells sind, erstens, der Übergang von Polypolarität zu Bipolarität der Macht im internationalen Bereich und, zweitens, die Frage nach der Unvermeidlichkeit einer Unipolarität (sei es durch Konsens oder Eroberung). Interdependenz fungiert auch bei Lasswell als zentraler Begriff bei der Analyse der wechselseitigen Beziehungen zwischen Machtstrukturen der Weltpolitik und Gesellschaftsstruktur. Die Zwischenbetrachtung Lasswells lautet: „Polarities of power are interdependent with patterns of cultural homogeneity and disparity" (Lasswell 1946: 893), so dass eine Bipolarität der Kulturen eine Bipolarität der Machtbeziehungen mit sich bringt, sprich USA und UDSSR. Neben der Bipolarität des Machtweltgeschehens identifiziert Lasswell unterschiedliche supranationale bzw. supraregionale Vorgänge, die zu einer Integration der sozialen Welt führen können, nämlich Wissenschaft und Technologie, Weltinstitutionen, Sozialstrukturen und moralische Grundhaltungen. Diese können die Härte der Bipolarität der Macht durchdringen und zugleich vermeiden, dass die gesellschaftlichen Disparitäten und Widersprüche in ein modernes Kastensystem transformiert werden:

> Such an arrangement would not signify the coming of the world state or the completion of a genuine world society. It would, however, be a decisive step toward the eventual integration of humanity, toward the triumph rather than the annihilation or the degradation of man (Lasswell 1946: 909).

Interessant ist Lasswells Analyse, weil er genau wie Mander die Doppeldimensionalität der supranationalen *Governance*-Strukturen und deren normativen Inhalt betont. Vor allem im Bereich der Gestaltung einer Nachkriegswelt scheinen die strukturellen und normativen Dimensionen einer Weltgesellschaft untrennbar zu sein. Diese Zweidimensionalität des Problems charakterisiert die Analyse des Phänomens Weltgesellschaft mit verschiedenen Akzenten bis heute.

Eine weitere bemerkenswerte Reflexion in diesem Kontext ist die von Paul Steinbicker (1944), der aus einem religiösen Blickwinkel zwischen nationaler Souveränität und Weltgesellschaft unterscheidet. Steinbicker interpretiert den damaligen Zustand und die Zukunft der internationalen Beziehungen als eine unbeabsichtigte Konsequenz der modernen Lehre der nationalen Souveränität und deren Nebenwirkungen, nämlich der Auflösung des mittelalterlichen Prinzips der Einheit der Welt und der Herausbildung von Staaten. Aus dieser segmentierten Fragmentierung der Einheit der Welt – könnte man systemtheoretisch argumentieren – folgt nach Steinbicker, dass der moderne Mensch mehr und mehr dazu neigt, Moral und Legalität sowohl auf nationaler als auch auf internationaler Ebene zu identifizieren. Dies führe dazu, die wesentlichen Grundsätze und Ziele von Staat und Mensch aus dem Blick zu verlieren:

> States, or more exactly those who participate in the affairs of state (and in a democracy that includes all of us), must once again accept as the standard for their collective as well as for their individual acts and decisions the immutable law of God (Steinbicker 1944: 50).

Das unveränderbare Gesetz Gottes fungiert nach Steinbicker als der einzige universelle Moralstandard, durch den die Nationalstaaten einen dauerhaften

Frieden erreichen können. Weder *The Quadruple Alliance* noch *The League of Nations* waren in der Lage, die Funktionen eines Weltstaates (Judikative, Legislative, Exekutive) zu erfüllen. Das Beste, was man damit erreichen könne, sei eine zeitlich begrenzte Vorbeugung gegen Krieg, nicht aber die Beseitigung des Krieges überhaupt. Dafür brauche man „the establishment and maintenance of effective legislative, executive, and judicial organs in an extra-national government of the people, for the people and by the people" (Steinbicker 1944: 54). Wie sich dies mit dem Gesetz Gottes vereinbaren lässt, wird von Steinbicker nicht erklärt, weder dogmatisch noch naturgesetzlich. Interessant ist auf alle Fälle, dass Steinbicker den Begriff des Weltstaats vom Begriff der Weltgesellschaft unterscheidet. Auch wenn er feststellt, dass der Aufbau einer Weltgesellschaft einen Weltstaat verlangt und der Weltstaat eine Spiegelung der politischen Organisation und Gewaltenteilung des Nationalstaats bleibt, liefert Steinbicker eine Definition von Weltgesellschaft, die die soziologischen normativen und strukturellen Grundintuitionen des heutigen Begriffs schon enthält:

> The establishment of a new and proper world order requires, first and foremost, recognition of the fact that practically every member of the human race now belongs to a very real, very important, and very vital *world society*. A century ago, or even less, world society was an ideal only. It was true then, as it is still true, that all men everywhere shared a common human nature, with a common end, and in this sense constituted a universal community. But the essential characteristic of a *society*, frequent and regularized contacts and interrelationships, was lacking (Steinbicker 1944: 52).

Die Semantik einer gemeinsamen menschlichen Natur und eines gemeinsamen menschlichen Zwecks gilt als zentraler *topoi* der normativen Überlegungen des mittelalterlichen religiösen Universalismus, des frührationalen naturgesetzlichen Denkens, der politischen Maximen der Aufklärung und, im Lichte von modernisierenden Denkfiguren, auch der gegenwärtigen Debatten über Gerechtigkeit und über den Aufbau einer kosmopolitischen Weltrepublik (siehe Habermas 2001; Höffe 2004, 2010; Fine 2007; Chernilo 2009, 2010). Die soziologische Formulierung aber, dass es Bedingung der Möglichkeit der Entstehung einer Weltgesellschaft ist, häufige, regularisierte Kontakte und gegenseitige Beziehungen unter den Angehörigen zu entfalten und zu konstatieren, und dass andererseits eine solche empirische, strukturelle Bedingung mit einem normativen Gehalt ausgestattet ist, wird hier mit aller Deutlichkeit formuliert. Nach wie vor mag die normative Dimension einer Weltgesellschaft Weltbürger, Weltbürgerlichkeit oder Weltrepublik heißen; aber die faktische Bedingung andauernder, regelmäßiger und vor allem strukturbildender Kontakte zwischen Regionen bzw. Staaten der Welt, die ein supranationales oder zumindest ein jenseits der nationalen

Grenzen soziales Netz schaffen, scheint von zentraler Bedeutung für das aktuelle Verständnis der Weltgesellschaft zu sein.

2 Strukturelle und normative Dimensionen der Weltgesellschaft in der Systemtheorie

Die systemtheoretischen Analysen des Weltgesellschaftsbegriffs distanzieren sich von den Vertretern der wissenschaftspolitischen bzw. institutionellen Machtbalance-Theorien in der internationalen Weltpolitik und deren Nachfolger (siehe Vincent 1978; Meyer et al. 1997; Bull 2002; Buzan 2004; Clark 2007), und beschäftigen sich direkt mit dem Problem der funktionalen Differenzierung. Dies bedeutet aber nicht, dass Themen wie Interdependenz oder die strukturelle und normative Doppeldimensionalität der Weltgesellschaft beiseitegelassen werden. Vielmehr werden sie auf einer anderen Abstraktionsebene thematisiert.

Vier Varianten des Weltgesellschaftsbegriffs kann man im Rahmen der Systemtheorie identifizieren. Sie sind unterschiedlich, aber komplementär zueinander: erstens die Weltgesellschaft als ‚und so weiter' der Interaktion; zweitens Weltgesellschaft als Erreichbarkeit der Kommunikation; drittens die evolutive Fassung, die die Ausdifferenzierung weltweit funktionierender Teilsysteme betont, und viertens die eher empirische Betrachtung der *Governance*-Strukturen und der Staatlichkeit. Darauf möchte ich in diesem Teil eingehen, um Elemente auszusuchen, die für die (strukturelle und normative) Doppeldimensionalität des Weltgesellschaftsbegriffs und für eine Integration des Begriffs Region im Rahmen der systemtheoretischen Analyse der Weltgesellschaft sprechen.

In einem vorautopoietischen Stil begreift Luhmann die Idee der Weltgesellschaft 1971 als ein über die nationalstaatlichen Grenzen sich konsolidierendes Interaktionsfeld, in dem die Erwartungen agierender Menschen nicht mehr radikal voneinander getrennt sind wie in früheren Gesellschaftsformationen. Man weiß mehr oder weniger, wie man sich unter Fremden verhalten soll und was man zu erwarten hat, wenn man unter anderen erlebt oder handelt, so dass die Weltgesellschaft nicht nur zum hypothetischen, sondern zum realen Welthorizont wird (Luhmann 2005). Dies lässt sich aber nicht als realer Kontakt von Mensch zu Mensch verstehen:

> Dies ist nur eine Nebenerscheinung der Tatsache, dass in jeder Interaktion ein ‚Und so weiter' anderer Kontakte der Partner konstituiert wird mit der Möglichkeit, die auf weltweite Verflechtungen hinauslaufen und sie in die Interaktionssteuerung einbeziehen (Luhmann 2005: 67).

Eine solche weltweite soziale Verflechtung stützt sich auf den Horizont der Erwartungsstrukturen, die Luhmann zufolge zwei grundlegende Stile annehmen können: kognitiv oder normativ. Die Zweidimensionalität der Weltgesellschaft wird hier ebenfalls betont, indem der kognitive Erwartungsstil bezeichnend für Funktionssysteme wie Wirtschaft, Wissenschaft und Technik ist, während der normative Erwartungsstil im Bereich von Politik, Recht und Moral vorherrscht. Der Unterschied zwischen beiden Erwartungsstilen lässt sich wie folgt erklären:

> Normatives Erwarten zeigt sich als entschlossen, die Erwartung auch im Enttäuschungsfalle festzuhalten, und stützt sich dabei auf entsprechende Ressourcen wie innere Überzeugung, Sanktionsmittel, Konsens. Kognitives Erwarten stilisiert sich dagegen lernbereit, es läßt sich durch Enttäuschungen korrigieren [...] Lernen oder Nichtlernen – das ist der Unterschied (Luhmann 2005: 69).

Auch wenn der normative Erwartungsstil leichter institutionalisierbar ist, lautet Luhmmans These, dass im Kontext weltweiter Interaktion der kognitive Erwartungsstil dominiert. Dies bedeutet nicht, dass normative Erwartungen keine Rolle mehr spielen; es impliziert aber, dass Normen keine universelle Geltung mehr beanspruchen können, wie bei der Positivierung des Rechts zu sehen ist; das heißt dass, wenn es um Normen in der Weltgesellschaft geht, das ‚unveränderbare Gesetz Gottes‘ oder naturrechtliche Fundierungen nur schwer mit der Komplexität und Kontingenz der weltgesellschaftlichen Strukturen zu vereinbaren sind.

1997 führt Luhmann eine neue Definition der Weltgesellschaft ein, als er sie als das System aller füreinander erreichbaren Kommunikationen definiert:

> Geht man von Kommunikation als der elementaren Operation aus, deren Reproduktion Gesellschaft konstituiert, dann ist offensichtlich in jeder Kommunikation Weltgesellschaft impliziert, und zwar ganz unabhängig von der konkreten Thematik und der räumlichen Distanz zwischen den Teilnehmern (Luhmann 1997: 150).

Weltgesellschaft ist in diesem Sinne „das Sich-ereignen von Welt in der Kommunikation" (Luhmann 1997: 150). Der Begriff stütz sich nicht mehr auf Interaktion, sondern auf Kommunikation. Er bezieht sich nicht mehr auf die Kommunikation unter Anwesenden, sondern auf den Operationsmodus gesellschaftlicher Funktionssysteme, deren Grenzen nur kommunikativ und nicht territorial zu begreifen sind.

Während Kommunikation die operative Dimension der Weltgesellschaft ist, wird die Welt zu einem Metabegriff des sinnhaften Erlebens. Sie, die Welt, ist nicht mehr durch Gott, Ethik, Natur oder sogar Politik bestimmbar; diese ‚Welten‘ würden Gesellschaftsformationen der Vergangenheit entsprechen. Die Welt der gegenwärtigen Weltgesellschaft ist eine Welt, „die sich ausdehnt oder schrumpft, je nachdem, was vorkommt" (Luhmann 1997: 156); sie ist das Korrelat der Beobachtung zweiter Ordnung und deswegen eine heterarchische und azentrische Welt, die strukturell durch funktionale Differenzierung und normativ durch die Institutionalisierung von Grundrechten charakterisiert ist.

Beide Sachverhalte sind voneinander abhängig. Da nach Luhmann die Gefahr der Entdifferenzierung und Politisierung des Ganzen immanent zum Differenzierungsprozess ist, erfordert man korrigierende und blockierende Institutionen wie Gewaltentrennung, Trennung von Politik und Verwaltung und Grundrechte. Wenn sich aber diese Institutionen asynchron zu den Machtkonstellationen bzw. -strukturen der Politik befinden, dann sind sie nicht in der Lage, die Politisierung des gesamten Kommunikationswesens zu vermeiden. Der Differenzierungsprozess wird tendenziell von einer politischen Rationalität besetzt, die zu Spannungen bezüglich der Anerkennung und Verarbeitung der gesellschaftlichen Komplexität zwischen den dezentralisierenden kognitiven Erwartungen der funktionalen Differenzierung und den zentralisierenden normativen Erwartungen des Politischen führt. Dafür benötigt man bestimmte Institutionen der Differenzierung, die dafür sorgen müssen, „daß die Untersysteme der Gesellschaft *füreinander disponibel bleiben*, denn nur dadurch wird wechselseitige Interdependenz möglich" (Luhmann 1999: 35). Solche Institutionen sind die Grundrechte, normativ institutionalisierte Verhaltenserwartungen wie Würde, Freiheit, Eigentum, Beruf, politisches Wahlrecht oder Gleichheit vor dem Gesetz, die die strukturelle Politisierung des Ganzen bzw. seine Entdifferenzierung zu vermeiden versuchen. Daraus ergibt sich die Funktion der Grundrechte:

> Sie bezieht sich nicht auf die Herstellung der Differenzierung in relativ autonome Kommunikationsstrukturen, sondern auf die Erhaltung der die Gesamtordnung konstituierenden Differenzierung gegenüber Gefährdungen, die aus den Systemtrennungen und den damit verbundenen wechselseitigen Abhängigkeiten entstehen (Luhmann 1999: 71-72).

Ein dritter Beitrag zur Diskussion über die Weltgesellschaft wird von Rudolf Stichweh geleistet. Nach Stichweh (2000) bedeutet Weltgesellschaft genau wie bei Luhmann kommunikative Erreichbarkeit eines Welthorizonts. Interessant ist an Stichwehs Auffassung vor allem, dass er die Weltgesellschaft morphogenetisch analysiert. Evolutiv erreichte Innovationen und Mechanismen tragen zur Morphogenese eines Weltgesellschaftssystems bei und bestimmen seine gegenwärtige Dynamik. In einer offenen Liste von Innovationen nennt Stichweh folgende: a) funktionale Differenzierung, b) Organisationen, und c) Kommunikationstechniken. Mechanismen der Weltgesellschaft seien inzwischen: a) globale Diffusion institutioneller Muster, b) globale Vernetzung kommunikativer Ereignisse und c) Dezentralisierung in Funktionssystemen, die zur Erosion von regionalen Zentren führt (Stichweh 2000: 250ff). Die Operation dieser Innovationen und Mechanismen wirkt bei der Reproduktion einer Weltgesellschaft mit und generiert ihre evolutiven Kontinuitäten und Diskontinuitäten.

Die Morphogenese einer Weltgesellschaftsordnung lässt sich andererseits nicht auf die politisch und wirtschaftlich orientierte Idee einer Machtbalance nach dem Zweiten Weltkrieg reduzieren; auch nicht auf die ökologischen Interaktionen zwischen verschiedenen Gesellschaften der Vergangenheit. Entscheidend ist, dass es im Kontaktvorgang zweier regional getrennter Gesellschaften zu Strukturveränderungen kommt, die sie mit dem Emergenzniveau der Weltgesellschaft verbinden:

> Die Weltgesellschaft beginnt in dem Augenblick, in dem eines der Gesellschaftssysteme nicht mehr akzeptiert, dass es neben ihm noch andere Gesellschaftssysteme gibt und dieses Gesellschaftssystem zusätzlich über die Instrumente und Ressourcen verfügt, diese Nichtakzeptation in strukturelle Realität umzuformen (Stichweh 2000: 249).

Folge davon sind unterschiedliche und weltweit verbreitete Prozesse der Strukturbildung und normative Semantiken, die man mit den Konsequenzen der Konkretisierung der funktionalen Differenzierung identifizieren kann.

Mit der funktionalen Differenzierung der Weltgesellschaft, das heißt mit dem Übergang vom Primat der Stratifikation zum Primat der funktionalen Differenzierung, hängt die Auflösung der moralischen und rechtlichen Institutionalisierung von Inklusionsprivilegien von bestimmten Personen und Schichten zusammen. Daraus ergibt sich Stichweh zufolge, dass man in den Selbstbeschreibungen und Codes der Funktionssysteme keine immanenten Exklusionsmotive finden kann, die bestimmte Gesellschaftsgruppen oder Personen aus- bzw. einschließen. Dies wird von Stichweh (2005: 71, 72) der *Imperativ der Vollinklusion* aller Gesellschaftsmitglieder in jedes der Funktionssysteme genannt. Ein solcher Imperativ der Vollinklusion greift bei Stichweh nicht auf transzendentale Wertvorstellungen zurück, sondern auf die Wachstums-, Steigerungs- und Innovationsmotive, die die Dynamik ausdifferenzierter Funktionssysteme kennzeichnet. Es handelt sich dabei um eine unmittelbare Folge des systemischen Funktionierens, „weil die Inklusion einer immer größeren Zahl von Personen in die Prozesse des Systems eine der plausibelsten Formen ist, Wachstum zu realisieren" (Stichweh 2005: 73).

Gerade weil der Imperativ der Vollinklusion von Gesellschaftsmitgliedern in die Funktionssysteme nicht mit strukturellen Selbstverwirklichungsmöglichkeiten ausgestattet ist (Stichweh 2005: 72) und weil dies zu ungleichen Inklusions- und Exklusionsleistungen führt, für die der Imperativ der Vollinklusion zum

operativen Verweisungshorizont wird, möchte ich vorschlagen, dass der genannte Imperativ eine normative Funktion bei jedem System erfüllt: Er zwingt das
System dazu, die faktischen Inklusionsprobleme zu thematisieren und kontrafaktisch, sie in Inklusionsmöglichkeiten zu verwandeln; er zwingt also das System
dazu, nach fehlenden Selbstverwirklichungsmöglichkeiten ständig zu suchen.
Der Imperativ lässt sich zwar durch seine Abwesenheit, also durch Negativität
erkennen, d.h. er wird weder innerhalb noch außerhalb des Systems positiv formuliert; er schließt aber trotzdem aus, dass es in der modernen Gesellschaft zu
einer expliziten Positivierung von Inklusionsprivilegien von bestimmten Personen und Schichten kommt. Um es mit Luhmann in Verbindung zu bringen,
könnte man sagen, dass sich die Negativität des Imperativs der Vollinklusion in
der Form der Institutionalisierung von Grundrechten und anderen universalistischen Normen dieser Art, wie z.b. Menschenrechten, verwirklichen lässt, so dass
operativ das System nicht ausschließen darf, dass es immer zur Vollinklusion
kommen kann.

Während es für Luhmann und Stichweh bei der Definition von Weltgesellschaft um die Hervorhebung der Kommunikation und der funktionalen Differenzierung gesellschaftlicher Teilsysteme geht, vertritt Helmut Willke eine andere
Auffassung des Weltgesellschaftsbegriffs. Es handelt sich bei ihm um die Definition der institutionellen Basis, die aus den territorialen Bindungen des Nationalstaates ausbricht und sich zu globalen Kontexten ausdehnt (Willke 2007: 140).
Statt von einer weltgesellschaftlichen Ausdifferenzierung der Funktionssysteme
spricht Willke von lateralen Weltsystemen, die durch symbolisch generalisierte
Kommunikationsmedien unterschiedliche Symbolordnungen errichten: Ordnung
des Geldes, des Rechts, des Wissens (Willke 2005). Indem sie selbstreferentiell
operieren, bilden die lateralen Weltsysteme eigene Formen der Selbststeuerung
aus, die allmählich eine supranational operierende Basis entwickeln.

Die Idee der Selbststeuerung ist für Willke in diesem Sinne entscheidend,
wenn es darum geht, die Weltgesellschaft als *Gesellschaft* zu definieren. Willke
hält Definitionen, die Weltgesellschaft als reine Kommunikation bzw. Interaktion verstehen – das wäre eine Definition des Sozialen – für ungenügend. Ebenfalls reicht es seiner Ansicht nach weder aus, die Idee globaler Institutionen an
diese Stelle zu platzieren, denn das wäre die Bezeichnung für Globalisierung;
noch, dass die Weltgesellschaft über eine Wirklichkeit jenseits der nationalstaatlichen Grenzen verfüge, denn das wäre das Feld des Supranationalen. Nach
Willkes Auffassung bildet sich eine Weltgesellschaft erst dann heraus,

> wenn ein kommunikativ konstituierter globaler Kontext die Fähigkeit der Selbst-
> steuerung ausbildet. Dies meint, dass die Weltgesellschaft in der Lage sein müsste,
> ihre Ordnungsform als Balance notwendiger Ordnung und möglicher Unordnung
> selber zu bestimmen (Willke 2006: 34).

Subsidiarität und Föderalität seien die zwei Prinzipien, die Ordnung und Unordnung in einer heterotopischen Weltgesellschaft versöhnen würden: Föderalität als dezentralisierte Selbststeuerung lateraler Weltsysteme und Subsidiarität als Kontextsteuerung für Koordinationsprobleme:

> Entsprechend möchte ich Föderalität als Ordnungsprinzip für hohe Komplexität verstehen, wonach die im System insgesamt anfallende Steuerungslast nicht an der Spitze des Systems konzentriert ist (Hierarchie, Zentralstaat), sondern nach dem Prinzip der Subsidiarität primär als Selbststeuerung der Komponenten des Systems beruht und nur dort, wo es unabdingbar ist, auf der Kontextsteuerung des Ganzen durch Institutionen, die das System insgesamt repräsentieren. (Willke 2003: 15-16)

Da es aber keine Selbststeuerung der Weltgesellschaft als Ganzes gibt – etwa über einen Weltstaat –, und da es sich in modernen Gesellschaften nicht nur um die Unordnung verschiedener Logiken unterschiedlicher Teilsysteme handelt, sondern auch um die Ordnung der Koordination, kommen Formen von *Governance* ins Spiel, die dazu dienen, die Akteure innerhalb der lateralen Weltsysteme normativ zu organisieren. Denn *Governance* „is the activity of coordinating communications in order to achieve collective goals through collaboration" (Willke 2007: 10). Governance ist in diesem Sinne ein allgemeiner Begriff zur Bezeichnung von Regelstrukturen, symbolisch verbreiteten Erwartungen und Institutionen, die jenseits der nationalstaatlichen Grenzen und ohne transzendentale Werte operieren, die sich aber thematisch nur um bestimmte Gesellschaftsfelder kümmern. So Willke:

> The discussion of the question of an inviolate level of incontestable norms leads to a preliminary conclusion. Any position, including Max Weber, Herbert Simon or Niklas Luhmann, which takes formal legitimacy, procedural rationality and legitimacy through procedures seriously, must deny the possibility of incontestable norms or supreme values. However, beneath this inviolate level of pure contingency it is always possible to introduce value considerations into the decision process, particularly if the decision to be taken appears as paradoxical or even tragic. It is a pragmatic way to avoid the poignancy of sheer contingency and leave some room for a semblance of 'real' truth, camouflaging the definite loss of supreme norms. The paradox of having to arrive at final decision without the help of final norms is dissolved into a combination of formal legitimacy and informal value-judgments. (Willke 2009: 41)

Die gegenwärtige Selbstchaotisierung des Rechts, welches einerseits über die Grenzen des Nationalstaates in verschiedene Rechtsregimes zersplittert ist und andererseits selbständige normative Dimensionen des sozialen Lebens aufrechterhalt, scheint das beste Beispiel dafür zu liefern, wie eine strukturelle Form von

Governance sowohl dezentral und als auch bezüglich der Funktion von Stabilisierung normativer Erwartungen einheitlich operieren kann (Fischer-Lescano/Teubner 2006). Allerdings gilt dies nicht nur für das Rechtsystem, sondern auch für *Governance*-Regimes bzw. Institutionen im Bereich der Wirtschaft, der Erziehung, und der Wissenschaft u.a. (dazu Gruber 2000; Kjaer 2010; Senn 2011).

Zusammenfassend lässt sich die Weltgesellschaft aus systemtheoretischer Sicht strukturell durch Kommunikation, funktionale Differenzierung und *Governance*-Strukturen und normativ durch die Operation kognitiver und normativer Erwartungsstrukturen, Institutionalisierung von Grundrechten, den Imperativ auf Vollinklusion und dezentrale Regelstrukturen charakterisieren. Die Frage lautet nun, wie die soziologischen Analysen der Region Lateinamerika diese strukturelle und normative Doppeldimensionalität reflektieren und dabei die Integration der Region in weltgesellschaftliche Vorgänge beobachten lassen.

3   Die Region Lateinamerika und die Erkenntnisblockaden. Strukturelle und normative Aspekte

Im Anschluss an Niklas Luhmann habe ich an anderen Stellen versucht, die Beobachtung der lateinamerikanischen Soziologie über weltgesellschaftliche Ereignisse durch den Begriff der Erkenntnisblockaden zu beleuchten (Mascareño/ Chernilo 2009, Mascareño 2010a, 2010b). Dabei handelt es sich um die schwer zu überwindenden erkenntnistheoretischen Probleme der regionalen Soziologie, sich von der partikularistischen Tradition des lateinamerikanischen Sozialdenkens einerseits und von den politischen Interventionen in die Präferenzkriterien der Wissenschaft andererseits fern zu halten. Anders als bei Luhmann sind diese Erkenntnisblockaden dadurch gekennzeichnet, dass erstens die regionale Soziologie die lateinamerikanische Moderne als eine zweitrangige bzw. unvollkommene Version der europäischen Moderne betrachtet; dass zweitens die lateinamerikanische Gesellschaft in der soziologischen Analyse durch über Werthaltungen verbundene Gemeinschaften repräsentiert wird; und dass drittens die Legitimität des sozialwissenschaftlichen Wissens an seiner Potentialität, sich in ein konkretes politisches Programm zu verwandeln, gemessen wird.

Die Konsequenz der ersten Blockade lautet, dass es für die lateinamerikanische Soziologie schwierig wird, die regionalen Gesellschaftsstrukturen als Diskontinuitäten des Konkretisierungsprozesses der weltweiten Umsetzung der funktionalen Differenzierung zu betrachten. Diskontinuitäten und Widersprüche bezüglich des europäischen Musters werden vielmehr als eine *Gesellschaft anderen Typs* interpretiert. Dies wird hier die strukturelle Erkenntnisblockade genannt. Als Konsequenz der zweiten Blockade gilt, dass die lateinamerikanische Gesellschaft aus gemeinschaftlichen, normativ partikularistischen kulturellen Perspektiven interpretiert wird, wie zum Beispiel aus der Perspektive der Proletarier, Indigene, Katholiken oder der Nationen. Daraus folgt, dass universalistische und weltgesellschaftliche normative Institutionen wie etwa Grundrechte eine geringe oder überhaupt keine Rolle bei den soziologischen Argumentationsmustern spielen. Infolgedessen wird diese die normative Erkenntnisblockade genannt. Die Konsequenz der dritten Blockade besteht darin, dass die kognitiven Operationen der Soziologie durch politische Interessen geleitet werden. Aus der Perspektive einer wissenschaftlichen Soziologie gilt diese als eine methodologische Erkenntnisblockade, indem die Rationalität der Wissenschaft durch strategisch politische Präferenzen eingegriffen wird.

Beobachtet man das lateinamerikanische Sozialdenken des 19. Jahrhunderts und die wissenschaftliche Soziologie des 20. Jahrhunderts, dann lässt sich feststellen, dass zahlreiche Autoren an mehreren Passagen unter den Erkenntnisblockaden gelitten haben. Nur wenige theoretische Analysen haben sich von diesem Einfluss wirklich befreit. Darauf kann ich an dieser Stelle nicht näher eingehen, ich möchte jedoch im Folgenden einige Hinweise erwähnen, die dazu dienen können, die Probleme zu identifizieren, die die Erkenntnisblockaden in der lateinamerikanischen Soziologie bzw. im regionalen Sozialdenken auslösen, wenn es darum geht, Lateinamerika in struktureller und normativer Hinsicht als Region der Weltgesellschaft zu begreifen.

Aus dieser Perspektive betrachtet – und auf der Basis klassischer Periodisierungen der lateinamerikanischen Soziologie (Poviña 1959; Germani 1959) – möchte ich vier sich zeitlich überschneidende Phasen hervorheben, die bedeutende Änderungen im Hinblick auf das historisch-soziologische Zusammenspiel der Blockaden repräsentieren: a) die erste Phase ist die des *national-zivilisatorischen Projekts* und reicht vom 19. Jahrhundert bis in die ersten Jahrzehnte des 20. Jahrhunderts; b) als *entwicklungsbedürftige Peripherie* möchte ich die zweite Phase bezeichnen, die von den 1930er bis in die 1980er Jahre andauert; c) die dritte Phase der *Identitätsvorbilder* reicht von den 1980er Jahren bis in die Gegenwart hinein; und d) die vierte Phase heißt *Lateinamerika in der Weltgesellschaft* (im 21. Jahrhundert).

a) Erste Phase: Das national-zivilisatorische Projekt. Unter Einfluss des Positivismus Comte'scher Prägung war der Leitunterschied des Sozialdenkens während der ersten Phase das Beobachtungsschema Zivilisation/Barbarei. Das Regional-Lateinamerikanische, nämlich die ursprünglichen Traditionen Lateinamerikas, wurden als Barbarei empfunden. Demgegenüber galt Europa als eine vollkommene Gesellschaft, als Endziel des Fortschrittes eines unvollkommenen lateinamerikanischen Geistes (erste Blockade). Es handelte sich um eine *Gemeinschaft des Fortschrittes*, die durch einen positivistischen, offen antireligiösen, aber politisch konservativen, hierarchischen und urbanen Charakter gekennzeichnet war, den man unter dem Stichwort des Fortschrittsvorurteils resümieren könnte (zweite Blockade). Zentrale Themen dieser ersten Phase sind die nationale Emanzipierung und die Konkretisierung nationalstaatlicher Projekte. In diesem Zusammenhang war das protosoziologische Wissen ein Instrument zur gesellschaftlichen Gestaltung der Nation und des Staates, besonders im Bereich der Erziehung, des Rechts und der Wirtschaft (dritte Blockade) (Germani 1959).

In diesem Sinne erfolgte im Rahmen der Sozialanalyse kein Versuch einer Interpretation der Region, die die strukturellen Innovationen der lateinamerikanischen Kolonial- und republikanischen Geschichte im Bereich der Politik, der Wirtschaft oder des Rechts als regionale Konkretisierungen der strukturellen und normativen Aspekte der Moderne in Betracht gezogen hätte (sei es funktionale Differenzierung, *Governance*-Strukturen, Grundrechte, Vollinklusion). In systemtheoretischer Terminologie könnte man sagen: Es gab keine Beobachtung zweiter Ordnung des Prozesses der funktionalen Differenzierung und der Konstitution einer Weltgesellschaft als solche. Es handelte sich im Gegenteil um eine lateinamerikanische aufklärungsgeprägte weltgeschichtliche Version des europäischen Motivs der Völker am Rande der Geschichte – Völker, die durch einen zivilisatorischen Druck und die Mittel der politischen Macht (bzw. des Geistes) verfeinert, kultiviert und schließlich homogenisiert werden sollten. Domingo Faustino Sarmiento, Juan Bautista Alberdi, Gabino Barreda, José Ingenieros, Luis Pereira Barreto, Miguel Lemos, Raimundo Teixeira, Gilberto Freyre u.a. zählen zu den wichtigsten Vertretern dieses Beobachtungsmodells (dazu Villegas 1964; Zea 1980; Anderle 1988; King 2004).

b) Zweite Phase: Entwicklungsbedürftige Peripherie. Während die erste Phase durch den Leitunterschied Zivilisation/Barbarei gekennzeichnet war, ist die zweite Phase durch die Differenz Entwicklung/Unterentwicklung charakterisiert. Das so genannte Fortschrittsvorurteil nimmt eine neue Variante an, welche die ‚Barbarei' der ersten Phase nicht mehr abzuschaffen versucht, sondern sie als Unterentwicklung versteht, das heißt als rückständigen Moment einer einheitlichen und unvermeidlichen Geschichte, in der Europa und die USA als strukturell notwendige Zukunftszustände vorkommen (erste Blockade). Unterschiedliche ethische Projekte entfalten sich in dieser Phase, die sich bis in die 80er Jahre des 20. Jahrhunderts hinein fortsetzt. Man kann dabei mehrere normativ partikularistische gemeinschaftliche Interessen identifizieren, die die soziologischen Analysen prägen (zweite Blockade) und sie dazu führen, sich selbst als Disziplin im

Dienste der Akteure und ihrer politischen Projekte zu begreifen. Es bildet sich eine Soziologie des Proletariats, der Indigenen, der national-populistischen Bewegungen und des an der Nationalentwicklung interessierten Staates heraus, deren Präferenzkriterien durch partikularistischen Werte und Normen interveniert sind (dritte Blockade).

Auch wenn Gino Germani in dieser Phase seine Theorie der Asynchronie aufstellt, die die Erkenntnisblockaden zu überwinden versucht (siehe unten), herrscht bei der damaligen Interpretation der Region eine Selbstreflexion über die Position Lateinamerikas im Weltkapitalismus vor. In den meisten Fällen handelte es sich aber nicht um eine Beobachtung zweiter Ordnung, sondern um eine *kampfbereite Soziologie* (Werz 1995), die strukturell durch das Schema Zentrum/Peripherie (und dessen Derivative Metropole/Satelliten, Erste/Dritte Welt, Feudalismus/Kapitalismus, Zentralökonomie/Ungleiche Peripherien) beobachtet wird und normativ die partikularistischen Sichtweisen der repräsentierten Gruppen übernimmt. Einiges von den Überlegungen über die Weltgesellschaft um den Zweiten Weltkrieg wird bei den Betrachtungen dieser Phase der lateinamerikanischen Soziologie auch übernommen, zum Beispiel die politische und ideologische Bipolarität der Welt und die nationalstaatliche Interdependenz eines internationalen Weltsystems im Sinne Wallersteins (1974). Diese werden aber nicht unter dem Begriff der Weltgesellschaft und deswegen nicht nach Kriterien wie funktionale Differenzierung oder Institutionalisierung von Grundrechten bewertet, sondern unter den strukturellen und normativen Vorbedingungen eines kapitalistischen Modells (wie ebenfalls bei Wallerstein in den 70er Jahren der Fall war) reflektiert. Dies führte dazu, die Region Lateinamerika als unterentwickelte, marginale, ausgebeutete sowie politisch und moralisch befreiungsbedürftige Peripherie zu bezeichnen. Zu den bedeutsamsten Vertretern dieser Phase gehören u.a. Manuel González Prada, José Carlos Mariátegui (Indigenismus), Raúl Haya de la Torre, Rodolfo Puiggrós (Populismus), Pablo González Casanova, Rui Mauro Marini (Marxismus), das entwicklungstheoretische Denken der CEPAL (*Comisión Económica para América Latina y el Caribe*) sowie Fragmente der Dependenztheorie (siehe dazu Kay 1988; Larraín 1989, 2000; Werz 1995).

Zeitlich gehört auch Gino Germani in diese Phase, nicht aber im soziologischen Sinne. Strukturell beschreibt Germani, wie sich in Lateinamerika Tradition und Moderne gegenseitig interpenetrieren. Dafür verwendet er den Begriff der Asynchronie. Darunter versteht er, dass „Modifizierungen in der soziokulturellen Welt mit unterschiedlicher Geschwindigkeit (und manchmal Richtungen) in verschiedenen Sektoren, Teilen (oder andere interne Bezeichnung) der Gesellschaft erfolgen" (Germani 1962: 16). Germani unterscheidet vier Sorten von Asynchronie: geographische, institutionelle, soziale und motivationale Asynchronie, die zur Koexistenz differenzierter Strukturen und Normen führt (Germani 1962: 98ff). Lateinamerika ist in diesem Sinne nicht an europäischen Maßstäben zu messen, sondern eine Region eigenen Rechts, in der weltgesellschaftliche moderne Vorgänge und lokale geschichtliche Vorbedingungen miteinander konfrontiert sind und die institutionellen Muster der funktionalen Differenzierung auf besondere Weise umsetzen (Überwindung der ersten Blockade).

Germani bietet erstmals eine Interpretation an, die nicht an nationalstaatliche Gemeinschaften gebunden ist. Unter dem Ausdruck *world sociology* versucht er sogar, jede nationalistische Akzentuierung innerhalb des Arbeitsbereiches einer wissenschaftlichen Soziologie abzulehnen (Überwindung der dritten Blockade). Demzufolge ist er normativ daran interessiert, den Populismus als die lateinamerikanische Variante des Faschismus zu entlarven. Nach Germani erteilt der Populismus dem Volke einen falschen Eindruck von Partizipation an der Macht und damit eine falsche Vorstellung von Freiheit und von Beteiligung an politischen Entscheidungsprozessen, die die demokratischen Prinzipien eines Rechtsstaates bzw. die Grundrechte abwerten (Germani 1978, 1981, 2004). Dies geschieht in Lateinamerika, weil die Inklusionsmechanismen einer asynchronen Institutionalisierung nicht dafür ausreichen, die normativen Erwartungen auf Vollinklusion zu erfüllen. Der Populismus ist insofern ein funktionales Äquivalent zur Revolution und ein anti-demokratisches politisches Modell, das dazu dient, die Bevölkerung unter Kontrolle zu bringen, wenn die strukturellen Selbstverwirklichungsmöglichkeiten des Systems, Inklusion zu erzielen, nicht vorhanden sind (Überwindung der zweiten Blockade).

Gino Germani ist somit der erste Soziologe Lateinamerikas, der die Region strukturell und normativ auf der Laufbahn weltgesellschaftlicher Vorgänge untersucht und dabei ihre gesellschaftlichen Eigentümlichkeiten nicht als Anomalie, sondern als Konkretisierung supranationaler Prozesse betrachtet.

c) Dritte Phase: Identitätsvorbilder. Globalisierungsprozesse wurden in den 1970er und 1980er Jahren auf Weltebene unbestreitbar sichtbar. Aus einer soziologischen Perspektive machte die Definition Giddens (1990) damals klar, dass man, wenn man Globalisierung richtig verstehen will, damit rechnen muss, dass scheinbar lokale Handlungszusammenhänge aus ihrer kontextuellen Einbettung herausgelöst und in entfernten Räumen und Zeiten in ähnlicher Weise abgespielt werden. Allein schon diese Einsicht der theoretischen Soziologie sollte genügen, um die Vorstellung zweier zwar interdependenter, jedoch abgetrennter und fast ontologisch definierter Welten – wie Zentrum/Peripherie, Erste/Dritte Welt oder West/Rest – für unterkomplex zu halten. Weil ein *re-entry* der Form Zentrum/Peripherie in die Peripherie und damit ein *re-entry* der Entwicklung in die Unterentwicklung auch möglich war, musste man über die endogenen Gründe der Peripherisierung der Peripherie nachdenken. Und da die strukturellen und normativen Erklärungen Germanis für zu modernistisch und rationalistisch (oder für zu wenig marxistisch und revolutionär) gehalten wurden (obwohl es in Lateinamerika eigentlich weder eine industrielle noch eine bürgerliche Revolution gab), musste man an anderer Stelle suchen.

Die lateinamerikanische Literatur hatte schon seit der ersten Hälfte des 20. Jahrhunderts eine Alternative geliefert. Die Antwort von Autoren wie José Vasconcelos, Alejo Carpentier, Octavio Paz und Gabriel García Márquez lautete: lateinamerikanische Identität. Seit den 1980er Jahren hat sich die lateinamerikanische Soziologie mit diesem Thema beschäftigt, aber mit Ausnahme von Jorge Larraín (siehe unten) konnte sie dabei nicht den strukturellen und normativen Beschränkungen der Erkenntnisblockaden entkommen. Entweder plädierte sie aus einer neoliberalen Perspektive dafür, die lateinamerikanische durch die angelsächsische Kultur zu ersetzen (siehe dazu Véliz 1994), oder sie betrachtete die Moderne Lateinamerikas aus einer katholisch-konservativen Perspektive als reine Entfremdung, nämlich als Verleugnung des *wahren barocken Wesens* der lateinamerikanischen Identität (siehe dazu Morandé 1987) (zweite und dritte Blockade). In beiden Fällen wurde die Region wieder als Anomalie verstanden, d.h. weder funktionale Differenzierung noch Institutionalisierung von Grundrechten galten als legitime Probleme Lateinamerikas. Leitunterschied solcher Analysen war die Differenz lokal/global, wobei das Globale das Fremde und das Lokale das Eigene repräsentierte. Beide verhielten sie eher negativ zueinander und schlossen sich gegenseitig aus. Es handelte sich daher um eine Entweder-Oder-Beziehung.

Anders angelegt ist die Identitätstheorie von Jorge Larraín (1996, 1997, 2005). Dessen Argumentation basiert auf dem soziologischen Begriff der Globalisierung im Giddens'schen Sinne und auf der Idee von *paths through modernity* nach Goran Therborn (1995). Auch wenn die Moderne in Europa entstanden ist, führt ihre globalisierende Tendenz nach Ansicht von Larraín dazu, dass sich strukturelle Vorgänge territorial interpenetrieren und unterschiedliche Muster entstehen, die als Wege der Moderne gelten. In diesem Sinne ist die europäische Gesellschaftsstruktur Europas kein Endziel aller Wege in die Moderne. Bei Larraín gibt es keine Teleologie der Geschichte, weshalb auch der lateinamerikanische Weg als Weg der Moderne verstanden werden kann (Überwindung der ersten Blockade). Aus normativer Sicht stellt Larraín eine zirkuläre Produktion von Identitäten und Lebensführungen fest. Öffentliche Versionen der Identität entstehen im Zusammenhang mit den unterschiedlichen Lebensführungen. Die Lebensführungen verarbeiten die öffentlichen Versionen und setzen Mechanismen der kulturellen Produktion in Bewegung, die in Systemen wie Medien, Religion, Erziehung oder in der Politik in öffentliche Versionen der Identität verwandelt werden. Jede Version kann daher erneuert oder sogar ersetzt werden und keine darf als wesentliche Identität begriffen (Überbindung der zweiten Blockade) oder als Maßstab zur Bewertung sozialwissenschaftlicher Analysen eingesetzt werden (Überwindung der dritten Blockade).

Genau wie bei Germani wird im Werk Larraíns die *diferentia specifica* Lateinamerikas als Kombination weltgesellschaftlicher Prozesse und lokaler Praktiken interpretiert, die die Region einerseits auszeichnen und andererseits mit supranationalen Vorgängen verbinden. Man kann sagen: Es handelt sich um eine strukturell und normativ interdependente Region der Weltgesellschaft.

d) Vierte Phase: Lateinamerika in der Weltgesellschaft. In den 1950er Jahren machte Gino Germani die eher optimistische Bemerkung, dass im Hinblick auf die Entwicklung der lateinamerikanischen Soziologie schon damals eine wissenschaftliche Phase identifizierbar sei. Damit meinte er eine Soziologie, die sich an die internationalen methodologischen und theoretischen Standards angepasst habe und die nicht an Universitäten zu finden sei, sondern an Forschungszentren (Germani 1959). Man könnte also darüber spekulieren, ob er mit dem Ausdruck *wissenschaftliche Soziologie* sich selbst bezeichnete. Denn die regionalen Erkenntnisblockaden führten dazu, dass es in Lateinamerika schwierig war, eine wissenschaftliche Soziologie im Sinne des Vorherrschens kognitiver Überlegungen zu begründen. Soziologisch kann man sogar sagen, dass es zunächst eine Weltgesellschaft geben musste, damit eine Weltsoziologie entstehen konnte.

Die Auswirkungen der Erkenntnisblockaden auf die lateinamerikanische Soziologie kann man bis heute feststellen (siehe dazu Trindade 2007; Ramos 2005, 2008; 2010). Wenn es aber eine vierte Phase gibt, die die Position Lateinamerikas in der Weltgesellschaft reflektiert, dann sollte man Interpretationen identifizieren können, die jenseits der Erkenntnisblockaden die strukturellen Prozesse und normativen Haltungen in der Region konsequent supranational, weder teleologisch noch ideologisch, also wissenschaftlich und weltgesellschaftlich analysieren können. Derartige Interpretationen finden sich beispielsweise bei Autoren wie Manuel Antonio Garretón, Marcelo Neves, Jose Mauricio Domingues und Sergio Costa. Selbst wenn sie zu verschiedenen und gelegentlich widersprüchlichen Ergebnissen kommen, haben ihre Theorien auf einem abstrakten Niveau zwei Prinzipien gemeinsam: In struktureller Hinsicht erkennen sie regionale Abläufe, die von Weltstrukturen zwar abhängig sind, sich aber zugleich davon unterscheiden. In normativer Hinsicht begründen sie Institutionen universeller Werte, deren Konkretisierungsprozesse an partikulare Interessen anknüpfen. Leitunterschied bei solchen Analysen ist die Differenz Weltgesellschaft/Region.

In einem Parsons'schen Stil versucht seit langem Manuel Antonio Garretón (2000a, 2000b, 2007; Garretón/Espinoza 1992; Garretón et al. 2004), mit dem Begriff der *sozialpolitischen Matrix* einen analytischen Rahmen zu liefern, der die Austauschbeziehungen zwischen Wirtschaft, Politik, Zivilgesellschaft und Kultur in Lateinamerika thematisiert. Nach Garretón ist diese Matrix im 20. Jahrhundert vorwiegend als national-populistische Matrix auf nationaler Ebene konfiguriert. Im 21. Jahrhundert befinden wir uns seiner Ansicht nach in einer Übergangsphase zu einer neuen Zusammensetzung der sozialpolitischen Matrix, die auf die global-regionalen Gesellschaftsbeziehungen (Weltgesellschaft-Region) eingestellt ist: Es handelt sich nicht mehr um eine national-populistische und staatszentrierte, sondern um eine *multizentrische Matrix*, die strukturell durch ihre Anknüpfung an die Weltwirtschaft und normativ durch das Zusammenspiel von Autonomie und Interdependenz zwischen demokratischem Staat und Zivilgesellschaft gekennzeichnet ist (Garretón et al. 2004: 143-144). Mit der Anpassung der Matrix an globale Prozesse eröffnet Garretón neue Möglichkeiten zur Analyse Lateinamerikas als Region und zur Auswertung von Konkretisierungsmustern sowohl in strukturellen als auch in normativen Dimensionen. Die Konsequenzen sind für den Autor allerdings noch unklar, weil die Widersprüche zwischen wirtschaftspolitischer Integration und Ungleichheit, zwischen demokratischen Institutionen und Autoritarismus bzw. Neopopulismus zu erheblichen gesellschaftsorganisatorischen Problemen führen. Wie sich solche Widersprüche unter der multizentrischen Matrix entwickeln werden, ist für Garretón eine offene Frage.

Auf der Basis der Luhmanns Theorie erstellt Marcelo Neves (1992, 1996, 1997, 2006, 2007) eine andere Diagnose. Beim Untersuchen das Zusammenspiel zwischen den Weltfunktionssystemen Politik und Recht in Lateinamerika kommt Neves zu folgendem Ergebnis:

> Man darf nicht außer Acht lassen, dass es in verschiedenen staatlich begrenzten Regionen ('peripheren Ländern') weder eine adäquate Realisierung der Systemautonomie nach dem Prinzip der funktionalen Differenzierung noch die Verwirklichung der Bürgerrechte (citizenship) als Institution der sozialen Inklusion gegeben hat, die als Merkmale anderer staatlich organisierter Regionen ('zentrischer Länder') gelten. (Neves 2006: 257)

Einerseits geht es bei Neves um eine integrierte strukturelle und normative theoretisch-soziologische Analyse und andererseits um eine vergleichende interregionale Betrachtung weltgesellschaftlicher Vorgänge. Neves besteht aber darauf, die Unterscheidung Zentrum/Peripherie zu verwenden, um Regionen zu beschreiben. Dies führt zu einer gewissen Ontologisierung der Region: „In diesem Sinne definiere ich die periphere Moderne als *negative Moderne*" (2006: 257).

Im Extremfall würde die Rede von einer negativen Moderne bedeuten, dass in Lateinamerika weder die Leistungen funktional differenzierter Systeme noch die normativen Verhaltenserwartungen der Grundrechte oder des Imperativs der Vollinklusion identifizierbar seien, als ob es neben den von Neves präzis beschriebenen Entdifferenzierungsproblemen keine autonom funktionierenden systemischen Operationen gäbe. Im nächsten Abschnitt möchte ich eine andere Antwort darauf geben, die gesellschaftlichen Entdifferenzierungs- und Differenzierungsvorgänge kombiniert (siehe unten).

José Mauricio Domingues verwendet ebenfalls die Unterscheidung Zentrum/Peripherie, wendet sie aber auf andere Teilsysteme an. Dabei erkennt er eine strukturelle und normative Interdependenz zwischen der lateinamerikanischen Region und der modernen Weltgesellschaft:

> While the Latin American countries [...] should be seen as part of the periphery or the semiperiphery of the modern civilization in economic terms, with respect to democracy and justice this is not exactly the case. [...] The imaginary of modernity finds here creative forms that, as to internal institutional arrangements, as well as in what concerns the very peripheral insertion of Latin America globally, move forward in the direction of broadening and updating its axiological and normative horizons, toward emancipation, in the largest possible sense, individually and collectively. (Domingues 2008: 131)

Unter *creative forms* versteht Domingues die nach ihm *uneven, combined and contradictory* komplexen Interaktionen zwischen wirtschaftlicher Entwicklung, populären, feministischen Bewegungen sowie indigenen und afroamerikanischen Völkern, die eine demokratische Vorstellung von Bürgerrechten zu realisieren versuchen.

Letzteres reflektiert Sergio Costa (2007) unter Gilroys Begriff des *Black Atlantic*. Costa stellt die Hypothese auf, dass es sich dabei eigentlich nicht um eine Weltgesellschaft handelt – weil dies den Eindruck erweckt, dass es um die Erde gehe –, sondern um transnationale Handlungszusammenhänge, die aus spezifischen Akteuren, Diskursen und Handlungsmustern bestehen. Costa unterstellt damit,

> dass bestimmte Geltungsansprüche im Prozess ihrer transnationalen Thematisierung von ihren ursprünglichen Entstehungskontexten kulturell entwurzelt werden, um als abstrakte Gerechtigkeitsvorstellungen von Bewegungsnetzwerken, internationalen Organisationen oder Medien in die nationalen und lokalen Räume getragen und dort politisch verarbeitet zu werden (2007: 142).

Nichts anderes ist aber mit der These der strukturellen und normativen Interdependenz von Weltgesellschaft und Region gemeint, nämlich, dass es supranationale Systemstrukturen wie z.b. Netzwerke, internationale Organisationen oder Medien u.a. gibt, die normative Erwartungen wie z.b. Gerechtigkeitsvorstellungen in die Region transferieren und dort umgesetzt werden. Gerade deswegen entwickeln sich Wege der Moderne.

Die Analyse der Erkenntnisblockaden und der komplementären Periodisierung der lateinamerikanischen Soziologie erlauben folgende Feststellungen:

1. Es gibt eine regionale soziologische Tradition, die die Gesellschaftsprobleme Lateinamerikas ständig reflektiert hat.
2. Diese soziologische Tradition wird durch eine Spannung zwischen strukturell und normativ betrachteten partikularistisch ausschließenden Beobachtungsschemata einerseits und universalistisch einschließenden Beobachtungsschemata andererseits charakterisiert.
3. Partikularistisch einschließende Theorien Lateinamerikas können sich vom Einflussbereich der Erkenntnisblockaden nicht befreien und universell einschließenden Theorien reflektieren vielmehr die Interdependenz zwischen der lateinamerikanischen Region und weltgesellschaftlichen Vorgängen jenseits der Blockaden, sowohl auf struktureller als auch auf normativer Ebene.
4. Eine auf die strukturelle und normative Doppeldimensionalität soziologischer Probleme besonders aufmerksame Weltsoziologie in Lateinamerika ist mit Gino Germani entstanden und entwickelt sich bis heute in verschiedenen Varianten.

Im Folgenden möchte ich eine neue Variante einführen, die sich auf die systemtheoretischen Überlegungen des zweiten Abschnittes stützt und die vor allem mit den lateinamerikanischen Theorien der vierten Phase im Dialog steht.

4   Die Moderne Lateinamerikas

Das Theorem der funktionalen Differenzierung besagt, dass es in der Weltgesellschaft ein Primat der Funktionssysteme gibt, das strukturell zu einer polyzentrischen Gesellschaftsordnung tendiert (Luhmann 1997, 2010; Willke 1993; Stichweh 2000; Schimank 2007). Wie in Abschnitt 2 erklärt, wird dies bei der Institution der Grundrechte normativ unterstützt, indem diese die Funktion haben, die kommunikative Zentralisierungstendenz der Politik in Grenzen zu halten. Wie sich bei der Analyse der Erkenntnisblockaden der lateinamerikanischen Soziologie und der Phasen ihrer Entwicklung feststellen lässt, wäre eine Beschreibung Lateinamerikas unter dem Primat der funktionalen Differenzierung und der Institution der Grundrechte erst in der letzten Phase (Lateinamerika in der Weltgesellschaft) denkbar. Dies bedeutet zwar nicht, dass es vorher keine funktionale Differenzierung oder keine Institutionalisierung funktionaler Leistungen gab, sie sind aber anders organisiert. Für die Region Lateinamerika möchte ich hier von einer *konzentrischen Institutionalisierung* der dezentralen Leistungen der weltgesellschaftlichen funktionalen Differenzierung sprechen (ausführlich dazu Mascareño 2010a).

Dabei handelt es sich um die Interpenetration von prozedural institutionalisierten bzw. normativ universellen Inklusionsmechanismen der Funktionssysteme und informell organisierten bzw. normativ partikularistischen Sichtungs- und Reziprozitätsnetzwerken, die sich auf Mechanismen wie Einfluss, Macht, Gewalt und Korruption stützen. Aufgrund der partikularistischen Interessen, die im Umfeld von gemeinschaftlichen Reziprozitätsnetzwerken und Schichtungsstrukturen entstehen, werden die universellen Leistungen der Funktionssysteme entdifferenziert und deren grundlegender Imperativ auf Vollinklusion eingeschränkt. Die in Schichtungs- und Reziprozitätsnetzwerken eingebetteten partikularistischen Erwartungen kollidieren mit den universalistischen Erwartungen auf Vollinklusion eines funktionsspezifischen gesellschaftlichen Operierens der funktionalen Differenzierung, so dass durch Ersatzmechanismen wie informell ausgeübte Macht, Einfluss, Gewalt oder Geldausgabe (sprich Korruption) die Ausdifferenzierung gesellschaftlicher Funktionssysteme teilweise begrenzt wird.

Da durch solche Schichtungs- und Reziprozitätsnetzwerke allgemeiner Einfluss bzw. Macht ausgeübt werden kann, stehen sie in enger Verbindung mit der Ausdifferenzierung eines politischen Systems. In Lateinamerika beginnt dieser Prozess im 19. Jahrhundert mit der Ablösung der Kolonialordnung und der Entstehung der Republik. Er setzt sich im 20. Jahrhundert mit Populismus und Klientelismus fort. Die Erwartungsstrukturen der Schichtung und der gemeinschaftlichen Gesellschaftsgruppierungen der Kolonialordnung koppelten sich an die Erwartungsstrukturen eines sich ausdifferenzierenden politischen Systems, als die Regierungsform zur Oligarchie wurde (Germani 1981; Larraín 2000). Die Oligarchie löste zwar die monarchische Macht ab, aber sie setzte eine Art der Machtausübung in Bewegung, in der es keine enge Kopplung mit autonomen Rechtsoperationen gab. Das Rechtssystem wurde durch die Verknüpfung autonomer Operationen des politischen Systems und der auf Macht- und Einflussausübung eingestellten Schichtungs- und Reziprozitätsnetzwerke instrumentalisiert. Dies führte im 20. Jahrhundert zur Entstehung einer aus formellen und informellen Prozeduren und Routinen zusammengesetzten *politisch institutionalisierten Konstellation*, die die Formalität eines funktionsspezifischen politischen Systems mit der Informalität der macht- und einflussbasierten Akteursnetzwerke unterschiedlicher Herkunft (populärer, indigener, oligarchischer, lokal-klientelistischer bzw. national-populistischer Herkunft) kombiniert, so dass es zu einer

Politisierung unterschiedlicher Gesellschaftsoperationen kommt, die eine konzentrische Institutionalisierung der funktionalen Differenzierung entstehen lassen. Historisch betrachtet kann man solche Vorgänge vom *Caudillismo* im 19. Jahrhundert (Rosas in Argentiniern, Porfirio Díaz in Mexiko) bis zum Populismus auf nationaler (Ibáñez in Chile, Perón in Argentinien, Chávez in Venezuela, Correa in Ecuador) und Klientelismus auf lokaler Ebene im 20. Jahrhundert verfolgt werden (dazu Mackinnon/Petrone 1998; Garretón 2000b; Laclau 2005; Sobrado/Rojas 2006; Domingues 2008). Sie sind aber auch bei den heutigen Interaktionen in den Wirtschafts-, Rechts- und politischen Handlungszusammenhängen zu finden; dazu gehören beispielsweise gewaltbasierte Organisationen und Kriminalität in Stadtvierteln, informelle Gefälligkeitsketten zwischen Verwaltungsangestellten und Publikum, kommunale Leistungen gegen Stimmen in Wahlkämpfen, Reziprozitätsketten bei Handelsaktivitäten zwischen den Eliten, Verwundbarkeitskriterien zur Auswahl in öffentlichen Organisationen, politische Prominenzkriterien in den Operationen des Hochschulsystems oder Verwandtschaftsstrukturen und Korruptionsprobleme in der Politik und in den diffusen Grenzzonen zwischen politischen, wirtschaftlichen und rechtlichen Funktionsleistungen (siehe dazu Mols/Thesing 1995; Pritzl 1997; Auyero 2000; Grzymala-Busse 2008; Rovira 2009; Dewey in diesem Band).

Dies soll aber nicht den Eindruck erwecken, dass in Lateinamerika formelle Prozeduren keine Rolle mehr spielen, so als ob es in der Region keine Möglichkeit gäbe, kognitive und normative Erwartungen mit entsprechenden institutionalisierten Mechanismen zu erfüllen. Die auf Macht bzw. Einfluss basierende Kontrolle ist weder ununterbrochen noch gesamtgesellschaftlich verbreitet. Es handelt sich also nicht um eine totalitäre Gesellschaftsordnung oder um eine *negative Moderne*, die durch den Versuch charakterisiert wäre, die funktionale Differenzierung *im Süden* aufzulösen. Funktionale Differenzierung in Lateinamerika bleibt bestehen, und in diesem Sinne unterliegt die Region ihren strukturellen und normativen weltgesellschaftlichen Forderungen. Normative Erwartungen werden auf das Rechtssystem gerichtet; im politischen Bereich werden formell prozedurale Mechanismen der Demokratie eingerichtet; Grundrechte werden von Individuen und unterschiedlichen Gesellschaftsgruppen gefordert; Handelsbeziehungen erfolgen im Umfeld des Privatrechts auf nationaler, regionaler und supranationaler Ebene; Finanzkrisen bzw. –erfolge sind ebenfalls in Lateinamerika spürbar bzw. entstanden; Weltwissenschaftskriterien werden ebenso in Natur- und Sozialwissenschaften methodologisch und theoretisch repliziert, reflektiert und erneuert, genau wie Kunsttraditionen und religiöse Praktiken. Supranationale *Governance*-Regimes eigener Strukturen und Normen entwickeln sich ebenfalls in der Region, wie z.B. die Organisation Amerikanischer Staaten, die Andengemeinschaft, der Interamerikanische Gerichtshof für Menschenrechte, der Gemeinsame Markt des Südens (Mercosur) und zahlreiche andere transnationale Organisationen und Handlungszusammenhänge im Umfeld der Migration, der sozialen Bewegungen, des Tourismus und weiterer Interaktionsfelder.

Im Rahmen dieser weit verbreiteten formell institutionalisierten Leistungen funktionsspezifischer Teilsysteme lassen sich informelle Operationen von Schichtungs- und Reziprozitätsnetzwerken feststellen, die zu *Entdifferenzierungsepisoden* führen. Entdifferenzierungsepisoden entstehen vor allem dann, wenn die Erwartungen auf Inklusion nicht durch die funktionsspezifischen institutionalisierten Leistungen von Funktionssystemen erfüllt werden, sondern durch die Operationen von Schichtungs- und Reziprozitätsnetzwerken, die einen allgemeinen Einfluss auf die Inklusions- und Exklusionsmechanismen funktional differenzierter Systeme ausüben. Evolutiv betrachtet fungieren solche Netzwerke als funktionales Äquivalent der traditionalen Stratifikationsmuster in einem modernen Umfeld. Sie versuchen, Gruppenprivilegien partikularistisch zu institutionalisieren. Sie operieren auf Handlungs- bzw. Interaktionsebene und bemühen sich darum, durch eine Kombination von positiven und negativen Sanktionen Inklusionsziele zu erreichen, die die Netzwerkangehörigen favorisieren und andere ausschließen. Systemtheoretisch gesehen handelt es sich dabei um eine instabile Kopplung zwischen ausdifferenzierenden Systemen und Institutionalisierung von Grundrechten, so dass es zu einer Politisierung bzw. normativen Partikularisierung der Leistungen der Funktionssysteme episodisch kommen kann, die der Imperativ der Vollinklusion aller Gesellschaftsmitglieder in jedes der Funktionssysteme durch eine faktische Positivierung von Inklusionsprivilegien von bestimmten Personen und Schichten ungleichartig ersetzt.

Solche Entdifferenzierungsepisoden sind weder permanent noch auf das ganze Gesellschaftssystem verbreitet, sie eliminieren die Operationen und Normen anderer Teilsysteme nicht, sondern sie unterbrechen sie episodisch, je nachdem, wie viel Macht und Einfluss in der jeweiligen Gesellschaftskonstellation ausgeübt werden kann und in welchem Umfang die formell institutionalisierten Strukturen und Normen darauf reagieren können. Anders formuliert: Der universelle Imperativ auf Vollinklusion mag durch die partikularen Interessen von Schichtungs- und Reziprozitätsnetzwerken entprozeduralisiert und dadurch abgebaut werden. Funktionssysteme können damit die universalistische Neutralisierung der Motive auf Inklusion, die immanent zum Code ist, nicht regelmäßig umsetzen, so dass sie in Verbindung mit den Schichtungs- und Reziprozitätsnetzwerken partikularistische Inklusions- und Exklusionsmuster entwickeln, die abwechselnd nach formellen bzw. informellen Regelstrukturen operieren. Strukturelle und normative Supervisionsmechanismen wie z.B. politische, wirtschaftliche, Handels- und finanzbezogene Aufsichtskommissionen, systematische Prozeduralisierungskontrolle, Demokratisierungsversuche auf lokaler und nationaler Ebene, Übertragung der Anerkennung von Grund- bzw. Menschenrechtsverletzungen von nationalen auf internationale Gerichtshöfe und ethische Forderungen nach Transparenz im öffentlichen und privaten Raum werden dagegen eingesetzt, oder sie entwickeln sich im Rahmen supranational agierender Akteure bzw. *Governance*-Regimes und helfen dabei, Entdifferenzierungsversuche in Grenzen zu halten.

Gerade aus diesem Verhältnis zwischen den Entdifferenzierungsversuchen von Schichtungs- und Reziprozitätsnetzwerken und den in Lateinamerika existierenden prozeduralen Supervisionsmechanismen funktional differenzierter Institutionen ergibt sich das Inklusions- bzw. Exklusionsmuster der Region: Einerseits kann man über Netzwerke Inklusion erzielen, ohne Rücksicht auf die entsprechenden institutionellen Mechanismen; andererseits kann man von formellen Prozessen exkludiert werden, wenn man nicht in das entsprechende Netzwerk gehört. Dies setzt zugleich strukturelle und normative Instabilität bzw. Asynchronie auf der Sach-, Sozial- und Zeitebene voraus. Sachliche Operationen von kognitiv orientierten Systemen können beliebig normativisiert werden, und normativ orientierte Operationen werden von gemeinschaftlichen, partikularistischen Interessen in der Sozialdimension strategisch absorbiert und durch faktische Akzeptanz legitimiert, so dass zeitlich erhebliche Spannungen zwischen den formell institutionellen und den informell operierenden Inklusions- und Exklusionsmechanismen entstehen können. Dadurch ist das Ausmaß der sachlich, sozial und zeitlich differenzierten Integration Lateinamerikas in die strukturellen und normativen weltgesellschaftlichen Sachverhalte festzulegen, sowie die gegenwärtigen Grenzen ihres Konkretisierungspotentials.

5   Schlussbemerkung

Geht man von dem Leitunterschied Weltgesellschaft/Region aus, dann lassen sich die Problemkonstellationen, auf die Regionen der Weltgesellschaft divergent reagieren, besser erklären: „weshalb gegebene Differenzen sich verstärken oder abschwächen, je nachdem, wie sie sich zirkulär mit weltgesellschaftlichen Vorgaben vernetzen" (Luhmann 1997: 163). Lateinamerika ist eine Region der Weltgesellschaft, die der kommunikativen Kraft der weltweiten funktional differenzierten Teilsysteme nicht entkommen kann. Sie lässt sich dadurch charakterisieren, dass sie unterschiedliche Partizipation an weltgesellschaftlichen Ereignissen und unterschiedliche Reaktionen auf die dominanten Strukturen dieser Weltgesellschaft aufweist. Diese Unterschiede greifen auf eine geschichtlich bedingte

Interpenetration von prozedural institutionalisierten bzw. normativ universalistischen Inklusionsmechanismen der Funktionssysteme und informell organisierten bzw. normativ partikularistischen Sichtungs- und Reziprozitätsnetzwerken zurück, die zur Reproduktion asynchroner Gesellschaftseffekte auf verschiedenen Ebenen führen:

- Sachlich geht es um die strukturellen Asynchronien zwischen der Kontingenz- bzw. Selbstreferenzsteigerung unterschiedlicher weltgesellschaftlicher Teilsystemen und deren Konkretisierungsprozessen auf regionaler Ebene.

- Sozial handelt es sich um die Asynchronie von formellen und informellen Inklusions- und Exklusionsvorgängen, die sowohl strukturelle und normative als auch individuelle und kollektive Dimensionen mit einschließt.

- Zeitlich dreht es sich um die Asynchronien zwischen der Temporalität der Handlung in Schichtungs- und Reziprozitätsnetzwerken und der Temporalität der Strukturen von Funktionssystemen.

Die Asynchronien werden in diesem Sinne nicht mehr im Rahmen von Leitunterschieden wie Zivilisation/Barbarei (Sozialdenken des 19. Jahrhunderts), Entwicklung/Unterentwicklung (Modernisierungstheorien), lokal/global (Identitätstheorien), Tradition/Moderne (Germani) oder Zentrum/Peripherie (Dependenztheorien) verstanden, sondern im Rahmen der steigenden Komplexität und Kontingenz einer Region, die zwar durch eine strukturelle und normative Interdependenz mit den Operationen von Weltsystemen charakterisiert ist, aber zugleich eigene strukturelle und normative Variationen aufweist. Anders formuliert ist Lateinamerika ein Gesellschaftssystem, das als Region in der Weltgesellschaft bzw. als Weg der Moderne gilt.

Literatur

Anderle, Adam (1988): „El positivismo y la modernización de la identidad nacional en América Latina". In: *Anuario de Estudios Americanos* XLV: S. 419-484.

Auyero, Javier (2000): „The Logic of Clientelism in Latin America: An Ethnographic Approach." In: *Latin American Research Review* 35(3), S. 55-81.

Bull, Hedley (2002): *The Anarchical Society*. Hampshire: Palgrave.

Buzan, Barry (2004): *From International to World Society?* Cambridge: Cambridge University Press.

Chernilo, Daniel (2009): *Nacionalismo y cosmopolitismo*. Santiago: Ediciones Universidad Diego Portales.

— (2010): „Methodological Nationalism and the Domestic Analogy: Classical Resources for their Critique." In: *Cambridge Review of International Affairs* 23(1), S. 87-106.

Clark, Ian (2007): *International Legitimacy and World Society.* Oxford: Oxford University Press.

Costa, Sérgio (2007): *Vom Nordatlantik zum ‚Black Atlantik'.* Bielefeld: transcript.

Domingues, José Mauricio (2008): *Latin America and Contemporary Modernity: A Sociological Interpretation.* London: Routledge.

Fine, Robert (2007): *Cosmopolitanism.* London: Routledge.

Fischer-Lescano, Andreas/ Teubner, Gunther (2006): *Regime-Kollisionen. Zur Fragmentierung des globalen Rechts.* Frankfurt: Suhrkamp.

Garretón, Manuel Antonio (2000a): *La sociedad en que vivi(re)mos.* Santiago: LOM.

— (2000b): *Política y sociedad entre dos épocas.* Rosario: HomoSapiens.

— (2007): *The Socio-political Matrix and Economic Development in Chile.* Manchester: University of Manchester.

— /Espinoza, Malva (1992): „¿Reforma del estado o cambio en la matriz sociopolítica?" In: *Perfiles Latinoamericanos* 1(1), S. 133-170.

— /Cavarozzi, Marcelo/Cleaves, P., Gereffi, G. und Hartlyn, J. (2004): *América Latina en el siglo XXI. Hacia una nueva matriz sociopolítica.* Santiago: LOM.

Germani, Ana (2004): *Gino Germani. Del antifascismo a la sociología.* Buenos Aires: Taurus.

Germani, Gino (1959): *Desarrollo y estado actual de la sociología latinoamericana.* Buenos Aires: Cuadernos del Boletín del Instituto de Sociología.

— (1962): *Política y sociedad en una época en transición.* Buenos Aires: Paidós.

— (1978): *Authoritarianism, Fascism, and National Populism.* New Brunswick, New Jersey: Transaction Books.

— (1981): *The Sociology of Modernization.* New Brunswick, London: Transaction Books.

Giddens, Anthony (1990): *Consequences of Modernity.* Stanford, California: Stanford University Press.

Gruber, Lloyd (2000): *Ruling the World: Power and the Rise of Supranational Institutions.* Princeton NJ: Princeton University Press.

Grzymala-Busse, Anna (2008): „Beyond Clientelism: Incumbent State Capture and State Formation." In: *Comparative Political Studies* 14(4-5): S. 638-673.

Habermas, Jürgen (2001): *Zeit der Übergänge. Kleine politische Schriften IX.* Frankfurt: Suhrkamp.

Höffe, Otfried (2004): *Wirtschaftsbürger, Staatsbürger, Weltbürger. Politische Ethik im Zeitalter der Globalisierung.* München: Verlag C.H. Beck.

— (2010): *Gerechtigkeit in einer globalisierten Welt.* Serie Res Pública, Santiago: Universidad Adolfo Ibáñez.

Kay, Cristobal (1988): *Latin America Theories of Development and Underdevelopment.* London: Routledge.

King, John (2004): *Modern Latin American Culture.* Cambridge: Cambridge University Press.

Kjaer, Poul (2010): *Between Governing and Governance. On the Emergence, Function and Form of Europe's Post-National Constellation.* Oxford: Hart Publishing.

Laclau, Ernesto (2005): *La razón populista.* México D.F.: Fondo de Cultura Económica.

Larraín, Jorge (1989): *Theories of Development. Capitalism, Colonialism and Dependency.* Cambridge: Polity Press.

— (1996): *Modernidad, razón e identidad en América Latina.* Santiago: Editorial Andrés Bello.

— (1997): „La trayectoria latinoamericana a la modernidad." In: *Estudios Públicos* 105: S. 61-112.

— (2000): *Identity and Modernity in Latin America.* Cambridge: Polity Press.

— (2005): *América Latina moderna: globalización e identidad.* Santiago: Lom.

Lasswell, Harold (1946): „The Interrelations of World Organization and Society." In: *The Yale Law Journal* 55(5): S. 889-909.

Luhmann, Niklas (1997): *Die Gesellschaft der Gesellschaft.* Frankfurt: Suhrkamp.

— (1999): *Grundrechte als Institution.* Berlin: Druckner & Humboldt.

— (2005): „Die Weltgesellschaft." In: *Soziologische Aufklärung 2.* Wiesbaden: VS Verlag für Sozialwissenschaften, S. 63-88.

— (2010): *Politische Soziologie.* Frankfurt: Suhrkamp.

Mackinnon, Maria/Petrone Mario (1998): *Populismo y neopopulismo en América Latina.* Buenos Aires: EUDEBA

Mander, Linden (1941): *Foundations of Modern World Society.* Stanford: Stanford University Press.

Mascareño, Aldo (2010a): *Diferenciación y contingencia en América Latina.* Santiago: Ediciones UAH.

— (2010b): „Soziologische Erkenntnisblockaden und der lateinamerikanische Weg der Moderne." In: *Leviathan*, Sonderheft 26, S. 336-354.

— /Chernilo, Daniel (2009): Obstacles and Perspectives of Latin American Sociology. Normative Universalism and Functional Differentiation. *Soziale Systeme* 15(1), S. 72-96.

Meyer, John/Boli, John/Thomas, George/Ramírez, Francisco (1997): „World Society and the Nation-State." In: *American Journal of Sociology* 103(1): S. 144-181.

Mols, Manfred/Thesing, Josef (1995): *Der Staat in Lateinamerika.* Mainz: v.Hase & Koehler Verlag.

Morandé, Pedro (1987): *Cultura y modernización en América Latina.* Madrid: Ediciones Encuentro.

Neves, Marcelo (1992): *Verfassung und Recht in der peripheren Moderne.* Berlin: Duncker & Humblot.

— (1996): „Symbolische Konstitutionalisierung und faktische Entkonstitutionalisierung." In: *Verfassung und Recht in Übersee* 29, S. 309-323.

— (1997): „Lateinamerikanische Verfassungen: Zwischen Autokratismus und Demokratisierung." In: *Verfassung und Recht in Übersee* 30, S. 503-519.

— (2006): „Die Staaten im Zentrum und die Staaten an der Peripherie: Einige Probleme mit Luhmanns Auffassung von den Staaten der Weltgesellschaft." In: *Soziale Systeme* 12(2), S. 247-273.

— (2007) *A constitucionalização simbólica.* São Paulo: Editora Acadêmica.

Poviña, Alfredo (1959): *Nueva historia de la sociología latinoamericana.* Córdoba: Ediciones Assandri.

Pritzl, Rupert (1997): *Korruption und Rent-Seeking in Lateinamerika.* Baden-Baden: Nomos Verlagsgesellschaft.

Ramos, Claudio (2005): „Cómo investigan los sociólogos chilenos en los albores del siglo XXI. Paradigmas y herramientas del oficio." In: *Persona y Sociedad* 19(3), S. 85–119.

Ramos, C. (2008): „¿Sistema, campo de lucha o red de traducciones y asociaciones? Tres modelos para investigar la ciencia social y un intento de integración." In: *Persona y Sociedad* 22(2), S. 9-52.

— (2010): „Abriendo la caja negra del entorno acoplado de la ciencia." In: I. Farías und Ossandón, J. (Hrsg.): *Comunicaciones, semánticas y redes. Usos y desviaciones de la sociología de Niklas Luhmann.* México D.F.: Universidad Iberoamericana.

Rovira, Cristobal (2009): *Kampf der Eliten.* Frankfurt: Campus.

Schimank, Uwe (2007): *Theorien gesellschaftlicher Differenzierung.* Wiesbaden: VS Verlag für Sozialwissenschaften.

Senn, Myriam (2011): *Non-State Regulatory Regimes.* Berlin: Springer Verlag.

Sobrado, Miguel/Rojas, Juan José (2006): *América Latina: Crisis del Estado clientelista y la construcción de repúblicas ciudadanas.* Heredia: EUNA.

Steinbicker, Paul (1944): „National Sovereignty and World Society." In: *The American Catholic Sociological Review* 5(1), S. 47-55.

Stichweh, Rudolf (2000): *Die Weltgesellschaft.* Frankfurt: Suhrkamp.

— (2004): „Weltgesellschaft". In: J. Ritter, K. Gründer und G. Gabriel (Hrsg.): *Historisches Wörterbuch der Philosophie,* Bd. 12. Basel: Schwabe Verlag.

Therborn, Göran (1995): *European Modernity and Beyond. The Trajectory of European Societies 1945-2000.* London: Sage.

Trindade, Hélgio (2007): *Las ciencias sociales en América Latina.* México D.F.: Siglo XXI:

Véliz, Claudio (1994): *The New World of the Gothic Fox. Culture and Economy in English and Spanish America.* Berkeley: University of California Press.

Vincent, John (1978): „Western Conception of a Universal Moral Order." In: *British Journal of International Studies* 4(1), S. 20-46.

Villegas, Abelardo (1964): *Antología del pensamiento social y político de América Latina.* Washington: Unión Panamericana.

Wallerstein, Immanuel (1974): *The Modern World System.* New York: Academic Press.

Werz, Nikolaus (1995): *Pensamiento sociopolítico moderno en América Latina.* Caracas: Nueva Sociedad.

Willke, Helmut (1993): *Systemtheorie entwickelter Gesellschaften.* München: Juventa.

— (2003): *Heterotopia.* Frankfurt: Suhrkamp.

— (2005): *Symbolische Systeme.* Weilerswiest: Velbrück Wissenschaft.

— (2006): *Global Governance.* Bielefeld: transcript.

— (2007): *Smart Governance.* Frankfurt, New York: Campus.

— (2009): *Governance in a Disenchanted World.* Cheltenham, UK: Edward Elgar.

Zea, Leopoldo (1980): *Pensamiento positivista latinoamericano.* Caracas: Biblioteca de Ayacucho.

Wenn die Entscheidungsakzeptanz scheitert. Vertrauen und Misstrauen im Legitimationsprozess in Argentinien

Matias Dewey

Das Vertrauen in Systeme als Ganzes kann, wie wir sahen, entscheidend davon ab-hängen, dass an kritischen Stellen das Vertrauen unterbrochen und Misstrauen ein-geschaltet wird. Umgekehrt kann nur in Systemen, denen vertraut wird, Misstrauen so institutionalisiert und begrenzt werden, dass es nicht persönlich zugerechnet und zurückgegeben wird, also vor Ausuferung in Konflikte bewahrt bleibt (Luhmann 2000: 124).

1 Einführung[*]

Der Verfahrensbegriff bei Luhmann setzt die Relevanz des Rechts als Orientie-rungsrahmen der Kommunikation voraus.[1] Dies scheint bei ihm ein für den Kommunikationsprozess weltweit unvermeidlicher Referenzpunkt zu sein, der ohne Weiteres als eine evolutionäre Errungenschaft unserer Gesellschaft betrach-tet werden soll. Verfahren produzieren Legitimation, weil die Teilnehmer des Verfahrens über Vertrauen in das symbolische Kommunikationsmedium Recht verfügen und dadurch eine Umstrukturierung von Erwartungen ermöglicht wird. Hiermit wird nicht die Akzeptanz von Entscheidungen anhand einer rationalen inhaltlichen Übereinstimmung verstanden, vielmehr handelt es sich im Unter-schied zur Kritik von Habermas um Entscheidungen, die dank eines verbreiteten Vertrauens in das Recht angenommen werden können. Das Recht erreicht soziale Relevanz durch Vertrauen und eine rechtmäßige Rechtskonkretisierung ernährt wiederum das Vertrauen. Verfügt das Recht über ein durch die Geschichte bestä-tigtes Vertrauen, das aus diesem Grund auch enttäuschungsresistent ist, dann ist es möglich, über die Selbstlegitimation des Staates zu sprechen (Luhmann 1981).

---

[*]   Ich möchte Cristóbal Rovira Kaltwasser, Klaus Dammann und Peter Waldmann für ihre anre-genden und wichtigen Kommentare danken. Für die Korrekturen und stilistischen Kommentare danke ich Dorothee Kammel.
[1]   Diese Feststellung bezieht sowohl die Relevanz von Normen durch Akzeptanz als auch durch Drohung der physischen Gewalt mit ein.

Fast 40 Jahre nach der Veröffentlichung von *Legitimation durch Verfahren*
erlauben es bestimmte Sachverhalte, Luhmanns Ansatz aus einer anderen Perspektive zu betrachten.[2] Der Grundgedanke, dass zeitlich begrenzte Verfahren
ein „soziales Klima" (Luhmann 1983: 34) erzeugen, die in der Lage sind, Entscheidungen zu legitimieren (Bora 1993; Stollberg-Rilinger 2001), wird heute
nicht mehr in Frage gestellt. Diese legitimierende Kraft hat ihren Ursprung nicht
in einem diskursiven Konsens a la Habermas, sondern in der Möglichkeit, dass
Erwartungen, falls sie eine Enttäuschung erfahren, stabilisiert werden. Reagiert
das Recht adäquat auf die enttäuschte normative Erwartung, wird ein Plus von
Sicherheit bzw. Reduktion von Komplexität geschaffen, die das normative Erwarten in Bezug auf Zukunft markiert. Durch diese Reaktion aktualisiert das
Recht seine Gültigkeit als symbolisches Medium, da bestätigt wird, dass man
durch das Recht immer noch das Problem einer unsicheren Zukunft lösen kann.
Die Verfahrensproblematik nimmt aber andere Konturen an, wenn aktuelle Forschungen die „Irrelevanz" des Rechts in verschiedenen gesellschaftlichen Zusammenhängen hervorheben (Neves 1992; 2004). Charakteristisch für solche
Kontexte ist eine *low intensity*-Referenz auf das Recht in der Kommunikation
oder genauer: Die Beobachtung filtert die Realität, ohne ihre Rechtmäßigkeit
oder Unrechtmäßigkeit zu hinterfragen.

Infolgedessen findet man im Mittelpunkt des vorliegenden Aufsatzes ein
Argument, das bei Luhmann unberücksichtigt bleibt: dass aufgrund des Mangels
an sozialer Relevanz des Rechts eine Legitimation des Staates durch Verfahren
erschwert wird. Grundbegriffe unserer These sind das Vertrauen und sein funktionales Äquivalent, das Misstrauen, denn soziale Relevanz des Rechts bedeutet
eine positive Erwartung an die Benutzung dieses Mediums und fördert Akzeptanz von Entscheidungen. Ganz im Gegenteil wird ein mangelndes Vertrauen
gegenüber dem Recht, von dem man sich eine Stabilisierung der Erwartungen
erhofft, tendenziell zu einer Ablehnung von Entscheidungen und zu einem entsprechenden Legitimationsdefizit führen.

Bezug nehmend auf dieses Vertrauens-/Misstrauensproblem soll hier folgende Paradoxie untersucht werden: Wie kommt es, dass in einer Gesellschaft
wie Argentinien 75% der Menschen, die Opfer eines Verbrechens werden, keine
Anzeige bei der Polizei erstatten oder sich bei den zuständigen Behörden mel-
den?

Um diese Paradoxie zu untersuchen, wird das Beispiel Argentinien als
Untersuchungsgegenstand ausgewählt. Der vorliegende Aufsatz gliedert sich
folgendermaßen: Zunächst wird kurz die jetzige Situation in Argentinien beschrieben. Anschließend wird auf die Aussagen Luhmanns über „Legitimation

---

2   Zur Polemik von Luhmanns Ansatz u.a. siehe Machura (1993).

durch Verfahren" eingegangen. In einem dritten und vierten Punkt werden Ursprung und Folgen des vorliegenden Problems erörtert. Die beiden letzten Punkte dienen als Thesen und Vorschläge für künftige Forschungen im Rahmen der Systemtheorie.

2 Ein Beispiel: Misstrauen bei der Viktimisierungsforschung

Die Viktimisierungsforschung, ein Spezialgebiet der Kriminologie, versucht durch Umfragen festzustellen, wie viele Delikte tatsächlich zur Anzeige gebracht werden und welche Art von Straftaten dabei am verbreitetsten sind. Außerdem untersucht sie das Motiv, weshalb sich die Geschädigten an die Polizei oder zuständige Behörden wenden oder weshalb sie dies unterlassen. Da es sich um Umfragen handelt, die durch die UNO gefördert werden, werden hochstandardisierte Fragebögen benutzt, die einen internationalen Vergleich ermöglichen. Zuerst muss man aber berücksichtigen, dass es kein Land gibt, in dem 100% aller Betroffenen Anzeige erstatten; jedoch sind die Ergebnisse je nach Land sehr unterschiedlich und erschließen somit ein interessantes Untersuchungsfeld.

Nach Ergebnissen der Viktimisierungsforschung wurden 42% der Bevölkerung in der Umgebung von Buenos Aires[3] zwischen 1997 und 2003 Opfer von Straftaten.[4] Im Vergleich zu anderen Ländern ist dies sehr viel. In Kanada, der Schweiz, Finnland, Dänemark, Schottland, Polen, England, Holland, Schweden, Frankreich, den USA und in Belgien liegt die durchschnittliche Opferrate bei 21% (Van Kesteren 2000). Interessant wird es, wenn danach gefragt wird, wie viele dieser Opfer Anzeige erstatten. Im Großraum von Buenos Aires waren dies im Jahr 2003 25,6%.[5] Das heißt, dass etwa 75% der Betroffenen nicht zur Polizei gingen. Im Vergleich zu anderen Ländern ist dieser Wert sehr niedrig. So werden in Dänemark 60% aller Straftaten bei der Polizei angezeigt. In der Schweiz, in Nordirland, Holland, Belgien, England, Schweden, Frankreich, Schottland, den USA, in Australien, Kanada, Finnland, Polen, Katalonien, Japan und Portugal liegt der Durchschnitt bei 50% (Van Kesteren 2000), d.h. doppelt so hoch wie in Argentinien. Der Vergleich zu anderen Ländern zeigt aber auch, dass ein erheblicher Unterschied im Vertrauen – oder Misstrauen – zu juristischen Instanzen besteht. Wie kommt es, dass dieses in Argentinien so niedrig ist?

---

3 Im Jahr 2001 lebten in diesem Gebiet 8.684.437 Personen.
4 Quelle: *Ministerio de Justicia y Derechos Humanos de la Nación.* Siehe <http://www.pnud.org.co/img_upload/9056f18133669868e1cc381983d50faa/encuestavictimizacionyelmiedoaldelito.pdf> (21.10.2008).
5 *Ministerio de Justicia y Derechos Humanos de la Nación: Estudio de Victimización Gran Buenos Aires 2003* (Septiembre 2004).

Laut der Umfrage erklären 44% der Menschen, die in den vier größten Städten Argentiniens wohnen und keine Anzeige erstatteten, dass die Polizei ohnehin „nichts unternommen hätte".[6] Eine zweite Frage bestätigt dieses Misstrauen. Zudem nehmen 4% der Befragten an, dass die Polizei die Betroffenen entweder entmutigt hätte oder Letztere Angst und Misstrauen vor der Polizei hätten. Diese Ziffern zeigen deutlich, dass circa 50% der Menschen, die keine Anzeige erstattet haben, kein Vertrauen in die Polizei haben. Anders ausgedrückt: Diese wird nicht als gültige Schutzinstanz wahrgenommen.

In Argentinien kann also ganz deutlich ein institutionalisiertes Misstrauen festgestellt werden, da 75% der Opfer keine Anzeige bei den Behörden des Strafsystems erstatten und ein erheblicher Teil glaubt, dass die Polizei sowieso „nichts unternommen hätte". Dieses Misstrauen in Institutionen wird auch durch andere Statistiken belegt, unter anderem durch das *Latinobarómetro*, durch den *Índice de Confianza en la Justicia* der Universität Torcuato Di Tella und zahlreiche andere einschlägige Forschungsarbeiten.

Angesichts dieser Situation liegt die Frage nahe: Welche Kommunikation über Normen verläuft in einer Gesellschaft wie Argentinien? In der Sprache des „frühen" Luhmann würde die Frage lauten: Warum ist die Bereitschaft, bindende Entscheidungen hinzunehmen, nur wenig ausgeprägt bzw. nicht vorhanden? Das Problem aus dieser Perspektive zu betrachten bedeutet, den Anomie-Ansatz aufzugeben und stattdessen den Legitimationsbegriff zugrunde zu legen. Geht man von der Beobachtung aus, dass bestimmte kollektiv bindende Entscheidungen nicht hingenommen werden, muss unsere Analyse jene Mechanismen aufzeigen, die für die Defekte der Verfahren ursächlich sind.

Heutzutage besitzt die Verfahrensthematik einen anderen Stellenwert und weckt andere Vorstellungen als zum Zeitpunkt der Veröffentlichung von Luhmanns Buch *Legitimation durch Verfahren* in den 1960er Jahren, als ihm die Publikation zahlreiche Kritik einbrachte. In der Gegenwart ist das Interesse an diesem Buch eng verbunden mit der *Procedural Justice*-Forschung, die sich mit Verfahren der Technikfolgenabschätzung und den Funktionen der Verfahrensgerechtigkeit befasst (Röhl/Machura 1997; Machura et al. 2003; Abels/Bora 2004; Bora/Epp 2000; Elster 2006). Außerdem haben die rechtlichen Verfahren eine besondere Stellung bei der Erforschung des Transitionsrechts (*Transitional Justice*); d.h. bei der Frage nach der Reaktion eines Rechtssystems nach Überwindung einer Diktatur oder massiver Menschenrechtsverletzungen.

---

6   *Ministerio de Justicia y Derechos Humanos de la Nación: Estudio de Victimización en los grandes centros urbanos de la República Argentina durante 1999* (Agosto 2000).

3 Entscheidungsakzeptanz in Verfahren

Der Titel dieses Aufsatzes thematisiert die Akzeptanz von Entscheidungen als wesentliche Funktion von Verfahren im Legitimationsprozess (Luhmann 1983). Damit soll ausgedrückt werden, dass die Funktion der Verfahren blockiert wird, weil keine Akzeptanz vorhanden ist bzw. keine Umstrukturierung von Erwartungen stattfindet. Es wird argumentiert, dass strukturelle Defekte bestehen, die eine Umformung von Erwartungen verhindern. Sowohl der Mangel an Vertrauen, auf den im Fall Argentiniens bereits hingewiesen wurde, als auch zahlreiche andere Beobachtungen gestatten die These, dass der Vertrauensverlust, ja sogar das Misstrauen in der alltäglichen Kommunikation Präsenz gewinnt und das Systemvertrauen verloren geht.

Mangel an systemischem Vertrauen bedeutet eine ständige Unterbrechung des Verfahrens, weil immer wieder die Funktion wichtiger Rollenträger in Frage gestellt wird. Die Funktion des Verfahrens wird blockiert, weil die Fähigkeit, Entscheidungsakzeptanz zu erzeugen, verloren geht. Daran wäre die Frage zu knüpfen, wie diese Blockade verursacht wird bzw. welche Bestandteile aufgrund des Misstrauens bzw. Vertrauensverlustes geschädigt werden. An dieser Stelle weisen wir ausdrücklich auf einen Faktor hin, der im Mittelpunkt der Theorie „Legitimation durch Verfahren" steht; ein Faktor, der die Erzeugung von Bereitschaft zur Hinnahme von Entscheidungen verhindert, auch dann, wenn andere Vorbedingungen erfüllt sind. Dieser wichtige Faktor ist die Ungewissheit.[7] Wir zitieren Luhmann:

> Einen Entfaltungsspielraum als soziales System hat das Verfahren nur deshalb, weil in Fragen des Rechts und der Wahrheit Ungewissheit besteht, und nur, soweit diese Ungewissheit reicht. Die Ausdifferenzierung von Verfahren bezieht sich auf den Prozess der Absorption dieser Ungewissheit und besagt, dass dieser Prozess durch verfahrensinterne und nicht durch externe Kriterien gesteuert wird (Luhmann 1983: 60).

Die Ungewissheit fungiert gewissermaßen als Motor des Verfahrens, weil sie die Parteien antreibt, die eigenen Interessen durchsetzen zu können. Mit der Ungewissheit als Voraussetzung streben die Beteiligten nach bestimmten Zielen, d.h. sie nehmen an dem Verfahren weiter teil. Die Rollenübernahme und die sorgfältige Darstellung des Richters als unparteiischer Dritter ermöglichen die Emer-

---

7   Aus verschiedenen Perspektiven wird die Ungewissheit als entscheidender Bestandteil des Verfahrens hervorgehoben. Siehe die Sondernummer „Incertezze" der Zeitschrift *Meridiana: Rivista di Storia e Scienze Sociali*, Viella, N° 55 (2006) sowie Burden (2003); Smithson (1989); Craswell/Calfee (1986: 279-299); Dari-Mattiacci/Deffains (2005); Raitio (2003).

genz von Ungewissheit und die Akzeptanz neu gefällter Entscheidungen. Ist am Anfang die Ungewissheit nicht vorhanden, dann gibt es keine Akzeptanz von Entscheidungen und infolgedessen wird nicht aus der neuen Situation gelernt. Dies ist in Argentinien der Fall, wo diese anfängliche Ungewissheit ein nicht leicht erreichbarer Zustand ist. Dort findet man keine Ungewissheit, sondern das Gegenteil: Gewissheit, vor allem in negativer Hinsicht. „Die Politiker sind alle korrupt, die Richter sind ungerecht und die Polizisten sind eigentlich Verbrecher" – so die verbreitete Meinung *(opinio communis)*. In diesem Zusammenhang ist darauf hinzuweisen, dass die von Luhmann beschriebene Ungewissheit auch Vertrauen bedeutet, Vertrauen in bestimmte Rollen wie die des Richters, des Polizisten, der Parteien, der Anwälte, des Abgeordneten, in die demokratischen Wahlen usw. Man könnte auch sagen: Vertrauen in das Recht.

Ganz im Gegensatz dazu bedeutet Gewissheit, dass Misstrauen vorhanden ist, welches als Gewissheit, ja als glatte Behauptung oder negative Überzeugung erkennbar ist. Man glaubt schon im Vorhinein zu wissen, dass die Politiker, die Richter, die Polizisten kein Vertrauen verdienen. Das in der alltäglichen Kommunikation enthaltene Misstrauen und die dadurch ausgedrückten Präferenzen ermöglichen eine Orientierung der Handlungen. Unsere Hypothese besagt, dass das Misstrauen jene Ungewissheit verdrängt, die für das ordentliche Funktionieren des Verfahrens benötigt wird. Mit anderen Worten könnte man behaupten, dass das Misstrauen eine Alternative ist, um mit dem Risiko einer Entscheidung umzugehen. Wie wir sehen werden, konditioniert das Enttäuschungsgedächtnis die Bereitschaft zur Akzeptanz neuer Risiken; die Betroffenen nehmen die Entscheidung des Entscheidungsträgers nicht an, weil keine Investition von Vertrauen in ihn zur Verfügung steht. Die Ungewissheit als strukturelle Vorbedingung für das Gelingen eines Verfahrens wird auch von John Elster berücksichtigt, indem er sich mit verschiedenen Fällen von Transitionsrecht *(transitional justice)* beschäftigt. Nach Elster liegt ein Indikator von Mangel an Ungewissheit dann vor, wenn ein Beobachter das Ergebnis eines Verfahrens mit Sicherheit voraussehen kann (Elster 2006: 109).

In konsequenter Auslegung von Luhmanns Theorie der „Legitimation durch Verfahren" könnte man schlussfolgern, dass der Mangel an Ungewissheit die Verfahren in Rituale umwandelt. Für unsere Argumentation bedeutet dies, dass der Mangel an Ungewissheit einen zerstörerischen Effekt auf die Verfahren hat, da deren Funktion blockiert wird. In diesem Sinne werden diese mangelhaften Strukturen als „defekte Prozeduren" bezeichnet. Man muss aber auch klarstellen, dass diese These keinesfalls die Unfähigkeit oder Nutzlosigkeit von Verfahren in Argentinien behauptet. Gerichtsprozesse, politische Wahlen, Gesetzgebung und Entscheidungsprozesse der Verwaltung sind allesamt Verfahren, die rechtsstaatlich ablaufen und daher durch konditionelle Programme strukturiert werden.

Diese Programme verdichten normative Erwartungen, die nicht einfach aufgegeben werden können. Außerdem werden alle diese Programme trotz der beschriebenen Defizite weiter vollzogen. Hier wird aber nicht die Struktur des Rechts in Frage gestellt. Es ist vielmehr ein besonderes Phänomen hervorzuheben, nämlich die Emergenz von Strukturen, die als funktionale Äquivalente des Rechts und Attraktoren von Unsicherheit fungieren. Das Vertrauen wird umorientiert. Wenn die Annahme richtig ist, dass normative Erwartungen nicht unter dem Schutz des Rechts stehen, dann emergieren andere Strukturen, die das Erwarten kontrafaktisch stabilisieren können.

Während einige Autoren mit Blick auf die Situation in Argentinien von abweichendem Verhalten ausgehen und aus dieser Perspektive eine Situation von Anomie diagnostizieren,[8] geht es aus einer Luhmann'schen Perspektive um die fehlende Akzeptanz bestimmter Entscheidungen aufgrund des Misstrauens in spezifische politisch-gesellschaftliche Rollen. Die Folgen, die uns interessieren, sind, dass die Entscheidungen nicht bindend werden, sowie die parallele Emergenz von normativen Verflechtungen, die über ein hohes Vertrauensniveau verfügen.

4 Misstrauen als Produkt der Systemgeschichte

Das Misstrauen, mit dem wir uns im Folgenden beschäftigen werden, darf nicht als Aggregation von Umfragedaten verstanden werden. Die Blockade bzw. das Nicht-Funktionieren von Verfahren entsteht nicht aus einem sozialen Klima heraus oder aufgrund flüchtiger Meinungen. Ganz im Gegenteil wird hier vorgeschlagen, dass das Misstrauen ein wichtiger Bestandteil einer Erwartungsstruktur ist. Dies schließt nicht aus, dass man über eine spezifische Semantik reden könnte, deren Hauptmerkmal die Gewissheit wäre, dass das Vertrauen gelegentlich zur Enttäuschung führt. Aus anderer Perspektive ist das Misstrauen Resultat eines Lernprozesses[9] von ständigen Enttäuschungen. Im argentinischen Kontext sind immer Situationen möglich, in denen man seiner Rechte gewalttätig und ohne Kompensation beraubt wird. Guthaben auf der Bank werden ohne Rückgabe konfisziert. Jemand wird Opfer eines Verbrechens und die Polizei reagiert

---

8   Vertreter des Anomie-Ansatzes sind Waldmann (2003); Nino (1992); Germani (1945). Für eine Auseinandersetzung mit dem Legitimations-Ansatz bezogen auf Argentinien siehe Dewey (2008).

9   In diesem Fall wird das Lernen in enge Verbindung mit dem Begriff des Gedächtnisses gestellt. Was als Lernen verstanden wird, ist nichts Anderes als eine Konstruktion des Gedächtnisses. Sie trägt mit sich die Einschränkungen, die im Fall des Rechts nicht stabilisierte Erwartungsenttäuschungen erzeugen. In diesem Fall ist das Lernen eine gegenwärtige Operation, die beim Bezugnehmen auf die Vergangenheit projiziert, was in der Zukunft möglich wird.

nicht darauf oder ihre Teilhabe daran ist gefährlich. Eine Struktur des Misstrauens wird begreifbar, wenn man diesen Sachverhalt in der Sprache der Systemtheorie formuliert. Dass bestimmte normative Erwartungen nicht stabilisiert werden bedeutet, dass diese Erwartungen keine entsprechende Behandlung seitens des Rechtssystems erfahren. Eine Struktur des Misstrauens prägt die alltägliche Kommunikation und nimmt verschiedene Formen an, die auch diese Erwartungsstruktur aktualisieren (z.b. Witze, bestimmte Vorgehensweisen, Sprüche, Sarkasmen usw.). Zum gleichen Ergebnis kommen wir, wenn wir fragen: Welche Formen nehmen Erwartungen an, wenn eine dauerhafte Hyperinflation herrscht? Oder wenn gewisse Grundrechte aufgrund von Korruption oder Diktatur missachtet werden? Tut man so, als ob nichts geschehen wäre oder wird wegen der Enttäuschung eine Differenz in der Kommunikation eingeführt? Unsere These besagt, dass die Enttäuschung eine Unterscheidung in der Kommunikation herbeiführt, die durch relevante und nachhaltige neue Enttäuschungen weiter reproduziert wird.

Eine der wichtigsten Konsequenzen einer Enttäuschungserwartung ist die interne Strukturierung von Reaktionsweisen auf solch voraussehbare Enttäuschung. Anders gesagt, die Reaktionsweise auf diese Unsicherheit. Es handelt sich um einen Prozess, der mit der nicht stabilisierten Enttäuschung anfängt, daraus entsteht Misstrauen, und allmählich wandelt sich dieses wieder in Vertrauen oder vertraute Gewissheit um. Diese Umwandlung erfolgt, weil es für Menschen unverzichtbar ist, in einer vertrauten Welt zu leben. Jedoch ist dieses Vertrauen als Produkt dieser Umwandlung ein negatives Vertrauen. Es geht nicht mehr um ein Vertrauen, das der Zukunft positiv begegnet. Vielmehr handelt es sich stattdessen um die Gewissheit, dass eine schlichte und vertrauensvolle Erwartungshaltung immer unmittelbar zu einer Enttäuschung führt.

Die Implikationen dieser These sind umfassend und machen es nötig, einige Fragen umgehend zu beantworten. Eine Struktur des Misstrauens, bezogen auf diejenigen Rollenträger, die die Konturen des Rechts- und Politiksystems definieren (Luhmann 2005b: 125), ist nicht nur das Ergebnis eines Lernprozesses, der die Enttäuschung verarbeitet. Es ist das Produkt einer Geschichte von Enttäuschungen, eines nicht funktionierenden Rechtssystems, das seine Vergangenheit immer wieder aktualisiert. Jedes Mal, wenn das Rechtssystem intern oder extern blockiert wird, wie dies Marcelo Neves (1992) für den Fall Brasilien beschrieben hat, wird seine Stabilisierungsfunktion blockiert und werden Enttäuschungen erzeugt. Man geht davon aus, dass dieser Lernprozess den Faktor Zeit beinhaltet und daher die Geschichte bzw. der historische Verlauf eine wichtige Rolle spielt.

Die Geschichte ins Spiel zu bringen bedeutet, dass das schon erwähnte Misstrauen als Produkt des Rechtssystems und als Teil seiner Geschichte verstanden wird. Es ist das Ergebnis der Schwäche des Systems, normative Erwartungen kontrafaktisch zu stabilisieren, so wie Luhmann die Funktion des Rechts beschreibt (Luhmann 1987: 43; 1993: 129ff.). Das Rechtssystem in der gegenwärtigen Form ist eine historische Maschine, die durch ihre eigene Geschichte konditioniert ist. Ist das Misstrauen von heute Produkt verschiedener vergangener Enttäuschungen, so könnte man vermuten, dass solche Konditionierungen aus nicht stabilisierten Enttäuschungen bestehen. Die Kommunikation über Normen kann nicht vermeiden, dass ihre eigene Geschichte von Enttäuschungen immer wieder thematisiert wird.

Obwohl der aktuelle Systemzustand das Resultat seiner Geschichte ist, also Ergebnis „aller" Ereignisse, die in dem System erfolgt sind, wäre es möglich, auf bestimmte bedeutsame Ereignisse zu fokussieren, deren Traktionskraft eben diese Systemgeschichte bestimmt hat. Alle geschichtlichen Ereignisse zu betrachten, wäre an dieser Stelle unmöglich, da dies mehr als eine Geschichte des Rechtssystems in Argentinien bedeuten würde. Trotzdem möchte ich mich auf ein Problem beziehen, in das zwei verschiedene Problembereiche einmünden: das erste gehört zu einer klassischen Überlegung der Sozialwissenschaften, das andere ist eine sehr aktuelle Entwicklung der Systemtheorie. Es geht einerseits um die Reflexion über die Staatsbildung in Lateinamerika, anderseits um die Überlegungen über die Ausdifferenzierung in Lateinamerika im Sinne von Aldo Mascareño (2008).

Eine Analyse des Systemgedächtnisses mündet in eine Systemgeschichte und folglich in die Frage nach der Emergenz eines solchen Systems. In seinem Werk *Soziologische Aufklärung 6* erwähnt Luhmann, dass sich die funktionale Differenzierung auf eine Rollendifferenzierung stützt (Luhmann 2005b). Sie ist Vorbedingung für die Entstehung einer Systemebene. In diesem Sinne ist eine Analyse der Entstehung und Ausdifferenzierung von rechtlichen Strukturen in Argentinien am Ende des 19. Jahrhunderts zu berücksichtigen, d.h. eines Prozesses der Importierung und Übertragung einer von Rollenträgern verwahrten Gesetzgebung, die sich in einem fremden Erwartungszusammenhang etabliert hat.[10] Die neuen Normen und Regelungen, die Anspruch auf Steuerung des alltäglichen Lebens hatten, haben drastisch die präexistente Kommunikation über Normen geändert und dies bedeutete eine entscheidende Veränderung der Erwartungsstruktur. Das Rechtssystem Argentiniens und Lateinamerikas trägt von Anfang an den Keim der Gewalt in sich und darin liegt die erste Ursache des Misstrauens gegenüber einem Normensystem, das seine eigenen Versprechen nicht erfüllt. Der von staatlicher Seite in Gang gesetzte Disziplinierungsprozess wurde, anders

---

10   Als Beispiele dafür sind zwei Organisationen des Staates, die Justiz und die Polizei, zu berücksichtigen. Zur Justiz siehe vor allem Zimmermann (1998). Zur Polizei siehe Gayol (1996). In Bezug auf die Rolle der Polizei in der Provinzen siehe Argeri (2005).

als in Europa, nie durch einen ausgebildeten und etablierten Verwaltungsstab gestützt. Die Folge von solchen Organisationsproblemen ist die rechtswidrige Anwendung der Gewalt. Mit anderen Worten: Das Recht als symbolisch generalisiertes Kommunikationsmedium erwies sich als zu schwach und wurde daher blockiert.

Mit Neves könnte man sagen, dass die Militärputsche in Argentinien zwischen 1930 und 1983 ständige Wahrscheinlichkeiten waren und sich als solche in der Erwartungsstruktur fest verwurzelten. Währungsentwertungen, Inflationen oder Konfiszierungen ohne jegliche Entschädigungsmaßnahmen wie im Jahr 2001 sind zudem Ereignisse, die den Kommunikationsverlauf und das in das Recht gesetzte Vertrauen konditioniert haben. Wenn die Annahme richtig ist, dass eine Norm als kontrafaktische Stabilisierung von Erwartungen begriffen wird und dass sie nicht immer durch das Rechtssystem gepflegt wurde, dann nimmt die Kommunikation über Normen andere bzw. neue Formen, Bezugspunkte und Stabilisierungsmechanismen an.

5 Die Entstehung von alternativen Normensystemen

Zu Beginn dieses Beitrages habe ich darauf hingewiesen, dass die Situation in Argentinien durch das Misstrauen der Bevölkerung in bestimmte Rollenvertreter wie Polizisten, Politiker und Richter geprägt ist. Ein gewisses Niveau von Ungewissheit ist für das Funktionieren eines Verfahrens nötig und geht in Fällen extremen Misstrauens verloren. Da in Argentinien die Gewissheit von Korruption bei Gerichtsverfahren, aber auch im Bereich der Legislative und Exekutive sowie im Hinblick auf Handlungen der Polizei stark ausgeprägt ist, schlagen diese Verfahren fehl – zumal keine Bereitschaft besteht, die von den Vertretern der genannten Institutionen getroffenen Entscheidungen zu akzeptieren.

Das Misstrauen ist in diesem Zusammenhang nicht als eine vorläufige Meinung zu verstehen, sondern als Struktur bzw. Erwartungsstruktur. Dies bedeutet aber auch, dass die Erwartungen von Misstrauen gefärbt werden, es also eine Semantik des Misstrauens gibt. Diese müsste auch etwa in der Literatur zum Ausdruck kommen. Ein Beispiel hierfür findet man in der literarischen Avantgarde der 1930er Jahre. Hier sind es besonders die Werke von Roberto Arlt, in denen sich die Enttäuschung angesichts eines gescheiterten politischen Projekts in literarischen Figuren und deren Schicksal verkörpert.[11]

---

11 Eine Semantik des Misstrauens, in der die Enttäuschung ein wichtiger Auslöser ist, findet man in Morales Saravia (2001); Saguier (1992).

Im Folgenden geht es um die möglichen Konsequenzen des Misstrauens und einer sogenannten „Deflation des Rechts". Gegenüber einem Kommunikationsmedium wie dem Recht werden Erwartungsstrukturen gebildet, also ein Komplex, den man auch als „systemisches Vertrauen" bezeichnet. Das heißt positive Erwartungen, um Risikobereitschaft zu erzeugen. Dieses Vertrauen hat eine affirmative Nutzung des Mediums zur Voraussetzung. Sobald die Investition von Vertrauen positive Ergebnisse mit sich bringt, wird Bereitschaft erzeugt, das Risiko zu beseitigen. Die Funktion eines symbolisch generalisierten Kommunikationsmediums liegt im Wahrscheinlichmachen einer Unwahrscheinlichkeit, d.h. im Aufbau einer Erwartungsstruktur, deren Aufgabe es ist, dass *Alter* eine Kommunikation von *Ego* trotz aller Irritationen akzeptiert (Luhmann 2005a). Als Kommunikationsmedium ist zum Beispiel das Geld orientiert an der Ermöglichung des Güteraustausches, damit dieser wahrscheinlich wird. Wenn man davon spricht, dass die generalisierten Medien eine intersubjektive Übertragbarkeit von Selektionsleistungen anbieten, wird auf symbolische Medien hingewiesen, die spezifische Codes wie Wahrheit, Liebe, Macht, Geld oder Recht benutzen. In diesem Sinne bildet sich um dieses Medium eine Erwartungsstruktur, die eine Selektion für die nächsten Selektionen relevant macht.

Man kann die Leistungen solcher Medien beobachten, wenn zum Beispiel ein generalisierter Güteraustausch (Wirtschaft) oder das Vertrauen in das Recht oder in die Akkumulation von Macht als möglich angesehen werden. Die Frage, die man in Verbindung mit der vorliegenden Argumentation stellen kann, ist folgende: Welche Auswirkungen hat ein hohes Ausmaß an Misstrauen auf ein generalisiertes Kommunikationsmedium? Hier wird folgende Antwort vorgeschlagen: Misstrauen in das Recht verursacht eine Deflation[12] des Rechts, d.h. das Recht wird nicht als Stabilisierungsmittel gebraucht, falls eine Enttäuschung normativer Erwartungen vorkommt. Das hieße, dass das Recht als Medium, um normative Erwartungen zu sichern, an Attraktivität verliert. Das bedeutet auch Mangel an Motivation für die Benutzung des Mediums.

Das Systemgedächtnis und der gegenwärtige Zustand des Systems konditionieren die Wahrscheinlichkeit, dass das Medium ein Objekt von Vertrauen sein kann und als solches gebraucht wird. Außerdem ist das Recht ein fragiles Kommunikationsmedium, weil das Vertrauen hierin schnell verloren gehen kann und nur schwer wiederzugewinnen ist. An dieser Stelle sollen zwei weitere Beispiele aus dem argentinischen Kontext zur Veranschaulichung dienen: Das Recht befindet sich in einem deflationären Prozess, wenn, wie in den 1980er Jahren, ernste und außergewöhnliche Hyperinflationen in Gang kommen und Verträge da-

---

12   Die Idee der Inflationierung bzw. Deflationierung eines symbolischen Kommunikationsmediums wird vor allem in *Die Gesellschaft der Gesellschaft* thematisiert (Luhmann 1997: 383).

durch ständig an Bedeutung verlieren.[13] Ebenso bedeutet eine Situation, in der nur 25% der Opfer von Delikten das Rechtssystem benutzen, eine Deflationierung des Rechts und die Konkurrenz mit anderen funktionalen Äquivalenten. Unsere These sagt, dass in Argentinien Erwartungsstrukturen existieren, die als Folge mangelnder Performance des Rechtssystems emergieren. Es fehlt Vertrauen in das Recht als Mechanismus für die Erwartungssicherung und infolgedessen treten andere Strukturen an diese Stelle, die diese Funktion erfüllen.

Dieser Punkt kann hier nicht weiter vertieft werden. Trotzdem gibt es einige wichtige Aspekte in Bezug auf unser Untersuchungsinteresse. Zum einen gibt es besondere Strukturen wie Patronage, Mafia oder Gefälligkeitsstrukturen, die durch eine begrenzte Temporalität gekennzeichnet sind. Sie können genauer in der Interaktionsebene beobachtet werden, wobei die Normen situationsabhängig sind. Es existiert, wie Luhmann in Bezug auf Süditalien aufzeigt, ein Metacode „Exklusion/Inklusion", der die Netze durchquert und den Unterschied privatöffentlich überflüssig macht (Luhmann 1995; Gambetta 2007).

Ein zweiter wichtiger Punkt, der offensichtlich ein Merkmal einiger Regionen der Weltgesellschaft mit einem hohen Ausmaß an Exklusion ist, ist die Emergenz bestimmter normativer Erwartungsstrukturen im Schatten der Autopoiesis des Rechtssystems. Solche Strukturen schalten sich systemisch aus und im Raum der Exklusion finden sie fruchtbaren Boden. Hier wären die zahlreichen Menschenrechtsverletzungen zu erwähnen, d.h. missbrauchte Körper und Seelen, die als Adressierung in der Kommunikation auf keinerlei Resonanz treffen und oft nur durch Ausbrüche von Gewalt als Thema im Rechtssystem in Erscheinung treten. Hier hat in Argentinien mit der Wiederaufnahme der gerichtlichen Aufarbeitung der Militärdiktatur eine Reaktion auf die Situation der Opfer der Militärdiktatur von 1976 stattgefunden.

6   Schlussbemerkung

Abschließend möchte ich die Idee von „defekten Prozeduren" oder Verfahren, die ihre Funktion nicht erfüllen können, noch einmal zusammenfassen. Damit die Legitimation eines politischen Systems durch Verfahren möglich wird, ist es unerlässlich, dass gegenüber bestimmten Rollenträgern, also gegenüber Richtern, Polizisten, Politikern usw. ein orientiertes Vertrauen vorliegt. Dieses Vertrauen macht ein adäquates Niveau von Ungewissheit möglich, damit am Ende eine

---

13   Obwohl die soziale Relevanz des Hyperinflationsprozesses in Argentinien evident zu sein scheint, hat das Phänomen innerhalb der Sozialwissenschaften kaum Resonanz gefunden. Ausnahmen sind Quiroga (2002); Sigal/Kessler (1997); Botana/Waldmann (1988); Llach (1985).

Umstrukturierung der Erwartungen erfolgen kann, d.h. damit die Betroffenen sich auf die neue Situation einstellen können. Viele Diagnosen zeigen, dass dieses Vertrauen als Vorbedingung für das Gelingen der politischen, juristischen, administrativen Verfahren in Argentinien vernachlässigt und infolgedessen die Funktion des Verfahrens blockiert wird. Dabei handelt es sich nicht um eine vorübergehende Situation, sondern um einen in der Systemgeschichte selbst verankerten Zustand. Dieser kann als Ergebnis von wiederholten Enttäuschungen verstanden werden, da eine Erwartungsstabilisierung bei wichtigen gesellschaftlichen Anlässen nicht stattgefunden hat. Gleichzeitig funktionieren andere Strukturen als funktionales Äquivalent des Rechts. Die Schlussfolgerung lautet daher, dass das Vorhandensein bestimmter paralleler Strukturen in Gesellschaften wie Argentinien mit einer nicht gelungenen Akzeptanz von rechtsstaatlichen Normen und einem Lernprozess aus nicht stabilisierten Enttäuschungen zusammenhängt.

Literatur

Abels, Gabriele/Bora, Alfons (2004): *Demokratische Technikbewertung*. Bielefeld: transcript.

Argeri, Maria E. (2005): *De guerreros a delincuentes. La desarticulación de las jefaturas indígenas y el poder judicial. Norpatagonia, 1880-1930*. Madrid Consejo Superior de Investigaciones Científicas.

Bora, Alfons (1993): „Gesellschaftliche Integration durch Verfahren. Zur Verfahrensgerechtigkeit in der Technikfolgenabschätzung". In: *Zeitschrift für Rechtssoziologie*, 14, S. 55-79.

Bora, Alfons/Epp, Astrid (2000): „Die imaginäre Einheit der Diskurse. Zur Funktion von 'Verfahrensgerechtigkeit'". In: *Kölner Zeitschrift für Soziologie und Sozialpsychologie*, 52, 1, S. 1-35.

Botana, Natalio/Waldmann, Peter (1988): *El impacto de la inflación en la sociedad y la política*. Buenos Aires: Tesis.

Burden, Barry C. (Hrsg.) (200: *Uncertainty in American Politics*. New York: Cambridge University Press.

Craswell, Richard/Calfee, John E. (1986): „Deterrence and Uncertain Legal Standards". In: *Journal of Law, Economics and Organisation*, 2, 2.

Dari-Mattiacci, Giuseppe/Deffains, Bruno (2005): *Uncertainty of Law and the Legal Process*. Amsterdam: Tinberger Institute. Discussion Paper.

Dewey, Matias (2008): *Procedimientos fallidos. Déficits de legitimación de expectativas normativas en Argentina*. Im Druck.

Elster, Jon (2006): *Rendición de cuentas*. Buenos Aires: Katz.

Gambetta, Diego (2007): *La mafia siciliana. El negocio de la protección privada*. México, D.F.: FCE.

Gayol, Sandra (1996): „Entre lo deseable y lo posible. Perfil de la policía de Buenos Aires en la segunda mitad del siglo XIX". In: *Estudios Sociales*, VI, 10, S. 123-138.

Germani, Gino (1945): *Anomia y desintegración social*. Boletín del Instutito de sociología, IV, Buenos Aires.

Llach, Juan (1985): *La naturaleza institucional e internacional de las hiperestabilizaciones*. Buenos Aires: Instituto Torcuato Di Tella.

Luhmann, Niklas (1981): „Selbstlegitimation des Staates". In: Achterberg, Norbert/ Krawietz, Werner (Hrsg.): *Legitimation des modernen Staates*, Beiheft 15. Wiesbaden: Archiv für Rechts- und Sozialphilosophie, S. 65-83.

—   (1983): *Legitimation durch Verfahren*. Frankfurt am Main: Suhrkamp.

—   (1987): *Rechtssoziologie*. Opladen: Westdeutscher Verlag.

—   (1993): *Das Recht der Gesellschaft*. Frankfurt am Main: Suhrkamp.

—   (1995): „Kausalität im Süden". In: *Soziale Systeme* 1, 1, S. 7-28.

—   (1997): *Die Gesellschaft der Gesellschaft*. Frankfurt am Main: Suhrkamp.

—   (2000): *Vertrauen*. Stuttgart: UTB.

—   (2005a): „Einführende Bemerkungen zu einer Theorie symbolisch generalisierter Kommunikationsmedien". In: *Soziologische Aufklärung 2*. Wiesbaden: VS Verlag für Sozialwissenschaften.

—   (2005b): „Die gesellschaftliche Differenzierung und das Individuum". In: *Soziologische Aufklärung 6*. Wiesbaden: VS Verlag für Sozialwissenschaften.

Machura, Stefan (1993): „Niklas Luhmanns 'Legitimation durch Verfahren' im Spiegel der Kritik". In: *Zeitschrift für Rechtssoziologie*, 14, 1, S. 97-114.

Machura, Stefan et al. (2003): *Ehrenamtliche Richter in Südrussland*. Münster: LIT.

Mascareño, Aldo (2008): *Lateinamerika als Region der Weltgesellschaft*. Berlin: Sigma.

Morales Saravia, José (2001): „Semántica de la desilusión en 'El juguete rabioso' de Roberto Arlt". In: Morales Saravia, José/Schuchard, Barbara (Hrsg.): *Roberto Arlt. Una modernidad argentina*. Madrid: Iberoamericana/Frankfurt am Main: Vervuert, S. 27-45.

Neves, Marcelo (1992): *Verfassung und Positivität des Rechts in der peripheren Moderne*. Berlin: Dunker & Humblot.

—   (2004): „Vom Rechtspluralismus zum sozialen Durcheinander. Der Mangel an Identität der Rechtsphäre(n) in der peripheren Moderne und seine Implikationen in Lateinamerika". In: Brunkhorst, Hauke/Costa, Sérgio/Wenzel, Matiaske/Neves, Marcelo (Hrsg.): *Zentrum und Peripherie*. Mering: Rainer Hampp, S. 165-194.

Nino, Carlos S. (1992): *Un país al margen de la ley*. Buenos Aires: Emecé.

Quiroga, Hugo (2002): „Democracia y legitimidad de la moneda. Entre la hiperinflación y la devaluación". In: *Araucaria. Revista de Filosofía, Política y Humanidades*. Buenos Aires, 4, 8, S. 44-62.

Raitio, Juha (2003): *The Principle of Legal Certainty in EC Law*. London: Kluwer.

Röhl, Klaus F./Machura, Stefan (Hrsg.) (1997): *Procedural Justice*. Aldershot: Oñati.

Saguier, Eduardo R. (1992): „La corrupción en la burocracia colonial borbónica y los orígenes del federalismo: el caso del Virreinato del Río de la Plata". In: Kahle, Günter et al.: *Jahrbuch für Geschichte von Staat, Wirtschaft und Gesellschaft Lateinamerikas*. Köln: Böhlau, S. 149-177.

Sigal, Silvia/Kessler, Gabriel (1997): „Comportements et représentations face à la dislocation des régulations sociales: l'hyperinflation en Argentine". In: Bataillon,

Gilles/Dorronsoro, Gilles: *Survivre. Réflexion sur l'action en situation de chaos.* Paris: L'Harmattan, S. 37-77.

Smithson, Michael (1989): *Ignorance and Uncertainty. Emerging Paradigms.* New York: Springer .

Stollberg-Rilinger, Barbara (Hrsg.) (2001): *Vormoderne politische Verfahren.* Berlin: Dunker & Humblot (Zeitschrift für Historische Forschung, 25).

Van Kesteren, John et al. (2000): *Criminal victimisation in seventeen industrialised countries: Key-findings from the 2000 international Crime Victims Survey.* Den Haag: Bundesministerium der Justiz.

Waldmann, Peter (2003): *El Estado anómico.* Caracas: Nueva Sociedad.

Zimmermann, Eduardo A. (1998): „El Poder Judicial, la construcción del Estado, y el federalismo: Argentina 1860-1880". In: Posada-Carbó, Eduardo: *In Search of a New Order: Essays on the Politics and Society of Nineteenth-Century Latin America.* London: Institute of Latin American Studies, S. 131-152.

Selbstbeschreibungen ohne Selbst: Gesellschaftliche Umbrüche, Vergangenheitsbewältigung und globale Prozesse normativer Strukturbildung aus systemtheoretischer Perspektive

Fatima Kastner

Seit der Verabschiedung der Erklärung der Menschenrechte am 10. Dezember 1948 lässt sich weltweit eine erstaunliche Dynamik beobachten. Ganz analog zur „Deklaration des droits de l'homme" von 1789 ist aus einer zunächst rechtlich völlig unbestimmten Absichtserklärung ein dichtes Gewebe positiv-rechtlicher Bestimmungen geworden (zur Normentwicklung vgl. Rinceanu 2008). Zwar sind massive Menschenrechtsverletzungen und skandalöse Verbrechen unerträglichen Ausmaßes deswegen nicht von der Weltbühne verschwunden, sie können aber – wenn auch hoch selektiv – der Aufmerksamkeit der Weltöffentlichkeit auf Dauer nicht mehr entzogen werden. Heute wird staatlich zu verantwortendes Unrecht, Vertreibung, willkürliche Verhaftung, Folter oder gar Massenmord als ein Problem verstanden, das jeden Akteur in der Weltgesellschaft betrifft. In dieser Hinsicht fungieren die Menschenrechte als Katalysatoren und strukturelles Integrationsmoment der Weltgesellschaft. Auf institutioneller Ebene korrespondiert dem ein fortschreitender globaler Verrechtlichungs- und Konstitutionalisierungsprozess, der zur Entwicklung eines lose miteinander verbundenen Netzes voneinander unabhängiger und funktional spezifizierter überstaatlicher Gerichte, *ad-hoc* eingerichteter (Jugoslawien, Ruanda), hybrider (Timor-Leste, Kosovo, Kambodscha, Sierra Leone, Bosnien-Herzegowina) und anderer inter- und transnationaler Konfliktlösungsinstanzen geführt hat (vgl. Nerlich 2008; Fischer-Leskano/ Teubner 2006). Diese rasante Entwicklung erinnert nicht von ungefähr an Niklas Luhmanns hellsichtige Prognose zur Zukunft des Rechts, die er bereits 1971 in einem Aufsatz zum Begriff der Weltgesellschaft formuliert hatte (Luhmann 1971). Demnach befindet sich das Recht in einem funktionalen Abkopplungs- und Fragmentierungsprozess, dessen Bruchlinien nicht mehr territorial in Bezug auf die Ordnungs- und Konfliktlösungserfordernisse des räumlich begrenzten souveränen Nationalstaates, sondern gesellschaftssektoriell in Bezug auf die Problemlagen der Weltgesellschaft als Ganzes verlaufen (vgl. Luhmann 1971; 1993a: 568ff.; 1993b: 28ff.; 1997: 145ff; 1999a).

In historisch einmaliger Weise repräsentiert in der Tat die Gründung des Internationalen Strafgerichtshofs einen vorläufigen Kulminationspunkt dieser postnationalen Weltrechtsevolution. Damit hat sich ein strikt juridischer Akzent im Umgang mit schweren Verbrechen auf weltgesellschaftlicher Ebene etabliert. In Bezug auf das internationale Recht und gestützt durch völkerrechtliche Verträge wird daraus eine Verpflichtung der Staaten zur Strafverfolgung abgeleitet, insbesondere im Hinblick auf die schwersten Verbrechen wie Völkermord, Kriegsverbrechen und Verbrechen gegen die Menschlichkeit. Auf der Ebene der Rechtsprechung – sei es nationalstaatlich oder international – steht entsprechend eine Rechts- und Gerechtigkeitsvorstellung im Raum, bei der es nicht nur darum geht, dass die Souveränität einzelstaatlicher Gewalt ihre Grenze in einem Recht der Menschheit findet, sondern auch ganz konkret darum, einzelne Angeklagte zur Verantwortung zu ziehen und sie im Falle ihrer Überführung zu bestrafen. Anders als beispielsweise beim altehrwürdigen Internationalen Gerichtshof in Den Haag, der zwar eine Institution auf internationaler Ebene darstellt, jedoch nur für völkerrechtliche Streitigkeiten zwischen einzelnen Staaten zuständig ist, geht es hier um die strafrechtliche Verantwortung eines einzelnen Täters, sei er nun ein einfacher Bürger oder Soldat, ein militärischer Vorgesetzter oder das Regierungsmitglied eines souveränen Staates. Die moralisch-juridische Einsicht der Nürnberger Prozesse, die sich in der Folge der Jahrhundertkatastrophe der Naziherrschaft und des Zweiten Weltkrieges weltweit verbreitet hat, hat sich damit auf weltgesellschaftlicher Ebene auch institutionell durchgesetzt (vgl. Hankel/Stuby 1995; Fritzsche 2004; Werle 2007; Schabas 2008: 189ff.).

Angesichts dieser epochalen Manifestierung eines Weltrechtsverständnisses, das zur Etablierung und zum Tätigwerden eines zumindest potentiell universalen „Weltgerichts"[1] geführt hat, stellt sich allerdings die Frage, warum sich seit den frühen 1980er Jahren ein ganz anders gelagertes Konfliktbewältigungsmodell – nämlich das der Wahrheits- und Versöhnungskommissionen, gleichsam im Windschatten dieser evolutionären Errungenschaft – nicht nur parallel entwickelt hat, sondern, wie es scheint, sowohl auf lokaler wie auf globaler Ebene für die jeweiligen Gegebenheiten des gesellschaftlichen Konfliktpotenzials weitaus überzeugendere und anschlussfähigere Konfliktlösungsinstrumente zur Verfügung zu stellen scheint, als sie das doch so mühevoll errichtete Strafverfolgungssystem regionaler und globaler Gerichtsbarkeit bereithalten kann. In einem kurzen Zeitraum von kaum mehr als 30 Jahren lassen sich in der Tat weit über 40 Fallbeispiele in zahlreichen Ländern Lateinamerikas, Afrikas, Asiens, Mittel- und Osteuropas und in Ländern der arabischen Welt anführen, in denen

---

1   Die Anerkennung des „Weltgerichts" ist aus sämtlichen Weltregionen zu verzeichnen. Zum aktuellen Stand der Zahl der Unterzeichnungen und Ratifikationen siehe <www.iccnow.org>.

postkonfliktionäre Gesellschaften bei der Bewältigung von Unrecht weder nationale noch internationale Gerichte angerufen haben, sondern stattdessen auf das Konzept der Errichtung von Wahrheitskommissionen setzen (Hayner 2001; Oettler 2004; Freeman 2006; Kastner 2007b).[2] Weitere Wahrheitskommissionen sind dabei, gebildet zu werden, wurden angekündigt oder befinden sich in der Diskussion.[3] Ganz offenbar steht man der Leistungsfähigkeit des Systems nationaler und internationaler Strafgerichtsbarkeit letztlich doch eher skeptisch gegenüber, sobald man es mit umfassenden Menschenrechtsverletzungen zu tun hat, die auf eine jeweils gerade zurückliegende Vergangenheit staatlicher Massengewalt, auf Repression und Bürgerkrieg verweisen. Es lässt sich also das unerwartete Phänomen beobachten, dass einer nicht juridischen Konfliktlösungsform, die eine kollektive Aufarbeitung entstandenen Unrechts im Sinne einer „restorative justice" (Weitekamp 2002) anstrebt, der Vorzug gegenüber den strengen rechtlich organisierten Mechanismen einer reinen Strafjustiz eingeräumt wird. Bilden Wahrheits- und Versöhnungskommissionen demnach das eigentlich universelle Konfliktbewältigungsmodell der Weltgesellschaft?

Was aber sind Wahrheitskommissionen? Warum werden sie in völlig unterschiedlichen Konfliktlagen, unterschiedlichen gesellschaftspolitischen und ethnisch-kulturellen Kontexten – ob nach dem Fall der Mauer und dem Verschwinden der Sowjetunion in Mittel- und Osteuropa, nach dem Sturz der Militärdiktaturen in Lateinamerika, dem Ende der Apartheid in Südafrika, oder aktuell in einem arabischen Land wie Marokko (Hazan 2006; Kastner 2009b) – als ein Instrument der Unrechtsbewältigung eingesetzt? Worin besteht seine universelle Plausibilität? Auf welche gesellschaftsstrukturellen Problemlagen reagiert man mit der Übernahme des Modells? Und legitimiert dessen häufige Inanspruchnahme tatsächlich den Ruf nach einer völkerrechtlichen Grundlegung einer Ständigen Internationalen Wahrheitskommission, wie es einige Kommentatoren schon jetzt behaupten? (Z.B. Villa-Vicencio 2000: 221; Leitenberger 2001: 534; Eisnaugle 2003).

---

2   Bisher sind Kommissionen in folgenden Ländern eingesetzt worden: Argentinien (1983), Australien (2009), Äthiopien (1992), Bolivien (1982), Burundi (1995), Brasilien (1985), Chad (1990), Chile (1990), Côte D'Ivoire (2000), Demokratische Republik Kongo (2003), Ecuador (1996), El Salvador (1992)), Jugoslawien (2001), Deutschland (1992), Fiji (2005), Ghana (2002), Grenada (2000), Guatemala (1994), Haiti (1994), Indonesien (1999), Kanada (2008), Liberia (2003), Mexiko (2002), Marokko (2004), Nepal (1990), Nigeria (1999 und 2001), Panama (20001), Paraguay (2003), Peru (2001), Philippinen (1986), Sierra Leone (2000), Süd Afrika (1995), Süd Korea (2000), Sri Lanka (1994), Timor Leste (2001), Uganda (1974; 1986), Uruguay (1985; 2000), Zentralafrikanische Republik (2002) und Zimbabwe (1985).

3   Diskutiert werden beispielsweise Einrichtungen für Kenia, Nordirland, Bosnien und Herzegowina, die Salomonen, Israel und den Irak. Vgl. hierzu die Auflistung auf der Website des *United States Institute of Peace*, unter <http:www.usip.org/ library/tc>.

Diese Fragen betreffen ein ganzes Bündel miteinander verknüpfter Diskussions- und Problematisierungszusammenhänge. Sie beziehen sich einerseits auf die grundsätzliche Frage nach der Leistungsfähigkeit und Legitimität nationaler wie internationaler Strafverfolgung und betreffen andererseits die Kernproblematik einer gegenwärtig laufenden, interdisziplinär geführten Vergangenheitsbewältigungsdebatte zur Rolle und Bedeutung alternativer Reaktionsformen auf staatlich zu verantwortendes Massenunrecht. Demgegenüber wird hier aus einer primär soziologischen Perspektive die Ansicht vertreten, dass es weder um restaurative noch um juridische Gesichtspunkte geht, sondern um ganz andere Problemlagen, auf die Gesellschaften mit dem Modell der Wahrheits- und Versöhnungskommissionen reagieren. Im Folgenden stehen daher drei Angelegenheiten im Zentrum der Diskussion:

- Zunächst soll die gesellschaftliche Funktion des Rechts im Sinne systemtheoretischer Überlegungen vorgestellt werden. Vor diesem Hintergrund kann dann der Frage nach dem zugrundeliegenden Konzept und dem dazugehörigen Unrechtsbewältigungprinzip der Wahrheits- und Versöhnungskommissionen auf den Grund gegangen werden (1.).

- In einem zweiten Schritt lässt sich das Konfliktlösungskonzept von Wahrheitskommissionen dann in eine Relation zur strafrechtlichen Bewältigung von Unrecht stellen (2.).

- Im Anschluss an das kommunikationstheoretische Design von Niklas Luhmann soll darauf aufbauend eine Perspektive eröffnet werden, die die Einsetzung von Wahrheits- und Versöhnungskommissionen weder normativ in Bezug zu den strengen justitiellen Formen der Unrechtsbehandlung beurteilt, noch als politische Instrumente sozialer Aussöhnungsprozesse zu den Operationen des Systems Politik zählt, sondern diese als soziale Selbstthematisierungs- und Selbstbeschreibungsgeneratoren beschreibt, die Formen der Ingangsetzung kollektiv bindender Kommunikation über vergangenes Unrecht realisieren (3.).

1   Zur gesellschaftlichen Funktion des Rechts

Das Rechtssystem hat es mit sozialen Konflikten zu tun, in denen Rechte reklamiert werden. Im Zentrum des Systems wird in Bezug auf geltende Normen darüber entschieden, wer recht und wer unrecht hat. Damit ist eine zentrale Funktion des Rechts benannt: Es regelt das Verhalten der beteiligten Konfliktparteien im Streitfall. Man kann jedoch mit guten Gründen bestreiten, dass die Funktion des Rechts damit ausreichend bestimmt sei. Recht, so die geläufige

Vorstellung, gewährleiste gesellschaftlichen Konsens, soziale Integration und die Kontrolle individuellen Verhaltens. Anders die systemtheoretische Lesart: Das Recht löst nicht die Konflikte der Gesellschaft, sondern lediglich jene Konflikte, die es selbst generiert hat. Es realisiert damit weder gesellschaftliche Einigkeit über das, was rechtens ist oder sein sollte, noch soziale Steuerung des Interagierens, sondern garantiert Akzeptanz und Hinnahme der Entscheidungen und das auch dann, wenn weder von der sachlichen Richtigkeit noch von einer persönlich geglaubten Wahrheit der Urteile die Rede sein kann. Anhand des stark regulierten Verlaufs der Urteilsfindung vor Gericht lässt sich dies kurz erläutern: Verfahren beginnen mit der von allen Beteiligten geteilten Annahme der anfänglichen Ungewissheit oder Offenheit der Entscheidung (Luhmann 1993a: 297ff.). In der zeitlichen Sequenzierung des Verfahrens (Klage/Antrag; geregelte Verfahrensschritte, Entscheidung des Richters) wird die Offenheit der Urteilsfindung von der Eröffnung bis zur abschließenden Entscheidung laufend kommuniziert, die allen Beteiligten suggeriert, dass eine Entscheidung auch zu ihren Gunsten ausgehen könne. Man folgt also einer nicht zur Disposition stehenden Inszenierung mit eindeutiger Rollenverteilung und strikten Schranken des jeweiligen Verhaltens und Argumentierens. Was sich dabei institutionalisiert, sofern sich die Prozessparteien auf dieses Verfahrensspiel einlassen, ist, dass sie, ob nun bewusst oder nicht, sich dem Verfahrensritus unterwerfen und so jeweils ein Kapitel des Entscheidungsdramas mitinszenieren. Mithin sind die Streitparteien fortan nicht mehr in der Lage, dem Verfahren selbst die Legitimität zur Entscheidung zu entziehen, dies auch dann nicht, wenn sie konfligierende normative Erwartungen an das Verfahren binden. Der soziale Sinn des Entscheidungstheaters besteht dabei darin, auch bei der unterlegenen Partei die Akzeptanz des Urteils unabhängig von der persönlichen Motivlage zu erreichen oder aber im Extremfall (Selbstjustiz) diese derart zu diskreditieren, dass sie in aller Regel ohne weitere soziale Unterstützung dasteht. Damit wird zweierlei erreicht: 1. dass Betroffene die Entscheidung des Gerichts als Prämisse ihres eigenen Verhaltens übernehmen und 2. im Falle der Enttäuschung ihre normativen Erwartungen entsprechend umstrukturieren, d.h.: Lernen!

Nach dieser Sichtweise geht es weder um das tatsächliche Auffinden der „Wahrheit" noch um die „Recht-Fertigung" (Joerges/Teubner 2003) der Entscheidung als solcher, als vielmehr darum, dass über die Institutionalisierung eines gesellschaftlichen Lernprozesses ein Streitfall auch im Falle hoher ökonomischer, moralischer oder politischer Kosten zunächst einmal überhaupt zu einem Abschluss kommt (Luhmann 1993a: 333). Auf der Interaktionsebene fungiert die Entscheidung des Falles dann als Impulsgeber für eine Änderung der Prämissen, nach denen der einzelne Betroffene seine weiteren individuellen Erlebnisse verarbeiten, seine Handlungen auswählen und sich entsprechend selbst darstellen kann. Auf der Ebene der Operationen des Rechtssystems verändert sich damit die Rechtsgeltungslage, die dann als Auslegung und Anwendung des geltenden Rechts zelebriert und als Vorlage für weitere Rechtsoperationen genutzt werden kann. Mithin nährt und koordiniert der Entscheidungsprozess die jeweilige Operativität der beteiligten Systeme, indem im Hinblick auf die Frage, wer der Beteiligten an seiner Erwartung festhalten darf und wer „lernen" muss, eine punktuelle Synchronisation der autopoietischen Systeme erzwungen wird; und dies unabhängig davon, ob derjenige, der seine Erwartungen ändern muss, zustimmt oder nicht. Im Kern geht es also um operative Orientierungs- und soziale Zeitbindungseffekte. In Bezug auf den Abschluss der Entscheidung heißt das: Das, wovon alle Beteiligten als Geltungsgrundlage des Rechts gleichzeitig ausgehen müssen. Indem also der Geltungsanspruch des Rechts trotz Indifferenz des Rechts gegen individuelle Motivationslagen im sozialen Leben realisiert wird, löst das System zugleich sein gesellschaftliches und sein innersystemisches Problem: Über eine Verstrickung der Beteiligten im szenischem Ablauf der Verfahrensepisode erzwingt es ein „Stillhalten" und die „Hinnahme" der Entscheidungen. Über die Zurschaustellung der Ungewissheit des Ausgangs der Entscheidungsfindung stilisiert es prinzipiell kontingentes Entscheiden als nicht kontingentes Ergebnis richterlicher Urteilsfindung:

> Autorität, Dekoration, Begrenzung des Zugangs zum Geheimnis, Texte, auf die man sich beziehen kann, Auftritt und Abtritt des Gerichts – all das tritt an den Platz, an dem verhindert werden muss, dass das Paradox der Entscheidung als Paradox erscheint und damit verrät, dass die Voraussetzung, es könne mit Recht über Recht und Unrecht entschieden werden, ebenfalls eine Paradoxie ist und dass die Einheit des Systems überhaupt nur als paradox beobachtet werden kann (Luhmann 1993a: 309-310).

Daraus ergibt sich die soziologische Relevanz der „mysteriösen" Verdeckungsformen der Paradoxie des Entscheidens vor Gericht. Sie erst garantieren die sozial „verträgliche" permanente Änderbarkeit und damit die Positivität des Rechts. Mit anderen Worten: Das eigentliche Mysterium besteht darin, dass die Teilnehmer weiterhin davon ausgehen, dass es mit „rechten Dingen" zugeht! Lediglich dieser Unterstellung ist es zu verdanken, dass trotz permanenter Enttäuschung normative Erwartungen stabil bleiben.

Selbstverständlich ist das ein äußerst artifizielles soziales Arrangement, also eine völlig unwahrscheinliche Konstellation sozialen Verhaltens, deren Unwahrscheinlichkeit und zivilisatorische Errungenschaft erst dann augenfällig wird, wenn Gesellschaften sich in unheilvoller Auflösung und im Zusammenbruch befinden. In Phasen massiver Gewalt, des Verlustes öffentlicher Sicherheit und der damit einhergehenden Auflösung von Konventions-, Verhaltens- und Erwartungsroutinen wird sich wohl kaum jemand mehr ernsthaft an die lokal geltende Rechtsordnung wenden wollen oder können. Der äußerst extreme Fall von Ruanda ist hierfür ein ebenso anschauliches wie trauriges Beispiel. Der Versuch, nach westlichem Vorbild den Völkermord der Hutu-Mehrheit an der Tutsi-Minderheit, der nach Einschätzungen von Beobachtern mehr als 800.000 bis 1.000.000 Menschen das Leben gekostet hat, mit rechtlichen Verfahren zu bewältigen, zeigt auf tragische Weise, wie unfähig das Rechtssystem ist im Angesicht abertausender anstehender Verfahren, die mehr oder weniger gleichzeitig hätten bearbeitet werden sollen (vgl. hierzu Longman 2006, Hankel 2007; Drumbl 2007). In solchen dramatischen Situationen erleben Menschen, wenn sie denn überleben, einen Zustand der Unbestimmtheit und Potentialität, in dem bisher gegebene soziale und psychologische Strukturen auseinanderfallen und reorganisiert werden müssen. Während das Recht in Bezug auf seine Funktionsfähigkeit von einem spezifischen Leistungsangebot einer Vielzahl strukturell gekoppelter Systeme abhängig ist, gleichsam im Hobbes'schen Sinne auf „normale", d.h. befriedete Zustände angewiesen ist, fangen Wahrheits- und Versöhnungskommissionen genau diese Wucht des gesellschaftlichen „Chaos" auf und können bei entsprechender Konstellation sogar diese Dynamik in Richtung einer Rekonstruktion und Erneuerung der Gesellschaft kanalisieren. Doch wie realisieren sie das?

2   Zur konzeptionellen Ausrichtung der Wahrheits- und Versöhnungskommissionen

Wahrheits- und Versöhnungskommissionen haben es mit sozialen Konflikten zu tun, die eine Gesellschaft als Ganzes betreffen. Es handelt sich um Institutionen, die sich in Bezug auf spezifisch lokale, regionale und internationale Problemkonstellationen jeweils unterschiedlich – d.h. individuell – konstituieren. Daher gibt es keinen allgemein gültigen Kriterienkatalog, der festlegt, wie eine Kommission gestaltet sein sollte. Jede Wahrheitskommission unterscheidet sich von der anderen in der Art und Weise ihrer Entstehungs- und Wirkungsgeschichte, ihrer personellen und administrativen Zusammensetzung, dem zu bewältigenden gesellschaftspolitischen Aufgabenbereich, den Befugnissen, den Ausführungsfristen, ihren rechtlichen Grundlagen, ihrer finanziellen und institutionellen Ausstattung, den historischen und gesellschaftsstrukturellen Ausgangslagen und vielen anderen Merkmalen (vgl. hierzu Ash 1997; Oettler 2004; Kastner 2007b).

Gemeinsam ist allen Wahrheitskommissionen jedoch der Zweck ihrer Einrichtung: Schwere Menschenrechtsverletzungen, die in der jüngsten Vergangenheit eines ehemals repressiven Regimes begangen wurden, sind aufzudecken, zu dokumentieren und in einen gesellschaftlich getragenen Aufarbeitungsprozess zu überführen. Dabei kann die Anerkennung der den Opfern gegenüber verübten Verbrechen als zentrales Charakteristikum einer Wahrheitskommission bezeichnet werden (Villa-Vicencio 2000; Blümmel 2002).

Ein weiterer gewichtiger Punkt besteht in der Entschädigung der Opfer. Wiedergutmachung ist dabei nicht allein auf die materielle Seite beschränkt, vielmehr schließt sie Maßnahmen zur Wiederherstellung der Würde der Opfer ein. Daher steht an erster Stelle das Bestreben, den Opfern Gehör zu verschaffen. Sie erhalten Gelegenheit, ihr je persönliches Schicksal mitzuteilen. Unabhängig von den Motiven, die die Opfer dabei zu Aussagen bewegen – sei es ein Gefühl moralischer Verpflichtung gegenüber den Toten, die ihre Stimme nicht mehr erheben können, ideologische Überzeugung oder psychologisch-therapeutisches Bedürfnis – sie hoffen, mit der Aussage ihre Würde wiederherstellen und sich dadurch zumindest teilweise von ihrer traumatischen Vergangenheit befreien zu können. Eine wichtige Frage ist dabei, wie diese Enthüllungen der Opfer publik gemacht werden. Dies kann über öffentliche Anhörungen der Wahrheitskommissionen geschehen oder – wie im Jahr 2005 in Marokko – live im Fernsehen und Radio übertragen werden (Hazan 2006; Kastner 2009b). Zur Wiedergutmachung gehört aber neben der moralischen auch die rechtliche Rehabilitierung, wie etwa die Tilgung unrechtmäßiger Vorstrafen. Als zentraler Teil der Wiedergutmachung werden zudem alle Maßnahmen angesehen, die durch die Schaffung und Stärkung entsprechender Institutionen zur Verhütung künftiger Menschenrechtsverletzungen beitragen. In beinahe allen Fällen wird der Präventionsgedanke aber nicht im Rahmen juristischer Dimensionen verstanden, sondern mit dem Ziel der Offenlegung der Wahrheit über die Vergangenheit verbunden. Dabei spielt die öffentliche Entschuldigung eine besondere Rolle. Sie gilt als offizielle Anerkennung des Unrechts der Vergangenheit, als Anerkennung staatlicher Verantwortung und demnach als vorbeugende Maßnahme, damit sich solche Straftaten nicht wiederholen. Der wohl symbolträchtigste Akt dieser Art war der von Bundeskanzler Willy Brandt, als er am 9. Dezember 1970 in respektvollem Gedenken vor dem Denkmal für die Opfer des Warschauer Ghettos niederkniete und damit eine historisch nie da gewesene Ära weltweiter öffentlicher Entschuldigungen und eine Flut von Reuebekundungen einleitete.

Eine schier unmögliche Herausforderung, der sich Wahrheitskommissionen stellen müssen, ergibt sich aus dem Faktum, dass sie in den meisten Fällen innerhalb eines knapp bemessenen Zeitraums von nur wenigen Monaten eine Untersuchungs- und Dokumentationsarbeit zum Abschluss bringen müssen, zu der die Anhörung tausender Betroffener, die Datenerfassung und die statistische Auswertung unzähliger Zeugnisse gehört. In welchem Umfang diese Aufdeckungsarbeit geleistet werden kann, hängt dann sehr von der Mitarbeit eines

Netzes von Institutionen, Krankenhäusern, Leichenhallen und Friedhöfen ab, deren Aufzeichnungen sich für die jeweilige Dokumentationsarbeit oft als unentbehrlich erweisen. Massive Verbrechen in der Vergangenheit in dieser Weise aufzuarbeiten, impliziert natürlich die Aufdeckung der systematischen Gewaltanwendung staatlicher Akteure gegenüber großen Teilen der eigenen Bevölkerung. Damit rückt die Identifizierung und Analyse der Ursachen und Auswirkungen solcher strukturellen Gewaltmuster in den Vordergrund. Freilich werden Detailinformationen über staatliche Unterdrückung in der Regel nur dann zugänglich sein, wenn die ehemaligen Organe der Unterdrückung – die Ministerien, die Armee, die Polizei, der Nachrichtendienst, die Miliz und so weiter – kooperieren. Angesichts dieser Situation müssen Wahrheitskommissionen auch darüber befinden, ob sie zur Vermeidung weiterer Konfrontationen mit den Repräsentanten des vormaligen Systems im Rahmen von Amnestieregelungen für ein Vergessen des geschehenen Unrechts optieren (Slyle 2000) oder aufgrund ethischer, politischer und insbesondere rechtlicher Verpflichtungen die Täter strafrechtlich belangen (Eser/Arnold 1999-2005).

Die Tätigkeit einer Wahrheitskommission endet mit der Erstellung und Veröffentlichung eines Kommissionsberichts, der strukturelle und personelle Missstände auflistet und zumeist in eine Empfehlung mündet. Sie regt Veränderungen des vordem repressiven Staatssystems an, die es Tätern wie Opfern gleichermaßen ermöglichen sollen, mit der so aufgearbeiteten Vergangenheit leben zu lernen und sich der Zukunft gemeinschaftlich zu stellen. So jedenfalls der konzeptionelle Anspruch.

Auch wenn Wahrheitskommissionen also letztlich dieselben Straftaten untersuchen, wie sie von Straftribunalen bearbeitet werden, unterscheiden sich ihre Ermittlungsformen (Freeman 2006). Obgleich die Kommissionen in der Regel über Spezialbefugnisse verfügen, reichen diese nicht so weit wie die Befugnisse von Strafgerichten. Auch werden die Verfahren der Wahrheitskommissionen nicht durch Prozessordnungen geregelt. Sie haben weder die Befugnis, alle fallbezogenen Zeugen zu laden, noch können sie, im streng juristischen Sinne, über Schuld oder Unschuld eines Beschuldigten entscheiden (Blümmel 2002: 22ff.). Es handelt sich um Institutionen, die über keinerlei feste Inszenierungsformen oder gar Sanktionsmechanismen verfügen. Entscheidend für das Konzept von Wahrheitskommissionen ist die grundlegende Idee der freiwilligen Auseinandersetzung mit vorangegangenen Verbrechen. Gegenüber justitiellen Gesichtspunkten ist die Opferzentriertheit und nicht die Täterzentriertheit der entscheidende Unterschied (Reemtsma 1999: 8; Hassemer/Reemtsma 2002; Blümmel 2002; Meyer 2005. 337ff.). Dementsprechend ändert sich das Verfahrensziel von Wahrheitskommissionen: Statt im Sinne des Strafrechts jeder Straftat, die verübt wurde, im Einzelnen nachzugehen, also die strafrechtliche Verantwortlichkeit des Täters oder der Täter festzustellen, steht bei Wahrheitskommissionen die gesellschaftliche Rehabilitierung der Opfer im Vordergrund. Ihr dient die Offenlegung der „Wahrheit" über jene Verbrechen, die in der Vergangenheit stattgefunden haben. Es geht also nicht um retributive, sondern um restaurative Gesichtspunkte der Gerechtigkeit.

3   Systembruch und Systemkontinuität: Zum generativen Mechanismus von Erinnerung und Vergessen

Was aber kann „Wahrheit und Versöhnung" heißen angesichts der prekären Lage, in der sich postkonfliktionäre Gesellschaften zumeist befinden? Hier sind die Gegenwarten in aller Regel das Resultat eines gerade zurückliegenden, gesamtgesellschaftlichen Zusammenbruchs und noch durch Gewalt, Misstrauen, Destabilisierung und moralische Verwahrlosung geprägt, während es zugleich als überlebensnotwendig erscheint, die Gesellschaft – in welcher Gestalt auch immer – zunächst zu befrieden. Und das muss in einem Umfeld zerstörter Institutionen, erschöpfter Ressourcen, fragiler Sicherheit und einer zutiefst verängstigten und gespaltenen Bevölkerung erreicht werden. Welche Form kann die Wahrheit über eine blutige Vergangenheit annehmen, wenn kollektive traumatische Erfahrungen unter dem Druck nationaler wie internationaler Öffentlichkeit, einer bestimmten zeitlichen Frist, eines bestimmten Verfahrens sowie unter bestimmten moralisch-ethischen Erwartungen zu verarbeiten sind? Welche Funktion nimmt diese Wahrheitsform an, wenn die herbeizuführende gesamtgesellschaftliche Aussöhnung der objektivierten Authentizität erlebter wie dokumentierter Erinnerungen sowohl der Opfer als auch der Täter bedarf? Hier stellt sich die im Grunde paradoxe Frage, wie Umbruchsgesellschaften der Notwendigkeit begegnen, die Geschichte ihres zivilisatorischen Bruchs mit sich selbst dennoch im Medium einer gesellschaftlichen Kontinuität zu erinnern? Wie bewältigen sie, anders gefragt, die Unmöglichkeit, einen Bruch mit ihrer Identität bruchlos zu erinnern? (Hahn/Kapp 1987; Assmann 2003; 2006).

Fragen dieser Art reichen tief in jene weit gefächerten Diskussionen hinein, die man unter jeweils unterschiedlichen Disziplin- und Theorieperspektiven im Rahmen der laufenden Erinnerungs- und Gedächtnisdebatte kontrovers führt. Grundlegend für derartige Debatten sind die Thesen von Maurice Halbwachs, die der französische Soziologe bereits in den zwanziger Jahren des vorigen Jahrhunderts formuliert hat. Halbwachs' Postulat eines „kollektiven Gedächtnisses" beruht auf der Soziogenese persönlicher Erinnerungssequenzen (Halbwachs 1967). Demnach sind die Träger des kollektiven Gedächtnisses keine Gruppen, sondern einzelne Individuen, wobei der Einzelne, wie Halbwachs wiederum betont, sein persönliches Gedächtnis Kraft seiner Zugehörigkeit zu verschiedenen Gruppen ausbildet. Wichtig für diese Blickrichtung ist nun der Nachweis, dass Vergangenheit sich als solche nicht erhält, sondern lediglich als „représentation collective" in der Gegenwart konstruiert wird. Dem Narrativ einer Autobiografie vergleichbar (Schmidt-Felzmann 2004), reinterpretieren Gesellschaften demnach ihre Vergangenheiten und mithin ihre Selbstbeschreibungen, indem sie die Chronologie der Abläufe umkehren und die Vergangenheit im Lichte der Gegenwart umschreiben. Wo die Konstruktion einer solchen umcodierten Selbstrepräsentation ausbleibt oder nicht rasch genug erfolgt, stellen sich erhebliche Funktionsanomalien ein – bis hin zum totalen Zusammenbruch und Zerfall. Halbwachs hat – wie alle auf seine Prämissen rekurrierenden Erinnerungs- und Gedächtnistheoretiker – allerdings das Problem, die für seine theoretische Grundlegung der Trägerschaft kollektiver Selbstrepräsentationen ausschlaggebenden Imaginationsmechanismen nur unscharf als ein wie immer geartetes Wechselwirkungsverhältnis zwischen Individuum und Gemeinschaft beschreiben zu können.

Demgegenüber haben die beeindruckenden historisch-kulturwissenschaftlichen Arbeiten von Aleida und Jan Assmann die Debatte in einem entscheidenden Punkt bereichert. Deren Erweiterung des Diskussionsfeldes besteht darin, die Frage nach den Transformationsformen kommunikativer – d.h. gelebter und in Zeitzeugen verkörperter – individueller Erinnerung in kulturelle – d.h. institutionell gefasste – Erinnerung aus einem anderem Blickwinkel erhellt zu haben. Insbesondere hat Aleida Assmann hierfür die wichtige Differenzierung zwischen Funktionsgedächtnis und Speichergedächtnis als zwei Modi der Erinnerung geprägt. Funktionsgedächtnis heißt hier diejenige Gedächtnisform, die die Aufgaben übernimmt, etwas so lange in Erinnerung zu halten, wie es bestimmten Werten und Interessen dient. Das Speichergedächtnis (Geschichte) hingegen ist dem Funktionsgedächtnis entgegengesetzt und losgelöst von einem individuellen Träger, von Werten und Normen. Es speichert auch nicht aktuell benötigte Erinnerungsinhalte und stellt so ein Reservoir an möglichen Inhalten für das Funktionsgedächtnis dar. Erneut stellt sich allerdings auch bei dieser Konzeption die Frage, in welchem konkreten Wechselwirkungs- und Austauschverhältnis die beiden Gedächtnisformen zueinander stehen. Die Aussage, dass Funktions- und Speichergedächtnis aufeinander orientierend und motivierend bezogen seien (Assmann 1995: 185ff.), unterscheidet sich in dieser Hinsicht freilich nur unwesentlich von den vagen Halbwachs'schen Ausgangsbestimmungen.

Eine radikale Lösung bietet demgegenüber der Ansatz von Niklas Luhmann an. Aus einer systemtheoretischen Perspektive geht es bei der Vergegenwärtigung der Vergangenheit weder um die Vergangenheit selbst noch um die Frage, in welcher Form Vergangenes temporär aufbewahrt und wieder zur Verfügung gestellt werden kann (vgl. Luhmann 1997: 576f.). Für die Systemtheorie ist generell nicht der Verlust von Erinnerung das Problem des Gedächtnisses, vielmehr seine systemische Funktion (Baecker 2000: 155ff.). Das wiederum heißt, es geht um Erinnerung, die nicht Punkt für Punkt Vergangenes in die Gegenwart transportiert, sondern um paradoxe Operationen, die die Identität von gegenwärtiger Vergangenheit und gegenwärtiger Zukunft operativ entfalten. Nach Luhmann entwickeln ereignisbasierte soziale Systeme ebenso wie personale Bewusstseinssysteme ein sich je nach Operationsmodus selbstständig organisierendes Gedächtnis (Luhmann 1996a: 307-330; 1997: 576f.; 1999b: 31-54). Im Unterschied zur Gedächtnisinterpretation in der Tradition von Maurice Halbwachs ist für Luhmann Erinnerung nicht das Produkt einer Vergangenheit, sondern das einer gegenwärtigen Beobachtung. Luhmann charakterisiert damit das soziale Gedächtnis nicht mehr als ein wie auch immer geartetes Archiv oder Speicher kollektiver Erinnerungen, sondern als eine spezifische, reflexiv strukturierte Operationsform sozialer Systeme, die im Rahmen des operativen Geschehens bestimmte Anschlüsse wahrscheinlicher macht als andere (Luhmann 1996a: 307ff.). Mithin müssen soziale Systeme stets Gedächtnis als strukturelle Bedingung ihrer selbst immer schon mitführen, wodurch sie als systemische Einheit zum einen überhaupt erst hervorgebracht und zum anderen dadurch auch beobachtbar für sich selbst werden. Dieses nicht von ungefähr an Münchhausen erinnernde auto-ontologisierende Moment gilt sowohl für Bewusstseinssysteme, die Wahrnehmungs- und Aufmerksamkeitsregelmäßigkeiten aufbauen, als auch für Funktionssysteme, die spezifische Erwartungsstrukturen als Selektionsdirektiven für ihre Operationen aufbauen. Da sich soziale Systeme über die gesellschaftliche Elementareinheit Kommunikation reproduzieren, lässt sich aus dieser Theorieperspektive sagen, dass das Gedächtnis der Gesellschaft zwar ein kommunikatives Gedächtnis ist, jedoch weder durch personale noch durch soziale Systeme exklusiv repräsentiert wird, sondern vielmehr als ein Produkt der Selbstorganisation der Kommunikation hervorgebracht wird. Das grundlegende Problem, das sich daraus für die Gesellschaft ergibt, besteht dann weniger darin, in Analogie zum Individuum ein „kollektives Gedächtnis" zu identifizieren, als vielmehr in der Synchronisation einer Vielzahl von gleichzeitig operierenden Systemgedächtnissen, die jeweils einer eigenen Systemlogik unterstehen und dadurch eigene funktionsspezifische Semantiken des Erinnerns und des Gedächtnisses hervorbringen (vgl. hierzu Nassehi 2001). Nach Luhmann übernehmen symbolisch generalisierte Kommunikationsmedien die Koordinierung dieses sich selbst tragenden, polyphonen Kommunikationszusammenhangs, den er weitgehend als das Produkt einer a-kausalen Korrelation zwischen Gesellschaftsstruktur und Semantik beschreibt. Das wiederum heißt, dass sich mit der Veränderung der Gesellschaftsstruktur zugleich die Selektivität und das Kontingenzni-

veau der Verknüpfungen der Kommunikation verändern. Die Sedimentierung
bestimmter Vergangenheitssemantiken und die Bezugnahme auf derartige Kon-
strukte zum Zwecke der Stabilisierung gesellschaftlicher Selbstbeschreibungen
kann demnach als die Folge dieses komplexen kommunikativen Geschehens
beschrieben werden. Nach systemtheoretischer Lesart kommt ihm die entscheidende Funktion zu, weitere Kommunikationen zu orientieren und zu strukturieren.

Diese kommunikationstheoretische Interpretation, deren epistemologische
Grundlegung hier nicht weiter ausgebreitet werden kann (Luhmann 1984; Baecker 2005; Kastner 2006), stellt meiner Ansicht nach ein Instrumentarium bereit,
das es im Sinne des Formenkalküls von George Spencer Brown gestattet, soziale
Ausdifferenzierungsprozesse als Generierungsgrundlage von Unterscheidungen
zu beschreiben (Spencer Brown 1999). In Bezug auf das Gedächtnis der Gesellschaft heißt dies: Da jede Form der Kommunikation, des Handelns und Verhaltens mit einer Unterscheidung beginnt – genauer mit Bezeichnungen von etwas
im Unterschied zu anderen –, erzeugt sie zugleich einen ihr entsprechenden Bereich des Erinnerns und Vergessens. Das Gedächtnis operiert in der Folge mit
dem, was erfolgreich bezeichnet worden ist und tendiert dazu, die andere Seite
der Unterscheidung zu vergessen. Auf dieser Matrix ließe sich das Konzept der
Wahrheitskommissionen als eine gesellschaftliche Synchronisationsmaschinerie
verstehen, die es Umbruchsgesellschaften ermöglicht, zu einer neuen Selbstbeschreibungsform zurückzufinden, indem sie das, was sie über ihre gewaltvolle
Vergangenheit erinnern, zugleich aber auch vergessen. Unter dieser Beschreibung ginge es beim Modell der Wahrheitskommission weder um historische
Wahrheit, die im emphatischen Sinne zutage förderte, wie es „eigentlich gewe-
sen ist", noch um Prozesse der Vergebung und Versöhnung. Vielmehr realisieren
Umbruchsgesellschaften mit Wahrheitskommissionen Formen der Ingangsetzung
kollektiv bindender Kommunikation über die Vergangenheit. Sie schaffen sich
Bedingungen der Möglichkeit zur Bewältigung konkreter Aufgaben, bei denen
Konfliktvermeidung und die Stabilisierung gesellschaftlicher Verhaltens- und
Kommunikationsverhältnisse ansteht. Es ginge also nicht um die Alternative
zwischen totalem Vergessen einerseits und kontrafaktischer Imagination glückli-
cher Verhältnisse andererseits, sondern darum, dass das Wissen um die gewaltvolle Vergangenheit gerade deshalb in einer spezifischen Art und Weise „erinnert" werden kann, weil es zugleich im Rahmen einer Vielzahl von beteiligten
Systemgedächtnissen auch jeweils auf eine spezifische Weise wieder „vergessen" wird. Aus dieser Facetten-Perspektive einer plural simulierten Vergangenheit ist die notorische Frage nach Kriterien für eine geglückte Politik der Versöhnung als Folge einer authentischen Vergangenheitsvergegenwärtigung ohne
Belang (Zimmermann 2006). Angesichts der Grausamkeit und Entsetzlichkeit

der verübten Verbrechen kann ohnehin kein Verfahren der menschlichen Tragödie angemessen sein. Dieser Prozess kann nur dann einen Wert haben, wenn er quasi generativ wirkt. Entscheidend ist daher die Initiierung und Konditionierung einer spezifischen Kommunikationsvorlage im Sinne eines „didaktischen Momentes" (Osiel 1997), an die sich weitere Kommunikationsmöglichkeiten anschließen können, um darauf basierend eine stabilisierende, kommunikative Orientierungswelt aufzubauen. So wird ein Erzählen von der Barbarei ermöglicht, die die Gesellschaft befiel, und eine Vergegenwärtigung grundlegender universalistischer Normen, auf die eine direkt betroffene lokale Öffentlichkeit und eine über die Massenmedien gekoppelte Weltöffentlichkeit zugleich referieren kann. Und dies, obwohl sich die beiden Öffentlichkeitsebenen radikal in ihren normativen Erwartungen, Reaktionsformen und Wahrnehmungs- und Kommunikationsweisen unterscheiden (Luhmann 1996b). Nur so lässt sich der merkwürdige Umstand erklären, dass es trotz der konstatierten weltweiten Etablierung von Wahrheitskommissionen als Konfliktlösungsinstanzen bis heute *de facto* noch keine im Wortsinne „erfolgreiche" Kommissionsarbeit gegeben hat.

Ein kurzer Verweis auf die Entwicklungen in Chile und Südafrika soll dies verdeutlichen helfen. An den beiden Länderfallbeispielen lässt sich zeigen, welche Identitätskonstruktionsfunktion die Kommissionsarbeit bei dem jeweiligen Prozess der innergesellschaftlichen Verarbeitung vergangenen Unrechts einnimmt. In Chile zum Beispiel waren Anhänger des alten Unrechtssystems und Demokraten in der Kommission gleichwertig vertreten. Als Resultat der Kräfteverhältnisse manifestierte sich eine Interpretation der jüngsten Vergangenheit, die sich von der faktischen Vergangenheit erheblich unterschied. Die massiven Repressionen durch die Vertreter der Regierung und die Gegenwehr durch linke Oppositionsgruppen wurden mehr oder weniger als gleichwertige Gewaltanwendungen eingestuft, obwohl die historischen Fakten belegen, dass die Militärjunta für den Großteil der menschenverachtenden Verbrechen alleine verantwortlich war. Gleichwohl aber eröffnete man mit dieser „verzerrten" Vergangenheitskonstruktion einen Kommunikationsvariationsraum, in dem sich zivilgesellschaftliche Vereinigungen unterschiedlicher Ausrichtung wie Opfervereinigungen, Menschenrechtsaktivisten, Gewerkschaften, Kirchen und einige politische Parteien nachhaltig kommunikativ entfalten konnten und der schließlich tatsächlich dazu führte, dass der Standpunkt der Pinochet-Anhänger gesellschaftlich erheblich diskreditiert wurde. Zwar hatte die Kommissionsarbeit nicht die „Wahrheit" über die Vergangenheit enthüllen können, die kommunikative Praxis der unterschiedlich motivierten Wahrheitssuche im Rahmen der Kommissionsarbeit aber hatte zur Folge, dass sich die chilenische Gesellschaft in ihrem politischen Kräftehaushalt änderte und damit zugleich in ihrer Selbstbeobachtungs- und Selbstbeschreibungsform. Erst dieser Prozess ermöglichte in der Folge dann auch strafrechtliche Verfahren, obwohl die Einrichtung der Wahrheitskommission ursprünglich ja gerade wegen des Widerstands der Anhänger der Militärdiktatur als Ersatz für Gerichtsverfahren einberufen worden war (ausführlich hierzu Wenzl 2001; Goedeking 2004; Fingscheidt 2007).

Dieser Befund lässt sich auch am Beispiel des südafrikanischen Kommissionsmodells, das gleichsam als Kopiervorlage für die globale Verbreitung von Kommissionen gedient hat, explizieren. Der südafrikanische Fall zeigt noch radikaler als das Länderbeispiel Chile, dass Wahrheits- und Versöhnungskommissionen notwendig selektive und damit fiktive Re-Konstruktionsarbeit leisten. Sie müssen ein faktisch noch nicht existierendes Kollektiv – hier das Post-Apartheid-Regime –, im kommunikativen Aushandlungsprozess erst neu „erfinden" (Anderson 2005). Hierin liegt auch der Grund, warum das eigentliche Skandalon, nämlich das menschenverachtende Regime der Apartheid, als solches nicht fixiert wird. Die massenhafte Vertreibung und Entrechtung von Menschen wird *de facto* nicht verhandelt. Soweit solche Verbrechen im Rahmen des früheren Regimes legal waren, bleibt diese Il-Legalität unbeanstandet. Der eigentliche Charakter des Apartheid-Unrechts also, das in seinem Kern gesetzesförmiges Unrecht war, gerät aus dem Blickfeld. Ein weiteres Beispiel wäre das Verhalten des ANC (*African National Congress*), der gerade in der letzten Zeit vielfach versucht hat, diejenigen Facetten südafrikanischer Vergangenheit, die ihn selbst belasten, zu unterdrücken, also etwa seine terroristischen Aktivitäten und die erhebliche, nach innen entfaltete Gewalt. Opfer-Narrative und Täter-Narrative fügen sich offensichtlich keiner eindeutigen Dichotomisierung. Bei aller emotionalen Betroffenheit und ohne einer Angleichung der Opfer- und Täter-Perspektive das Wort reden zu wollen, ist noch einmal festzuhalten, dass es nicht um eine wie auch immer geglückte oder missglückte Vergangenheitsbewältigung geht (anders Zimmermann 2006). Vielmehr gilt es, Kraft eines zu kommunikativer Kreativität zwingenden Mechanismus' in der Kommissionsarbeit einen gesellschaftspolitischen Kommunikationsraum zu eröffnen. Dort können sich kollektive Erinnerungs- und Identitätsnarrationen zu einem operativ nutzbaren Systemgedächtnis sedimentieren und derart zur Legitimationsstiftung gesellschaftlicher Neubeschreibungen beitragen. Auch wenn sich die Selbstbeschreibung einer in Transition befindlichen Gesellschaft nicht abschließend und positiv fixieren lässt, so existiert sie doch als die kommunikative Anstrengung, dieses unmögliche Objekt hervorzubringen. Dieser kommunikative Prozess muss nicht, kann jedoch als ein Einfallstor für quasi nachholende Entwicklung fungieren. So gelesen wäre er gleichsam ein Katalysator gesellschaftlicher Strukturbildungs- und Ausdifferenzierungsprozesse in der Peripherie der Weltgesellschaft. Deswegen handelt es sich bei der Arbeit von Wahrheitskommissionen auch nicht um ein Ersatz- oder Alternativprogramm zum Funktionieren sozialer Systeme. Auch handelt es sich nicht um die Wiederherstellung von Recht in einer vormals rechtlosen Gesellschaft, sondern zunächst schlicht um die Ermöglichung „normaler" kommunikativer Verhältnisse für ein Wieder- und Weiterfunktionieren einer artikulatorischen Praxis. Kommunikative Muster können fixiert und mittels ihrer Wiederholung stabilisiert werden, auf die sich zukünftige Mechanismen der Unrechtsaufarbeitung und politische Reformen beziehen können.

Für eine solche Deutung spricht das hoch artifizielle, an Inszenierungen im Theater und die stark ritualisierte Urteilsfindung bei „Schauprozessen" angelehnte Verfahren der Kommissionen. Es zielt darauf, einem zutiefst existentiellen, gefühls- und moralbelasteten Geschehen durch ein zum „Erinnerungsmanagement" zwingendes Verfahren (Landkammer et al. 2006) seine zerstörerische Brisanz zu nehmen. Über ein bestimmtes Set von szenischen Abläufen werden individuelle – also im Wortsinne unmöglich mitteilbare – menschliche Abgrunderfahrungen in „begreifbare" sprachliche Akte sequentiert und entfaltet. Auf diese Weise wird zweierlei erreicht: Zum einen eine künstliche Distanznahme, die Kommunikation an die Stelle von Gewalt und Terror setzt, zum anderen ein Diskurs, ein „Schauplatz des Verzeihens" ausgebreitet, Dank dessen die Traumatisierungen einzelner Individuen artikulationsfähig werden, ohne damit die Gesellschaft als Ganze zu überwältigen. Damit sind die Grenzen des Wahrheits- und Versöhnungsdiskurses bestimmt: In kommunikativer Hinsicht kann ein „Theater des Pardons" (Derrida 2000; 2001; Kastner 2008) einen semantischen Raum der Versöhnung eröffnen, der sich jenseits der geschlossenen Operationsweise von Politik und Recht bewegt und eine gesellschaftsweite „Trauerarbeit" ermöglicht. Daraus kann ein gemeinsames Narrativ über das Unrecht in der Vergangenheit entspringen. Freilich hat dies nicht zur Folge, dass die Vergangenheitsrekonstruktionen einzelner Betroffener (Opfer/Täter) oder der beteiligten Systeme synchronisiert werden. Ganz im Gegenteil! Aber die Kommissionen „erspielen" eine vorläufig sozial „gültige" Vergangenheitskonstruktion, auf die dann soziale Systeme im Rahmen ihrer Operationen zurückgreifen können. Zu denken ist hier an: Umschreiben der nationalen Historie im Wissenschafts- und Erziehungssystem (Einrichtung von Forschungsinstituten, Umschreiben von Schulbüchern), entsprechende Entscheidungsvorlagen des politischen Systems (Anerkennung des Opferstatus, Einrichtung von Gedenktagen- und stätten, Initiierung von Entschädigungsprogrammen, Reform des Polizei- und Justizapparates) und schließlich sogar die Individualisierung und strafrechtliche Verfolgung der Fälle im Rechtssystem. Paradigmatisch lässt sich dies am Fallbeispiel Argentinien illustrieren. In der Folge der spektakulären Enthüllungen des Berichts der argentinischen Wahrheitskommission (CONADEP) über die Gräueltaten des Militärregimes und nach Jahrzehnten des beharrlichen Kampfes zivilgesellschaftlicher Gruppierungen (von Angehörigen der Verschwundenen „Las Madres de Plaza de Mayo", Menschenrechtsorganisationen, Opferverbänden, Anwaltsnetzwerken) gegen die vorherrschende Politik der Straffreiheit wurden die argentinischen Amnestiegesetze im Juni 2005 annulliert und Mitglieder der Militärdiktatur vor nationalen und außernationalen Gerichten angeklagt (vgl. hierzu Sikkink/Walling 2006). All diesen möglichen Strukturentwicklungen aber muss ein kollektiv ausgetragener Deutungskampf über vergangene Ereignisse vorausgehen. Kommissionen ermöglichen und strukturieren diesen Kampf um divergierende Vergangenheitsversionen. Sie werden also dann eingesetzt, wenn soziale Grenzerfahrungen zur Debatte stehen, wenn normale Verhaltens- und Erwartungsroutinen scheitern und die Kommunikation auf eine ritualisierte Ebene verlagert werden muss, um gesellschaftliche Selbstbeschreibungen zu reorganisieren oder gänzlich neu zu „erfinden". Ihre spezifisch gesellschaftliche Funktion besteht demnach darin, selbstdestruktive soziale Dynamiken in strukturaufbauende Kommunikation zu transformieren.

Entscheidend für diesen kommunikativen Umdeutungsprozess, dank dessen – auch und gerade dann, wenn die gesellschaftsstrukturellen Voraussetzungen bereits verloren sind – Selbstbeschreibungen von im Umbruch befindlichen Gesellschaften wenigstens semantisch simuliert werden können (Baudrillard 1982: 87), ist die Frage, inwieweit dieser in einer globalen Struktur eingebettet ist. Insofern nämlich, als auf Weltgesellschaftsebene nationalstaatliche Identitätskörper einer Fremdstrukturierungsdynamik unterstehen, die sie einerseits im Rahmen der völkerrechtlichen Ordnung als souveräne staatliche Identitäten erst hervorbringt (Kastner 2007a), und andererseits mit einer spezifischen Semantik einer globalen „Menschenrechts-Kultur" konfrontiert, die die Umwandlung individueller wie gesellschaftlicher Selbstbeschreibungsformen auf Weltgesellschaftsebene zunehmend orchestriert.

Historisch hatte die Menschenrechtsnorm zunächst im Kontext der Entstehung des modernen Verfassungsstaates ein innerstaatlich wirksames Inklusionsmoment dargestellt, das im Rahmen globaler Ausdifferenzierungsprozesse der Funktionssysteme Politik und Recht jetzt ihre integrative Funktion auch auf der Ebene der Weltgesellschaft wahrnimmt (Verschraegen 2002; 2006). Auf dieser Ebene aber, in der die rigiden Kopplungsverhältnisse von Politik und Recht nicht wie auf der nationalstaatlichen Ebene evoluieren können (Luhmann 1993a: 440ff.; 1995: 234 ff.; Teubner 2008), hat die Menschenrechtsnorm weniger eine regulative als vielmehr eine symbolische Wirkmacht (vgl. hierzu Bonacker 2003).

Symbolisch wirkt die Menschenrechtsnorm, weil sie gleichsam als zirkulär angelegte Formel einen gewissen Variationsspielraum für unterschiedliche inhaltliche Bestimmungen eröffnet. Deshalb können sich an ihr unterschiedliche

Akteure[4] mit unterschiedlichen Bezugnahmen[5] und in unterschiedlichen lokalen Kontexten[6] orientieren, ohne dass die Weltgesellschaft, wie die heftigen Debatten um asiatische, afrikanische und islamische Menschenrechtskonzepte belegt haben, auf eine homogene Weltrechtskultur im eigentlichen Sinne des Wortes, d.h. auf identische Werte oder Normverständnisse, zurückgreifen kann. Die Menschenrechtsnorm vereint paradox formuliert unvereinbare Zugriffs- und Instrumentalisierungsweisen. Diese Unvereinbarkeit der Handhabung muss freilich in einer Einheit repräsentiert werden. Und genau diese zugleich Pluralität ermöglichende wie verdichtende Funktion übernimmt die Menschenrechtsformel. Damit avanciert sie zum globalen Fixstern der Weltgesellschaft, nicht weil sie als spezifische Norm die rechtliche Grundlage der Weltgesellschaft bildete, sondern weil sie als Kontingenz aushaltende Worthülse für ganz unterschiedliche Akteure Selbstbeschreibungsmöglichkeiten offenhält. Daher können diese auf lokaler Ebene die Menschenrechte operationalisieren und kommunikativ auf der Ebene der Weltgesellschaft entfalten (vgl. Luhmann 1995: 229-236).

Entscheidend in Bezug auf das jeweilige Vergangenheitsbewältigungsgeschehen ist also das Faktum der nachhaltigen Institutionalisierung eines Rahmens für den Diskurs über universale Rechte. Damit wird im Falle eines Prozesses der kollektiven Auseinandersetzung mit Verbrechen in der jüngsten Vergangenheit jeweils die Grundlage für einen gesellschaftlichen Wandlungsprozess gelegt, der, indem er sich auf globale Normreferenzen bezieht, nationalstaatliche Rechtsstrukturen sowohl rechtskulturell als auch institutionell einem kaum mehr rückgängig zu machenden Restrukturierungsprozess unterwirft (vgl. hierzu Risse et al. 1999). Somit generieren Wahrheits- und Versöhnungskommissionen, vordergründig als gesellschaftliche Vergangenheitsbewältigungs- und Aussöhnungsinstrumente ausgeflaggt, tatsächlich – unabhängig davon, ob dies nun von den jeweiligen Initiatoren beabsichtigt wurde oder nicht – eine innergesellschaftliche kommunikative Sozialisations- und Angleichungsfunktion an weltgesellschaftliche Verhältnisse (Kastner 2009b). Als Teil eines allgemeinen Ausbreitungsprozesses kultureller Verhaltens- und normativer Erwartungsmuster, der zugleich die dominierende Strukturform der Weltgesellschaft (funktionale Ausdifferenzierung) als auch das segmentäre System der Nationalstaaten unterminiert, können die Kommissionen demnach als translokale Transformatoren weltgesellschaftlicher Strukturbildung betrachtet werden. Freilich sollte man das mögliche Evolu-

---

4   Kollektive Akteure wie Staaten, internationale Organisationen, transnationale Nichtregierungs-
    organisationen, Menschenrechtsorganisationen, Anwaltskanzleien, individuelle Akteure.
5   politische, rechtliche, universale, kulturelle, religiöse, ethnische.
6   Ein südafrikanischer Bischof (Desmond Mpilo Tutu), eine argentinische Mutter (Azucena
    Villaflor), ein marokkanischer König (Mohamed VI) oder eine guatemaltekische Nobelpreis-
    trägerin (Rigoberta Menchú).

tionspotential in seiner soziokulturellen Breitenwirkung nicht überschätzen, aber eben auch nicht unterschätzen.

Literatur

Anderson, Benedict (2005): *Die Erfindung der Nation. Zur Karriere eines folgenreichen Konzepts.* Frankfurt am Main: Campus.

Ash, Timothy G. (1997): „True Confessions". In: *The New York Review of Books*, 44, S. 33-38.

Assmann, Alaida (1995): „Funktionsgedächtnis und Speichergedächtnis – Zwei Modi der Erinnerung". In: Platt, Kristin/Dabag, Mihran (Hrsg.): *Generation und Gedächtnis. Erinnerungen und kollektive Identitäten.* Opladen: Leske + Budrich, S. 169-187.

—   (2003): *Erinnerungsräume. Formen und Wandlungen des kulturellen Gedächtnisses.* München: C. H. Beck.

—   (2006): „Trauma und Tabu. Schattierungen zwischen Täter- und Opfergedächtnis". In: Landkammer, Joachim/Noetzel, Thomas/Zimmerli, Walther Ch. (Hrsg.): *Erinne-rungs-Management. Systemtransformation und Vergangenheitspolitik im internatio-nalen Vergleich.* Paderborn: Fink, S. 235-255.

Baecker, Dirk (2000), *Wozu Kultur?.* Berlin: Kulturverlag Kadmos.

—   (2005): *Form und Formen der Kommunikation.* Frankfurt am Main: Suhrkamp.

Baudrillard, Jean (1982): *Der symbolische Tausch und der Tod.* München: Matthes & Seitz.

Blümmel, Regina (2002): *Der Opferaspekt bei der strafrechtlichen Vergangenheitsbewäl-tigung.* Berlin: Duncker und Humblot.

Bonacker, Thorsten (2003): „Inklusion und Integration durch Menschenrechte. Zur Evolu-tion der Weltgesellschaft". In: *Zeitschrift für Rechtssoziologie*, 24, S. 121-149.

Boraine, Alex (2000): *A Country Unmasked: Inside South Africa's Truth and Recon-ciliation Commission.* Oxford/New York: Oxford University Press.

Brunkhorst, Hauke (2007): „Die Legitimationskrise der Weltgesellschaft. Global Rule of Law, Global Constitutionalism und Weltstaatlichkeit". In: Albert, Mathias/ Stich-weh, Rudolf (Hrsg.): *Weltstaat und Weltstaatlichkeit. Beobachtungen globaler poli-tischer Strukturbildung.* Wiesbaden: VS Verlag für Sozialwissenschaften, S. 63-108.

Derrida, Jacques (2000): „Jahrhundert der Vergebung. Verzeihen ohne Macht – unbedingt und jenseits der Souveränität". In: *Lettre International*, 28, S. 10-18.

—   (2001): *On Cosmopolitism and Forgiveness.* London/New York: Routledge.

Drumbl, Mark A. (2007): *Punishment, and International Law.* Cambridge: University Press.

Eisnaugle, Carrie J. N. (2003): „An International Truth Commission: Utilizing Restorative Justice as an Alternative to Retribution". In: *Vanderbilt Journal of Transnational Law*, 36, S. 209-249.

Eser, Albin/Arnold, Jörg (Hrsg.) (1999-2005): Bände I-VIII der Reihe des Max-Planck-Instituts für ausländisches und internationales Strafrecht: *Strafrecht in Reaktion auf Systemunrecht.* Freiburg/Berlin: Edition iuscrim.

Fingscheidt, Annette (2007): „'Kein Vergeben, kein Vergessen'. Lateinamerikas Umgang mit Menschenrechtsverletzungen". In: *Der Überblick. Zeitschrift für ökumenische Begegnung und internationale Zusammenarbeit*, 43, S. 88-91.

Fischer-Lescano, Andreas/Teubner, Gunther (2006): *Regime-Kollisionen. Zur Fragmentierung des globalen Rechts*. Frankfurt am Main: Suhrkamp.

Freeman, Mark (2006): *Truth Commissions and Procedural Fairness*. Cambridge: University Press.

Fritzsche, Karl Peter (2004): *Menschenrechte*. Paderborn/München/Wien/Zürich: Ferdinand Schöningh.

Goedeking, Ulrich (2004): „Kollektive Erinnerung ohne daran zu zerbrechen. Strategien des Erinnerns in Chile, Argentinien, Peru und Südafrika". In: *Lateinamerika Nachrichten*, 363/364.

Hahn, Alois/Kapp, Volker (Hrsg.) (1987): *Selbstthematisierung und Selbstzeugnis: Bekenntnis und Geständnis*. Frankfurt am Main: Suhrkamp.

Halbwachs, Maurice (1967): *Das Kollektive Gedächtnis*. Stuttgart: Ferdinand Enke.

Hankel, Gerd (2007): „An der Realität vorbei. Ruanda dreizehn Jahre nach dem Genozid". In: *Der Überblick. Zeitschrift für ökumenische Begegnung und internationale Zusammenarbeit*, 43, S. 78-87.

Hankel, Gerd/Stuby, Gerhard (Hrsg.) (1995): *Strafgerichte gegen Menschheitsverbrechen. Zum Völkerstrafrecht 50 Jahre nach den Nürnberger Prozessen*. Hamburg: Hamburger Edition.

Hassemer, Winfried/Reemtsma, Jan Ph. (2002): *Verbrechensopfer. Gesetz und Gerechtigkeit*. München: C. H. Beck.

Hayner, Priscilla B. (2001): *Unspeakable Truths: Facing the Challenge of Truth Commissions*. New York: Routledge.

Hazan, Pierre (2006): „Morocco: Betting on a Truth and Reconciliation Commission". In: *United States Institutes of Peace, Special Report 165* <http://www.usip.org/pubs/specialreports/sr165.pdf>.

Joerges, Cristian/Teubner, Gunther (Hrsg.) (2003): *Rechtsverfassungsrecht. Recht-Fertigung zwischen Privatrechtsdogmatik und Gesellschaftstheorie*. Baden Baden: Nomos.

Kastner, Fatima (2006): „The Paradoxes of Justice: The Ultimate Difference Between a Philosophical and a Sociological Observation of Law". In: Perez, Oren/Teubner, Gunther (Hrsg.): *Paradoxes and Inconsistencies in the Law*. Oxford: Hart Publishing, S. 167-180.

— (2007a): „Luhmanns Souveränitätsparadox. Zum generativen Mechanismus des politischen Systems der Weltgesellschaft". In: Neves, Marcelo/Voigt, Rüdiger (Hrsg.): *Die Staaten der Weltgesellschaft. Niklas Luhmanns Staatsverständnis*. Berlin: trafo, S. 75-98.

— (2007b): „Weder Wahrheit noch Recht. Zur Funktion von Wahrheitskommissionen in der Weltgesellschaft". In: *Mittelweg 36. Zeitschrift des Hamburger Instituts für Sozialforschung*, 16, S. 31-50.

— (2008): „Das Welttheater des Pardons. Recht, Vergebung und Gedächtnis". In: *Zeitschrift für Rechtssoziologie*, 29, S. 153-165.

—   (2009): „Trojanische Pferde: Universalistische Normen und globaler Wahrheits- und Versöhnungsdiskurs. Zur Evolution der Weltgesellschaft". In: *Soziale Welt*, Sonderband 18, S. 259-276.

—   (2011): „The Justice Matrix: Global Norms, the Legacy of the Past and Transitional Justice in the Kingdom of Morocco". In: *Constellations: An International Journal of Critical and Democratic Theory* (i.E.).

Landkammer, Joachim et al. (2006): *Erinnerungs-Management. Systemtransformation und Vergangenheitspolitik im internationalen Vergleich.* Paderborn: Wilhelm Fink.

Leitenberger, Kathryn (2001): „Frieden durch Wahrheit". In: Hasse, Jana/Müller, Erwin/Schneider, Patricia (Hrsg.): *Humanitäres Völkerrecht. Politische, rechtliche und strafgerichtliche Dimensionen.* Baden-Baden: Nomos, S. 514-541.

Longman, Timothy (2006): „Justice at the Grassroots? Gacaca Trials in Rwanda". In: Roth-Arriaza, Naomi/Mariezcurrena, Javier (Hrsg.): *Transitional Justice in the Twenty-first Century. Beyond Truth Versus Justice.* Cambridge: Cambridge University Press, S. 206-228.

Luhmann, Niklas (1971): „Die Weltgesellschaft". In: *Archiv für Rechts- und Sozialphilosophie*, 57, S. 1-35.

—   (1984): *Soziale Systeme. Grundriss einer allgemeinen Theorie.* Frankfurt am Main: Suhrkamp.

—   (1993a): *Das Recht der Gesellschaft.* Frankfurt am Main: Suhrkamp.

—   (1993b): „Gibt es in unserer Gesellschaft noch unverzichtbare Normen?". In: *Heidelberger Universitätsreden*, 4, S. 1-32.

—   (1995): „Das Paradox der Menschenrechte und drei Formen seiner Entfaltung". In: Luhmann, Niklas: *Soziologische Aufklärung 6: Die Soziologie und der Mensch.* Opladen: Westdeutscher Verlag, S. 228-236.

—   (1996a): „Zeit und Gedächtnis". In: *Soziale Systeme. Zeitschrift für soziologische Theorie*, 2, S. 307-330.

—   (1996b): *Die Realität der Massenmedien.* Opladen: Westdeutscher Verlg.

—   (1997): *Die Gesellschaft der Gesellschaft.* Frankfurt am Main: Suhrkamp.

—   (1999a): „Ethik in internationale Beziehungen". In: *Zeitschrift Soziale Welt*, 50, S. 247-254.

—   (1999b): „Kultur als historischer Begriff". In: Luhmann, Niklas: *Gesellschaftsstruktur und Semantik. Studien zur Wissenssoziologie der modernen Gesellschaft*, Bd. 4. Frankfurt am Main: Suhrkamp, S. 31-54.

Lutz, Ellen/Sikkink, Kathryn (2001): „The Justice Cascade: The Evolution and Impact of Foreign Human Rights Trials in Latin America". In: *Chicago Journal of International Law*, 2, S. 1-34.

Meyer, Lukas H. (2005): *Historische Gerechtigkeit. Ideen & Argumente.* Berlin/New York: Walter de Gruyter.

Nassehi, Armin (2001): *Die Gegenwart der Vergangenheit. Zur Politik der Erinnerung. Vortrag an der Universität Witten Herdecke am 27. Juni 2001* <www.lrz-muenchen.de/~ls_nassehi/echo.pdf>.

Nerlich, Volker (2008): „Entwicklung und Perspektiven internationaler und internationalisierter Strafgerichtsbarkeit". In: Hankel, Gerd (Hrsg.): *Die Macht und das*

Recht. Beiträge zum Völkerrecht und Völkerstrafrecht. Hamburg: Hamburger Edition, S. 50-96.

Oettler, Anika (2004): „Der Stachel der Wahrheit. Zur Geschichte und Zukunft der Wahrheitskommission in Lateinamerika". In: *Lateinamerika Analysen*, 9, S. 93-127.

Osiel, Mark (1997): *Mass Atrocity, Collective Memory, and the Law.* New York: Oxford University Press.

Reemtsma, Jan P. (1999): *Das Recht des Opfers auf die Bestrafung des Täters – als Problem.* München: C. H. Beck.

Rinceanu, Johanna (2008): „Norm- und Systementwicklung zum Schutz der Menschenrechte. Die Allgemeine Erklärung der Menschenrechte feiert ihren 60. Geburtstag". In: *Humanitäres Völkerrecht. Journal of International Law of Peace and Armed Conflict*, 21, S. 220-229.

Risse, Thomas et al. (1999): *Die Macht der Menschenrechte. Internationale Normen, kommunikatives Handeln und politischer Wandel in den Ländern des Südens.* Baden-Baden: Nomos.

Schabas., William A. (2008): „'Die verabscheuungswürdige Geißel': Völkermord, 60 Jahre danach". In: Hankel, Gerd (Hrsg.): *Die Macht und das Recht. Beiträge zum Völkerrecht und Völkerstrafrecht am Beginn des 21. Jahrhunderts.* Hamburg: Hamburger Edition, S. 189-226.

Schmidt-Felzmann, Heike (2004): „Gegenwärtige Vergangenheit und vergängliche Gegenwart? Erinnern in der Psychoanalyse". In: Lotz, Christian/Wolf, Thomas R./Zimmerli, Walther Ch. (Hrsg.): *Erinnerung. Philosophische Positionen und Perspektiven.* München: Wilhelm Fink, S. 229-248.

Sikkink, Kathryn/Walling, Carrie Booth (2006): „Argentina's Contribution to Global Trends in Transitional Justice". In: Roth-Arriaza, Naomi/Mariezcurrena, Javier (Hrsg.): *Transitional Justice in the Twenty-first Century. Beyond Truth Versus Justice.* Cambridge: Cambridge University Press, S. 301-324.

Slyle, Ronald C. (2000): „Amnesty, Truth, and Reconciliation. Reflections on the South African Amnesty Process". In: Rotberg, Robert I./Thompson, Dennis (Hrsg.): *Truth v. Justice. The Morality of Truth Commissions.* Princeton, NJ: Princeton University Press, S. 170-184.

Slyomovics, Susan (2005): *The Performance of Human Rights in Morocco.* Philadelphia: University of Pennsylvania Press.

Spencer Brown, George (1999): *Gesetze der Form.* Lübeck: Bohmeier.

Teubner, Gunther (2008a): „Die anonyme Matrix: Zu Menschenrechtsverletzungen durch private transnationale Akteure". In: Brugger, Winfried et al. (Hrsg.): *Rechtsphilosophie im 21. Jahrhundert.* Frankfurt: Suhrkamp, S.440-475.

— (2008b): „Selbstsubversive Gerechtigkeit: Kontingenzformel oder Transzendenzformel des Rechts". In: Teubner, Gunther (Hrsg.): *Nach Jacques Derrida und Niklas Luhmann. Zur (Un-)Möglichkeit einer Gesellschaftstheorie der Gerechtigkeit.* Stuttgart: Lucius & Lucius, S. 9-36.

Verschraegen, Gert (2002): „Human Rights and Modern Society: A Sociological Analysis from the Perspective of Systems Theory". In: *Journal of Law and Society*, 29, S. 258-281.

—   (2006): „Systems Theory and the Paradox of Human Rights". In: King, Michael/Thornhill, Chris (Hrsg.): *Luhmann on Law and Politics. Critical Appraisals and Applications*. Oxford/Portland: Hart, S. 101-125.

Villa-Vicencio, Charles (2000): „Why Perpetrators Should not Always be Prosecuted: Where the International Criminal Court and Truth Commissions Meet". In: *Emory Law Journal*, 49, S. 205-222.

Weitekamp, Elmar G. (2002): *Restorative Justice: Theoretical Foundations*. Cullompton: Willan.

Wenzl, Ingrid (2001): *Der Fall Pinochet: Die Aufarbeitung der chilenischen Militärdiktatur*. Köln: Neuer ISP Verlag.

Werle, Gerhard (2007): *Völkerstrafrecht*. Tübingen: Mohr Siebeck.

Zimmermann, Roland (2006): „Südafrika: Das Beispiel einer geglückten Erinnerungspolitik?". In: Landkammer, Joachim/Noetzel, Thomas/Zimmerli, Walther Ch. (Hrsg.): *Erinnerungs-Management. Systemtransformation und Vergangenheitspolitik im internationalen Vergleich*. Paderborn: Wilhelm Fink, S. 161-198.

Der Interamerikanische Gerichtshof für Menschenrechte als ein Zentrum des Weltrechts?[1]

Michael Klode

Es kann daher durchaus sein, dass die gegenwärtige Prominenz des Rechtssystems und die Angewiesenheit der Gesellschaft selbst und der meisten ihrer Funktionssysteme auf ein Funktionieren des Rechtscodes nichts weiter ist als eine europäische Anomalie, die sich in der Evolution einer Weltgesellschaft abschwächen wird.

Mit diesem Satz endet Luhmanns *Recht der Gesellschaft* (Luhmann 1993: 586). Es endet also mit der Feststellung der Prominenz des Rechtssystems, einem (beobachtenden) Bekenntnis zum Nationalstaat und mit der Möglichkeit, in einer weltgesellschaftlichen Gesamtbetrachtung eine zeitlich relative europäische Anomalie beschrieben zu haben. Demgegenüber sind im Anschluss an Luhmann insbesondere Teubner, aber auch Fischer-Lescano mit der These aufgetreten, dass sich mittlerweile ein Weltrecht beobachten lässt, welches sich – so fragmentiert und funktional differenziert es auch beobachtet werden muss – jedenfalls als ein Funktionssystem der Weltgesellschaft herausgebildet hat (vgl. Teubner 1997; 2003; Fischer-Lescano/Teubner 2006; Fischer-Lescano 2005). Ist also Luhmanns Zweifel berechtigt gewesen, sind wir nur weiter in einer Anomalie verhaftet, oder zeichnet sich gar eine *weltweite* Prominenz des Rechtssystems ab?

In diesem Aufsatz soll der Frage nachgegangen werden, ob sich die Systemtheorie zur Erklärung völkerrechtlicher Zusammenhänge eignet. Dabei soll festgestellt werden, ob sich im lateinamerikanischen Rechtsraum ein regionaler Menschenrechtsgerichtshof beobachten lässt, der funktional über einer politikwissenschaftlich beobachteten fehlenden Prominenz und mangelhaften Funktion nationaler Rechtssysteme eine selbstständige Funktion in einem System internationalen Rechts ausübt. Der Interamerikanische Gerichtshof für Menschenrechte ist in diesem Kontext besonders interessant, weil es sich dabei nicht nur um ein Instrument regionalen Menschenrecht-Rechts handelt, das dem Weltmenschenrechts-Recht funktional angehört, sondern um ein Feld des Weltrechtssystems, das territorial Ländern zugeordnet ist, in denen es aus politikwissenschaftlicher Sicht vielfach an der sozialen Anerkennung von Institutionen und Gerichten mangelt (vgl. O'Donnell 1999: 303ff.; UNDP 2004). Dabei könnte sich also eine

---

1   Ich danke Andreas Fischer-Lescano für hilfreiche Anregungen.

Dynamik entwickeln, nach der von einer globalen Systemebene, die hier regional ausgeformt ist, Druck auf die nationale Systemebene ausgeübt wird, der von nationalen Rechtssystemen – ähnlich einer *backstopping function* (vgl. Burke-White/Slaughter 2006: 340) – geordnet werden kann und auch zu einer operativen Schließung dieser nationalen Rechtssysteme führen könnte.

In einem ersten Teil soll anhand neuerer Entscheidungen mit der Doktrin der fortgesetzten Begehung von Menschenrechtsverletzungen die Verfolgbarkeit von Menschenrechtsverletzungen, die in Staaten vor Ratifizierung der Amerikanischen Menschenrechtskonvention begangen worden sind, dargestellt werden. Anschließend wird anhand der Rechtswidrigkeit von Amnestiegesetzen aufgezeigt, welche bedeutsame Rolle der Interamerikanische Gerichtshof für Menschenrechte bei dem in der völkerrechtlich hochaktuellen Debatte der Überschneidung von humanitärem Völkerrecht, Menschenrechten und Völkerstrafrecht als Weltrechtsinstanz spielt (vgl. hierzu Gross 2007).

In einem zweiten Teil soll die Fähigkeit rechtsdogmatischer Theorien in der Untersuchung der gesellschaftlichen Zusammenhänge zwischen Völkerrecht und lokaler Umsetzung im Vergleich zu rechtssoziologischen Analyseangeboten beleuchtet werden, um schließlich in einem dritten Teil die systemtheoretische Überprüfung der Weltrechtszentrumsfähigkeit des Interamerikanischen Gerichtshofs für Menschenrechte vorzunehmen.

1   Zwei Fälle vor dem Interamerikanischen Gerichtshof für Menschenrechte (IAGMR)

Der IAGMR, der seit 1979 der Organisation Amerikanischer Staaten (OAS) zur Durchsetzung der Amerikanischen Menschenrechtskonvention (AMRK) zugeordnet ist, tagt nicht ständig. Klagen werden entweder von Mitgliedstaaten, welche die AMRK ratifiziert und die Gerichtsbarkeit anerkannt haben, direkt an das Gericht oder von Betroffenen an die Kommission gerichtet, die dann über die Zulässigkeit in einem Vorverfahren entscheidet. Alle lateinamerikanischen Staaten sind neben anderen amerikanischen Staaten dieser Gerichtsbarkeit unterstellt, insgesamt Argentinien, Barbados, Bolivien, Brasilien, Chile, Kolumbien, Costa Rica, Dominikanische Republik, Ekuador, El Salvador, Guatemala, Haiti, Honduras, Mexiko, Nicaragua, Panama, Paraguay, Peru, Surinam, Uruguay und Venezuela. Es fehlen die USA, Kanada und einige karibische Länder, insbesondere Trinidad und Tobago, das nach einer Klage hinsichtlich der Todesstrafe seit 1998 die Ratifizierung der Konvention suspendiert hat. Mexiko hat erst im Dezember 1998 die Entscheidungskompetenz des IAGMR akzeptiert (vgl. grundsätzlich Pasqualucci 2003, Remotti Carbonell 2003, Kokott 1986, Oellers-Frahm 2002).

Anhand von zwei neueren Fällen werden in der Folge rechtsdogmatische Ansätze des Interamerikanischen Gerichtshofs aufgezeigt, die im Anschluss in einem theoretischen Mantel als Teil des Weltrechts erklärt werden sollen.

1.1 Moiwana v. Surinam (2005)

Diesem Fall lag ein Überfall auf ein Dorf durch staatliche Truppen Surinams aus dem Jahre 1986 zugrunde, bei dem 40 Menschen massakriert wurden und viele weitere sich nur durch Flucht (und anschließendes Exil) in Sicherheit bringen konnten. Erst ein Jahr nach den Vorfällen ratifizierte eine neue Regierung die AMRK. Hier trat also das Problem der Rückwirkung gerichtlicher Überprüfbarkeit auf.[2]

Der IAGMR hat seine Zuständigkeit jedoch angenommen, weil seine Theorie von der fortgesetzten Verletzung von Menschenrechten besagt (vgl. Ormachea 2006: 283ff.), dass nach einer konkreten Menschenrechtsverletzung die fehlende Untersuchung, also die Versagung der Justizrechte, als selbstständige Verletzungen verfolgt werden können (vorher schon IAGMR 1996: *Blake v. Guatemala/2005: Serrano-Cruz Sisters v. El Salvador*). Ormachea fragt nicht zu unrecht, wie man solch eine Nichtverfolgung zeitlich begrenzen soll, schließlich könne ja auch auf das 19. Jahrhundert verwiesen werden (Ormachea 2006: 287). Jedenfalls hat der IAGMR aber hier entschieden, dass er mangels Geltung der AMRK die konkreten Vorgänge um den 29. November 1986 herum nicht untersuchen könne, sondern einzig mangelhafte staatliche Aufklärung als Verletzung nach Art. 5 AMRK verfolgt. Der IAGMR hatte in seinen Entscheidungen deutlich gemacht, dass dieser indirekte Rückgriff auf Geschehnisse vor der Ratifizierung (Geltung) der AMRK dann beschränkt sei, wenn es sich um Ereignisse im Zusammenhang mit einem Todesfall handele, wenn also das Recht auf Leben aus Art. 4 AMRK betroffen sei (IAGMR 1999: *Genie-Lacayo v. Nicaragua*) und die Verletzung demnach nicht fortgesetzt und nicht in die Zeit nach der Ratifizierung hinein wachsen könne.

---

2   Ein weiter wichtiger Bestandteil des Falles war die Anerkennung von Eigentumsrechten der zum Zeitpunkt des Massakers von ihren Gebieten vertriebenen Gemeinschaft. Darum soll es hier allerdings nicht gehen.

1.2   Almonacid v. Chile (2006)

Um die Verwirkung der Rechtsverletzung bei einem Todesfall zu verhindern, hat der IAGMR mit Urteil vom 26.09.2006 im Fall *Almonacid v. Chile* in Bezug auf die Geltung des für die ersten Jahre der Militärdiktatur konstruierte chilenische Amnestiegesetz ein anderes Vorgehen angewandt. José Almonacid war wegen Mitgliedschaft in einer Partei und einer Gewerkschaft, die dem Regime feindlich gegenüberstanden, am 17.09.1973 bei seiner Verhaftung vor seinem Haus von zwei Polizisten erschossen worden. Der IAGMR führt aus, dass dies im Rahmen einer systematischen staatlichen Kampagne geschehen sei und wertete das Vorgehen somit als Verbrechen gegen die Menschlichkeit. Im Moment der Tat hätten Verbrechen gegen die Menschlichkeit, wie dieses, im Völkerrecht als *ius cogens* gegolten und demnach verfolgt werden müssen (zum Dogmatischen sogleich). Für den IAGMR kann sich mithin auch über das Argument des *ius cogens* eine indirekte Zuständigkeit, die dann auch die Bewertung nationaler Rechtsverfolgung einschließt, ergeben.

Der IAGMR entscheidet somit über die Doktrin der fortgesetzten Begehung von Menschenrechtsverletzung und unter Heranziehung von dem Gedanken des *ius cogens* unter Aushebelung des Rückwirkungsverbots *zeitlich* über Geschehnisse, die vor der jeweiligen Ratifizierung der AMRK liegen.

Der Fall *Almonacid v. Chile* ist weiterhin dafür von Bedeutung, wie die Einordnung derartiger Taten als Menschenrechtsverletzungen in die Verantwortung der Staaten zu erfolgen hat. Für die Geltung von Menschenrechten als Weltrecht ist neben der Verfolgbarkeit von Taten auch die Einordnung von einzelnen Taten als Menschenrechtsverletzungen, über die grundsätzlich subsidiäre nationalrechtliche Bewertung hinaus, relevant.

Das Völkerrecht verbietet mittlerweile eindeutig die Geltung von Amnestiegesetzen zur Straflosigkeit für Verbrechen gegen die Menschlichkeit. Diese Regelung ist explizit in Artikel 10 des Statuts des Sondertribunals für Sierra Leone beschrieben, aber auch in den allgemeinen Aufrufen zur Zusammenarbeit bei der Verfolgung von Kriegsverbrechern in Artikel 29 des Statuts für das UN-Kriegsverbrechertribunal für das ehemalige Jugoslawien und Artikel 28 Statut für den Internationalen Strafgerichtshof für Ruanda hineinzulesen. Die Generalversammlung der Vereinten Nationen hatte bereits in ihren Resolutionen 2583 von 1969 und 3074 von 1973 diese Linie vorgegeben. Für das amerikanische Rechtsverständnis hatte der IAGMR die Unvereinbarkeit von Amnestiegesetzen mit dem menschenrechtlichen Verständnis bereits im Fall *Barrios Altos* vom 14. März 2001 in Abschnitt 41 festgestellt (IAGMR 2001: *Chumbipuma Aguirre et al. v. Peru*):

Dieses Gericht ist der Ansicht, dass Amnestie- oder Verjährungsregelungen sowie Schuldausschließungsgründe unzulässig sind, deren Zweck es ist, die Untersuchung und Bestrafung derjenigen zu verhindern, die für schwerwiegende Menschenrechtsverletzungen, wie etwa Folter, unüberprüfte, außergerichtliche oder willkürliche Hinrichtungen und das Verschwindenlassen von Personen verantwortlich sind, weil all diese Taten wegen Verstoßes gegen die unabdingbaren Rechte des internationalen Menschenrechtsschutzes verboten sind [sic!].

Diese Ansicht wird im *Almonacid*-Urteil noch einmal unterstrichen: „Verbrechen gegen die Menschlichkeit können nicht mit einer Amnestie belegt werden" (Abschnitt 114). Im Fall *Carmelo Soria v. Chile* (1999) hatte die Menschenrechtskommission diesen Gedanken bereits konkret formuliert:

[...] soweit der chilenische Staat seiner internationalen Verantwortung nicht gerecht wird, indem er sich dafür entscheidet, kein Recht walten zu lassen, indem das Amnestiegesetz angewendet wird und Verbrechen straffrei bleiben, so muss eine universelle Zuständigkeit gelten, wonach jeder andere Staat die Verantwortlichen von Völkerrechtsverbrechen verfolgen, vor Gericht stellen und verurteilen darf, auch wenn diese Verbrechen außerhalb dessen Staatsgebiet begangen worden sind oder keinerlei Bezug zur Staatsbürgerschaft der Beschuldigten oder der Opfer gegeben ist, weil diese Verbrechen die Menschheit als Ganzes betreffen und die öffentliche Ordnung der Weltgemeinschaft angreifen.

Im nationalen Kontext war dieses Gesetz (*Decreto Ley de Amnistía* 2.191/1978) zunächst als Strafausschließungsgrund angewendet worden und anschließend – mit Urteil des Obersten Gerichts vom 09.09.1998 – erst nach vollständiger Feststellung des Tatbestands und der Strafbarkeit als eine Art Strafaussetzung herangezogen worden. Seit dem Urteil im Fall *Gómez Segovia et al.* vom 07.01.1999 wurde das Amnestiegesetz zumindest auf die Verschwundenenfälle nicht mehr angewendet und seit dem Fall *Sandoval Rodríguez* (17.11.2004) wendet der Oberste Gerichtshof sogar die Genfer Konventionen an. Der IAGMR urteilt aber jedenfalls, dass Chile trotz dieser teilweisen Nichtanwendung des Amnestiegesetzes durch die eigenen Gerichte allein durch die juristische Geltung dieses Amnestiegesetzes gegen Art. 2 AMRK[3] verstößt. Diese Regelung lege den Staa-

---

3 „Dort, wo die Ausübung eines der in Art. 1 erwähnten Freiheitsrechte nicht schon durch gesetzliche oder andere Normen garantiert wird, werden die Mitgliedsstaaten solche gesetzlichen oder andere Maßnahmen ergreifen, um in Einklang mit ihren verfassungsmäßigen Verfahren und den in dieser Konvention festgelegten Regelungen den Genuss dieser Rechte und Freiheiten zu ermöglichen." (Übersetzung: M. K.).

ten auf, jegliche nationale Norm, die gegen die AMRK verstößt, zurückzunehmen.

Im konkreten Fall *Almonacid* wurde das Amnestiegesetz sogar von einem chilenischen Militärgericht in den 1990er Jahren auf den Fall angewandt und das Verfahren somit auf nationaler Ebene für beendet erklärt. Völkerrechtliche Verpflichtungen dürfen nicht in Verletzung des guten Glaubens mit dem Verweis auf anders lautende nationale Regelungen für unanwendbar erklärt werden (vgl. Art. 27 Wiener Vertragsrechtskonvention, Gutachten des IAGMR O-C 14/94). Der Gerichtshof verurteilte Chile folglich wegen der nicht erfüllten Verpflichtungen aus Art. 1 I AMRK[4] und wegen Verstoßes gegen die Rechte der Witwe und Kinder von José Almonacid aus Art. 8 I AMRK (Recht auf faires Verfahren) und 25 AMRK (Rechtschutzgarantie), für die Chile völkerrechtlich verantwortlich ist.

Zwei Entscheidungen, 1. das Urteil des Obersten Gerichtshofs Chiles, das der Militärgerichtsbarkeit die Zuständigkeit zusprach und 2. die daraufhin beschlossene Einstellung des Verfahrens aufgrund des Amnestiegesetzes, begründen laut IAGMR einen Verstoß gegen Art. 1 Abs. 1 in Verbindung mit Art. 8 Abs. 1, 25 AMRK (Abschnitte 132, 133, 146). Ähnlich hat auch – wenngleich bei Beschwerde aufgrund einer Täterverurteilung – der Europäische Gerichtshof für Menschenrechte im Fall *Kolk und Kislyiy gegen Estland* entschieden (Urteil vom 17. Januar 2006, AZ 23052/04 und 24018/04), wobei hier die zur Last gelegten und von estischen Gerichten bestraften Taten sogar schon 1949 begangen worden waren. Dass eine offiziell oktroyierte Amnes(t)ie nicht einmal die Immunität von Staatsoberhäuptern schützen kann, hatte bereits Lord Slynn of Hadley am 24.03.1999 im Pinochet-Fall eindrucksvoll festgestellt:

[...] genocide, torture and the taking of hostages cannot be regarded as the functions of a Head of State within the meaning of international law when international law regards them as crimes against international law (vgl. Regina v. Bow Street Metropolitan Stipendiary Magistrate and others, ex parte Pinochet Ugarte).

Der IAGMR stellt in Abschnitt 104 fest, dass die Erschießung von Almonacid im Rahmen einer systematischen Kampagne gegen Regimegegner, in diesem Falle einem Gewerkschaftsvertreter und Mitglied der Kommunistischen Partei, ein

---

4   „Die Mitgliedsstaaten dieser Konvention verpflichten sich, die in der Konvention enthaltenen Rechte und Freiheiten zu respektieren und allen Personen, die ihren Gesetzen unterliegen, eine frei- und ganzheitliche Ausübung dieser Rechte und Freiheiten zu ermöglichen, ohne Diskriminierung aufgrund von Rasse, Hautfarbe, Geschlecht, Sprache, Religion, politischer oder sonstiger Meinungen, nationaler oder sozialer Herkunft, wirtschaftlichem Status, Geburt oder sonst einer sozialen Kondition." (Übersetzung: M. K.).

Verbrechen gegen die Menschlichkeit darstellt. Der Gerichtshof stellt in Einklang mit der „Konvention über die Nichtanwendbarkeit der Verjährungsfrist auf Kriegsverbrechen und Verbrechen gegen die Menschlichkeit" von 1969, die durch Resolution 2391 der Generalversammlung angenommen wurde und der Deutschland nie beigetreten ist, weiterhin fest, dass Verbrechen gegen die Menschlichkeit keinerlei Verjährung unterliegen. Hier liegt nun (Abschnitt 153) einer der interessantesten Bereiche der Entscheidung, denn der Gerichtshof führt aus, dass die Unverjährbarkeit für Chile gelten soll, obwohl Chile diese Konvention nicht ratifiziert hat, schließlich habe die Unverjährbarkeit und demnach der Inhalt der Konvention bereits zum Zeitpunkt der Begehung der Menschenrechtsverletzung 1973 zur Kategorie des *ius cogens* gehört.

In seinem Sondervotum nimmt Richter Cançado Trindade eine interessante Position ein, nach der Verbrechen gegen die Menschlichkeit im Übergang des Menschenrechtsregimes und des Völkerstrafrechts stünden. Das Sondervotum beinhaltet den Verweis auf die genutzte *jurisprudential cross-fertilization*, insbesondere zu der Rechtsprechung des UN-Kriegsverbrecher-Tribunals für das ehemalige Jugoslawien (1997: *Tadic*-Fall, Abschnitt 649; 2000: *Kupreki*-Fall, Abschnitt 550f.; 2001: *Kordic*-Fall, Abschnitte 176ff.) hinsichtlich der Möglichkeit, eine einzelne menschenrechtswidrige Tat als Verbrechen gegen die Menschlichkeit zu werten, soweit sie im Rahmen einer staatlichen Systematik begangen wird. Das Sondervotum endet schließlich mit der Feststellung, dass das Urteil im Fall *Almonacid* ein erster Schritt auf dem Weg dazu sei, das im humanitären Völkerrecht und Völkerstrafrecht bestehende Verständnis, Verbrechen gegen die Menschlichkeit als solche zu bezeichnen und als *ius cogens* zu behandeln, auch auf das Menschenrechtsregime zu übertragen (vgl. hierzu Pictet 1983: 77, 107; Abrams/Ratner 1997; Robinson 1999).

Der IAGMR entscheidet also nicht nur *zeitlich* (wie oben unter 1.1 festgestellt), sondern auch im Verhältnis Völkerstrafrecht/Menschenrechte *inhaltlich* über die AMRK hinaus.

2   Theoretischer Ansatz

Warum sollte ausgerechnet ein systemtheoretischer Ansatz die Einordnung des IAGMR in das Weltrecht der Menschenrechte erklären? Zumal Luhmann selbst das Interamerikanische Rechtskonstrukt gerade als Beispiel für die Souveränität und Leugnung des Völkerrechts durch die Staaten erwähnt (Luhmann 1993: 580)?

Eine rein rechtsdogmatische Analyse würde die dahinter liegende Grundannahme verschleiern, dass ein internationales Rechtssystem als solches arbeitet, weil es konstituierende Abkommen gibt, in denen sich diverse Staaten dazu verpflichtet haben. Danach würde man Tatbestandsmerkmale von denjenigen Rechtssätzen untersuchen, über die Staaten übereinstimmend festgestellt haben, dass sie ihren Bürgern und Bewohnern gegen sie selbst zustünden. In diesem positivistischen Fall würde eine tiefer gehende Analyse in die Einhaltungsformen und die Beteiligung der Staaten an der Umsetzung der Urteile, also der Verinnerlichung der Weltrechtsentscheidungen, einsteigen müssen. Mit einem anderen Zugang würde man die Annahme voraussetzen, dass die Menschenrechte der AMRK zu verfolgen sind, weil sie dem Menschen aufgrund seiner Natur innewohnen. Demnach gäbe es bestimmte Regelungen, weil es sie zu geben hat. Diese beiden grundlegenden Annahmen werden nur einer rechtswissenschaftlich beschränkten Sicht der Dinge gerecht, in deren Schranken sie durchaus Antworten bieten können, die jedoch bei Hinzuziehung von anderen gesellschaftlichen Faktoren wie der Nichteinhaltung oder -umsetzung unüberbrückbare Hindernisse finden.

Wenn man rechtstheoretisch der Ansicht ist, dass sich das interamerikanische Rechtssystem in eine pyramidale Struktur im Sinne Kelsens einfügt, blendet man die Verschiedenheit der Akteure und Bereiche der einzelnen Ebenen aus. Der Rückgriff auf die Ordnung der Normen durch verschiedene Regelungsformen im Sinne Harts bedingt ebenfalls eine Regelung der Regelungen. Auch andere Ansätze überbetonen normative Elemente. Gerade eine Bewertung von Rechtsprechung eines regionalen Menschenrechtssystems, das von Mitgliedsstaaten einer internationalen Organisation durch multilaterale Verträge begründet wurde, zeigt, wie verändert die tatsächlichen Umstände der Trias Gesellschaft–Politik–Recht sind und demnach aus der Sicht klassischer Rechtsphilosophie oder Rechtstheorie wohl kaum umfassend greifbar bleiben. Insoweit treten vielfältige „neue Theorien" auf den Plan, die der Vielheit von gesellschaftlichen, politischen und rechtlichen Vernetzungen nationaler, regionaler und internationaler Art mit Ansätzen gerecht werden, die in begrifflicher Verbindung zu anderen wissenschaftlichen Bereichen stehen und das Recht als dynamisches System begreifen können (vgl. zusammenfassend Buckel/Christensen/Fischer-Lescano 2006). Dieses Verständnis eines dynamischen Systems, dass sich in Bezug zu Politik, Wirtschaft oder anderen gesellschaftlichen Bereichen in unterschiedlicher Weise organisiert und permanent verändert, kann in der Beschreibung kommunikativer Prozesse den tatsächlichen Gegebenheiten ein klares Erklärungsmuster entgegenstellen.

Die Systemtheorie geht dabei von der Beobachtung der in dem Funktionssystem (Welt-)Recht stattfindenden Kommunikationsprozesse aus. Die damit einhergehende Einordnung in Bezüge und Abgrenzungen zu anderen gesellschaftlichen Funktionssystemen wie Politik oder Wirtschaft trägt den dynamischen Veränderungen in der Verfassung überstaatlicher Ordnungen überzeugend Rechnung. Damit grenzt sie sich von anderen, noch normativ zentrierten Theorien ab und bietet in Bezug auf die Beschreibung des Verhältnisses „Einzelner gegen angegriffenen Staat" vor einem regionalen Gerichtshof für Menschenrechte wissenschaftliches Handwerkszeug, das es ermöglicht zu beobachten, in welchen kommunikativen Prozessen amerikanische Menschenrechte durch nationale Sachverhalte ausgeformt werden. Damit überwindet man die hilflose Feststellung der Existenz einer Norm ob ihrer Existenz oder ob der natürlichen (oder gar gottgegebenen) Rechte der Menschen.

Was bedeutet das für das (Welt-)Recht als funktionales System und welche Rolle spielen darin Gerichte wie der IAGMR? Völkerrecht, oder in diesem Fall konkreter, Menschenrechts-Recht im Sinne Luhmanns als System zu verstehen, bedeutet nicht, dass die von diesem System erwarteten Leistungen, also etwa Verhaltenssteuerung und Konfliktregulierung, nicht auch von der Politik oder anderen Systemen erbracht werden können. Die Funktion des Rechts allerdings, Erwartungssicherheit zu ermöglichen, kann diesem zufolge nur vom Recht erbracht werden (Luhmann 1993: 154ff.).

Luhmann hat im siebten Kapitel von *Das Recht der Gesellschaft* die Position von Gerichten im Rechtssystem dargelegt. Die Ausdifferenzierung eines Gesellschaftssystems erfordert danach gleichzeitig eine interne Differenzierung. Diese Einheit/Differenz oder System/ Umwelt Abgrenzungen sind essentiell im Luhmann'schen Verständnis.

> Differenzierungsformen bilden sich auf der Basis von Ungleichheit – etwa Gerichte und Anwälte, Gerichte und gesetzgebende Parlamente, die auf der Basis von Ungleichheit mehr Unterschiede und damit größere Freiheitsgrade einführen (Luhmann 1993: 298).

Das führt auch zu der Einteilung in Zentrum und Peripherie. Luhmann zeigt hinsichtlich der ursprünglichen Differenzierung zwischen legislativem Verfahren und Gerichtsentscheidung einen historischen Verlauf, um darzulegen, dass es jedenfalls wichtig sei „zumindest ein gewisses Verständnis dafür zu gewinnen, dass das System sich selbst" hinsichtlich des gerichtlichen Entscheidens „zum Rätsel wird" (Luhmann 1993: 307). Die Gerichtsentscheidung ist hiernach nicht eine der möglichen Alternativen, sondern geht darüber hinaus. Die Entscheidung erstellt die Alternativität. Luhmann bezeichnet dies als Einheit der Differenz, als ein Paradox. Die Entscheidung selbst entscheidet. Durch diese Entscheidung werden die Alternativen erst erkennbar und da es sich um konkrete Entscheidungen handelt, die gegenwärtig getroffen werden und dadurch Vergangenheit und Zukunft erst bezeichnen, lässt sich dies inhaltlich und zeitlich verstehen: Erst die

Entscheidung kann sich nicht selbst beobachten, erst das Gegenwärtige kann sich nicht selbst als gegenwärtig bezeichnen. Damit verrät Luhmann,

> dass die Voraussetzung, es könne *mit Recht* über Recht *und* Unrecht *entschieden* werden, ebenfalls eine Paradoxie ist und dass die *Einheit des Systems* überhaupt nur als Paradox beobachtet werden kann (Luhmann 1993: 310).

Das Paradox der unentscheidbaren Entscheidung muss auf ein differenziertes Umfeld übertragen werden, in dem sich das Rechtssystem artikulieren kann. Ausgehend von der Gerichtsentscheidung, also „der Tatsache, dass Gerichte entscheiden müssen", haben sich Vorgaben herausgebildet. So wird argumentativ auf vorausgehende Entscheidungen verwiesen. Im Sinne der *res iudicata* bildet sich das Recht als operativ geschlossenes Feld (Luhmann 1993: 318). Derart lässt sich die Paradoxieverwaltung des Rechts ganz knapp beschreiben, sie wird von den Gerichten gesteuert und bestimmt. Es ist das organisierte Zentrum, das es ermöglicht, jegliche Rechtsfrage zu klären (Luhmann 1993: 321). Die Peripherie muss nicht notwendigerweise tätig werden: Verträge müssen nicht unterzeichnet werden, Gesetze nicht verabschiedet, aber über eine Klage muss entschieden werden. Dadurch wird deutlich, dass es sich bei der Zentrum/Peripherie-Einteilung nicht um eine territoriale Beschreibung oder eine interne Rechtshierarchie handelt, sondern eine funktionelle Beschreibung der einzelnen Rechtselemente. Gerichte als Rechtszentren nehmen außerdem, in der Terminologie Luhmanns, eine konstante Beobachterposition zweiter Ordnung ein. Gerichtsentscheidungen haben vorherige Entscheidungen, Gesetze, Vertragsverhandlungen oder vorgebrachte Tatsachen beobachtet. Fraglich ist, ob diese Feststellungen auch auf Zentren im Menschenrechts-Recht zutreffen.

3   Überprüfung systemtheoretischer Voraussetzungen

Mittlerweile haben uns, wie bereits erwähnt, insbesondere die Arbeiten von Teubner eine Entwicklung aufgezeigt, wonach wir es beim internationalen Recht mit einem fragmentierten System zu tun haben, in dem sich nach Fischer-Lescano auch das Menschenrechts-Recht als ein eigenes Subsystem herausgebildet hat und eine strukturelle Kopplung, wenn auch ohne Weltstaat oder ähnliches, verfasst ist (Brunkhorst 2007; Teubner 2003). Jedenfalls handelt es sich beim Völkerrecht nicht um einen Teil der Politik oder um bloßes Gerede, sondern um ein systemtheoretisches, kommunikativ ausdifferenziertes System (Solte 2003: 519). Fischer-Lescano hat nachgewiesen, dass im Völkerrecht mittlerweile ein hoher Organisationsgrad herrscht und Verfahrensgrundsätze wie richterliche

Unabhängigkeit gewährleistet sind (Fischer-Lescano 2005: 147f.). Dazu verweist er etwa auf Artikel 14 des Internationalen Pakts der Vereinten Nationen über Soziale und Politische Rechte, Artikel 6 der Europäischen Menschenrechtskonvention oder den Grundsatz richterlicher Unabhängigkeit in der Form der Resolutionen 40/146 und 41/149 der Generalversammlung der Vereinten Nationen. Grundsätzlich können demnach auch internationale Gerichte Verhaltenserwartungen stabilisieren und dadurch (unwillentlich/unbewusst) die gesellschaftliche Artikulation bestimmter normativer Erwartungen anstoßen, beispielsweise im Bereich der Menschenrechte. Beschreibbar wird dies mit der systematischen Selbstreferenz für ein bestimmtes Kommunikationsfeld im Sinne Luhmanns und Teubners. Es handelt sich um diejenigen Kommunikationsprozesse, die sich innerhalb einer bestimmten Programmatik, im Fall des Rechts also im Rahmen von Rechtssätzen, unter einen binären Code zusammenfassen lassen. Diese autopoietischen Kommunikationsprozesse werden von der Weltgesellschaft (= alle Kommunikationen) ausgehend in unterschiedlichen Systemen spezifiziert. Dabei haben Recht, Politik, Wissenschaft etc. als um ihren Code geschlossene Systeme durchaus die Fähigkeit, Bezüge zu anderen Systemen aufzubauen. Innerhalb dieser Systeme, also auch innerhalb des Rechts, bilden sich spezifische kommunikative Einteilungen in Zentrum und Peripherie, wobei das Zentrum im Recht – wie bereits festgestellt – die Gerichte sind, da sie im Kommunikationsprozess die letzte Entscheidung im Code Recht/Unrecht fällen.

Weltrecht ist als das Recht zu verstehen, welches sich aus Kommunikationen über globale Recht/Unrecht-Entscheidungen zusammensetzt und funktional selbstreferentiell ausdifferenziert. Diese Kommunikationen können sich entweder jenseits der Staaten als Teubners zivilistische *lex mercatoria* aufzeigen oder zum Beispiel in der Form des Menschenrecht-Rechts, wo also der Bezug zu staatlichen Rechtsverletzungen gegeben ist und bei dem Fischer-Lescano die Rechtsquellenfunktion von zivilgesellschaftlicher Erzürnung anhand der Verschwundenen in Argentinien und des daraus folgenden weltrechtlichen Verbots des staatlich betriebenen „Verschwindenlassens" eindrucksvoll dargelegt hat (Fischer-Lescano 2005). Die Einteilung in Zentrum und Peripherie bedeutet in diesem Zusammenhang die funktionelle Differenzierung hinsichtlich der Nähe und Distanz zum jeweiligen System und dessen Umwelt. In der Peripherie eines Systems befinden sich nicht etwa hierarchisch untergeordnete Funktionsebenen. Mit dieser Begrifflichkeit werden vielmehr die kommunikativen Kreise um das Zentrum des jeweiligen Systems beschrieben, hier die Kreise um die Unterscheidung Recht/Unrecht durch Gerichte. Die Peripherie bezeichnet demnach die kommunikativen Prozesse, die sich mit anderen Funktionssystemen beobachtbar überschneiden, wie etwa die Gesetzgebung, die Vertragsgestaltung oder das „lebende Recht" und zumeist von einer strukturellen Kopplung erfasst sind, etwa der Verfassung in einem nationalstaatlichen Politik/Recht-Bezug. Wenn die Gerichte als Zentrum eines Rechtssystems zu bewerten sind, so stehen im Weltrechtszentrum *global remedies* (Fischer-Lescano 2005), also all jene Gerichtsinstitutionen, die Weltrechtskonflikte entscheiden, weil es von ihnen erwartet wird: Dabei kann es sich nicht nur um internationale, sondern ebenso um nationale Gerichte handeln (Fischer-Lescano 2005: 26, 128, 146ff., 159; Klode 2007).

> Ein Gericht ist [...] ein Gericht, wenn regelmäßig erwartet wird, dass es ein Gericht ist, wenn es, mit anderen Worten, für die Entscheidungen dieses Spruchkörpers ein Klima sozialer Anerkennung gibt (Fischer-Lescano 2005: 153).

Das bedeutet also, dass es für ein Gericht darauf ankommt, dass es 1. funktional den Rechtscode Recht/Unrecht in einem Einzelfall entscheidet, 2. dass es für diese Entscheidungstätigkeit soziale Anerkennung oder Erwartungshaltungen gibt und hinsichtlich eines Weltrechtsgerichts, 3. dass es einen transnationalen Bezug beim zugrunde liegenden Sachverhalt gibt und 4. eine Zentrumsorientierung der (welt)gesellschaftlichen Entscheidungserwartungen.

Wenn man also beobachten kann, dass es ein Weltrecht gibt, dass es Weltrechtszentren gibt und dass diese Weltrechtszentren auch nationale Gerichte sein können, so muss man die Entscheidung eines weltrechtlichen Recht/Unrecht-Codes beobachten können. Dabei geht es nicht um die verfassungsmäßig bestimmte Einbeziehung von Völkerrecht, sondern um die Kommunikation des Entscheidenden zwischen und mit internationalen Gerichten, mit Gerichten anderer Staaten, usw. Dies hat Teubner für Privatrechtsregimes nachgewiesen (vgl. Teubner 1997; 2003). Gleichzeitig wissen wir seit Fischer-Lescanos Ansatz der „Globalverfassung", dass die Entfaltung gesellschaftlicher Wut als kontinuierliche Bestätigung kontrafaktischer Erwartungen nicht nur Normcharakter entwickeln, sondern sogar als Programm in das Völkerrechtssystem eingeführt werden kann. Luhmann verweist auf die *colère publique* Durkheims als das zeitgenössische Paradox der Beschreibung, da die jeweilige Menschenrechtsnorm durch die vorangehende Verletzung und den daraus sich gesellschaftlich bildenden Aufruhr konstituiert werde. Fischer-Lescano verortet diese periphere Gesetzgebung der Zivilgesellschaft in der Martens'schen Klausel (Fischer-Lescano 2005: 120). Die Martens'sche Klausel ist zuletzt in Artikel 1 Absatz 2 Zusatzprotokoll I zu den Genfer Abkommen vom 12.08.1949 festgehalten, wo Zivilisten und Kombattanten unter den Schutz „„[...] der Grundsätze des Völkerrechts, wie sie sich aus feststehenden Gebräuchen, aus den Grundsätzen der Menschlichkeit und aus den *Forderungen des öffentlichen Gewissens* ergeben", gestellt werden. Diese Forderungen des öffentlichen Gewissens werden als Martens'sche Klausel bezeichnet.

Somit sind auf der Weltrechtsebene eine gesetzgeberische Peripherie, Programme an Rechtssätzen und Entscheidungsinstanzen als systemische Zentren möglich. Nach all dem bleibt also kein Zweifel daran, dass man ein Weltmenschenrecht-Rechtssystem beobachten kann. Fraglich ist jedoch, ob gerade der Interamerikanische Gerichtshof für Menschenrechte hierbei ein systemisches Zentrum darstellt. Auf der einen Seite sieht er sich selbst als internationales Menschenrechtszentrum. Und da Weltrecht bekanntlich Weltrecht bestimmt (Fischer-Lescano 2005: 175; Luhmann 1993: 50), unterscheidet es Recht von Unrecht. Auf der anderen Seite könnte dagegensprechen, dass es sich hier um ein regionales nicht-universelles Zentrum handelt. Wie eben erwähnt, weist schon Luhmann auf die Unvollständigkeit der Rechtsetzung im regionalen Rahmen hin, wenn er die Ablehnung der USA unter die Gerichtsbarkeit beschreibt (Luhmann 1993: 580), ohne jedoch die gleichzeitige „bemerkenswerte Wirksamkeit" (Luhmann 1995: 233) auszublenden.

Mit der Vorschaltung eines Formerfordernisses an der Grenze zwischen Recht und Politik, nämlich der „Zulassungsprüfung" einer Klage durch die Interamerikanische Kommission für Menschenrechte, ist eine Hürde in die gesellschaftliche Kommunikation eingebaut, welche die Entscheidungen des Gerichts von der weltgesellschaftlichen Erwartung zu sehr entfernen könnte.

Jedenfalls ist eine fehlende Universalität (wie beim regional beschränkten IAGMR) nicht ohne weiteres als weltrechtsfeindlich zu werten, die Abgrenzung muss vielmehr über einen transnationalen Bezug und gegenüber dem nationalen Rechtssystem getätigt werden. Auf unseren Fall gemünzt könnte sich der Interamerikanische Gerichtshof für Menschenrechte aus seiner Entscheidungstätigkeit heraus selbst als Zentrum eines Weltmenschenrechtrechts konstituieren, das auf die Verletzungen in den an ihm beteiligten Staaten reduziert tätig ist und dadurch seinen Weltrechtsraum bezeichnet und von anderen abgrenzt. Luhmann stand dem hinsichtlich der Weltrechtsfähigkeit skeptischer gegenüber:

> Auch internationale Konventionen bleiben an die Einzelstaaten gebunden, und dies auch dann, wenn sie spezifisch auf die Achtung der Menschenrechte bezogen sind. Wie man am Schicksal der AMRK von 1988 ablesen kann: sie werden unterzeichnet oder nicht, ratifiziert oder nicht, mit oder ohne Unterwerfung unter eine vorgesehene Gerichtsbarkeit und natürlich all dies mit dem Souveränitätsvorbehalt der Widerrufsmöglichkeit (Luhmann 1995: 233).

Hierzu hat der IAGMR durch Cançado Trindade unter Ablehnung des sonst im Völkervertragsrecht geltenden Gegenseitigkeitsprinzip ausgeführt, dass Menschenrechtsabkommen gerade keine multilateralen Verträge im traditionellen Sinne seien, die abgeschlossen werden, um die gegenseitige Anerkennung von Rechten und Ansprüchen zum Vorteil der unterzeichnenden Staaten zu ermöglichen. Vielmehr handele es sich bei diesen ihrem Sinn und Zweck nach um den Schutz der Grundrechte Einzelner, unabhängig von ihrer Nationalität, gegenüber dem eigenen Staat und gegenüber allen anderen Unterzeichnerstaaten (IAGMR/ Cançado Trindade 1999: *Blake v. Guatemala*). Der Kritik, dass das interamerikanische System nicht alle amerikanischen Staaten beinhaltet, werden auch praktischere Argumente entgegengehalten. Dadurch, dass einige Passagen der AMRK insbesondere nationalstaatlichem Strafrecht in den USA oder Kanada widersprechen, geht etwa Montalvo davon aus, dass bei einer absoluten Ratifizierung in sämtlichen amerikanischen Staaten eine mit Vorbehalten überladene Rechtsordnung ein größeres Problem als die derzeitige Unvollständigkeit darstellen würde (Montalvo 2001: 271). Die fehlende Universalität ist also irrelevant, insoweit durch die Menschenrechts-Rechtsprechung gesellschaftlich erwartete Normen des Weltrechts geschützt, angewendet und umgesetzt werden.

1. Der IAGMR ist ein Zentrum des Weltrechts, wenn er funktional den Völkerrechtscode Recht/Unrecht in jeweiligen Einzelfällen derart entscheidet, dass diese Entscheidungen dem Weltrechtsprogramm gerecht werden,
2. wenn es für diese Entscheidungstätigkeit soziale Anerkennung oder Erwartungshaltungen gibt,
3. wenn es einen transnationalen, hier menschenrechtlichen Bezug beim zugrunde liegenden Sachverhalt gibt, und
4. wenn eine Zentrumsorientierung der (welt)gesellschaftlichen Entscheidungserwartungen vorhanden ist und sich das normative Erwarten der Weltgesellschaft also an den Zentrums-Entscheidungen orientiert.

Es konnte festgestellt werden, dass der IAGMR mit der Doktrin der fortgesetzten Begehung von Menschenrechtsverletzungen dann eine Zuständigkeit für vorkonventionelle Verletzungen annimmt, wenn die Verletzung mangels Rechtssicherheit noch andauert (Ausnahme also Tod) oder (so *Almonacid*) zum Zeitpunkt der Begehung die Verletzung eines *ius cogens* betroffen war.

Bezüglich der Amnestiegesetze hat der IAGMR festgestellt, dass schon ein einzelnes Menschenrechtsverbrechen ein Verbrechen gegen die Menschlichkeit darstellen kann und demnach überhaupt erst zu *ius cogens* wird, wenn dieses in eine staatliche Systematik der Menschenrechtsverletzungen eingeordnet werden kann. 1. Damit tätigt der IAGMR völkerrechtliche Recht/Unrechtsentscheidungen, die dem Weltrechtsprogramm zumindest insoweit gerecht werden, als sie die völkerrechtlichen Normen entsprechend der gesellschaftlichen Erwartung einbeziehen. Hier sogar im umstrittenen Verhältnis zwischen Menschenrechtsschutz und Völkerstrafrecht (vgl. dazu Gross 2007: 1ff.). Die im Völkerrechtssystem ausgeformten Programme stützen sich dabei auf weltgesellschaftliche

Erwartungen, die auch artikuliert werden (müssen). Die zivilgesellschaftlichen Protestaktionen belegen, dass die vorherigen Entscheidungen und die inhaltlichen Anforderungen aufgenommen und beachtet werden. Gerade im Fall *Almonacid* haben auch die chilenischen Behörden umgehend über die Medien auf die Entscheidung reagiert.[5]

Zwar sind nicht einmal alle OAS-Mitgliedsstaaten der AMRK unterworfen, es handelt sich also um einen regional begrenzten Regionalrechtskörper. Dass die AMRK trotzdem Teil des Weltrechts ist, zeigt ihre Anwendung jenseits von dem auf den Staat fixierten Gegenseitigkeitsprinzip und unter Hervorhebung der Universalität der Menschenrechte (Pasqualucci 2003: 328). Insbesondere im Fall *Almonacid* ist die Hinzuziehung der Rechtsprechung anderer internationaler Gerichte im Sinne der *jurisprudential cross-fertilization* ein Beleg für eine weltrechtliche Kommunikation auf horizontaler Ebene zwischen unterschiedlichen Gerichten als Weltrechtszentren.

2. Es wird in den betroffenen Ländern zumeist gesellschaftlich erwartet, dass der IAGMR im Sinne der universellen Menschenrechte gegen den Staat entscheidet. Dies ergibt sich schon daraus, dass nur Staaten passiv legitimiert sein können. Der gesellschaftliche Druck wird dabei nicht mehr nur über den politikwissenschaftlich ausformulierten *Boomerang*-Effekt mittels politischem Druck von außen durch Dritte artikuliert (Risse/Ropp/Sikkink 1999), sondern direkt von dem einzelnen Staat auf die Bestätigung von Entscheidungserwartungen durch den IAGMR. Das ist in Anbetracht von zumeist vorausgegangenen Wahrheitskommissionen, nationalen Gerichtsverfahren und im Zuge von politischen Transitionsprozessen ein permanenter Aufruf zur Gerechtigkeit, der nicht notwendig direkt gegenüber dem IAGMR artikuliert wird. Die gesellschaftliche Erwartung, die auf kontrafaktische Bestätigungen drängt, muss allerdings in einen programmatischen Rahmen gesetzt werden. Dieser Prozess kann sowohl auf nationaler Ebene, wie die chilenische Rechtsprechung bezüglich der Nichtanwendbarkeit des Amnestiegesetzes zeigt, erfolgreich sein, aber auch auf der Ebene des Weltrechts durch die Entscheidungen des IAGMR. Dadurch erfüllt dieses Weltrechtszentrum eine doppelte Funktion. Es stabilisiert kontrafaktische gesellschaftliche Erwartungen im Weltrechtssystem und gibt gleichzeitig als Umwelt des jeweiligen nationalen Rechtssystems programmatische Geräusche ab, die von diesem geordnet, also angewendet werden können und müssen *(order from noise).*

---

5   Die Bereitschaft, das Urteil umzusetzen, erklärte nach Veröffentlichung des Urteils zunächst die Präsidentin Michelle Bachelet, zitiert von N. Ramírez in *El Mercurio Online* <www.emol.com>, vom 14. Oktober 2006 und wurde anschließend u.a. vom Präsidenten des Abgeordnetenhauses (15. Oktober) und dem Justizminister (17. Oktober) unterstützt.

3. Das menschenrechtliche Programm ist hier zumeist auf einen nationalen Bezug anzuwenden, so dass es sich bei dem IAGMR um eine supranationale Regelungsinstanz im Verhältnis Staat–Einzelner handelt. Durch den normativen Hintergrund, also die als Programme ausdifferenzierte gesellschaftliche Erwartung, wird allerdings der transnationale Bezug in ein Weltrechtssystem der Menschenrechte eingebettet, was insoweit die theoretischen Vorgaben erfüllt, als es eben gerade über die nationalen gesetzlichen Regelungen hinaus ein eigenständiges Programm anwendet.

4. Im Übergang zwischen nationalem Recht und Weltrechtssystem spielen sich, das hat Fischer-Lescano aufgezeigt, Verfassungskämpfe ab, die der strukturellen Kopplung zwischen u.a. Politik und Recht eine Form zu geben versuchen (Fischer-Lescano 2005: 273). Dabei reicht es nicht aus, eine Zentrumsorientierung der (welt)gesellschaftlichen Entscheidungserwartungen festzustellen, solange ebenfalls der Versuch der nationalstaatlichen Politik beobachtbar ist, das Weltrechtssystem in seiner Wirkung zu behindern. Dann handelt es sich um einen Bereich, in dem die Verfassungskämpfe stattfinden. Insofern ist die bestehende Zentrumsorientierung ein Feld, in dem gesellschaftlicher Druck ausgeübt werden muss und sich beispielhaft daran veranschaulichen lässt, wie schnell Peru durch die Regierung Paniagua 2001 wieder in das amerikanische Bündnis eingetreten ist, nachdem Fujimori 1999 den Austritt aus der Rechtsgemeinschaft vollzogen hatte. Diese Verfassungskämpfe haben sich gerade im chilenischen Beispiel durch die vielen Gerichtsverfahren vor eigenen Gerichten, aber eben auch im Rahmen des *Pinochet*-Falles in Großbritannien oder Spanien, aber auch in den USA, Argentinien, oder Italien im Rechtssystem abgespielt.

Das chilenische Beispiel ist hinsichtlich der eingangs getätigten Behauptung, dass es in Lateinamerika vielfach an der sozialen Anerkennung von Institutionen und Gerichten mangele, gemeinsam mit Costa Rica und Uruguay zwar eine von O'Donnell attestierte teilweise Ausnahme, die aber deshalb interessant ist, weil sie gerade hinsichtlich des autoritären Hintergrunds der nationalen Verfassung eine nur normativ-inhaltliche, nicht jedoch formal-institutionelle gesellschaftliche Kritik verkraften muss (O'Donnell 1999). Das chilenische Beispiel zeigt nämlich, dass die Umsetzung der Vorgaben des IAGMR und damit der Rechtsprogramme funktionieren kann (Pasqualucci 2003: 331). Dies ist auch im Fall des Amnestiegesetzes zu erwarten. Dass es auch in anderen Ländern wie Ekuador, Peru, Honduras oder vielen anderen zur Befolgung und Anerkennung der Entscheidungen kommt (Pasqualucci 2003: 331-340), verdeckt dabei natürlich auch, dass sich eine direkte Anwendbarkeit (noch) nicht ausdifferenziert hat. Jedenfalls zeigen diese Beispiele aber, dass bei einem geeigneten kommunikativen Erwartungsdruck die Weltrechtsentscheidungen nicht nur gefällt, sondern auch umgesetzt werden können.

Der IAGMR als Weltrechtszentrum des Menschenrechtssystems beruht demnach auf den gleichen gesellschaftlichen Kommunikationsprozessen wie ein nationales Rechtszentrum.

4 Schlussfolgerungen

Zusammenfassend ist also festzuhalten, dass der IAGMR sich selbst als weltrechtliches Menschenrechtszentrum betrachtet, die Anwendung transnationaler Inhalte über die Programme der AMRK derart operationalisiert ist, dass eine Selbstreferenz festzustellen ist, die sich auch auf andere Weltrechtszentren, wie der Verweis auf die *jurisprudential cross-fertilization* im *Almonacid*-Fall beweist, bezieht. Aus dieser Struktur ergeben sich dann Erwartungen der Peripherie und wird gleichzeitig Umweltdruck auf die nationalen Rechtssysteme ausgeübt. In diesem Übergang – in dieser strukturellen Kopplung – liegt ein Schlachtfeld konstitutiver Auseinandersetzungen des Weltrechts, das weiter mit gesellschaftlichen Erwartungen gefüllt werden muss.

Der Rückgriff auf völkerrechtliche Normen aus der weltrechtlichen Globalverfassung im Sinne der hier erwähnten Theorien zur Entsprechung normativen Erwartens zeigt die Faszination, die von rechtssoziologischen Entwicklungen auf der multinationalen Ebene ausgeht: Der Rückgriff auf die Nation, auf den Staat und seine territorialen Sicherheits- oder sonstigen Souveränitätshoheiten geschieht im Bereich der Globalverfassung (dem fragmentierten Weltrecht) durch die Bewertung von Sachverhalten durch Gerichte, nicht jedoch unter ängstlichem Rückgriff auf Unzuständigkeiten oder Unzulässigkeiten. In diesem Bereich besteht also ein systematisierter Kommunikationsweg zwischen zivilgesellschaftlichen Erwartungen, der Einordnung von Sachverhalten im Code Welt-Recht/ -Unrecht und der anschließenden normativen Bestätigung. Das Weltrecht der Menschenrechte findet dafür, wie dargelegt, auch beim IAGMR ein Weltrechtszentrum.

Der ehemalige Richter am Internationalen Gerichtshof und am IAGMR Buergenthal hat schon 1984 festgestellt, dass es aus Sicht der Mitgliedsstaaten gar nicht so sehr um die formelle Durchsetzbarkeit der Entscheidungen gehen muss: „Much more important is its impact as a force capable of legitimating governmental conduct and the perception of governments about the political cost of non compliance" (Buergenthal 1984: 470). Aus Sicht der systemtheoretischen Autoren ist eine formelle Durchsetzbarkeit zwar kein Argument als solches, „cost of non compliance" wird allerdings dadurch verstärkt bzw. erst beobachtbar, dass gesellschaftliche Erwartungen artikuliert werden.

Hier liegt also eine der Hauptaufgaben der demokratischen Stabilisierung lateinamerikanischer Gesellschaftsprozesse: In der Artikulation gesellschaftlicher Erwartungen, insbesondere auch hinsichtlich des Rechtssystems. In der Demokratisierung der Demokratisierung.

Der IAGMR ist dabei eine Institution, die sowohl gesellschaftliche Erwartungen als Menschenrechtsverletzungen stabilisiert als auch hierdurch Druck ausübt und nationalen Rechtssystemen als Verweis bei der eigenen Ausdifferenzierung dienen kann. Es ist den kontrafaktischen Ausdrücken gesellschaftlicher Erwartungen vorbehalten, diesen kommunikativen Prozess im Weltmenschenrechts-Recht zu formen und zu beeinflussen.

In dieser potentiellen Angewiesenheit der Gesellschaft auf ein Funktionieren des Weltrechtscodes liegt die eingangs zitierte Abschlussbeobachtung aus Luhmanns *Das Recht der Gesellschaft*. Ob es sich bei der Prominenz des Rechtssystems um eine Anomalie handelt, kann hier nicht beantwortet werden. Beobachtbar ist lediglich, dass sich eine Universalisierung der Prominenz des Rechtssystems insbesondere für politische und bürgerliche Menschenrechte als Weltrecht auch durch den IAGMR ausdifferenziert. Die Angewiesenheit der Gesellschaft auf einen funktionierenden Rechtscode mag eine zeitlich begrenzte Anomalie sein, jedenfalls kann aber auch ein weltrechtlicher Rechtscode, wie hier gezeigt, nur durch gesellschaftlichen Druck operationalisiert werden.

Literatur

Abrams, Jason S./Ratner, Steven R. (1997): *Accountability for Human Rights Atrocities in International Law*. Oxford: Clarendon Press.

Brunkhorst, Hauke (2007): „Die Legitimationskrise der Weltgesellschaft: Global Rule of Law, Global Constitutionalism und Weltstaatlichkeit". In: Albert, Mathias/ Stichweh, Rudolf (Hrsg.): *Weltstaat und Weltstaatlichkeit. Beobachtungen globaler, politischer Strukturbildung*. Wiesbaden: VS Verlag für Sozialwissenschaften, S. 63-107.

Brunkhorst, Hauke/Costa, Sergio (2005): „Einleitung". In: *Jenseits von Zentrum und Peripherie. Zur Verfassung der fragmentierten Weltgesellschaft*. München/Mering: Hampp, S. 1-4.

Buckel, Sonja/Christensen, Ralph/Fischer-Lescano, Andreas (Hrsg.) (2006): *Neue Theorien des Rechts*. Stuttgart: Lucius & Lucius.

Buergenthal, Thomas (1984): „The Inter-American System for the Protection of Human Rights". In: Meron, Theodor (Hrsg.): *Human Rights in International Law: Legal and Policy Issues*. Oxford: Clarendon Press.

Burke-White, William/Slaughter, Anne-Marie (2006): „The Future of International Law is Domestic (or, The European Way of Law)". In: *Harvard International Law Journal*, Vol. 47.

Fischer-Lescano, Andreas (2005): *Globalverfassung. Die Geltungsbegründung der Menschenrechte.* Weilerswist: Velbrück.

Fischer-Lescano, Andreas/Teubner, Gunther (2006): *Regime-Kollisionen: Zur Fragmentierung des globalen Rechts.* Frankfurt am Main: Suhrkamp.

Gross, Aeyal M. (2007): „Human Proportion: Are Human Rights the Emperors New Clothes of the International Law of Occupation". In: *European Journal of International Law,* Vol. 18, Nr. 1.

Klode, Michael (2007): „Ma'arab y Almonacid: ¿dos casos de derechos humanos?". In: *Revista Colombiana de Jurisprudencia,* Nr. 137.

Kokott, Juliane (1986): „Das interamerikanische System zum Schutz der Menschenrechte". In: *Beiträge zum ausländischen öffentlichen Recht und Völkerrecht,* Band 92.

Luhmann, Niklas (1993): *Das Recht der Gesellschaft.* Frankfurt am Main: Suhrkamp.

— (1995): *Soziologische Aufklärung 6: Die Soziologie und der Mensch.* Opladen: Westdeutscher Verlag.

Montalvo, Andrés (2001): „Reservations to the American Convention on Human Rights: A New Approach". In: *American University International Law Review,* Vol. 16.

O'Donnell, Guillermo (1999): „Polyarchies and the (Un)Rule of Law in Latin America: A Partial Conclusion". In: O'Donnell, Guillermo et al. (Hrsg.): *The (Un)Rule of Law and the Underprivileged in Latin America.* Notre Dame: University.

Oellers-Frahm, Karin (2002): „Der Interamerikanische Gerichtshof für Menschenrechte". In: Hasse, Jana/Müller, Erwin/Schneider, Patricia (Hrsg.): *Menschenrechte, Bilanz und Perspektiven.* Baden-Baden: Nomos, S. 39-69.

Ormachea, Pablo (2006): „*Moiwana Village*: The Inter-American Court and the 'Continuing Violation' Doctrine". In: *Harvard Law Review,* Vol. 19.

Pasqualucci, Jo M. (2003): *The Practice and Procedure of the Interamerican Court of Human Rights.* Cambridge: Cambridge University Press.

Pictet, Jean (1983): *Développement et principes du Droit international humanitaire.* Genève/Paris: Institut H.-Dunant/Pédone.

Remotti Carbonell, José Carlos (2003): *La Corte Interamericana de Derechos Humanos.* Barcelona: Instituto Europeo de Derecho.

Risse, Thomas/Ropp, Stephen C./Sikkink, Kathryn (1999): *The Power of Human Rights. International Norms and Domestic Change.* Cambridge: Cambridge University Press.

Robinson, Darryl (1999): „Defining 'Crimes against Humanity' at the Rome Conference". In: *American Journal of International Law,* Vol. 93, S. 43-57.

Solte, Ulrich (2003): „Völkerrecht und Weltgesellschaft aus systemtheoretischer Sicht". In: *ARSP,* Nr. 89.

Teubner, Gunther (1997): „Global Bukowina: Legal Pluralism in the World Society". In: Teubner, Gunther (Hrsg.): *Global Law Without a State.* Dartsmouth: Brookfield, S. 3-28.

— (2003): „Globale Zivilverfassungen: Alternativen zur Staatszentrierten Verfassungstheorie". In: *Zeitschrift für ausländisches öffentliches Recht und Völkerrecht,* Nr. 63.

United Nations Development Programme (2004): *La democracia en América Latina.* New York/Buenos Aires: PNUD.

Wovon reden wir, wenn wir mit Luhmann Gewalt in Lateinamerika beobachten?

Klaus Dammann

Den mit dem Namen Niklas Luhmann verbundenen soziologischen Theorien, nämlich System-, Evolutions- und Kommunikationstheorie sowie Beobachtungs-/ Unterscheidungs-/Formtheorie, wird nachgesagt, sie seien für die Gewaltforschung defizitär. So stellen Autoren „erstaunt" fest, dass in „Soziale Systeme" „das Phänomen Krieg keinerlei Rolle spielt" (Knöbl/Schmidt 2000: 7). Interessanter sind starke Behauptungen, die Theorien seien eurozentrisch gebaut (Hauck 2003), vernachlässigten also auch Verhältnisse in Lateinamerika und sie seien nicht geeignet, physische Gewalt so zu erfassen, dass die Gesellschaft heute damit angemessen umgehen kann (Ellrich 1999: 171f.).

Ich will zunächst den „Luhmann-kann-nicht"-Verdacht in mehrere Elemente auflösen, die sich alle auch in der allgemeineren Luhmann-Kritik finden. Immerhin nennt Luhmann selber seinen Gesellschaftsbegriff „radikal anti-humanistisch", „radikal anti-regionalistisch" und „radikal konstruktivistisch" (Luhmann 1997a: 35). Fünf Verdachtselemente: Fehlendes Perfektionsdenken (1.), fehlende Opferperspektive (2.) sowie Leerstellen für Biopolitik (3.), Ethnizität (4.) und Raum (5.) werden sich als nur scheinbare Schwachstellen herausstellen. Dann soll mithilfe einiger weiterer mehr oder weniger zentraler Theorieunterscheidungen geprüft werden, was wir sehen, wenn wir damit Gewalt in Lateinamerika beobachten. Dabei geht es um Systemtypen (6.), um weltgesellschaftliche Kommunikationscodierungen, die zum Teil Funktionssysteme konstituieren (7.), um personale Netzwerke und andere informale Strukturen (8.), um Risikokommunikation (9.) sowie die Abwicklung von Erwartungsenttäuschungen (10.). Eine Skizzierung von Ergebnissen schließt den Beitrag.

Empirische Beispiele sind Gewaltereignisse des 19. und 20. Jahrhunderts, die als Markenzeichen für Lateinamerika in der Literatur kursieren. Viele davon finden sich in einem Gewaltvergleich zwischen Lateinamerika und der Balkanregion in Europa (Höpken/Riekenberg 2001).[1]

---

1   Unter <klaus.dammann@uni-bielefeld.de> kann eine erweiterte Fassung dieser Arbeit angefordert werden.

1   Die Unwahrscheinlichkeit gezähmter Gewaltmonopolisierung

Niklas Luhmann unterscheidet zwei Typen von Sozialtheorie (1984: 162ff., 217ff.). Der eine Typ bezieht sich auf das Problem stets gefährdeter Gesundheit der sozialen Ordnung. Er dominiert die Gewaltforschung. Nach Gewaltursachen suchend wird oft Gewaltanwesenheit zum Bezugsproblem gemacht. Es geht um Perfektabilität. Die andere Sorte, von Luhmann bevorzugt, orientiert sich am Problem der unwahrscheinlichen Normalität. Japp komprimiert eine solche Sichtweise bei der Analyse „peripherer" Sozialverhältnisse, indem er sagt, „dass die Durchsetzung universalistischer Standards unwahrscheinlich ist, und die Schwellen der 'Normalisierung des Unwahrscheinlichen' wesentlich höher liegen als es im alten Europa der Fall war" (Japp 2007).

Die (im Perfektabilitätsdiskurs „unvollkommene") gewaltsame Durchsetzung eines Gewaltmonopols und dessen Beschränkung ist in vielen Studien, auch für Lateinamerika, untersucht worden. Empirische Studien zu Lateinamerika beziehen sich darauf (z.B. Schmidt 2007). Ihre soziologische Rediskription mit Luhmanns Theoriemitteln würde neben funktionaler Differenzierung und persönlichen Netzwerken (dazu unten 8.), nicht Demokratie- und nicht Staats-, sondern Organisationsevolution stark machen.

Funktionale Differenzierung enthält die Gewalt sowohl beschränkende wie auch nutzende Beobachtung mithilfe des Rechtscodes. Demokratische Strukturen setzt der politische Code nicht voraus: Auch autokratische Politik ist Politik. Luhmann hat durchaus auf die Konflikt und damit Gewalt kanalisierende Wirkung bestimmter demokratischer Institutionen aufmerksam gemacht (Luhmann 1981a: 171). Aber die Probleme, die sich bei der theoretischen Begründung der an Kant angelehnten Hypothese des „demokratischen Friedens" ergeben (vgl. nur Geis/Brock/Müller 2006) zeigen, dass die Luhmann'sche Betonung des Rechtsstaats als Gewaltbeschränkung nicht unplausibel ist. Nicht erst Michael Mann hat auf den Doppelcharakter des Volkes aufmerksam gemacht, das da per Demokratie in die Politik vollinkludiert werden soll: *demos* und *ethnos*. Die Ethnisierung der Politik über eine entsprechende Infizierung des *demos* gerade in Siedlerdemokratien auch noch des 19. und 20. Jahrhunderts hat, so Manns Untersuchungen (Mann 2007), das begünstigt, was man später (auch in und für Lateinamerika) als Homogenisierungspolitik analysiert und als kolonialen Völkermord semantisiert hat. Auch in anderer Hinsicht ist Demokratie als gewaltverstärkend in Verdacht geraten. „Formale Demokratie wirkt in der 'Zweiklassengesellschaft' Brasilien" so, stellt Mandach (2000: 252) fest.

Staat ist bei Luhmann kein soziologischer Begriff (2000a: 195f.). Es sind in der Soziologie vor allem zwei organisationsbezogene Verwendungsweisen, die es auseinanderzuhalten gilt: Staat als Bezeichnung der Organisationen, die sich ein territorial begrenztes, normativ erwartetes Monopol legitimer Gewaltsamkeit zunutze machen. Luhmann spricht vom Staat als der „präferierten Seite der Unterscheidung von legitimer und illegitimer physischer Gewalt". Guerillaorganisationen (militärische und politische „Arme" einer Bewegung) können sich in diesem Sinne als staatliche Organisationen gerieren, wenn sie ein Gebiet dadurch befriedet haben, dass sie innen für ihr Gewaltmonopol Werbung und Repression veranstalten und nur noch nach außen Krieg führen. Eine ganz andere Frage ist, wer auf der internationalen Bühne ein Gebiet repräsentieren darf. Die kolumbianische FARC (*Fuerzas Armadas Revolucionarias de Colombia*) darf und früher der *Sendero Luminoso* in Peru durfte das nicht.

Es geht bei einem voraussetzungsvollen befriedend wirkenden *state building* in diesem Sinne darum, dass sich Organisationen bilden (aus Aufständen oder aus kriminellen Traditionen heraus oder kontinuierlich als Zentralstaat), die verschiedene Merkmale des Organisierens koppeln, wie sie mit der Luhmann'schen Organisationssoziologie (bis hin zu Luhmann 2000b) behandelbar werden: Trennung von Amt und Person, einheitliche Adressabilität über eine Hierarchie von Stellen, Bindung auch der Organisation an eigene Entscheidungen, entschiedene Entscheidungsprogramme (und nicht nur kulturelle oder *ad-hoc*-Kriterien der Richtigkeit oder gar dominante Orientierung an personalen Entscheidungsprämissen), Sicherstellung auch ökonomischer Ressourcen (z.B. für die Bindung der Mitglieder, damit diese sich nicht mit gewaltsam angeeigneter Beute gratifizieren) und vielleicht noch mehr, z.B. institutionalisierte Vakanz einer Stelle – dies erst hieße, Organisationen nicht mehr als Kollektive von Menschen zu begreifen, wie noch bei Landsknechthaufen in frühneuzeitlichen Kriegen. Solche Merkmale sind in den Beschreibungen von Organisationen in Lateinamerika und Afrika nur angedeutet, etwa wenn „der neo-patrimoniale Staat" dem europäischen gegenübergestellt wird (Schlichte 2005). Und oft werden sie als Defizite angedeutet, ohne die unwahrscheinliche Normalisierung über viele Jahrhunderte hinweg in Europa zu beleuchten.

2 Opfer und Täter von Gewalt

„Menschenbilder – sowas Grausliches. Also der Mensch interessiert mich nicht, wenn ich das so hart sagen darf". Der im Interview (Luhmann 1991b: 133) derart pointierte Anti-Humanismus der Theorien schließt eine in der Gewaltdiskussion oft angemahnte Perspektive auf die Opfer oder von den Opfern her nicht aus (so auch Baecker 1996; Tyrell 1999). Im Gegenteil: Wenn Menschen als Körper mit Psychen aus der Kommunikation exkludiert und als Personen in sie eingeschlossen sind (Luhmann 1995a), lässt sich erst ein Gewaltbegriff formulieren, der

ausreichend weit (Gewalt gegen Körper und Sachen), eng (nicht „strukturelle"
Gewalt umfassend) und auch sonst für die Einzeldisziplin Soziologie geeignet
ist. Gewalt kann dann heißen, dass auf kommunikative Adressen zurechenbare
Zerstörung und (verhinderte) Ortsveränderung von Materie (Körpern und Sachen) kommuniziert wird – in Drohungen oder als Ausübung. Für die kommunikative Feststellung, ob etwas „wirklich" zerstört worden ist, sind Experten außerhalb der Soziologie zuständig: Gerichtsmedizinerinnen, Augenzeugen, Be-
völkerungsstatistiker usw. Ebenso dafür, ob diese Zerstörung irgendwo psychische Folgen hatte.

Mit der Unterscheidung von Erleben/Handeln als zwei kommunikativen Zu-
rechnungsformen für Kommunikation (Luhmann 1981b) kann untersucht werden, wie Opferpersonen in der Kommunikation konstituiert werden. Wird Personen (von ihnen selbst oder anderen Beobachtern) Gewalteinwirkung – ein
Schlag, ein Schuss – als von außen kommend zugerechnet? Diese Zurechnung
auf Externes kann dann (als Erleben) den Kern der Opferrolle bilden. Aber dieselbe Person kann auch daraufhin beobachtet werden, ob sie sich selbst Kommunikation zuschreibt: gekämpft zu haben, nicht geflüchtet zu sein wie der Bruder
oder nicht noch etwas anderes Nützliches getan zu haben.

Das Leiden von Überlebenden und ihren Protestbewegungen an der Leugnung von massenhaften Serientötungen ist bekannt. Schon die fehlende Erinne-
rungskommunikation stört. Solches Leiden in der Kommunikation zu suchen und
nicht in Psychen, hat zwei Vorzüge: Man muss nicht über Psychen in einer Vergangenheit spekulieren, die psychologischer Forschung mit ihren Spezialmetho-
den gar nicht mehr zugänglich ist. Der zweite Vorteil: Wenn Befragung von
Überlebenden noch möglich ist, dann vermeidet man so das Risiko, Traumati-
sierte erneut zu schädigen.

Erinnerungsbewegungen haben sich auch in Lateinamerika gebildet und mit
dafür gesorgt, dass Massenmedien das Aufmerksamkeit bindende Wort „Genozid" benutzen, wenn Serientötungen mit hoher Opferzahl angeprangert werden
sollen. Die Soziologie kann sich der Frage, was wie erinnert wird, durch Unterscheidung zweier Schichten von Realität nähern. Die alten Dualismen Re-
den/Handeln (seit der Antike), Ideen/ihre Realisierung, Basis/Überbau, Kul-
tur/andere Strukturen, Diskurse/nicht-diskursive Praktiken usw. ersetzt Luhmann
durch die Unterscheidung von Semantik und Sozialstruktur. Das in zwei Schü-
ben: Zunächst einmal geht es um die Korrelation von einem als bewahrenswert
gekennzeichneten Sinn (Semantik) mit Differenzierungsformen, z.B. der heute
primären funktionalen Differenzierung. Das gilt immer noch mit einigen wichtigen Klarstellungen (Stichweh 2000/2006) als ernstzunehmendes Forschungspro-
gramm. Mit der Hinwendung zu Beobachtungs-, Unterscheidungs- und Form-
theorie hat sich aber eine Antonymsubstitution eingebürgert (Stäheli 1998:

325ff.). Der Gegenbegriff zu Semantik wurde ausgetauscht durch „communication that just happens and does not describe itself" (Luhmann 2000c: 195). Ein erfolgreiches Aufspüren von Gewalt in dieser Realitätsschicht kann stark semantisierten Erinnerungskonflikten gegenübergestellt werden. Die Semantik von Krieg, Genozid und Terror scheint außerordentlich flexibel zu sein (Dammann 2001; 2007a). Bei der Beobachtung dessen, was (mit wenig Semantikgehalt) kommunikativ „nur passiert", findet sich dagegen eine klare Unterscheidung von Krieg und nicht kriegsförmiger Bevölkerungsvernichtung (Dammann 2007a). Bei der Behauptung eines Genozids neuerer Militärregierungen an ihren Gegnern wäre auf diese Weise zu überprüfen, was die Genozidsemantik leistet und was soziale Systeme ohne diese Semantik als selbst produzierte Realität herstellen. Inwiefern waren die *dirty wars* in Argentinien, Guatemala usw. „wirklich", d.h. sozialstrukturell, Kriege? In diese Richtung wird schon gefragt (z.B. von Moyano 1991).

Aus einer falschen Kennzeichnung der Luhmann'schen Theorien als strukturalistisch oder ohne Handlungstheorie ergibt sich zwanglos der Einwand, hier fehle ein Platz für Täter oder jedenfalls für sie als Menschen. Ein gut bekanntes Schema lautet nämlich: Katastrophen müssen einen Autor haben. Das gilt dann auch für die Katastrophen der „Verschwundenen" und ihrer Angehörigen in Argentinien, der als verfolgte Maya Identifizierten in Guatemala, der in Kolumbien zwischen Guerilla und Aufstandsbekämpfung Geratenen. Luhmanns Theorien leugnen Autorschaft nicht. Sie fokussieren die Aufmerksamkeit auf Adressen, auf ansprechbare Agenten, statt zusätzlich alle möglichen „Kollektive", seien es Sozialsysteme oder durch Fremdklassifikation erzeugte Eliten, Ethnien oder andere „Großgruppen", für verantwortlich zu erklären. Sie lassen mindestens fünf Fragen zu, wenn Organisationen an Gewalt beteiligt sind:

1. Wie sind die organisationalen Entscheidungen zustande gekommen und aufrechterhalten worden?
2. Warum haben die Mitglieder, die als Personen in die Entscheidungsprozesse inkludiert waren, nicht „NEIN, diese Gewalt mache ich nicht mit" gesagt? Dazu weist die Luhmann'sche Organisationstheorie auf die per Mitgliedschaft gebildete Indifferenzzone hin.
3. Wie kamen die psychisch („Schreibtischtäterin") oder körperlich (auf den „killing fields" oder in der Folterkammer) an den Gewaltentscheidungen der Organisation Beteiligten als Mitgliedspersonen in die Organisation und wie blieben sie darin? Und wie schaffen es forschungsexterne Instanzen in das, was hier passiert, Freiheitsgrade von Organisationsbewerbern und -mitgliedern hineinzuinterpretieren? Freiheit wird nicht geleugnet, ihre soziale Konstitution wird untersuchbar.

4. Wurde (und wird heute) die Gewalttat auf organisationale Entscheidungen zugerechnet oder auf Mitglieder und Mitgliederinteraktionen außerhalb von Mitgliedschaftrollen? Das ist die Frage nach Exzesstaten, nach pogromistischen oder vigilantistischen Begleiterscheinungen organisationaler (kriegerischer, judizieller, polizeilicher, genozidaler) Gewalt.

3   Biopolitische Gewalt

Physische Gewalt wird in Luhmanns Werk wie Sexualität, materielle Bedürfnisse und Wahrnehmung als symbiotischer Mechanismus den symbolisch generalisierten Kommunikationsmedien (später Erfolgsmedien genannt, Luhmann 1997a: 202ff.) zugeordnet (2000a: 62f.). Das heißt, physische Gewalt wird machttheoretisch konzipiert: als Drohmittel und damit überall wichtig, aber vor allem in der Beobachtung von Politik und Recht (2000a: 55ff., 192ff.; 1993a: 281ff., 454ff.). Bei funktionaler Differenzierung wird sie in diesen zwei Systemen genutzt und ihre Konzentration hat zu deren Evolution geführt. Geld dagegen „wendet für den Bereich, den es ordnen kann, Gewalt ab" – triumphiert also über Gewalt (Luhmann 1988: 353). Diese medien- und differenzierungstheoretische Betonung von Gewalt kann den Eindruck erwecken, dass etwas von dem ausgespart wird, was früher schlicht „Ent- und Bevölkerungspolitik" hieß und heute z.B. „ethnische Säuberung" oder, dunklen Worten von Foucault und Agamben folgend, genereller „Biopolitik" genannt wird.

Luhmanns Worte zum Gewaltbegriff sind aber schon ein ziemlich klares Verstehensangebot. Gewalt (durch Körper, aber auch mittels Sacharrangements) kann in menschliche Körper und Sachen eingreifen (Luhmann 1975: 64, mit Anm. 140). Alle Formen des Eingriffs in menschliche Körper können dem Aufbau und Zeigen von Macht dienen (Gewalt als symbiotischer Mechanismus) und auch andere Funktionen haben. Physische Gewalt hat aber besondere Relevanz für den Machtcode. Macht- und differenzierungstheoretisch muss über andere Funktionen nicht geschrieben werden (Luhmann 2000a). Die andere Seite der Form „Drohmittel" (mit Drohmittelgebrauch) könnte also „Destruktionsmittel", und wenn es speziell ums Töten geht, „Beseitigungsmittel" heißen. Wir finden sogar zur Destruktionsfunktion von Gewalt eine noch umfassendere Darstellung in Luhmanns Werk (1989: 19, dazu Ellrich 1998: 459ff.). Mithilfe der Differenz von Reden und Schweigen kann man ein gewaltsames Zum-Schweigen-Bringen als eine Art Stufenfolge beobachten: Schweigen herbeikommandieren, Körper gefangen halten, dann: sie töten (sicherer und radikaler) – „und zuletzt Auschwitz", und dies, das noch Radikalere (Luhmann 1997b: 79f.) heißt wohl: Töten

mit der Auslöschung ganzer Familien und anderer Kommunikationszusammenhänge (*Shtetls*, Synagogengemeinden usw.).

Die Metapher „Auschwitz" ersetzt hier das, was andere sehr generalisiert
„Genozid" nennen: Es wird nicht mehr (jedenfalls nicht nur) mit Gewalt gedroht
und schließlich zum Zeigen der Ernsthaftigkeit Gewalt eingesetzt, wie bei
üblichen Militär- und Polizeieinsätzen, sondern hier ist das Zum-Schweigen-
Bringen die Funktion der Gewaltsamkeit. Wie und wo (nicht in der Soziologie!)
noch ein Bezugsproblem für das Zum-Schweigen-Bringen formuliert wird, ist zu
erforschen. Entvölkern, um dauerhaft wiederzubevölkern oder um materielle
Ressourcen ungestört zu nutzen – das sind nur zwei Alternativen.

Wir können also Gewaltkommunikation auch dann beobachten, wenn
Symbiotik in der Form eines Drohmittels nicht zu sehen ist. Entvölkerung von
Landstrichen in Lateinamerika durch Vertreibung und Ermordung der bisherigen
indigenen Bevölkerung kann mit der Frage untersucht werden, ob mit Gewalt
gedroht oder ob (und warum) kommunikativ sichtbar Gewalt direkt eingesetzt
wurde, dies ohne oder mit vorhergehender Drohung. „Pure Gewalt, die keine
Drohung oder Forderung enthält", kann durchaus als Mitteilung verstanden werden (anders ohne Begründung Matuszek 2007: 32), z.B. als Mitteilung und Information: „Dieses Gebiet ist jetzt besiedel- und ausbeutbar". Noch andere Funktionen, die in der Literatur angedeutet werden, etwa solche der Selbstdarstellung
von Personen oder Sozialsystemen, sind ebenfalls mit der Luhmann'schen
Kommunikationstheorie kompatibel. Rache oder Ehrenrettung z.B. wären auf die
kommunizierten Probleme hin zu untersuchen, die mit entsprechend benannten
Gewaltaktionen bearbeitet werden, können aber auch als bereitstehende Lösungen sich an Probleme anlagern oder jeden Problembezug vermissen lassen.

4   Ethnisierte Gewalt

Sowohl in der Beschreibung von Gewaltformen wie in der Gewaltursachenfor-
schung wird von Ethnizität Gebrauch gemacht. In den Diskussionen über kriege-
rische Gewalt und über Pogrome sind „ethnische Konflikte" ausgesprochen po-
pulär. Für Lateinamerika wird eher ein geringes Ausmaß an Ethnisierung als
anderswo konstatiert, eine Enzyklopädie zählt aber Genozid an mindestens zwölf
Indianerpopulationen auf (Charny 1999: 350).

Für die Gewaltanalyse ist zunächst wichtig, dass Ethnien bei segmentärer
Differenzierung als soziale Systeme beobachtet werden können, so etwa die als
„nicht-kontaktiert" bezeichneten Indianerstämme im Amazonasgebiet, ob sie
sich nun als Gesellschaften neben der (dann nicht mehr „einen"?) Weltgesellschaft oder bereits in sie eingeschlossen erweisen oder nicht. Solche segmentären

Strukturen mögen zwar Kriegerrollen ausdifferenziert haben, diese werden aber bei bewaffneten Auseinandersetzungen mit militärischen Organisationen von Siedlern oder Staaten nicht zu Organisationen, so dass eine militärische Codierung, die auf beiden Seiten Organisationen voraussetzt, fehlt (vgl. unten 7.). Auch da, wo es heute funktionale Differenzierung gibt und ihr Primat sichtbar ist, treibt eben diese Differenzierungsform immer wieder Ethnizität hervor. Das ist seit Darstellungen von Nassehi in der Systemtheorie akzeptiert. Diese Ethnisierung zehrt von einem Rückblick in die Vergangenheit. Herkunft statt Zukunft ist das Beobachtungsschema. Es gibt Selbst- und Fremdbeobachtung mit diesem Schema, auch Fremd- und Selbstidentifikationen von Personen.

An der Semantik ethnischer Fremdidentifikation („Das sind Maya", „... Miskitos" usw.) setzt die Semantik serieller Gewalt an. Bei der Beobachtung von Viktimisierung wird das zeittheoretische Herkunft/Zukunft-Schema mit dem handlungstheoretischen von askriptiven/Handlungsmerkmalen der Opfer verbunden. Als askriptiv gelten Merkmale, für die Opfer „nichts können", die ihnen nicht als Handlung (einschließlich erwartungswidrigem Unterlassen) zugeschrieben werden. Dazu gehört meistens Ethnizität, nämlich dann, wenn die Herkunft nicht durch Hinweis auf Verweigerung von „intermarriage" oder sonstiger Assimilation zum Handlungsmerkmal gemacht werden kann.

Unter welchen Umständen wird Ethnizität zum Gewaltattraktor, Ethnizität in beiden Formen: als soziales System (Familie, Clan, Stamm, Volk) in segmentären Strukturen außerhalb oder am Rande der Weltgesellschaft oder aber als ethnisierte Personenmengen? Die übliche Gewaltforschung hält dafür mehrere Fragevarianten bereit:

1. die Doppelfrage danach, warum es zum Konflikt zwischen ethnisierten Sozialsystemen und Personenmengen, meist „Gruppen" benannt, kommt und warum der Konflikt aufrechterhalten bleibt,
2. die Frage nach den Anti-Opferorientierungen, meist als „-ismen" bezeichnet: Antikommunismus, Antisemitismus, Antizyganismus, allgemeiner: Rassismus usw.,
3. die Frage nach dem Warum von Vulnerabilität der viktimisierten Bevölkerungsteile.

Ad 1: Konflikt. Was hier Konflikt heißt, wird in der Regel nicht expliziert, ebenso wenig wie „Gruppen" als angebliche Konfliktteilnehmer oder „ethnopolitische Mobilisierung" als Konfliktbildung. Das Phänomen wird nicht erwähnt, dass zahlreiche Opfer (nicht nur während der „Shoah" in Europa 1939-1945) nach Ethnokriterien ausgewählt und ermordet werden, ohne je Gelegenheit zu haben, mit den Tätern (oder, wenn das Organisationen sind, auch mit deren Mitgliederpersonen) in Konflikt zu geraten. Nicht einmal NEIN zur Ermordung können sie sagen, wenn der Tod hinterrücks erfolgt. Aber auch der Hinweis auf ein NEIN zum Getötetwerden und den dadurch ausgelösten Konflikt ist keine Antwort auf die Frage, warum der gewalttätige Angriff erfolgt, zu dem sie NEIN sagen. Mit der präziseren systemtheoretischen Konflikttheorie (Luhmann 1984: 532ff.) wird man in vielen Fällen ethnisierter Konflikte zwar Konflikte finden, aber nicht solche, an denen einzelne Opfer (Personen und Organisationen) beteiligt sind. Die „menschenleere" Systemtheorie sieht damit das klar, was Menschenrechtsorganisationen (z.B. für Kolumbien AI 1994: 3) bei Guerillabekämpfung immer wieder feststellen: „Den (Guerilla-)Fischen das (Zivilisten-)Wasser abgraben" führt dazu, dass eine Mehrheit der Getöteten gar nicht als Konfliktpartizipanten gesehen werden können.

Ad 2: Anti-Opferorientierungen. Sie werden in der üblichen interdisziplinären Gewaltforschung meist psychologisierend beschrieben. Es gibt eine ganze Reihe von Unterscheidungen der Luhmann'schen Theorien, die sich zum Ausprobieren anbieten: Empirisch bewährt hat es sich zunächst, die Orientierungen als sedimentiert in sozialen Bewegungen zu suchen. Für Luhmanns *Protestbewegungs*-Ansatz (zuletzt 1997a: 847ff.) ist es selbstverständlich, auch Hassbewegungen, etwa die xenophoben, zu analysieren. Für die Forschung über organisierte Gewalt ist wichtig, das Einnisten von Bewegungen in gewalttätigen Organisationen (bewegungseigenen, staatlichen usw.) zu untersuchen. Für Argentiniens Militärregimezeit gibt es Anhaltspunkte für Spezialisierungen auf Mord in den militärischen Organisationen (Waldmann 2007). Die Außenstellen für Folter und Mord (Konzentrationslager: Feierstein 2006) waren mit Sicherheit spezialisiert. Wo hatte sich überall eine Hassbewegung eingenistet? Systemtheoretisch kann Einnistung ohne Beobachtung von Rekrutierungs- oder gar Sozialisationsprozessen beobachtet werden, nämlich als Übereinstimmung von *Protestthema* (Juden, Subversive usw.) und funktionaler *Organisationsdomäne* (Dammann 2007a).

Die soziologische Analyse der *Semantik* (etwa der des Rassismus in seiner Wendung von Biologie zu Kultur) hat gegenüber der klassischen Ideengeschichtsschreibung den Vorteil, dass bei Semantik von kleineren Einheiten ausgegangen und dadurch ein Bias hin zu Kontinuität vermieden wird (Stichweh 2000/2006). Holz hat nationalen Antisemitismus als Semantik des Dritten zwischen den Nationen untersucht und von Xenophobie unterschieden (Holz 2001).

Anti-Opferorientierungen als (evtl. nur subkulturell benutzte) *Moral* (und deren Reflexion in einer Ethik) zu untersuchen, hat unter anderem den Vorteil, mit Luhmanns Moraltheorie (2008) den Blick auf den konfliktschaffenden Charakter der Orientierungen und auf Heuchelei zu lenken. *Moralunternehmertum* und bürokratische *Kreuzzüge*, alte Themen der Soziologie sozialer Probleme, wären leicht systemtheoretisch umzuschreiben, zumal bei beiden Phänomenen an Organisationen gedacht war. Wenn man die Orientierungen als *Werte* (Luhmann 2008: 241ff.) beobachtet, geht es darum, wieweit sie Entscheidungskriterien darstellen oder nur dazu dienen, ein Thema (z.b. die Indios/wir anderen, Subversion/der christliche Westen, die Lage der Landlosen/Großgrundbesitzer) konsensfähig zu machen. Dagegen betont *Ideologie* im Sinne Luhmanns (1970) die Ersetzbarkeit der Orientierungen im Rahmen einer funktionalen Betrachtungsweise. *Kultur* markiert als unentschiedene Prämissen dort, wo Entscheidungen vorkommen, z.b. in Organisationen als Organisationskultur (Rodriguez Mansilla 1991: 140ff.; 2002: 265ff.; Luhmann 2000b: 240ff.), die Differenz zu entschiedenen Entscheidungsprämissen.

Das Konzept der *Konsensunterstellung* (Luhmann [1969] 2008: 45; 2008: 241) lenkt den Blick darauf, dass nur die Psychologie mit ihren besonderen Methoden beanspruchen kann, „hinter" die Kommunikation, in das, was Luhmann „Bewusstsein" nennt, zu schauen. Wohl für alle psychologischen Begriffe, mit denen auch Anti-Opfer-Orientierungen erfasst werden, lassen sich kommunikationstheoretische Umschreibungen finden. Luhmann hat das für *Schemata* und *Skripts* (1997a: 110f., 1106f.)) sowie für *Motivation* (2000b: 94ff.) versucht.

Es wird mit den hier erwähnten Unterscheidungen immer Verschiedenes an den Anti-Opferorientierungen beleuchtet. Gerade der Reichtum der Unterscheidungen ist es, neben konsequenter De-Psychologisierung und De-Ontologisierung, was die Luhmann-Theorien für die Analyse dessen geeignet macht, was in der interdisziplinären Gewaltforschung oft nur als Weltanschauung, Ideologie in einem wissenschaftlich kritisierbaren Sinne, Doktrin, Rechtfertigung (dies alles in Tobler/Waldmann 1991), Einstellungen oder gar als subjektiver Faktor dargestellt wird.

Ad 3: Verletzlichkeit, Vulnerabilität ist kein theoretischer Begriff. Er enthält nur die Anweisung, bei der Hypothesenbildung auf Merkmale zu blicken, die den Opfern angeheftet werden können. Dieser Bias wird dadurch ausgeglichen, dass für die Täter und für alle Sozialsysteme die gleiche Aufmerksamkeitsregel gelten muss. Systemtheorie lenkt das Augenmerk auf die Systeme, die Ethnizität nutzen, insbesondere Organisationen, wenn sie gewalttätig werden, und Protestbewegungen als Gewaltanreger. Ethnizität ist insofern eine kommunikative Ressource von Tätern, die die Ethnisierten vulnerabel macht.

5   Auf Räume bezogene Gewalt

Körper nehmen Raum in Anspruch – diese Vorstellung steckt schon in der Definition von Raum. Die geringe Thematisierung von Raum in den Luhmann'schen

Theorien, auch ihre Abwesenheit dort als Sinndimension und das, was sogar von Luhmann sein radikaler Anti-Regionalismus genannt wird, ist inzwischen durch Arbeiten von Stichweh und anderen ausgeglichen worden. Eine Möglichkeit, Raum in der Kommunikation zu untersuchen, ist zu fragen: „How to do space, how to do territory?" Das „how" kann funktional bestimmt werden. Wir können dann in Bezug auf Gewalt mindestens sehen, dass Ethnien und oft auch Nationen mit Referenz auf Räume definiert werden, aus denen sie zu stammen scheinen. Solche Kollektiveinheiten sind gewaltaffin, weil sie Konkurrenz um Räume stimulieren: Das ist „unser" Raum. Sind noch andere nicht in diesem Sinne räumliche Voraussetzungen von Gewalt denkbar, so dass man von regionalen oder lokalen Spezifika von Gewaltanwendung sprechen kann, vielleicht von guatemaltekischen oder gar lateinamerikanischen?

Ein halbierter Konstruktivismus, etwa in der Orientalismus- und Balkanismuskritik (Said, Todorova), trifft Schemata in der außerwissenschaftlichen Kommunikation, die, wie diese Kritik selber, die Existenz von Räumen voraussetzen, an die dann generalisierende Semantiken anknüpfen. Kolumbianisierung und Balkanisierung, die Lateinamerikaner und der Orient sind solche Semantiken. In der wissenschaftlichen Kommunikation gibt es, auch wenn man die Kritik solcher Regionalismen zur Kenntnis nimmt, kein Verbot, Hypothesen über regionale Besonderheiten zu konstruieren und zu plausibilisieren oder regionale Vergleiche durchzuführen – eine Methode, besonders als „methodischer Nationalismus" diskutiert. Die Frage ist nur, ob eine mit regionalen Besonderheiten rechnende Theorie zur Verfügung steht.

Die Theorie des funktionalen Primats der Weltgesellschaft ist eine solche Theorie. Stichweh hat das Bild von den schwarzen Löchern der Exklusion entwickelt, um seine Auffassung zu illustrieren, dass Luhmanns Vermutung eines Supercodes Inklusion/Exklusion nicht überzeugt, der sich vor den Primat der funktionalen Differenzierung schiebt (Stichweh 2005). Wenn man aus der Analogie zu den schwarzen Löchern der Physik nur das räumelnde Bild nimmt und andere Sonderevolutionen hinzumalt, ergibt sich für eine sozialstrukturell unterfütterte Gewaltanalyse Lateinamerikas mindestens ein Bild

- mit den Löchern der Exklusionszonen (Luhmann 1995b),
- mit hohen Bergen überkommener segmentärer und stratifizierter Strukturen. Sie sind schwer erreichbar in dem Sinne, dass sie wenig auf Weltgesellschaft verweisen und dass wenig dort angeschlossen wird.
- Dazu kommen sanfte Hügel, auf denen Politik- und Rechtssystem nicht ausdifferenziert (Neves 2006; Japp 2007) oder aber „korrumpiert" (Stichweh 2005: 45ff.) sind und/oder in bestimmten Zeiten für bestimmte

Fälle ausgeschaltet werden können (Fränkels Doppelstaatsthese: Nolte 1991: 91; Tobler/Waldmann 1991: 37, sowie Mandach 2000: 255f ff.).

■ Die Gegenden dazwischen kann man sich dann noch vorstellen als Landschaften, die in unterschiedlichem Ausmaß vom Nebel der Informalität persönlicher Netzwerke verhüllt sind (Luhmann 1992; Holzer 2006), wobei dieser Nebel durchaus auf die Hügel überschwappt (Japp 2007).

„So gern ich in Brasilien bin und mich für die politischen Verhältnisse dort interessiere, Brasilien als Einheit interessiert mich nun wieder nicht", so erzählte Luhmann, um seine „Schwierigkeiten mit räumlichen Ordnungen" zu illustrieren (1991b: 131f.). Das gilt sicher auch für den größeren Raum Lateinamerika. Wenn benannte Territorien keinen Ort in der soziologischen Theorie haben, können sie ihn aber dort haben, wo gerade diese Theorie als Wissenschaftssoziologie den zweiten Komplex von Entscheidungsprogrammen für Forschung sieht: in den Methoden. Wenn man Luhmanns Methoden für das empirische Forschen rekonstruiert, darf man nicht nur Methoden der Datenerhebung und -auswertung betrachten. Das, was zum Design einer empirischen Studie gehört, etwa die vergleichende Methodik und Fallstudiendesigns, müssen in den Blick kommen. Luhmann, so mein Eindruck, hat da, wo er empirisch arbeitete, z.B. in den Semantikuntersuchungen seit 1981, Theoriesubstitution (also Verzicht auf „eigenerhobene" Daten) und Fallstudien unter Replikationslogik (statt *sampling*-Logik, vgl. Yin 2003) miteinander kombiniert. In einen seiner Gewaltaufsätze fügt er ausdrücklich eine „Fallstudie zur Naturrechtssemantik" ein (Luhmann 1981a: 158ff.). Auch seine dichten Beschreibungen von Exklusionszonen können so methodologisch gelesen werden. Ein Replikations-Fallstudiendesign setzt geradezu eine auch regionalwissenschaftliche Organisiertheit der empirischen Sozialforschung voraus, wo Sprach- und Datenkenntnisse sich mit einem Überblick über die Forschung paaren.

6   Interaktive, organisationale und Bewegungsgewalt

Wenn es um die Vermittlungsschritte zwischen lateinamerikanischen Auftragskillern oder Folterbeamten und denen, die am Schreibtisch Seriengewalt entwerfen, geht, ist es angebracht, den Blick zu richten auf den Kombinationsgewinn, den Luhmanns Unterscheidung zwischen den (unter anderen) vier Systemtypen Gesellschaft (mit ihren Funktionsbereichen), Protestbewegung, Organisation und Interaktion mit sich bringt.

Bei der Untersuchung von Gewalt in Interaktionen ist vor allem zu unterscheiden:

- Gewalt entsteht aus Täterinteraktionen in oder außerhalb von Organisationen.
- Täter geraten in gewaltsame Interaktion mit einem oder mehreren Opfern. Hier kann es zu einer Eskalation durch die Täter-Opfer-Interaktion kommen. Das wird in dichten Beschreibungen von Massakern mehr suggeriert als erforscht.

Das Interessante an einer Interaktions-Perspektive auf Gewalt ist, dass die Zurechnungsweisen in den Blick kommen. Warum suchen Beobachter, auch in Psychologie und Soziologie, nach Ursachen im Interaktionssystem von Tätern? Gibt es Besonderheiten einer interaktionsbasierten Gewalt gegenüber einer, in der Interaktionssysteme nur das durchsetzen, was durch Organisationsentscheidungen (oder Organisationskultur) mehr oder weniger vorherbestimmt erscheint? Zygmunt Bauman behauptet genau das, wenn er genozidale und pogromistische Gewalt hinsichtlich ihrer Effektivität unterscheidet: Organisationale Gewalt produziere mehr Opfer als interaktionsbasierte. Umgekehrt formuliert: Genozide seien als durch Organisationsmerkmale verursacht zu denken (Bauman 1995). Stefan Kühl hat sozialpsychologische Gewaltexperimente redeskribiert. Milgram und andere hätten, so überzeugend Kühl, einen Organisationskontext simuliert. Organisation sei dann erklärungskräftig (Kühl 2005).

Jedenfalls stimmt nicht, dass Luhmann „massakerförmige Nahgewalt und technisch vermittelte Ferngewalt" nicht unterscheidet (Ellrich 1999: 172), wenn damit gemeint ist, dass seine Theorien dazu nicht taugen. Gedacht ist wohl an die psychologisierende Argumentation von Kelman (1973) bis Bauman (1995) zu einer Produktion von Nahgewalt aus Bedingungen der Ferne. Die Luhmann-Theorien verwenden abstraktere Konzepte, z.B. die Systemtypen-Unterscheidung. Aus Protestbewegungen, Organisationen und Interaktionen (Täter-Täter, Täter-Opfer) kann Gewalt entstehen und die Entscheidungsprogramme der gesellschaftlichen Funktionssysteme tragen in unterschiedlicher Weise dazu bei. Die Gewalt kann sich in Körperdestruktion mit, aber auch ohne Täter-Opfer-Interaktion realisieren: Artillerie, Bomben, Minen, Gas, aber auch fremde Körper ohne Technik können die Opfer überraschen. Die Faszination von Gewaltbeobachtern durch das interaktive Massaker oder Konzentrationslagergewalt (vgl. Feierstein 2006 zu den argentinischen Lagern) ist erklärungsbedürftig.

Eine Unterscheidung von „gesellschaftlicher, organisatorischer und interaktiver Gewalt" (Bonacker 2002), wenn man sie so formulieren will, muss durch Bewegungsgewalt ergänzt werden. Die Systemtheorie identifiziert nicht soziale Bewegungen mit einer normativ aufgeladenen *civil society*, die dann als gewaltfrei gedacht wird, und übersieht deshalb nicht ihr Gewaltpotential. Lateinamerika, in Europa alltäglich durch den T-Shirt-Helden Che Guevara präsent, kann

Fallstudien liefern, die das Gute gerade in Bewegungsgewalt symbolisiert finden (vgl. Tobler 2001: 98, 106ff. zu Kleinbauern- und *serrano*-Bewegungen).

7   Codierte Gewaltkommunikation

Eine der Bedingungen für die Ausdifferenzierung von Funktionsbereichen ist für Luhmann binäre Codierung von Kommunikation. Das Insistieren darauf unterscheidet sehr grundsätzlich die Luhmann'sche Theorie gesellschaftlicher Differenzierung von anderen. Luhmann nennt zwölf Funktionssysteme. Davon sind zwei körperbezogene Systeme nur in seinen Auflistungen erwähnt: Militär (Luhmann 1981/1987: 123) und Sport (1990: 26). Gut begründet diskutiert werden heute drei weitere: organisierte Hilfe, Sexualität, Tourismus.

Ich möchte die Frage, was die Zusatzbedingungen zu binärer Codierung sind, um von Ausdifferenzierung eines Funktionssystems sprechen zu dürfen, nicht behandeln. Eine gesellschaftliche Funktion ist sicher Kandidat für eine solche Zusatzbedingung, weil evolutionstheoretisch gesehen die Stabilisierung des Codes davon abhängen könnte. Andererseits ist bei konstruktivistischen Annahmen für manche nicht mehr klar, was die Anforderungen an das Behaupten einer gesellschaftlichen Funktion sein müssen.

Moralische Codierung ist jedenfalls ein Beispiel dafür, dass sich um die Codierung herum ein Funktionssystem nicht gebildet hat. Sexueller und militärischer Code könnten weitere Beispiele sein, obwohl bei Letzterem auch eine Teilsystembildung innerhalb der Politik in Frage kommt (Kohl 2006). Die Beobachtung von Codierungen ermöglicht jedenfalls unabhängig von der Frage der Systembildung einen ersten gesellschaftstheoretischen Blick auf Gewalt.

Eine erste Leistung einer kommunikationstheoretischen Analyse, die auf binäre Codierungen achtet, besteht darin, dass lockere Aneinanderreihungen von Gewaltformen geklärt werden, wie „legale, politische, ökonomische Gewalt". So bezeichnet Mary Kaldor ihre „neuen" Kriege als „in gewisser Hinsicht Mischgebilde aus Krieg, Verbrechen und Menschenrechtsverletzungen" (Kaldor 2000: 22). Das widerspricht dem, was während und nach Kriegen üblich ist, nämlich diese und die Handlungen in ihnen vom Recht aus zu beobachten und unter dem rechtlichen Code mit rechtlichen Programmen zu sortieren in (un)rechtmäßige Kriege und (un)rechtmäßige Kriegshandlungen. Kriegsverbrechen und Menschenrechtsverletzungen schließen gerade *nicht* aus, dass es sich um Kriege handelt, durch die und in denen sie passieren.

Man kann z.B. das, was mit einer Semantik als nebensächlich beschrieben werden kann, nämlich die Konfrontation (so Feierstein 2006: 165 für Opfer des argentinischen Regimes 1974-1983), in der codierten Kommunikation suchen und fragen, ob die damalige Kommunikation selber (anders als eine nachträgliche Beschreibung) eine spezifische militärische von einer politischen, sportlichen, religiösen usw. unterschied. Ein Code des Militärischen, der auch die militärische Kommunikation in Friedenszeiten umfasst, könnte sein: organisierte Destruktionsfähigkeit organisiert destruieren, ja/nein. Dabei meint das „Nein" nicht die Umwelt des Militärischen, sondern eine Entscheidungsmöglichkeit, die von Taktik und Strategie zugelassen werden kann. Demgegenüber haben andere seit 1995 vorgeschlagenen Codes wie Krieg/Frieden, Freund/Feind geringere Plausibilität (vgl. die Codediskussion bei Dammann 2003; 2007a; Kohl 2006). Die genannte Codehypothese ist in einem ersten Test an Fällen aus der Vernichtungskriegsliteratur nicht gescheitert (Dammann 2007a). Der Code enthält, wie auch der Code der Politik (mit „staatliche" Macht) die Semantik von Organisation. Sein Gebrauch ist aber gegenüber den zahlreichen Beschreibungsmöglichkeiten, die die Semantik von Krieg und Genozid offenhält (Dammann 2001) viel weniger flexibel. Wenn wir uns die Entscheidungen der argentinischen Organisationen ansehen, die im Kampf gegen „Subversion" (unter anderen) viele vermutete Mitglieder von irregulären Streitkräften folterten und umbrachten (Moyano 1991; Feierstein 2006: 162f.), so erscheint deren Gefangennahme als militärische Kommunikation, selbst wenn sie durch *kidnapping* erfolgte. Mitgeteilt und auf beiden Seiten verstanden wurde (alles andere ist unplausibel): Die irreguläre Organisation ist geschwächt und der Kapitulation nähergebracht.

Bezog sich auch die anschließende Tötung auf den militärischen Code? Das ist im Prinzip bei Gefangenentötungen möglich, aber nur in seltenen Ausnahmefällen, etwa wenn fünf Soldaten in der Einsamkeit einer Steppe 20 Gegner gefangen nehmen und keine Möglichkeit der sicheren Verwahrung auch über Nacht haben. Oder wenn zur Abschreckung oder zur „Sühne", wie das Militärrecht sagt, Gefangene (manchmal als Geiseln genommen, so bei der kolumbianischen FARC-Guerilla) umgebracht werden. Das dient dazu, wie auch immer zweckmäßig, den Krieg zu beenden durch Zerstörung gegnerischer organisatorischer Zerstörungsfähigkeit. Was das Recht dann sagt, erlaubt oder nicht?, ist eine andere Frage, eine Frage des Kriegsverbrechens, aber nicht eine des „Verbrechens gegen die Menschheit". Im Falle der „subversiven" Kämpfer, die sicher verwahrt nicht mehr der Destruktionsmacht gegnerischer Militärorganisationen zugerechnet werden konnten, ist statt der militärischen Codierung nur eine politische und, wenn man Feierstein (2006) folgt, eine religiöse sichtbar.

Die von Luhmann betonte Multireferentialität von kommunikativen Ereignissen (Luhmann 1984) hilft auch, in anderen Fällen der wissenschaftlichen Sortierung von Gewalt in verschiedene Formen eine Alternative zu formulieren. So, wenn ökonomische Gewalt, etwa mit dem umstrittenen Konzept der Gewaltmärkte, der politischen entgegengestellt wird oder Unterscheidungen wie parastaatlich/staatlich oder privat/staatlich benutzt werden. Mit Luhmanns Theorien sind wir bei komplizierten Beobachtungsverhältnissen, die die Hypothese einer Dominanz ökonomischer Motive ausschließt Das Fehlen einer Startplausibilität für solche Hypothesen ist im Einzelnen von Tyrell (1999: 276ff.) und Schlichte (2006: 117ff.) schon mit anderen Theoriemitteln gezeigt worden.

Peter Fuchs hat versucht, eine Codierung (Schuld/Unschuld) und Systembildung von Terror zu begründen (Fuchs 2004). Mit dem obengenannten militärischen Code ist der Terrorismus immer dann, wenn er als von Organisationen ausgehend dargestellt wird und sich gegen die Destruktionsmacht gegnerischer Organisationen richtet, als *auch* militärisch codiert zu beobachten. Das Besondere ist die Umweghaftigkeit der Kommunikation, heute ihre massenmediale Vermittlung. Peter Waldmann zählt unter den größeren terroristischen Anschlägen von 1993 bis 2004 auch drei in Lateinamerika (10% der Grundgesamtheit, vgl. Waldmann 2005: 270ff.). Mindestens zwei davon scheinen, auch wenn ein Marktplatz angegriffen wurde, militärische Offerten im genannten Sinne gewesen zu sein. Viel zitiert wird „Staatsterror", oft zur semantischen Symmetrisierung mit moralischer Codierung („auch der Staat handelt nicht gut"). Ihn als militärisch codiert zu sehen, ist ohne weitere Differenzierungen (z.B. Soldaten/ nur politische Gegner, wehrfähige Männer/Frauen, Kinder, alte Leute und Gefangennahme/Tötung von Gefangenen) nicht möglich.

8   Vorgeschaltete Informalität

Luhmann hat an verschiedenen Stellen seine Erfahrungen mitgeteilt, dass in Süditalien (1993b; 1999) und Lateinamerika (1992; 1995c) den Funktionsbereichen ein (nicht agrargesellschaftliches) Netzwerk persönlicher Beziehungen vorgeschaltet ist. Informalität gehe der Formalität vor. Klaus Japp (2007) hat das mit der Unterscheidung von universalistischen/partikularen Orientierungen zu konzeptualisieren versucht, Boris Holzer (2006) hat sich auf die Unterscheidung formal/informal eingelassen und weitere Unterscheidungen ausprobiert. Hypothesen über die Nutzung von Netzwerken auch durch Opfer lassen sich leicht bilden.

In Verhältnissen „unvollständiger Pazifizierung", also fehlenden Gewaltmonopols, wo die Bedrohung durch physische Gewalt kommunikativ verallgemeinert ist, übernehmen persönliche Netzwerke, ethnifiziert oder nicht, „Funktionen der Gewaltkontrolle" (Bogner 2004: 77). Netzwerke können aber auch zur Rettung vor Mordaktionen gewaltmonopolisierender Instanzen genutzt werden. Für die Tötung von Regimegegnern in Argentinien hat Waldmann (2007) Hypothesen dargestellt, auch Zusatzhypothesen zur Erklärung des versuchten Geheimhaltens der Gefangennahme und der Morde („Verschwindenlassen"), denn es standen legale Repressionsmöglichkeiten zur Verfügung. Eine netzwerktheoretische Vermutung wäre, dass das in Antizipation einer Netzwerknutzung durch die Angehörigen der Opfer geschah. Andere Autoren sehen in Argentinien beim vereinzelten Wiederauftauchen von „Verschwundenen" persönliche Beziehungen am Werk (Charny 1999: 655; Moyano 1991: 67, Anm. 98). Genereller ist gewaltmäßigende Wirkung von Netzwerken schon zu Zeiten der kolonialen Eroberung beobachtet worden (Mann 2007: 120f.), und sogar Bestechung wird manchmal als humanisierend dargestellt. Hätte massenhafte offene Verhaftung und Aufbewahrung und auch ein verfahrensgestützter Umgang mit den als Regimegegnern Stigmatisierten für die gewaltsam handelnden Militärorganisationen nicht das Risiko mit sich gebracht, dass sich die imaginierten Gefahren per Netzwerk (Interventionen und Freilassung) dann doch realisierten? Diese Forschungsfrage führt hin zur Luhmann'schen zeittheoretischen Unterscheidung von Gefahr und Risiko (Luhmann 1991a).

9 Riskanz bei Gewaltverzicht

Statt Herkunft (Ethnizität) kann mit dem Hinweis auf Gefährlichkeit Zukunft berücksichtigt werden. Gefährliche Personen zu markieren heißt: Ihr Handeln kann Schaden verursachen, z.B. die Macht der Machthaber (einer Militärregierung, einer als Oligarchie oder Drogenkartell verstandenen Personenmehrheit) gefährden.

In Entscheidungen über Gewaltausübung, über Einsperren, Foltern, Töten können dann Gefahren in Risiken transformiert werden von Militär- und Polizeiorganisationen, aber funktional äquivalent auch von Todesschwadronen oder anderen vigilantistischen Gebilden. Im Entscheidungsprozess wird so mit Gefahren ein Problem geschaffen, an das Teilnehmer, Lösungen und Entscheidungsgelegenheiten andocken können (March 1994: 198ff.). Was wird riskiert, wenn wir die Gefährlichen unbehelligt lassen, sie per Gewalt nur warnen, sie einsperren statt sie zu töten? Und was wird riskiert, wenn wir das Einsperren, Verletzen und Töten in die legalisierbaren Formen der Aufstandsbekämpfung kleiden? Wird Risikokommunikation in dieser Weise beschrieben, so wird mit einer Benennung der territorialen Domäne der Gewaltorganisationen (Argentinien, Chile, Provinz X in Kolumbien usw.) Risikogesellschaft beschrieben, Kommunikationszusammenhänge, in denen Gefahrenkommunikation (anti-subversive, anti-kommunistische, *counter-counter-insurgent* usw.), mit organisationaler Risikoaversion gekoppelt, zeit- und teilsystemweise vorherrscht. Die Erforschung von Risikokommunikation rekurriert oft auf unterschiedliche Risikokulturen (mit einem spezifischen Bias gegenüber bestimmten und für bestimmte Risiken) als Erklärungsfaktor für Risikobereitschaft oder Risikoaversion (Japp 1996: 109ff.). Hier gibt es Verbindungen mit dem Rodriguez/Luhmann-Konzept von Kultur als Bestand an nicht entschiedenen Entscheidungsprämissen (vgl. oben zu 4.).

10 Kognitivität bei Enttäuschungen

Niklas Luhmann hat Normativität und Kognitivität von Erwartungen unterschieden ([1969] 2008), je nachdem, ob Erwartungen bei Enttäuschung (lernunwillig) aufrechterhalten oder aber (lernend) aufgegeben werden. Er hat diese Erwartungsstile in der Kommunikation, nicht im Psychischen gesucht. Was heißt es mit dieser Brille, wenn der Gewalttheoretiker Jan Philipp Reemtsma in einer (wie Nordamerikaner sagen könnten) *most sophisticated study* Zonen unterschiedlicher Erlaubtheit von Gewalt erkennt (Reemtsma 2008: 190ff., 256ff.)? Und was, wenn mit der bisher besten Untersuchung von Formalität/Informalität in „peripher"-modernen Gegenden (Holzer 2006) nach „brauchbarer Illegalität" von Gewalt gefragt werden kann?

Mit den Unterscheidungen erlaubt/verboten und erlaubt/geboten sieht Reemtsma die drei Zonen der Erlaubtheit, des Gebotenseins und des Verbots von Gewalt. Man kann mit Reemtsmas Beobachtungsschema Normen und den Institutionalisierungsgrad, also den kommunikativen Konsens (einschließlich Konsensunterstellung) für sie unterscheiden und untersuchen.

Wenn man fehlenden Konsens für normatives Erwarten sieht, blickt man gleichzeitig auf Normenpluralismus, z.B. darauf, dass in einer „Subkultur", etwa des organisatorischen Netzwerks, dem die Implementation einer Politik der Nationalen Sicherheit anvertraut war (in Argentinien, Brasilien, Chile, Guatemala usw.) eine Tötungserlaubniszone (Gebotszone?) institutionalisiert war, während anderswo im Lande Anderes erwartet wurde, nämlich ein Verbot solcher Gewaltausübung zu sehen und zu respektieren. Nolte (1991: 91ff.) schildert für Chile in der Militärdiktatur das, was die verzweifelt nach ihren „verschwundenen" Angehörigen Suchenden Rechtsbruch der Justiz zu nennen geneigt waren. Mit Luhmanns Rechtssoziologie sehen wir einen Pluralismus der rechtlichen Erwartungen an die Justiz. Brauchbare Illegalität des Handelns meint auch das, nämlich Ausnutzen der Grauzonen des Normpluralismus oder ein für illegal Erklären dessen, was andere „bessere" (geschicktere, brauchbarere) Juristen noch retten können.

Normenpluralismus, verschiedene Rechtsmeinungen, unterschiedliche Entscheidungen – das verweist empirisch auf kognitiven Umgang mit normativen

Erwartungen. Die Soziologie kann in ihren Hypothesen erwarten, dass die im Pluralismus der Normen angelegten Enttäuschungen mit dem Aufgeben von Erwartungen und einem Umstellen auf Beobachtung von Riskanz verbunden sind: Inwieweit riskiere ich mit Handlungen, die mich als Sympathisant der „Subversion" stigmatisieren können, eine Folter- und Tötungserlaubniszone zu betreten, die sich durchaus über Militärgefängnisse hinweg auf bestimmte Justizinstanzen erstrecken mag?

Solch kognitiver Umgang mit normativen Erwartungen tritt in Luhmanns Rechtssoziologie zurück. Die Funktion des Rechtssystems ist „im normativen Stil des Erwartens fixiert" (Luhmann 1993a: 77). Aber der Rechtscode Recht/ Unrecht grenzt das System ab. Auch eine soziologische Beobachtung, dass Anwälte das Gericht daraufhin beobachten, welche Norm es mit welcher Wahrscheinlichkeit unter dem genannten Code postuliert („anwendet"), eine Beobachtung also, dass Anwälte im Stil kognitiven Erwartens die Semantik des juristischen Risikos benutzen, beobachtet Kommunikation im Rechtssystem. Für Gewaltanalysen folgt daraus:

- Normativität des Erwartens ist eine Variable, nicht nur in Lateinamerika, wo in besonderem Maße Vertrauen in rechtlich geregelte Verfahren fehlt (hierzu Dewey, in diesem Band). Die Frage ist: Inwieweit sind in Lateinamerika im Urteil über die staatliche Sicherung von Gewaltfreiheit nicht Enttäuschungen schon vorweggenommen, so wie wir in Europa es etwa kennen, wenn wir die Politik nicht durchgängig für fähig halten, ihre Versprechungen zu realisieren (Luhmann 1987a: 13). Peter Waldmann (2001: 33) betont, dass die dualen (universalistisch-partikularen) Strukturen in Lateinamerika „nicht unbedingt als Belastung", sondern z.B. als „Chance der Erschließung zusätzlicher Ressourcen" gesehen werden. Er weist auf Staat, insbesondere Polizei als „Risikofaktor im Alltagsleben der Bürger" hin, der allerdings „schwer kalkulierbar" sei (Waldmann 2001: 34).

- Wenn Sozialwissenschaften Sicherheit daraus gewinnen wollen, dass sie eine Rechtslage als feststehend annehmen und Rechtsnormen nicht nur als variable Ressource in bestimmten Kommunikationszusammenhängen sehen, verkennen sie in der Regel die Bandbreite und Mobilisierungsfähigkeit juristischer Meinungen über territoriale Organisationsdomänen sowie politische und professionelle Kontexte, also auch über Zeiträume hinweg. Wenn ein Strafgericht in Spanien einen südamerikanischen Militärtäter rechtswidriger Gewalttätigkeit beschuldigt (Feierstein 2006), so heißt das noch nicht, dass diese Entscheidung über Recht eine beachtliche Chance hat, das postulierte Recht zu institutionalisieren. Die Entscheidung mag eine von vielen

forensischen Ressourcen für andere Verfahren darstellen, aber wird als be-
griffliches Kapital für soziologische Forschung versagen.

Ebenso wie durch Normativität des Erwartens Leiden in die außerwissenschaftli-
che Kommunikation gebracht werden kann, z.b. als „Intoleranz", können durch
Überschätzung von Normativität nicht leicht zu bewältigende Komplikationen in
die Forschungsdiskussion eingeführt werden.

11 Ergebnisse

Ich habe einige der prominentesten Gewalttypen, für die Lateinamerika in den
beiden letzten Jahrhunderten bekannt gemacht worden ist, als Beispiele dafür
benutzt, wie trotz aller üblichen Charakterisierungen von Luhmanns Theorien
mit deren Hilfe ein eigenartiges Licht auf Gewalt geworfen wird. Hier nur kurz
einige Schlaglichter aus meinem nicht der Theorieergänzung dienenden Text. Sie
weichen von der Behandlung in den vorherigen Abschnitten etwas ab, fassen
diese also nicht nur zusammen:

- Ethnische Vertreibungen und Genozide: Die Unterscheidung zwischen
  funktional differenzierten und segmentierten Sozialstrukturen sowie die Unterscheidung verschiedener Codierungen (politische, militärische usw.)
  wirft die Frage auf, ob Tötungen in indigenen Strukturen oder an einer „in-
  dian frontier" als Krieg oder als „colonial genocide" ausreichend beschrieben wird. Hierdurch wird jedenfalls die Abwesenheit von Organisierung auf
  der indigenen Seite ausgeblendet. Moderner Krieg, der sich selber von Genozid unterscheidet, ist das jedenfalls nicht. Ethnisierte „Säuberungen" zeigen, von Gewaltfunktionen her gesehen, ein doppeltes Gesicht: Mit Gewalt
  als Drohmittel, einem symbiotischen Mechanismus, wird Zwangsmigration
  in Gang gesetzt und gehalten. Und mit Gewalt als rein biopolitischem Instrument werden Bevölkerungen ausgerottet.
- Staats- und Nichtstaats-Terror: Mehrere Staatsbegriffe sowie Akzeptanzen
  in Prozessen von Gewaltmonopolisierung zu unterscheiden heißt, dass es
  möglich ist, innerhalb der territorialen Domäne eines international aner-
  kannten Staates mehrere Staaten zu sehen, deren Organisationen sich unter
  einem militärischen Code bekämpfen. Dieser Code unterscheidet sich von
  einem rechtlichen dadurch, dass wir nicht Zivilisten oder Kombattanten sehen, sondern organisierte Zerstörung (insbesondere Tötung)/keine bis zur
  Kapitulation von Gegenorganisationen. Wir sehen auch nicht, wenn wir
  Kommunikation unter militärischem Code beobachten, Geiselnahme oder

ein Keine-Gefangenen-machen als Kriegsverbrechen (dazu brauchen wir rechtliche oder moralische Beobachtung), sondern den Unterschied, den das eine oder das andere machen für die Zerstörung der gegnerischen organisierten Destruktionsfähigkeit.

■ Verschwindenlassen politischer Gegner: Bei ihrer Tötung in Gefangenschaft fehlt, anders als bei gefangenen Geiseln, die Referenz auf Destruktionsfähigkeit, also eine militärische Codierung. Die politische Kommunikation ist nicht nur als Drohkommunikation zu untersuchen, sondern als Ausdruck risikogesellschaftlicher Verhältnisse: Wie kommt es, dass diese Gewaltorganisationen das Gefangenhalten der Gegner für so riskant halten (für was riskant?), dass sie sie ermorden, und woher kommt diese Risikoaversion? Das heißt noch nicht, den Entscheidungsprozessen Rationalität zu unterstellen. Neben Risikoaversion und Selektion gerade dieser Risiken ist unter dem Stichwort „Organisationskultur" im Sinne von Rodriguez/Luhmann eine oft erwähnte spezifische Gewaltkultur als Komplex nicht entschiedener Entscheidungsprämissen in Hypothesen einbaubar.

■ Polizeigewalt: Zwischen Zurechnung auf die Organisation und auf die Person des Polizisten zu unterscheiden, heißt sowohl Zurechnungsschemata zu untersuchen (warum wird soviel Privatgewalt der Polizisten gesehen?), wie auch organisationale Leistungsfähigkeit zu studieren (hier z.B. die Fähigkeit, sich nicht für Handlungen der Polizisten verantwortlich zu machen). Mängel der Leistungsfähigkeit der Gewalt- und Gewalteindämmungsorganisationen in der „peripheren Moderne" verstecken sich oft, staatstheoretisch verdunkelt statt organisationstheoretisch aufgehellt, in dem Begriff des „neo-patrimonialen Staates".

■ Organisierte Gewaltkriminalität und Gewaltunternehmertum: Was kriminell „ist", wird vom Recht aus (nach territorialen Domänen segmentiert und vielfältig pluralisiert) beobachtbar, nicht aber von der Forschung aus. „War on drugs" ist entweder nur metaphorisch als Krieg zu sehen oder, wo er militärisch codiert ist (als terrorism versus counterinsurgency) selbstverständlich auch ökonomischer Ressourcen bedürftig, also mit Wirtschaftskommunikation anschlussfähig. Was sagt uns neben einer solchen sinnsoziologisch beobachtbaren Multireferentialität von Gewaltereignissen dann noch ein wissenschaftlich dominantes Beharren auf dominanten Motiven von Gewaltakteuren?

In welchem Sinne ist das, was hier im Anschluss an „Luhmann" vorgeschlagen worden ist, Luhmann'sches Gedankengut? „Was wird nicht Luhmann alles zugerechnet, was seinerzeit längst Gemeingut war. Es wird ihm zugerechnet, weil es – auch – in seinen Büchern stand", in dieses Luhmann-Zitat (1987a: 24) habe ich nur Luhmann für Marx eingesetzt. Ich halte es mit Luhmanns explizitem Hinweis (1987a: 21ff.), dass er Fäden aus vielen Netzen herausgezogen und sie dann (auf theoretische Folgeprobleme jeweils originell reagierend) verknüpft hat. Diese Verknüpfung (z.b. zwischen den vier zu Beginn genannten Theoriesträngen), Luhmanns Leistung, sichtbar zu machen, wird in empirischen Analysen zu Gewalt in Lateinamerika nicht gelingen. Man mag dann von Eklektizismus reden. Wissenschaftler, die Luhmann theoretisch viel verdanken (Schimank, Stichweh), haben darauf bestanden, dass es kein Eklektizismusverbot geben sollte. Wer in Verbindung mit Soziologie aus dem angelsächsischen Raum steht, dem empfiehlt es sich sogar, solche Fäden aus dem Luhmann-Netz herauszuziehen, die weltweit konsensfähig sind. Auch einige relativ konsensfähige Fäden habe ich zu benutzen versucht.

Literatur

AI (Amnesty International) (1994): *Columbia. Political Violence. Myth and Reality.* London: Amnesty International.

Baecker, Dirk (1996): „Gewalt im System". In: *Soziale Welt*, 47, S. 92-109.

Bauman, Zygmunt (1995): *Dialektik der Ordnung. Die Moderne und der Holocaust.* Hamburg: Europäische Verlagsanstalt.

Bogner, Artur (2004): „Ethnizität und die soziale Organisation physischer Gewalt: Ein Modell des Tribalismus in postimperialen Kontexten". In: Eckert, Julia M. (Hrsg.): *Anthropologie der Konflikte. Georg Elwerts konflikttheoretische Thesen in der Diskussion.* Bielefeld: transcript Verlag, S. 58-87.

Bonacker, Thorsten (2002): „Zuschreibungen der Gewalt. Zur Sinnförmigkeit interaktiver, organisierter und gesellschaftlicher Gewalt". In: *Soziale Welt*, 53, S. 31-48.

Charny, Israel W. (Hrsg.) (1999): *Encyclopedia of Genocide.* Band I und II. Santa Barbara et al.: ABC-CLIO.

Dammann, Klaus (2001): *Die Armenische Katastrophe – Genozid, Pogromwelle, Krieg, Bestrafung oder was sonst? Eine soziologische Untersuchung semantischer Opportunitätsstrukturen zur Leugnung von Völkermord.* Bielefeld: Universität. Bielefelder Arbeiten zur Verwaltungssoziologie 2001/1.

— (2003): „Women, Children, Older People – Genocide, Warfare, and the Functional Differentiation of Society". In: Skapska, Gracyna/Orla-Bukowska, Anna (Hrsg.): *The Moral Fabric in Contemporary Societies.* Leiden/Boston: Brill, S. 291-308.

— (2007a): *„War of Annihilation" or „Warfare and Annihilation in Times of War"? Researching a Distinction in Semantics and Social Structure.* Paper Read at „Methodologies of Systemic Theory – Empirical Research and Form Analysis". Conference at Dubrovnik, March 2007 (paper available from <klaus.dammann@uni-bielefeld.de>).

— (2007b): *Genocide and the Modernity of Organizations. Organizational Rationality –
New Support for a Discredited Idea?* Paper Read at the 23rd EGOS Colloquium,
Vienna July 2007 (paper available from <klaus.dammann@uni-bielefeld.de>).

Ellrich, Lutz (1998): „Der unbezeichnete Faschismus". In: *Rechtshistorisches Journal*, 17,
S. 449-465.

— (1999): „Tragic Choices". In: Vismann, Cornelia/Koschorke, Albrecht (Hrsg.): *Wi-
derstände der Systemtheorie. Kulturtheoretische Analysen zum Werk von Niklas
Luhmann.* Berlin: Akademie Verlag, S. 159-172.

Feierstein, Daniel (2006): „Political Violence in Argentina and Its Genocidal Characteristics". In: *Journal of Genocide Research*, 8, S. 149-168.

Fuchs, Peter (2004): *Das System „Terror". Versuch über eine kommunikative Eskalation
der Moderne.* Bielefeld: transcript Verlag.

Geis, Anna/Brock, Lothar/Müller, Harald (2006): *Democratic Wars. Looking at the Dark
Side of Democratic Peace.* Basingstoke: Palgrave Macmillan.

Hauck, Gerhard (2003): *Die Gesellschaftstheorie und ihr Anderes. Wider den Eurozent-
rismus der Sozialwissenschaften.* Münster: Westfälisches Dampfboot.

Holz, Klaus (2001): *Nationaler Antisemitismus. Wissenssoziologie einer Weltanschauung.*
Hamburg: Hamburger Edition.

Holzer, Boris (2006): „Spielräume der Weltgesellschaft: Formale Strukturen und Zonen
der Informalität". In: Schwinn, Thomas (Hrsg.): *Die Vielfalt und Einheit der Moderne.* Wiesbaden: VS Verlag für Sozialwissenschaften, S. 261-281.

Höpken, Wolfgang/Riekenberg, Michael (Hrsg.) (2001): *Politische und ethnische Gewalt
in Südosteuropa und Lateinamerika.* Köln et al.: Böhlau.

Japp, Klaus (1996): *Soziologische Risikotheorie. Funktionale Differenzierung, Politisierung und Reflexion.* Weinheim et al.: Juventa.

— (2007): *Regionen und Differenzierung.* Vortrag auf dem Kongress „Niklas Luhmann's 'Die Gesellschaft der Gesellschaft' Ten Years After". Universität Luzern.
Typoskript. Bielefeld: Universität, Fakultät für Soziologie.

Kaldor, Mary (2000): *Neue und alte Kriege. Organisierte Gewalt im Zeitalter der Globalisierung.* Frankfurt am Main: Suhrkamp.

Kelman, Herbert C. (1973): „Violence without Moral Restraint. Reflections on the Dehu-
manization of Victims and Victimizers". In: *Journal of Social Issues*, 29, S. 25-61.

Knöbl, Wolfgang/Schmidt, Gunnar (Hrsg.) (2000): *Die Gegenwart des Krieges. Staatliche
Gewalt in der Moderne.* Frankfurt am Main: Fischer.

Kohl, Tobias (2006): *Zum Militär der Gesellschaft. Eine systemtheoretische Untersuchung organisierter Gewalt.* Diplomarbeit. Bielefeld: Universität, Fakultät für Soziologie.

Kühl, Stefan (2005): „Ganz normale Organisationen. Organisationssoziologische Interpretationen simulierter Brutalitäten". In: *Zeitschrift für Soziologie*, 34, S. 90-111.

Luhmann, Niklas ([1969] 2008): „Normen in soziologischer Perspektive". In: Luhmann,
Niklas (2008): *Die Moral der Gesellschaft.* Hrsg. von Detlef Horster. Frankfurt am
Main: Suhrkamp, S. 25-55.

— (1970): „Wahrheit und Ideologie". In: Luhmann, Niklas: *Soziologische Aufklärung*,
1. Opladen: Westdeutscher Verlag, S. 54-65.

— (1975): *Macht.* Stuttgart: Enke.

— (1987): „Gesellschaftliche Grundlagen der Macht: Steigerung und Verteilung". In: Luhmann, Niklas: *Soziologische Aufklärung* 4. Opladen: Westdeutscher Verlag, S. 117-124.

— (1981a): „Rechtszwang und politische Gewalt". In: Luhmann, Niklas: *Ausdifferenzierung des Rechts.* Frankfurt am Main: Verlag, S. 154-172.

— (1981b): „Erleben und Handeln". In: Luhmann, Niklas: *Soziologische Aufklärung* 3. Opladen: Westdeutscher Verlag, S. 67-80.

— (1984): *Soziale Systeme. Grundriss einer allgemeinen Theorie.* Frankfurt am Main: Suhrkamp.

— (1987a): *Archimedes und wir. Interviews.* Hrsg. von Baecker, Dirk/Stanitzek, Georg. Berlin: Merve.

— (1987b): „Widerstandsrecht und politische Gewalt". In: Luhmann, Niklas: *Soziologische Aufklärung* 4. Opladen: Westdeutscher Verlag, S. 161-170.

— (1988): *Die Wirtschaft der Gesellschaft.* Frankfurt am Main: Suhrkamp.

— (1989): „Reden und Schweigen". In: Luhmann, Niklas/Fuchs, Peter (Hrsg.): *Reden und Schweigen.* Frankfurt am Main: Suhrkamp, S. 7-20.

— (1990): „Identität – was oder wie?". In: Luhmann, Niklas: *Soziologische Aufklärung* 5. Opladen: Westdeutscher Verlag, S. 14-30.

— (1991a): *Soziologie des Risikos.* Frankfurt am Main: Suhrkamp.

— (1991b): „Interview (mit Hans Dieter Huber)". In: *Texte zur Kunst,* 1, 4, S. 121-133. <www.hgb-leipzig.de/ARTNINE/huber/aufsaetze/luhmann/html> (05.02. 2008).

— (1992): „Zur Einführung". In: Neves, Marcelo: *Verfassung und Positivität des Rechts in der peripheren Moderne. Eine theoretische Betrachtung und eine Interpretation des Falls Brasilien.* Berlin: Duncker & Humblot, S. 1-4.

— (1993a): *Das Recht der Gesellschaft.* Frankfurt am Main: Suhrkamp.

— (1993b): „(Zitate: Luhmann in Forcella, S. 224-226)". In: Benvenuto, Sergio: *Kursbuch Stadt. Stadtleben und Stadtkultur an der Jahrtausendwende. Neapel.* Redigiert von Stefan Bollmann. Stuttgart: Deutsche Verlagsanstalt, S. 221-243.

— (1995a): *Soziologische Aufklärung 6: Die Soziologie und der Mensch.* Opladen: Westdeutscher Verlag.

— (1995b): „Inklusion und Exklusion". In: Luhmann, Niklas (1995a): *Soziologische Aufklärung 6: Die Soziologie und der Mensch.* Opladen: Westdeutscher Verlag, S. 237-264.

— (1995c): „Kausalität im Süden". In: *Soziale Systeme,* 1, S. 7-28.

— (1997a): *Die Gesellschaft der Gesellschaft.* 2 Bde. Frankfurt am Main: Suhrkamp.

— (1997b): „Podiumsdiskussion". In : *Normen, Ethik, Gesellschaft, Konferenz der deutschen Akademien der Wissenschaften* (Hrsg.). Mainz: P. von Zabern, S. 71-102.

— (2000a): *Die Politik der Gesellschaft.* Hrsg. von André Kieserling. Frankfurt am Main: Suhrkamp.

— (2000b): *Organisation und Entscheidung.* Hrsg. von Dirk Baecker. Opladen/ Wiesbaden: Westdeutscher Verlag.

— (2000c): „Answering the Question: What is Modernity? An Interview with Niklas Luhmann". In: Rasch, William: *Niklas Luhmann's Modernity. The Paradoxes of Differentiation.* Stanford: Stanford University Press, S. 195-221.

— (2008): *Die Moral der Gesellschaft*. Hrsg. von Detlef Horster. Frankfurt am Main: Suhrkamp.

Mandach, Laura D. von (2000): *Recht und Gewalt. Eine empirische Untersuchung von Strafverfolgung in Brasilien*. Saarbrücken: Verlag für Entwicklungspolitik.

Mann, Michael (2007): *Die dunkle Seite der Demokratie. Eine Theorie der ethnischen Säuberung*. Hamburg: Hamburger Edition.

March, James (1994): *A Primer of Decision Making. How Decisions Happen*. New York: Free Press.

Matuszek, Krysztof C. (2007): *Der Krieg als autopoetisches System. Die Kriege der Gegenwart und Niklas Luhmanns Systemtheorie*. Wiesbaden: VS Verlag für Sozialwissenschaften.

Moyano, María José (1991): „The 'Dirty War' in Argentina: Was It a War and How Dirty Was It?". In: Tobler, Hans Werner/Waldmann, Peter (Hrsg.): *Staatliche und parastaatliche Gewalt in Lateinamerika*. Frankfurt am Main: Vervuert, S. 45-73.

Neves, Marcelo (2006): „Die Staaten im Zentrum und die Staaten an der Peripherie: Einige Probleme mit Niklas Luhmanns Auffassung von den Staaten der Weltgesellschaft". In: *Soziale Systeme*, 12, S. 247-273.

Nolte, Detlev (1991): „Staatsterrorismus in Chile". In: Tobler, Hans Werner/Waldmann, Peter (Hrsg.): *Staatliche und parastaatliche Gewalt in Lateinamerika*. Frankfurt am Main: Vervuert, S. 75-103.

Reemtsma, Jan Philipp (2008): *Vertrauen und Gewalt. Versuch über eine besondere Konstellation der Moderne*. Hamburg: Hamburger Edition.

Rodriguez Mansilla, Dario (^{2}2002): Gestión Organizacional: Elementos para su estudio. Santiago de Chile.

Schlichte, Klaus (2005): *Der Staat in der Weltgesellschaft. Politische Herrschaft in Asien, Afrika und Lateinamerika*. Frankfurt am Main et al.: Campus.

— (2006): „Neue Kriege oder alte Thesen? Wirklichkeit und Repräsentation Kriegerischer Gewalt in der Politikwissenschaft". In: Geis, Anna (Hrsg.): *Den Krieg überdenken. Kriegsbegriffe und Kriegstheorien in der Kontroverse*. Baden-Baden: Nomos, S. 114-132.

Schmidt, Carola (2007): *Korruption, Gewalt und die Welt der Polizisten. Deutschland, Chile, Bolivien und Venezuela im Vergleich*. Frankfurt am Main: Vervuert.

Stäheli, Urs (1998): „Die Nachträglichkeit der Semantik: Zum Verhältnis von Sozialstruktur und Semantik". In: *Soziale Systeme*, 4, S. 315-340.

Stichweh, Rudolf (2000): *Die Weltgesellschaft. Soziologische Analysen*. Frankfurt am Main: Suhrkamp.

— (2000/2006): „Semantik und Sozialstruktur. Zur Logik einer systemtheoretischen Unterscheidung". In: *Soziale Systeme*, 6, S. 239-245. Revidierte Fassung in: Tänzler, Dirk/Knoblauch, Hubert/Soeffner, Hans-Georg (Hrsg.): *Neue Perspektiven der Wissenssoziologie*. Konstanz: UVK Universitätsverlag, S. 157-171.

— (2005): *Inklusion und Exklusion. Studien zur Gesellschaftstheorie*. Bielefeld: transcript Verlag.

Tobler, Hans Werner (2001): „Frontier, Peripherie und *serrano movements*. Zur Entstehung einer spezifischen Gewalttradition im Norden Mexikos". In: Höpken, Wolfgang/Riekenberg, Michael (Hrsg.): *Politische und ethnische Gewalt in Südosteuropa und Lateinamerika*. Köln et al.: Böhlau, S. 97-108.

Tobler, Hans Werner/Waldmann, Peter (Hrsg) (1991): *Staatliche und parastaatliche Gewalt in Lateinamerika*. Frankfurt am Main: Vervuert.

Tyrell, Hartmann (1999): „Physische Gewalt, gewaltsamer Konflikt und „der Staaat" - Überlegungen zu neuerer Literatur". In: *Berliner Journal für Soziologie*, 9, S. 269-288.

Waldmann, Peter (2001): „Nachahmung mit begrenztem Erfolg. Zur Transformation des europäischen Staatsmodells in Lateinamerika". In: Höpken, Wolfgang/Riekenberg, Michael (Hrsg.): *Politische und ethnische Gewalt in Südosteuropa und Lateinamerika*. Köln et al.: Böhlau, S. 19-35.

— (2005): *Terrorismus. Provokation der Macht*. 2.vollständig überarbeitete Ausgabe. Hamburg: Murmann Verlag.

— (2007): „Organisierter Fremdbetrug als Selbstbetrug. 'Verschwindenlassen' als Machttechnik der letzten argentinischen Militärregierung". In: Reinhard, Wolfgang (Hrsg.): *Krumme Touren*. Wien: Böhlau, S. 273-291.

Yin, Robert K. (^{3}2003): *Case Study Research. Design and Methods*. Thousand Oaks et al.: Sage.

Risiko-Lebensraum Megastadt. Eine soziologische Perspektive[1]

Christian Büscher

1 Einführung

Neben einem anthropogenen Klimawandel und dessen möglichen Folgen geraten seit Jahren Urbanisierungsprozesse von noch nicht gekanntem Ausmaß in den Blick. Die Städte Lateinamerikas, Asiens und Afrikas werden zum Thema von Film, Fernsehen, Literatur und Feuilleton, wobei eine Art faszinierter Abscheu vor der *mega*-großen Stadt mit deren ungeheuerlichen Populationszahlen zur Darstellung gelangt. Der Schriftsteller Suketu Mehta (2006: 578) schrieb, als er nach einem Leben in westlichen Metropolen in seine Heimatstadt zurückkehrte: „Als ich herkam, dachte ich, ich erlebte hier die Stadt in der Endphase." Auch Beschreibungen anderer Berichte bilden einen Kanon, dass Städte wie Mumbay, Teheran, Laos als „Letzte Station vor der Hölle" sich rasant krisenhaften oder katastrophalen Zuständen nähern.[2] In diesen Kanon stimmen auch zahlreiche Forschungsarbeiten ein, die Megastädte als Risiko-Raum bezeichnen (Kraas 2003; Pelling 2003; Greiving 2002; Berz 2004). Die Thesen dieser Arbeiten lauten zusammengefasst, eine Megastadt (*mega* formal anhand von Populationszahlen bestimmt) ist ein Platz und ein Raum, in dem jemand und etwas Prozessen ausgesetzt ist, die Verletzungen und Schäden verursachen: Megastädte als gefährliche Aufenthaltsorte.

Gleichzeitig ist die Anziehungskraft von Städten ungebrochen. Die Erwartung, in Städten (Über-)Lebens- und Arbeitschancen verfolgen zu können, treibt scheinbar unaufhörlich Menschen vom Land in die Städte. Kommt es also nur auf die Perspektive an, ob Städte als Risiko-, Gefahren- oder Chancen-Raum wahrgenommen werden? „Dann zog ich in eine hübschere Wohnung um", schreibt Mehta weiter. „Eine Stadt ist nur so gesund oder so krank wie der Platz,

---

1   Dieser Text ist im Rahmen der Helmholtz Research Initiative *Risk-Habitat-Megacity* entstanden. Ich danke den Kolleginnen und Kollegen für zahlreiche Diskussionsbeiträge. Besonderen Dank gilt Gotthard Bechmann für wichtige Hinweise zur Theoriearbeit.
2   Vgl. die *Süddeutsche Zeitung* (SZ) vom 10.04.2007: Amir Hassan Cheheltan, Schriftsteller, beschreibt seine Heimatstadt Teheran.

den man in ihr einnimmt. Jeder Bewohner von Bombay bewohnt sein eigenes Bombay" (Mehta 2006: 758). In der Unterscheidung gesund/krank steckt die von normal/abweichend, nach der wir gewohnt sind, Standards des normalen Lebens in der Stadt mit den Verhältnissen in Megastädten abzugleichen. Hier ein menschenwürdiges, unverletzliches Leben in Freiheit und Wohlstand, dort ein dem Menschen unwürdiges, elendiges Dahinsiechen in Armut und tagtäglicher Angst um die eigene Existenz. Für letztere Beschreibung hat sich ebenso eingeschliffen, die Universalkategorie „Risiko" in den Anschlag zu bringen für alles, was in Zukunft an Unerwünschtem geschehen kann und deshalb vermieden werden muss.

Versucht man auf die Ursachen der beobachteten Missstände zu stoßen, dann stellt man sehr schnell fest, dass die Vorgänge und Zusammenhänge in Megastädten zu komplex sind, um in kausalen Ursache-Wirkungs-Modellen erfasst zu werden. Die Exaktheit der Aussagen von Modellierungen, wie sie in der *hazard*-Forschung zum Beispiel üblich sind, wird mit einer extrem kleinteiligen Bestimmung von (gefährlichen) Prozessen und Beschaffenheiten des Exponierten erkauft. Die Forschung entdeckt dabei immer mehr Variablen zur physischen und sozialen Verletzlichkeit und Widerstandsfähigkeit, die in Folge in Risikokalkulationen hinzugezogen werden. Auch distante Effekte von auslösenden Ereignissen sowie die Fortsetzung von Ereignissen als Schadensverkettungen werden mittlerweile berücksichtigt. Als Konsequenz werden die Modellierungen in der *hazard*-Forschung immer komplexer (Turner et al. 2003; Wisner et al. 2004). Gleichzeitig stellt man fest, dass die Vorgänge und Zusammenhänge in Megastädten in hohem Maße organisiert, koordiniert und synchronisiert sind. Sie sind nicht rein chaotisch oder zufällig, so dass Risiken und Gefahren schlecht in stochastischen Modellen beschrieben werden könnten (in Analogie zum täglichen Wetterbericht). In Megastädten finden Millionen von Menschen eine wechselseitige Orientierung, während sie zusammen in Nachbarschaften leben, am Verkehr teilnehmen oder arbeiten – obwohl sie sich nicht persönlich kennen. Es lässt sich also festhalten, dass wir es hier mit einem Gegenstand zu tun haben, der komplexe Vorgänge mit einem hohen Grad an Ordnung kombiniert.

Eine umfassende Beschreibung moderner Großstädte als *Risiko-Lebensraum* muss Faktor-Beschreibungen mit systemtheoretischen Beschreibungen ergänzen. Mit Hilfe von Theorien der sozialen Differenzierung und der Selbstorganisation werden wir im Folgenden die Thesen diskutieren, dass es die Prozesse der Aufrechterhaltung basaler Funktionen der Stadt sind, die gleichzeitig Bedingungen der Selbstgefährdung generieren. Zu diesem Zweck werden endogene Prozesse der systematischen Risikoproduktion in sachlicher, zeitlicher und sozialer Sicht in den Mittelpunkt der Diskussion gestellt, die analytisch in jeweils unterschiedlicher Hinsicht einen Möglichkeitsraum aufspannen, anhand dessen die Entwicklung von Megastädten soziologisch eingeordnet werden kann.

2   Stadt und Risiko

Die Risiko-Semantik ist eine moderne Form der Reflexion, wie das Streben nach der Verwirklichung von Chancen Folgen produziert, die an anderer Stelle, zu anderer Zeit oder für andere als Gefahren auftauchen können. Erst das Wagnis angesichts einer ungewissen Zukunft verspricht etwas zu erreichen, was ohne dasselbe nicht erreichbar ist. Der mögliche Verlust wird von demjenigen, der etwas wagt, mit in das Kalkül gezogen. Die Chance markiert demnach einen Präferenzwert in der Form einer an eine Handlung geknüpften Erwartung, und Risiko markiert den Reflexionswert in der Form einer möglichen Erwartungs-enttäuschung. Es stellt sich nun die Frage, ob und inwiefern ganze Städte anhand einer Risiko-Semantik gekennzeichnet werden können, angesichts unendlich vieler folgenreicher Ereignisse in der Stadt, die schon geschehen sind und gerade geschehen. Es sind doch offensichtlich gerade Städte als „Laboratorien der Moderne" (Nassehi 2002: 212), in denen neue Formen der Vergemeinschaftung und der sozialen Differenzierung probiert und somit eine Unmenge an Chancen, Risiken und Gefahren hervorgebracht wurden und werden. Anders gefragt, steckt in dem Titel „Risiko-Lebensraum Megastadt" zunächst nur ein Vorurteil oder lässt sich aus der Risiko-Semantik ein generalisierbarer Problembezug ableiten?

Im Kontrast zu den düsteren Schilderungen heutiger Megastädte haben antike Beschreibungen sozialer Verhältnisse das städtische Leben mit der Konstituierung einer neuen politischen Lebensform in Verbindung gebracht – mit der Verselbstständigung breiterer Teile der Bürgerschaft gegenüber dem herrschenden Adel und mit der Übernahme der Kontrolle des Gemeinwesens (Meier 2004: 823).[3] So ist die *Polis* der ideengeschichtliche Ausgangspunkt für die Befreiung des Menschen: „Das zuerst in der Polis gesetzte Rechtsprinzip der Freiheit des Menschseins zum universalen, auf den Menschen als Menschen bezogenen Menschenrecht" (Ritter 1969: 347). Mit der Vorstellung, eine Vergemeinschaftung außerhalb der Haushalte (*oikos*) mit einer Ethik des guten Lebens in der Stadt als *politische Gemeinschaft* zu verbinden, sind die ersten Spuren rechtlicher und politischer Eigenwerte gelegt, die dem Menschen *gattungsmäßig* zugeschrieben werden. „Die Stadt ist keine Gemeinschaft nur dem Orte nach", heißt es bei Aristoteles, „als solche aber hat zu gelten die Gemeinschaft in einem guten Le-

---

3   In diesem Sinne ließe sich in einer modernen Sprache von gänzlich neuen Lebenschancen in der Stadt sprechen.

ben unter Häusern und Geschlechtern mit der Bestimmung des in sich ruhenden und selbstständigen Lebens" (Aristoteles; zit. nach Ritter 1969: 348f.). War der menschliche Lebensraum der, den das Klima zuließ, so wird in der griechischen Philosophie die Stadt der Raum, der das gute Leben im Unterschied zum rein physiologischen Überleben ermöglichen sollte: „Nicht nur Lebensfristung, sondern das 'gute Leben' findet in der Polis seinen Wirkungsraum" (Bubner 2002: 80). Diese Vorstellung fällt historisch mit tief greifenden sozialen Umbrüchen zusammen. Der autoritär geführte Großhaushalt des Potentaten, Großrundbesitzers oder Patriziers zum Zwecke der Organisation der naturalen Bedarfsdeckung, der Erziehung und Reproduktion gerät unter Begründungszwang. Eine alternative Form der Vergemeinschaftung der frei diskutierenden, demokratischen Öffentlichkeit in der Idee bei Aristoteles der Selbstherrschaft der Freien und Gleichen hält Einzug – zunächst nur für wenige, aber mit der Möglichkeit der Freiheit für alle im Sinn.

In der Moderne wendet sich die Wahrnehmung von Lebenschancen in eine Fortschrittskritik in der Gestalt des Auseinandertretens von Zivilisation und Humanität. Die „große Stadt" als Gefahr, dass die Menschheit von der Zivilisation überrollt wird.

> Zeichen dafür ist die Selbstverständlichkeit, mit der von der Dämonie der Technik, der Entpersönlichung, Vermassung, Entseelung des Menschen in der großen Stadt, von einer Zukunft gesprochen wird, in der er von den Mächten des Mechanischen, Inhumanen überrollt werden wird (Ritter 1969: 341f.).

Dabei geht es nicht einfach um Stimmungen dieser Zeit, sondern auch um philosophische Theorie, wie Ritter aufzeigt, wie beispielsweise bei Oswald Spengler: „Die Riesenstadt saugt das Land auf; Elend, Verwilderung aller Lebensgewohnheiten" [sind die Folge], oder bei Nietzsche, der über seine Figur des Zarathustra dem Ekel vor der großen Stadt Ausdruck verleiht. Die Abscheu markiert einen vorläufigen Endpunkt eines langen Prozesses sozialer Umbrüche, der mit der Entwicklung der europäischen Stadt als selbstständige politische Verbände im Mittelalter begonnen hat. Mit dem berühmten Satz „Stadtluft macht frei" wird im Rückblick die Loslösung der Städte von feudalen Herrschaftsverhältnissen zusammengefasst. In den wachsenden Städten treffen unterschiedlichste soziale Lebensformen, unterschiedliche soziale Gruppen und Mitglieder von Ober- und Unterschichten auf engem Raum aufeinander (herrschende Geschlechter, Zünfte und Handwerker, unterbürgerliche Schichten usw.). Und es sind gerade die scharfen sozialen Differenzen, als *attraktor*, die ein Wachstum der Städte beschleunigen. Dorthin, wo die Reichen und Wohlhabenden für eine Nachfrage an

Dienstleistung und Handwerk sorgen, ziehen die Gewerbetreibenden, Handwerker, Dienerschaften und Tagelöhner.[4]

Im Frühkapitalismus, als ein Übergang von zunftförmig organisierten Handwerksbetrieben zu großen Manufakturen stattfindet, inkludieren Städte massenhaft Landbewohner durch Erwerbsarbeit.[5] Soziale Ungleichheit in Form ungleicher Verteilung von Wohlstand tritt scharf hervor und wird zu Beginn der Industrialisierung dem Beobachter der städtischen Verhältnisse vor Augen geführt: durch eine gesteigerte Mobilität begünstigtes Bevölkerungswachstum; Wildwuchs von Fabrikansiedlungen und Behausungen; Wohnungsnot und hygienische Missstände. Die industrielle Verstädterung setzt ein und bringt Not und Elend der Fabrikarbeiter und deren Familien mit sich. Von der Freiheit des Menschen in der Stadt ist nicht mehr die Rede, nur noch von den gefahrvollen Mächten des Fortschritts, die den Verlust des Humanen und Zivilisierten mit sich bringen. Dahinter steckt die langsame Auflösung schichtungsförmiger Bestimmungen von Wohlstand, politischer Teilhabe, Rechtsstatus oder Bildung hin zu einer Durchsetzung funktional differenzierter Selbstbestimmung von Inklusionsbedingungen durch Staats- und Stadtbürgerrechte, Marktorientierung oder politischer Teilhabe durch demokratische Tendenzen. Aber gerade der ökonomische Primat seit Mitte des 19. Jahrhunderts, die reine Form des Kapitalismus und der Orientierung am Markt bringt die Form des „Menschenmaterials" für den Produktionsprozess (und für militärisch-politische Zwecke) ohne Rücksicht auf ethische Fragen hervor.

In der Gegenwart erhalten wir solchermaßen gezeichnete Berichte über Vermassung, Verelendung und katastrophale Lebensverhältnisse aus und über *megacities*, nur die Zurechnungsweisen haben sich verschoben. Es ist von einem Risiko-Lebensraum die Rede, wie wir weiter oben gezeigt haben. Megastädte sind nicht mehr Spielball der gefahrvollen Mächte des Fortschritts, sondern betroffen von einer forcierten Industrialisierung und Modernisierung sowie von den Folgen eines ungebremsten Wachstums.[6] Damit verschiebt sich die Wahrnehmung, dass die Entwicklung von Megastädten möglicherweise in Krisen oder Katastrophen mündet, in Richtung endogener Prozesse der Stadt und einer möglichen Selbstgefährdung.

Eine Charakterisierung der Moderne lautet, dass nicht nur in allen möglichen und vormals der Natur, einem Gott oder dem Schicksal überlassenen Lebensbereichen entschieden werden muss, sondern dass auch alle negativen Folgen nicht mehr auf externe Instanzen (Natur, Gott, Schicksal), sondern auf eben

---

4   Vgl. Sombart (1983: 45ff.) über die „Konsumstadt" Paris des 18. Jahrhunderts.

5   Vorraussetzung dafür ist die „Bauernbefreiung" und die Aufhebung der „Erbuntertänigkeit". Vgl. Conze (2004: 415ff.).

6   Vgl. für den Fall Mexiko City: Feldbauer/Parnreiter 1997a: 286.

diese Entscheidungen zugerechnet werden. Luhmann hat mit der Unterscheidung von Erleben/Handeln unterschiedliche Zurechnungsweisen bezeichnet. Mit Erleben werden die Veränderungen eines Systems (Bewusstsein, Familien, Organisationen) auf Veränderungen der Umwelt des Systems zugerechnet. Mit Handeln werden die Veränderungen eines Systems auf Veränderungen des Systems selbst zugerechnet (Luhmann 2005a). In diesem Sinne ergeben sich auch für die Unterscheidung von Risiko und Gefahr unterschiedliche Zurechnungsweisen. Es geht immer um die Erwartung von Folgen in der Zukunft, die in der Gegenwart nicht sicher bestimmt werden können, weshalb entschieden (und vorher abgewogen, kalkuliert oder der Bauch befragt) werden muss. Negative Folgen bezogen auf eigene Entscheidungen werden als Risiken wahrgenommen. Negative Folgen bezogen auf Entscheidungen und Vorgänge an anderer Stelle und durch andere werden als Gefahr wahrgenommen (Luhmann 1993). Das „Normale" ist ein Erwartungswert, der die Abweichung als Überraschung erst hervorbringt (und umgekehrt) und dann hinsichtlich der Zurechnung kausaler Verursachung zwei Perspektiven eröffnet: Suketu Mehta erwartete das Ende seiner Heimatstadt (krank) und entschied, in ein anderes Viertel zu ziehen und dort seine Chance zu suchen (gesund), was jedem Bewohner Bombays vorbehalten bleibt, mit der Gefahr des Scheiterns.

Wir werden weiter unten noch ausführlicher darauf eingehen, wollen aber an dieser Stelle feststellen, dass in der modernen Gesellschaft permanent entschieden wird: ökonomisch wie Zahlungen zu erreichen sind, politisch wie Macht zu erlangen ist, im Recht was Recht ist, in der Wissenschaft was wahr ist, in der Familie wie viele Kinder zu zeugen sind usw. Und da bei allem, was man tut, auch unerwünschtes herauskommen kann – Zahlungen bleiben aus, Wahlen oder Rechtsprozesse werden verloren, Behauptungen stellen sich als falsch heraus, es können keine Kinder gezeugt werden – ist in jeder Form der Festlegung ein Risiko inhärent. Der Ort, an dem solche Entscheidungen in extrem verdichteter Form vollzogen werden, sind moderne Großstädte.

3   Stadt als Sphäre und Kosmos

Wenn man sich die Berichterstattung über Megastädte aus fernen Teilen der Welt vergegenwärtigt, dann sind fast immer Menschen in nackter körperlicher Not zu sehen, auf Treibgut durch überschwemmte Stadtteile fliehend, auf Halden Müll sortierend, in improvisierten Hütten hausend oder auf einer Straßenkreuzung in Old-Delhi, als Menschenmasse, bar jeder Ordnung den Kreuzungsverkehr erduldend.[7] Das ist offensichtlich der Grund, warum Megastädte so faszinieren. Die Faszination speist sich vor allem aus den unglaublichen Populationszahlen einiger Städte und aus den schaurigen Lebensumständen, mit denen ihre Bewohner fertig werden müssen. „Der Mensch ist natürlich ein Naturwesen, das [...] zahlreichen biologischen Gesetzlichkeiten unterworfen ist", erinnert uns Hans Paul Bahrdt. „In seiner biologischen Existenz wird er Schaden nehmen, wenn er in einer Umwelt lebt, der sich sein Organismus nicht anpassen kann" (Bahrdt 2006: 171). Die Stadt ist deshalb beides, eine endliche *Anthroposphäre*[8] mit mehr oder weniger günstigen Lebensbedingungen und ein unendlicher *geistig-sozialer Kosmos*[9] mit mehr oder weniger gut funktionierenden sozialen Arrangements.

Städte wurden immer wieder anhand von Raum-Kategorien gekennzeichnet, z.B. als räumlicher Komplex mit demographischen, funktionalen oder rechtlichen Eigenschaften.[10] In welchem Sinne kann man Konzepte von Raum mit denen von Risiko und Gefahr in Relation setzen, so dass es zu Einsichten über die prekären Situationen von Megastädten führt? Städte konstituieren allein durch die Möglichkeit, Raumstellen zur Besiedlung, Bebauung und Bewohnung zu nutzen, einen Chancen-, Risiken- und Gefahrenraum. In Bezug auf einen *physikalischen* Raum ist in Megastädten eine Vielzahl von Schutzgütern gegenüber Naturprozessen exponiert.

In dem Maße, wie sich die Wirtschaft eines Landes entwickelt, sich Ballungsräume bilden, industrielle Großkomplexe, Staudämme, Kernkraftwerke und andere hochtechnisierte Anlagen errichtet werden, wächst ihre Empfindlichkeit und Störanfälligkeit (sog. Verletzlichkeit) gegenüber *äußeren* Einflüssen (Grünthal 1984: 169; Hervorhebung von mir, C. B.).

Auf diesen Umstand beziehen sich Forschungen zur *physischen* Vulnerabilität mit Referenz auf (den sozialen Systemen) externe Prozesse, die im Weiteren als *exogene Gefahrenlagen* bezeichnet werden.

Gleichzeitig beeinflusst der Raum, den Städte einnehmen, soziale Prozesse. In Megastädten fällt auf, wie geringe Anteile der Gesamtbevölkerung den weit-

---

7   Siehe dazu im Bayrischen Rundfunk im Nachtprogramm „Space Night" die faszinierenden Aufnahmen einer „Straßenkreuzung in Delhi".

8   Wir nehmen den Begriff der Anthroposphäre hier als Index, der soziologisch betrachtet in unterschiedliche Beschreibungen des Verhältnisses von sozialen Systemen und einer natürlichen Umwelt zerfällt. Vgl. Holling (1978) und daran anschließend Japp/Krohn (1996) sowie Bechmann/Japp (1997).

9   Vgl. Stichweh (1998), aber auch Baecker (2004: 257); Herv. im Org., CB): „Die Stadt ist Phänomen für das Bewusstsein *und* Ordnung der Kommunikation."

10   Vgl. für einen Überblick Marcuse (2006).

aus größten Teil der städtischen Fläche in Anspruch nehmen und wie der weitaus größte Teil der Bevölkerung mit anteilsmäßig geringen Flächen auskommen muss. Knappe Raumstellen werden durch wenige besetzt, also andere verdrängt, die sich mit weniger günstigen Stellen begnügen müssen, und es wird durch den exklusiven Zugriff auf präferierte Räume und den damit verbundenen Einfluss auf andere ein Konkurrenzkampf um Zugriff oder Begünstigung entfacht. Markus Schroer argumentiert, dass sich mit der Idee des Raums als abgeschlossener Container Machtphänomene beschreiben lassen (Schroer 2006: 175).[11] Gerade in mega-großen Städten werden günstige Besiedlungsräume (sicher vor Naturprozessen, angenehmes Klima, schöner Ausblick etc.) von denen in Anspruch genommen, die es sich leisten oder ausreichend Einfluss geltend machen können. Diejenigen, die zur Stadtbevölkerung hinzukommen, müssen in weniger günstige oder gar gefährliche Gebiete ausweichen: durch Überschwemmungen, Vermurungen oder andere Naturprozesse bedrohte oder durch die Immission von Schadstoffen verschmutzte Räume (Wisner et al. 2004: 13).

Für viele Bewohner von Megastädten ist es Realität, dass sie einer Vielzahl von Gefahren ausgesetzt sind, die nicht von ihnen selbst verursacht worden sind. Stadtplanung, Siedlungspolitik, Umweltzerstörung durch industrielle Produktion sind nur einige Stichworte, die andeuten, dass die Entscheidungen, die zu ungünstigen Lebensumständen führen, woanders und sicherlich nicht in den Armenvierteln der Megastädte getroffen werden. Vieles hat mit der Perspektive zu tun, ob man gerade seinen Besitz, seine Gesundheit oder sein Leben riskiert, indem man beispielsweise an der Börse spekuliert, sein Glück im Spiel sucht, sich beim *rafting* mit einem Schlauchboot einen wilden Fluss hinunterstürzt oder sich in Gefahr befindet, weil man nicht weiß, ob nicht am nächsten Tag eine Überschwemmung oder eine Planierraupe die eigene Behausung zerstört, ob man erkrankt ohne Aussicht auf medizinische Versorgung. Risiko oder Gefahr sind unterschiedliche Perspektiven, die gleichzeitig existieren und sich gegenseitig bedingen. Die Risikoperspektive kann noch die Möglichkeit der Chance (als Spekulations-, Spiel- bzw. Spaßgewinn) für sich reklamieren, wenn man in der Lage ist zu entscheiden. Aus der Gefahrenperspektive erfährt man nur den Schaden, mit dem man sich arrangieren muss (religiöser Fatalismus spendet hier oft Trost), oder gegen den man sich auflehnt, durch Protest oder körperliche Gewalt. Aktuelle Forschungen wenden sich daher verstärkt der Untersuchung *sozialer* Vulnerabilität zu, indem sie versuchen, in qualitativen Beschreibungen oder quantitativen Maßen *Betroffenheit* gegenüber natürlichen, technischen oder sozialen Gefährdungen anzugeben. In diesen knappen Ausführungen soll angedeutet

---

11 Vgl. auch die Phänomene der Macht auf dem begrenzten Raum eines Kreuzfahrtschiffes (Popitz 2004).

werden, dass es weniger physikalische Eigenschaften des Stadtraums als vielmehr soziale Differenzen in der Stadt sind, die für unsichere Lebensverhältnisse sorgen.[12] Die Stadt, so könnte man behaupten, stellt einen verdichteten Bezugsraum dar, in dem sich Entscheider und Betroffene in unzähligen Situationen immer wieder neu aufeinander beziehen.

Darüber hinaus lässt sich fragen, welche Hinweise wir aus Diskussionen um die Differenz von Stadt und Gesellschaft erhalten, um das Verhältnis von Risiko und Raum näher zu bestimmen? Auch hier sind zumindest zwei Aspekte von Bedeutung. Zum einen der Umstand, dass innerhalb von Städten weitere Zentren mit je eigenen Peripherien entstehen und Städte sich mehr und mehr in Regionen – *metropolitan areas* – wandeln. Konkrete Stadtgrenzen scheinen eher zu verschwimmen. Zum anderen argumentieren Soziologen, dass sich in der modernen Gesellschaft soziale Systeme ausdifferenziert haben, die mit „Eigenräumen" (vgl. Stichweh in diesem Band) operieren und für ihre Reproduktion nicht mehr auf Stadträume angewiesen sind.

Letzteres hat mit der internen Differenzierung der modernen Gesellschaft zu tun. Ausgehend von einer Idee der Weltgesellschaft geraten nicht Territorialstaaten und ihre Metropolen in den Blick, sondern autonome Funktionssysteme sowie Zentren und deren Peripherien. Erstere sind die dominanten Funktionssysteme in der Gesellschaft: Wirtschaft, Politik, Wissenschaft, Recht, Religion, Erziehung, Massenmedien etc. Letztere können Städte und deren Umland sein, aber auch Finanzzentren, Wissenschaftszentren oder religiöse Zentren, je nachdem, nach welchem Kriterium man ein Zentrum von einer Peripherie unterscheiden möchte.

Vor allem die Wirtschaft der Gesellschaft operiert ohne Rücksicht auf nationalstaatliche Grenzen, sozusagen „global". Trotz der nationalstaatlichen Rechtsgrundlagen und Eigentümlichkeiten ist wohl nicht mehr umstritten, dass Angebote, Nachfrage und Preisgestaltung keinesfalls auf lokalen Märkten reguliert werden. Für die Betrachtung von Städten kommt die Frage nach dem Bezug ökonomischer Kommunikation auf den Raum, den Städte in Anspruch nehmen, in den Blick. Auf der Ebene des Funktionssystems *Wirtschaft* scheint der Bezug irrelevant. Wenn jemand in der Stadt am Automaten Bargeld abhebt, dann macht das ökonomisch einen Unterschied, aber nur aufgrund der Transaktion und nicht, weil dies in der Stadt geschehen ist. Gleiches gilt für die Börsengeschäfte in Bombay/Mumbai, die teilweise in Blechhütten mit Hilfe von Telefonen sozusagen auf der Straße und nicht auf dem Parkett wie in New York stattfinden.[13] Für das Marktgeschehen macht der Raumbezug keinen Unterschied, wiederum nur

---

12   Im Sinne von „unsafe conditions" bei Wisner et al. (2004).

13   Zumal der größte Anteil der Börsengeschäfte über elektronische Handelssysteme abgewickelt wird.

die Transaktionen, die stattfinden. Der Unterschied lässt sich aber auf der Ebene der *Organisation* entdecken. In einer Stadt lassen sich mehr Geldautomaten finden, also mehr Transaktionen dieser Art durchführen. In den schönen Gebäuden der Finanzzentren dieser Welt (New York, London, Tokio) lassen sich vermutlich mehr Ankäufe und Verkäufe organisieren als auf der Straße. Die Synchronisierung und Verdichtung von Transaktionen erzeugen eine Unmenge an Differenzen, an die schneller angeschlossen werden kann, im Unterschied zu asynchronen und verteilten Abläufen in der Peripherie von Städten oder Wirtschaftszentren.

Manuel Castells argumentiert deshalb, globale Städte sind kein Ort, sondern ein Prozess. Geschäftsviertel in Städten werden als informationsbasierte Komplexe der Wertproduktion, als Zentren der Produktion hochmoderner Dienstleistungen beschrieben, die zusammen mit den ihnen zuarbeitenden Regionen zu einem globalen Netzwerk verbunden werden. Gleichzeitig tritt die Bedeutung der Verknüpfung der Zentren mit dem Hinterland zurück (Castells 2001: 439ff.). Interaktionsverdichtungen zu Gunsten gesellschaftlicher Funktionssysteme in Form der Konzentration von Expertise, Kapital und Kontakten gehen mit einer globalen Vernetzung einher (Stichweh 1998). Die partikularen Rationalitäten der Funktionssysteme scheinen sich immer mehr von örtlichen Bestimmungen zu lösen – Städte dienen nur noch der Erdung dieser Prozesse: „Kapitalströme, Bankensitze, 'smart buildings'. Städte sind dort, wo die Ströme im Raum den realen Boden berühren. Diese Knotenpunkte scheinen die wahre Essenz der Stadt darzustellen" (Marcuse 2006: 207).

Was ist also die Stadt? Man könnte sagen, die Stadt ist, was in der Stadt passiert. Eine solche Aussage bedient sich einer Raum-Metapher, indem eine Stadt durch *Prozesse* gekennzeichnet wird, die in der Stadt im Unterschied zu denen, die außerhalb der Stadt ablaufen. Eine solche Bestimmung würde zwar empirisch unendliche Zurechnungsprobleme aufwerfen, sie verweist aber auf *endogene* Prozesse der Stadt, die in der Gegenwart ablaufen und deshalb in Zukunft Folgen haben werden, die als Chance, Risiko oder Gefahr zugerechnet werden. Diese Prozesse werden durch soziale Systeme bestimmt, denen im Zuge weiterer Differenzierungsprozesse der Raumbezug abhanden kommt. Noch ergibt sich kein übergeordneter Problembezug, der es rechtfertigen würde, von einem „Risiko-Lebensraum Megastadt" zu sprechen. Wir wollen im nächsten Abschnitt der Behauptung nachgehen, dass es weniger der Raumbezug als der Funktionsbezug ist, der uns endogene Prozesse von exogenen Prozessen der Stadt unterscheiden lässt und der ganz unterschiedliche Sachverhalte unter der Risikoperspektive vergleichbar werden lässt.

4 Stadt und Funktion

Warum gibt es Städte? Eine solche Frage wird man nicht durch die Entdeckung von Intentionen beantworten können. Man müsste dann fragen, welche Intention die ersten Siedler hatten und was aus diesen Intentionen geworden ist. Vielversprechender sind Argumente, die sich an Theorien der sozialen Evolution anlehnen. Stadtentstehung und -entwicklung stehen dann in einem engen Zusammenhang mit Differenzierungsformen der Gesellschaft. Der Anfang ist Zufall, von dem dann alles Weitere ausgeht, sich stabilisiert und immer neue Differenzen erzeugt – oder eben nicht. Maruyama (1963) nennt diesen Prozess „Morphogenese", wenn Differenzen als Zufallsprodukte neue Orientierungen bieten, an denen angeschlossen werden kann, was im weiteren Verlauf überproportional konsequenzenreich sein kann. Der Prozess der Vernetzung von Ereignissen wird dann wirkungsmächtiger, bindender als das ursprüngliche Ereignis. So stellt man sich vor, dass Siedler in der Geschichte der Menschheit per Zufall dort angelangt sind, wo es gerade noch Wasser oder Nahrung gab, ein Platz aber, der sich ansonsten nicht von anderen Plätzen unterscheiden musste. War der Anfang gemacht, dann konnten sich andere daran orientieren, indem sie eben dort nicht mehr bleiben konnten, sondern nur auf dem Grund daneben und so weiter. Abweichungen provozieren weitere Abweichungen provozieren weitere Abweichungen. Die ersten Siedler orientierten sich wechselseitig aneinander und alle später Hinzukommenden taten dies erst recht. In wechselseitigem Bezug konnten dann weitere Strukturen entstehen, etwa durch Arbeitsteilung, durch die Nutzung einer gemeinsamen Infrastruktur oder durch den Aufbau einer öffentlichen Verwaltung. Es wird im Weiteren argumentiert, dass es *Zentralisierungsvorteile* waren, die einen Prozess der Stadtentwicklung begünstigt und stabilisiert haben: Wasserquellen, Transportwege, Schutz vor Feinden und anderes. Die Bevorzugung eines Ortes gegenüber anderen schafft die Differenz von Stadt und Land und beide bleiben von dieser Differenzierung nicht unbeeinflusst: Auf dem Land hört man von dem Stadtleben, das sich vom Leben auf dem Land unterscheidet; die Stadt ist darauf angewiesen, aus dem Umland Nahrung zu erhalten. Es werden demnach wechselseitig Möglichkeiten eröffnet und eingeschränkt (Luhmann 1997: 598f.).

Der angelaufene Prozess der Differenzierung enthält alle Anlagen, sich selbst zu tragen und fortzuführen. Luhmann hat im Anschluss an Talcott Parsons dieses Prinzip für den Sonderfall Kommunikation analysiert. Eine Situation mit keinen oder wenigen Anhaltspunkten darüber, was zu erwarten ist, führt im Grunde in eine *stasis*, birgt aber gleichzeitig und zwangsläufig alle Anlagen für *genese*. *Ego* möchte an die Erwartungen des *Alter Ego* anschließen, die aber prinzipiell nicht zu erschließen sind. Da umgekehrt das Gleiche gilt, kommt es zu einer Blockade von Handlungen, weil für beide unsicher bleibt, wie denn zu beginnen sei. Es handelt sich um ein Problem doppelter Kontingenz (Luhmann 1994: 149). In diesem Moment kann aber jede Kleinigkeit – ob zufällig oder intentional – der Situation Führung geben und Kommunikation anlaufen lassen: ein Lächeln oder eine Geste oder was immer. David Hume hat schon sehr früh soziale Mechanismen ausfindig gemacht, die in solchen Situationen Unsicherheit abbauen: „Your corn is ripe to-day; mine will be so to-morrow" (Hume 1975: 520). Ich helfe dir, wenn du mir hilfst. Doch wie kann ich vertrauen, dass mir die Hilfe zuteil wird, die ich als Vorleistung erbracht habe? Hume löst das Funktionieren eines Versprechens *(promise)* von moralischen Selbstbindungen und individuellen Motivlagen ab und setzt stattdessen auf *soziale* Institutionen: ein Symbol (z.B. ein Handschlag) besiegelt die Abmachung gemeinsamer Anstrengung (wechselseitiger Vorteil), und sollte diese Abmachung gebrochen werden, dann wird demjenigen nicht mehr vertraut (dauerhafter Nachteil). Die soziale Institution Versprechen löst eine statische Situation in eine dynamische auf und lässt einen Prozess anlaufen, der sich in Folge selbst trägt, ohne Rückgriff auf ursprüngliche Intentionen der Beteiligten.

Die Frage, wie soziale Realitäten über die Anwesenheit von Personen hinaus dauerhaft Stabilität gewinnen, und das auch in Hinsicht auf soziale Ordnung, haben Parsons und Luhmann mit der Herausbildung von symbolisch generalisierten Kommunikationsmedien beantwortet. Luhmann hat das Argument auf einen äquivalenten Problembezug für unterschiedliche soziale Zusammenhänge zugespitzt, nämlich auf die *Unwahrscheinlichkeit* von Kommunikation und folglich auf die Erhöhung der Annahmewahrscheinlichkeit von Kommunikationsofferten.[14] Hume rekurriert auf eine soziale Institution (ein Versprechen), Parsons auf Interaktionssysteme und Luhmann auf soziale Systeme, die sich anhand von Kommunikationsmedien wie Geld, Recht, Wissen, Macht oder Liebe und jeweiligen zweiwertigen Codes (Zahlung/Nicht-Zahlung, Recht/Unrecht, wahr/unwahr usw.) für- und gegeneinander ausdifferenzieren. Das Bezugsproblem für Stabilität und Ordnung wird von Ideen der Motivation, Intention oder Zwecksetzung in Richtung Kontingenz von Handlungen und Entscheidungen verschoben. Die Fortsetzung von Handlungen und die Verknüpfung von Entscheidungen hängt demnach nicht notwendig von einer ausreichenden Motivation, sinnvollen Intentionen oder rationalen Zwecken ab, sondern von der Möglichkeit, Unsicherheit zu absorbieren – und das auch und vor allem in der Kommunikation mit *Unbekannten* (Luhmann 2005b: 216). Städte spielen in dieser Hinsicht eine besondere Rolle.

---

14   Vgl. dazu die frühen Überlegungen Luhmanns (2005b, 2005c) oder vertiefend die jeweiligen Studien zu Funktionssystemen in der Gesellschaft.

Max Weber (1964: 923) sah es als Kennzeichen von Städten im Unterschied zu Nachbarschaftsverbänden an, dass deren Bewohner sich als Unbekannte begegneten. Die Stadt bringt demnach permanent Situationen sozialer Unbestimmtheit hervor.

> Der einzelne muss sich also darauf einstellen, daß sein Verhalten ständig den Reaktionen von Personen ausgesetzt ist, deren Reaktionsweisen er nicht genau kennt, und dem Blick von Menschen, die auch ihn nicht kennen (Bahrdt 2006: 88).

Hans Paul Bahrdt sah in der Entstehung von „Öffentlichkeit" eine Kulturleistung, die es erlaubt Kommunikationsformen zur Überwindung doppelter Kontingenz in den zahllosen Begegnungen der füreinander unbekannten Individuen zu entwickeln. Das gelingt immer dann, wenn durch eine „Stilisierung des Verhaltens" soziale Arrangements und Kommunikation zustande kommen: Stilisierung des individuellen Auftretens, durch die Stilisierung von regelhaftem Verhalten (Straßenverkehr), bestimmte Bauformen in der Stadt oder durch die Herausbildung von politischen Gebilden. Die Stadt ist offensichtlich der Ort, an dem sich soziale Systeme aufeinander beziehen und bestimmte Probleme in sachlicher, zeitlicher und sozialer Hinsicht gelöst werden. Das Vorhandensein eines Marktes ermöglicht den Erwerb und die Bedarfsdeckung der Siedler. Eine Stadtwirtschaftspolitik „zur Sicherung der Stetigkeit und Billigkeit der Massenernährung und der Stabilität der Erwerbschancen von Gewerbetreibenden und Händlern" stabilisiert Erwartungen (Weber 1964: 929) und die soziale Institution des Markt- bzw. Burgfriedens (Weber 1964: 932) manifestiert die Stadt als Zentrum (die Festung/Garnison) mit einer Peripherie (das ungeschützte Umland). Es sind in diesem Sinne Funktionsbeschreibungen der Ökonomie, des Rechts und der Politik, die Max Weber in seinen Typologien der Stadt als wesentliches Merkmal von frühen Städten beschreibt. Auch Simmel führt politische („Schutz von Wall und Graben"), rechtliche (das Schöffentum) und kirchliche Ausdifferenzierungen an („der kirchliche Verband der Pfarreien"), die sich durch und in der Stadt gemeinsam und gleichzeitig vollziehen, die „wie Lichtwellen und Schallwellen den gleichen Raum durchfluten" (Simmel 2006: 688).

Das verweist auf einen engen Zusammenhang zwischen der Entstehung und Entwicklung von Städten und der Ausdifferenzierung von Kommunikationszusammenhängen. Armin Nassehi beschreibt Städte als Inklusions- und Synchronisationsmaschinen, als Laboratorien der Moderne, in denen sich funktional differenzierte Sozialsysteme begegnen und aufeinander beziehen: Ökonomie, Recht, Politik, Wissenschaft, Kunst usw. Er nennt das „Lokalität auf gesellschaftlicher Basis" und argumentiert: „In städtischen Räumen verdichten sich also gesellschaftliche Strukturen, Differenzierungen und Routinen an einem Ort – und lassen damit Differenzierung besonders hervortreten" (Nassehi 2002: 212; Hervorgehoben im Orig., C. B.). In der Sachdimension ergeben sich durch die massenhafte Bewegung von Menschen in die Städte technische und organisatorische Notwendigkeiten, die sich allein durch die Anwesenheit von Körpern ergeben, nämlich mindestens die der Produktion und Distribution von Gütern (Nahrungsmittel), der Erstellung von Wohnraum oder von Möglichkeiten der Krankenbehandlung etc. Der funktionale Bezug ist die Bedingung der Möglichkeit von Leben in der Stadt. Dabei ist die Stadt auf die Leistungen ausdifferenzierter sozialer Systeme angewiesen. Diese Leistungen müssen mehr oder weniger synchronisiert bereitgestellt werden können. Das verweist auf den funktionalen Bezug in der Zeitdimension, nämlich dass die Gleichzeitigkeit des Mannigfaltigen durch eine Synchronisation und Organisation städtischer Prozesse ermöglicht wird. In der Sozialdimension ergibt sich die funktionale Notwendigkeit der Inklusion von Menschen als Personen in die kommunikativen Realitäten der Funktionsbereiche der Gesellschaft und damit der Teilhabe an den Leistungen derselben. Es ist offensichtlich, dass Städte als Produkt und Träger sozialer Differenzierung in sachlicher, zeitlicher und sozialer Hinsicht funktionale Probleme lösen müssen, um sich selbst zu erhalten.

In der Gegenwart und insbesondere im Zusammenhang mit Megastädten haben wir es mit politischen, ökonomischen, wissenschaftlichen, künstlerischen oder religiösen Zentren in Regionen der Weltgesellschaft zu tun, die ihren Fortbestand offensichtlich auf Dauer stellen konnten und nun gezwungen sind, bestimmte Leistungen zu erbringen, um sich als Anthroposphäre und als geistig-sozialen Kosmos zu erhalten. Aus Funktionsvorteilen werden im Laufe der Entwicklung moderner Städte Funktionsnotwendigkeiten zum Erhalt der Stadt. Funktionsnotwendigkeiten zum Erhalt der Stadt sind in der modernen Gesellschaft nicht gleichzusetzen mit den Reproduktionsbedingungen von sozialen Systemen, da diese partikulare Funktionsprobleme lösen und andere ausblenden, was sich in der mega-großen Stadt wie in einem Brennglas fokussiert in extremer Form auswirkt – im Negativen wie im Positiven. Die sozialen Errungenschaften zur ökonomischen, rechtlichen, politischen oder künstlerischen Leistungserbringung sind extrem variantenreich, erzeugen aber gleichzeitig Bedingungen für ihre Unterminierung, wie im Folgenden aufgezeigt werden soll.

5 Mechanismen der Risikoproduktion

Unter dem Titel *systemic risk* wurden in den letzten Jahren Analysen zu neuartigen Gefährdungen moderner Gesellschaften vorgestellt. Die OECD *(Organisation for Economic Co-Operation and Development)* bezieht sich beispielsweise auf Verdichtungs- und Vernetzungsprozesse durch eine zunehmende Bevölke-rungsdichte in Ballungsgebieten und eine wirtschaftliche Konzentration in be-stimmten Regionen: „A systemic risk ... is one that affects the systems on which society depends: health, transport, environment, telecommunications, etc." (OECD 2003: 30). Konzentration, Verdichtung und Vernetzung sind aber ebenso Voraussetzungen für eine funktionierende Leistungserstellung in Städten. Prekär wäre eine Entwicklung, wenn Konzentration, Verdichtung und Vernetzung eine Schwelle zur Dysfunktionalität überschreiten und durch ein hohes Maß an Expo-niertheit gegenüber Gefahren sowie durch Schadensverkettungen und irreversib-len Systemveränderungen schwerwiegende Folgen für die Stadt selbst oder für umliegende Regionen (die von ihren wirtschaftlichen Zentren in hohem Maße abhängig sind) generieren. Deshalb soll die Betrachtung im Weiteren hin zu Mechanismen der *systematischen Produktion von Risiken und Gefahren* ver-schoben werden. Wir beziehen uns auf das Paradox der Moderne überhaupt, dass es eben dieselben Mechanismen der Erzeugung von Chancen sind, die Risiken und Gefahren erzeugen.

> Paradox ist es, wenn man einsehen muss, daß die moderne Gesellschaft sich durch die Struktur ihrer Rationalität in Wirtschaft, Wissenschaft, Medizin, Erziehung und Politik selbst gefährdet, indem sie eine Umwelt erzeugt, in der sie sich selbst nicht mehr aufrechterhalten und fortsetzen kann. Denn das heißt: wenn man richtig han-delt, handelt man falsch (Luhmann 2005d: 165).

Mit diesem Argument zielt Luhmann auf partikulare Rationalitäten der einzelnen gesellschaftlichen Funktionsbereiche, die intern keine Stoppregeln entwickeln und keiner gesamtgesellschaftlichen Rationalität folgen (Moral, Nachhaltigkeit). Für die Stadt gewendet bedeutet dies: Die Bedingungen der Möglichkeit der Stadtentwicklung im Sinne einer bestandserhaltenden Erfüllung von Funktionen sind gleichzeitig die Bedingungen der Möglichkeit einer in der Zukunft liegen-den, mehr oder weniger wahrscheinlichen Gefährdung dieser Entwicklung.

(1) *Attraktion/Exposition*: Während in europäischen Regionen Städte teilweise schrumpfen, wachsen sie in anderen Teilen der Welt rasant. Dabei erhöht sich der Anteil der Stadt- im Vergleich zur Landbevölkerung auf dem gesamten Glo-bus stetig. Das liegt offensichtlich an einer ungleichen Ausprägung der Differen-zierung von Zentren zu ihren Peripherien in den unterschiedlichen Regionen der Welt. Zum einen wird in der Stadtforschung das Verschwimmen von Stadt-/ Land-Differenzen beschrieben, indem sich Städte in Regionen wandeln *(metro-politan areas)*. Dieser Prozess, der mit Suburbanisation umschrieben wird, führt tendenziell zur Herausbildung von mehreren Zentren in einer Region (Stichweh 1998: 355). Wobei durch eine Konkurrenz von mehreren Metropolen unterei-

nander in einer Region manche Städte gegenüber anderen an Anziehungskraft verlieren können. Verstädterung führt also nicht zwangsläufig zum Wachstum jeder Stadt. Zum anderen wird in einigen Regionen dieser Welt (Lateinamerika, Afrika und Asien) eine Verschärfung der Stadt-/Land-Differenzen deutlich, wenn alle relevanten und hochgradig knappen Ressourcen der Regionen in einigen wenigen Megastädten konzentriert sind.[15] Anders gesagt, in diesen Regionen werden fast alle sozialen Attraktoren (Beschäftigung, Bildung, Krankenversorgung etc.) in die Stadt verlegt. Die Stadt-/Land-Differenzen treten besonders hervor und die Anziehungskraft dieser Städte erhöht sich eher (Feldbauer/Mar Velasco/Parnreiter 1997: 13).

Wer in eine Stadt zieht oder schon dort lebt, tut dies demnach mit der Erwartung, dass man mit Unbekannten und trotz seiner Unbekanntheit leben, arbeiten und Freizeit verbringen kann. Die Stadt ist in diesem Sinne eine soziale Institution, indem an dem Leben in der Stadt stabile Erwartungen ausgerichtet sind (Baecker 2004). Mit Attraktion ist demnach eine *Erwartung* gemeint, ob und inwiefern sich in der Stadt höhere Überlebens-, Lebens-, Geschäfts-, Arbeits- oder Vergnügungschancen ergeben als anderswo. Es bleibt nachrangig, ob diese Erwartungen realistisch sind oder nicht, solange sie Migrationsströme motivieren. An die Stadt als soziale Institution richten sich demnach unterschiedliche Funktionserwartungen hinsichtlich vielfältiger Möglichkeiten der Bedarfsdeckung (2), der Organisation und Synchronisation städtischer Abläufe (3) und nicht zuletzt der Inklusion (4), wie im Weiteren ausgeführt wird.[16]

Die Exposition mega-großer Stadtregionen gegenüber vielfältigen Naturprozessen und technisch hervorgerufenen Katastrophen ist in vielen Forschungen ausführlich beschrieben. Im Grunde genommen lässt sich dieser Aspekt als ursprüngliche Motivation identifizieren, den heutigen Megastädten den Titel „Risiko-Raum" zu verleihen. Die Exposition ist aber nur ein Aspekt unter mehreren – wenn auch ein wichtiger. Wir wollen den Zusammenhang von Attraktion und Exposition so formulieren, dass er mit den nachfolgend ausformulierten Risiko-Aspekten vergleichbar wird. Wenn wir Wachstumsprozesse, die sicherlich nicht

---

15   René Koenig bringt die „Überstädterung" mit dem „Entwicklungsstand" von Regionen in Verbindung: „Diese Gesellschaften mit ausgesprochenen Zügen der Überstädterung haben im Vergleich zu Industriegesellschaften eine recht unterentwickelte Wirtschaft" (König 1974: 23.).

16   Üblicherweise liest man Aussagen der Art, dass Lebenschancen zwischen Stadt und Land ungleich verteilt sind und Metropolen deshalb attraktiv sind (z.B. bei Feldbauer et al. 1997: 14). Da eine Beurteilung von Chancen hier nicht vorgenommen werden kann, setzen wir auf soziale, also kommunikativ generierte Erwartungen als Variable der Attraktion von Städten. In diesem Sinne argumentieren eigentlich auch Feldbauer und Parnreiter, wenn sie später über die Vermittlung von Chancenerwartungen durch die Massenmedien oder Migrationsnetzwerke sprechen (Feldbauer/Parnreiter 1997: 15).

als naturbedingt beschreibbar sind, als endogene Variable *Attraktion* auffassen und mit der endogenen Variable *Exposition* als Resultat sozial-räumlicher Differenzen (siehe oben) in Relation bringen, dann ergibt sich ein Möglichkeitsraum, anhand dessen sich *gegenwärtig* unterschiedliche Situationen von Megastädten und *prospektiv* unterschiedliche Tendenzen der Stadtentwicklung beschreiben lassen: eine niedrige Attraktion kombiniert mit einer niedrigen Exposition als günstigste, eine hohe Attraktion und Exposition als ungünstigste krisenhafte Situation/Entwicklung. Daneben ergeben sich zwei eher adaptive, an jeweils eine ungünstige Ausprägung angepasste Situationen/Entwicklungen.

Aus diesem Zusammenhang wird ein Mechanismus der systematischen Risikoproduktion in Megastädten, wenn die Lösung funktionaler Probleme Anlass für gesteigerte Chancenerwartungen und damit eine gesteigerte Attraktion ist, was zu einer weiteren Migration führen kann.[17] Wenn mehr Menschen in der Stadt leben, dann verschärfen sich wiederum (möglicherweise) alle funktionalen Probleme – deren Lösung wiederum die Attraktion steigern kann. Das bedeutet gleichzeitig eine Steigerung des Vorhandenseins von Leben und Sachwerten, aber auch von vitalen Infrastrukturen und Organisation (z.B. Verwaltungen) in einem Raum, der gegenüber Naturprozessen und technischen Unfällen exponiert ist.

(2) *Zentrum/Peripherie*: Die extremen Unterschiede im städtischen und nicht-städtischen Leben sorgen für eine extreme Asymmetrie in der Nachfrage nach und in dem Verbrauch von Ressourcen (Energie, Wasser, Baustoffe etc.). Deshalb werden Stoffe in Städte eingeführt, die gleichzeitig wieder als ver- oder gebrauchte Stoffe in die Umwelt der Städte emittiert werden müssen. Ressourcenimport und Emission sind grundlegende Prozesse einer Stadt als ein *System des Materialdurchflusses*.[18] Der Rückgriff auf natürliche Ressourcen aus dem Umland ist also Bedingung für die Existenz von Städten. Dadurch sind aber gleichzeitig die Bedingungen einer möglichen Ausbeutung und Zerstörung des städtischen Umlands gelegt – was wiederum bedeutet, dass die Lebensgrundlagen der Städte in Gefahr gebracht werden. Kommen eine hohe Ressourceneinfuhr und eine hohe Emittierung nicht brauchbarer oder schädlicher Stoffe zusammen, dann kann von einer Bestandsgefährdung von Städten in der Zukunft

---

17 Wie es ein Architekt aus Bombay beschreibt: „Wenn wir die Stadt verschönern, mit guten Straßen, Zugverbindungen und Wohnungen ausstatten – wenn wir das Leben in der Stadt angenehmer machen –, werden noch mehr Menschen von außerhalb angezogen" (Mehta 2006: 185).

18 Vgl. dazu Brunner/Rechberger (2004: 8f.) und die Analogie des Stadt-Metabolismus *(urban matabolism)*, der durch beobachterabhängige System-/Umweltgrenzen, Input/Output und komplexe, diverse Stoffe verarbeitende Prozesse gekennzeichnet ist.

ausgegangen werden. Können die Ressourceneinfuhren (Städte schrumpfen, ein effizienterer Umgang mit Ressourcen etc.) und die Emissionen in das Umland verringert werden (Recycling etc.), dann kann für diesen Aspekt eher von einer Bestandserhaltung in Zukunft ausgegangen werden.

Wir rekurrieren nicht auf ein Maß, das *ex ante* eine zu hohe Ressourcenentnahme und eine zu hohe Emission für Städte angeben kann, sondern verweisen auf den Mechanismus der möglichen Zerstörung der städtischen Lebensgrundlagen. Dieser Aspekt der Stadtentwicklung ist vor allen anderen an die Idee der Nachhaltigkeit geknüpft. Dort werden Möglichkeiten der aktuellen Bedürfnisbefriedigung (als Chance) gegenüber einer möglichen Zerstörung der Bedingungen zukünftiger Bedürfnisbefriedigung (Risiko) gegeneinander abgewogen, wovon möglicherweise nachfolgende Generationen betroffen sein könnten (Gefahr). Schlage nur soviel Holz, wie auch langfristig wieder nachwächst, war die ursprüngliche Methode in der Holzwirtschaft,[19] woraus – verkürzt gesagt – ein globales Diktum wurde: „Meeting the needs of society while sustaining the life support systems of the planet" (Turner et al. 2003: 8074). Es stellt sich für Städte (und vor allem für Megastädte) die Frage, ob und inwiefern Städte selbst Begrenzungen der Ressourceneinfuhr und Emission erfahren oder herstellen können; oder ob Städte Entwicklungsschwellen erreichen, deren Überschreitung für eine irreversible und weitreichende Umgestaltung der städtischen Anthroposphäre sorgt.

(3) *Koordination/Synchronisation*: Der Stau ist das Sinnbild für einen Krisenzustand, für den sich selbst blockierenden Verkehr. Der Transport von Menschen und Gütern gehört trotz der weiten Verbreitung von elektronischen Medien zu den fundamentalen Notwendigkeiten der Reproduktion sozialer Systeme.[20] Neben dem Transport von Gütern sind beispielsweise Organisationssysteme auf die Anwesenheit von Werktätigen und Büroangestellten angewiesen, was eine Organisation und Synchronisation von Transport und Arbeitszeit erfordert. Ein Verkehr, der – gerade wenn er am dringendsten benötigt wird – stillsteht, der verliert nicht allein seine ihm zugeschriebene Funktion, er stört auch viele Abläufe an anderer Stelle. Der Verkehr ist angewiesen auf ein gleichzeitiges Zusammenspiel von technischen Systemen (Schienen und Straßen, Bahnen und Autos, Ampeln und Weichen), Regelsystemen (Links- oder Rechtsverkehr) und vor allem sozialen Interaktionssystemen der Begegnung von fremden Personen. Dabei wäre eine Aufzählung aller Elemente des Bewirkens von Verkehr unendlich. Endlich ist

---

19   Vgl. dazu Arts (1994: 8f.).
20   „Solange man Äpfel nicht per Email versenden kann, müssen wir uns die Straßen teilen", liest man mittlerweile auf den LKW-Planen deutscher Spediteure. Vgl. <www.greenpeace-magazin.de/index.php?id=2811> (28.05.2008).

hingegen die Angabe der basalen Funktion der Fortsetzung von Handlungen trotz einer ungewissen Zukunft. Da wir uns hier auf den Verkehr beziehen, können wir uns auf die Angabe von Erwartungen an ein Funktionieren von Technik, an die Gültigkeit von Verkehrsregeln und an eine Berechenbarkeit der Verhaltensweisen anderer im Verkehr beschränken. Auch diese Liste ist nicht abgeschlossen. Es soll aber auf die Notwendigkeit der Stabilisierung von Verhaltenserwartungen hingewiesen werden, die es ermöglicht, allgemein einen Verkehr aufrechtzuerhalten und ganz individuell an einem Verkehrssystem teilzunehmen, dessen Funktionserfüllung unsicher ist (man kommt zu spät zur Arbeit; man muss einen ganzen Tag für einen Arztbesuch einplanen) oder gar schwerwiegende negative Folgen produziert (Tod, Verletzungen, Sachschäden etc.). Diese Unsicherheiten werden in der Gesellschaft durch formale Organisationen abgebaut, was die Erwartung einer Synchronisation der zahllosen Vorgänge in einer großen Stadt stabilisiert und damit auch erst bewirkt: wenn alle synchrone Erwartungen mit sich tragen und vom normalen Funktionieren ausgehen und daran auch im Enttäuschungsfall festhalten. Brechen diese Erwartungen zusammen, dann geht nichts mehr, wie uns viele traurige Beispiele von Massenpaniken gelehrt haben.

Die Organisations- und Synchronisationsleistungen, das Zusammenspiel sozialer und technischer Systeme sind ebenso für andere Funktionsbereiche einer Stadt anzugeben, wie im Fall der Wasser- und Energieversorgung oder der Abfallbeseitigung. In allen Fällen ist das Problem dasselbe, nämlich dass die jeweiligen Leistungen in Zeiten des Bedarfs bereitstehen und dass dies so erwartet werden kann – die Lösungen für dieses Problem sind so vielfältig, wie es Städte auf diesem Planeten gibt. Jede Stadt entwickelt dafür andere soziale Arrangements, wobei regionale Traditionen unter Umständen für eine Annäherung von unterschiedlichen Methoden, Techniken und Organisationsweisen sorgen. Aber schon Karlsruhe entsorgt Abfall anders als Düsseldorf und in Sao Paulo werden gänzlich andere Lösungen ausgestaltet.

Städte stellen, laut Nassehi, die ökologische Bedingung für eine gleichzeitige, synchrone Inklusion in unterschiedliche Funktionssysteme dar, die eben räumliche Nähe und Wechselseitigkeit brauchen. Sie stellen sichtbare Räume her, in denen Mannigfaltiges gleichzeitig geschieht – *und zwar lose gekoppelt* (Nassehi 2002: 223; Hervorhebung von mir, C. B.). Gilt das auch für Megastädte? Aus der Organisationssoziologie kennen wir das Argument, wie technische und organisatorische Abläufe immer dann an Brisanz gewinnen, wenn sie nicht linear (nicht berechen-/kontrollierbar) und eng gekoppelt (kausal durchschlagend) sind (Perrow 1992: 387). Ist eine solche Situation auch für Städte denkbar, dass sich stark verdichtet vitale technische und organisatorische Prozesse der Stadt in hoher Abhängigkeit (enger Koppelung) voneinander und in Form nicht linearer, komplexer Interaktionen miteinander entwickeln? Träfe das zu, dann kann auch für ein Gebilde wie der Stadt von einer Gefährdung synchronisierender Funktionen ausgegangen werden. Störungen und Krisen werden unter diesen Bedingungen wahrscheinlich (Perrow: „Normal Accidents") und Lösungsversuche verschärfen die Situation. Zumeist reagieren Organisationen auf Probleme, die sich aus eng gekoppelten, komplexen Interaktionen ergeben, durch weiteren, verstärkten Einsatz von noch mehr Technik *(technology fix)*, z.b. durch Redundanzsysteme oder durch die weitere Implementierung von Entscheidungsroutinen.[21] Dadurch werden weitere Bedingungen für mögliche Störungen geschaffen, da das Geschehen immer differenzierter und komplexer wird (Bechmann 1990: 126f.).

(4) *Inklusion/Exklusion*: Das Thema Inklusion/Exklusion wird aktuell anhand zweier unterschiedlicher Bezugspunkte diskutiert, woraus sich für uns unterschiedliche Fragestellungen ergeben. Zum einen hinsichtlich der Erwartung einer vollständigen Inklusion aller in „entwickelten" Regionen der Welt lebenden Menschen in die wesentlichen sozialen Zusammenhänge der modernen Gesellschaft und der Frage, ob diese Erwartung empirisch verifizierbar ist. Zum anderen hinsichtlich der Frage, wie sozial-räumliche Differenzen in Städten Inklusionschancen und Exklusionsrisiken bzw. -gefahren konditionieren.[22]

In der modernen Gesellschaft ist die Frage der Teilhabe an Leistungen sozialer Arrangements nicht mehr an die Zugehörigkeit zu sozialen Vergemeinschaftungen wie einer Familie oder zu einer bestimmten sozialen Schicht oder Klasse geknüpft. Dass es für das Wohl oder Wehe eines Menschen auch heute noch einen Unterschied macht, in welche Familie er oder sie hineingeboren wird, wird nicht bestritten und es gibt dafür auch genügend empirische Belege. Auch kann es Sinn machen, Inklusionschancen mit dem Vorhandensein von Schichten und Klassen in Verbindung zu bringen, z.B. indem ein Zusammenhang von Familieneinkommen und den Chancen auf ein Hochschulstudium der Kinder hergestellt wird. Für unsere Zwecke benötigen wir aber einen systematischen und damit vergleichbaren Zugang zu den mannigfaltigen Problemen des ungleich verteilten Reichtums bzw. der Armut, der Rechtssicherheit, der politischen Teilhabe, der Bildung oder der Krankenbehandlung in der Gesellschaft im Allgemeinen und in Megastädten im Besonderen. Wir folgen deshalb Luhmanns These, dass Inklusion und Exklusion bezeichnet, inwieweit „Menschen" im Kommunikationszusammenhang sozialer Systeme Relevanz erlangen, und zwar durch die Art und Weise, wie sie als „Person" behandelt werden (Luhmann 1995: 241).

---

21 Vgl. für Informationstechnik Ortmann et al. (1990: 378).
22 Vgl. für europäische Städte Löw (2002a) und für einen Überblick den Einführungsbeitrag Löw (2002b).

Der Begriff der sozialen Inklusion transportiert die Erwartung, dass prinzipiell jeder Mensch als Rechtsperson behandelt wird und seine persönlichen Rechte auch vor Gericht durchsetzen kann; dass jede Person Eigentum besitzen und damit Handel treiben kann; dass jede Person Bildungseinrichtungen besuchen und dass jeder sich an demokratischen Wahlen beteiligen kann u.v.m. An den sozialen Prozessen des Rechts, der Wirtschaft, der Bildung und der Politik sind Personen aber nur ausschnittweise und nicht als Ganzes beteiligt. In den hier benannten Beispielen sind Rollen- und Funktionsbeschreibungen von Personen als Staatsbürger mit Grundrechten, als Geschäftsfrauen oder Konsumenten, als Schüler oder Studenten und als Wähler angedeutet.

Daraus ergibt sich die Frage, wie Personen in diesen Hinsichten relevant werden und es ist zu vermuten, dass die Bedingungen für Inklusion in den Funktionsbereichen der modernen Gesellschaft selbst hergestellt werden: Im Rechtssystem wird über ein Bürgerrecht befunden (Stadt-/Staatsbürgerrecht); in der Ökonomie wird festgelegt, was ein ausreichendes Einkommen ist, um mit Waren und Dienstleistungen Handel treiben zu können oder um diese zu konsumieren; im Bildungssystem wird festgelegt, welche individuellen Niveaus von Intelligenz, Aufmerksamkeit und Fleiß aufgebracht werden müssen, um an Schul-, Aus- und Weiterbildung teilhaben zu können, und in der Politik wird entschieden, wer ab welchem Alter wie oft wählen kann.

Wir können dieses Argument hier nur kursorisch einführen. An dem Beispiel des *microfinance* lässt sich aber die Plausibilität der Problemdimensionen darstellen. In unterschiedlichen Regionen der Welt haben Güter und Dienstleistungen einen stark differierenden Preis, was zumeist mit stark differierenden Einkommensniveaus einhergeht.[23] Menschen ohne Einkommen und Besitz haben nicht nur das aktuelle Problem der Lebensfristung, sondern ebenso das der weitgehenden Irrelevanz für Finanzorganisationen und deren Transaktionen.[24] Die Idee der Mikrokredite versucht nun – im Unterschied zu Spenden –, Inklusionschancen durch eine strikte Orientierung an finanzwirtschaftlichen Rationalitäten zu erhöhen. Es werden Mikrokredite an Personen gezahlt, die selbst nicht zahlungsfähig sind, die aber an eine Geschäftsidee geknüpfte (Rück-)Zahlungsversprechen geben können. Ein ganze Branche des *microfinance* hat sich auf dieses soziale Arrangement spezialisiert. Kredite werden an solche Personen ausgezahlt, die für etablierte Kreditinstitute ein zu hohes Finanzrisiko darstellen.

---

23   Vgl. die Reports der Weltbank zu steigenden Lebensmittelpreisen bei sinkenden Einkommen: „Rising food prices: policy options and World Bank Response" <http://siteresources. worldbank.org/NEWS/Resources/risingfoodprices_backgroundnote_apr08.pdf>, (14.04.2009).

24   Vgl. Littlefield/Rosenberg (2004: 38): „But today there is a dawning understanding that developing countries' financial systems need to be more accessible to poor people, and – more importantly – that there are practical ways to make this happen."

Mittlerweile gibt es Tendenzen, dass die beiden Welten der alternativen und der etablierten Banken zusammenwachsen, da die Rückzahlungsquote sehr hoch und stabil ist und die Transaktionskosten z.b. durch den Einsatz von Informationstechnik immer weiter reduziert werden können (Littlefield/Rosenberg 2004). Mikrokredite sind ein Beispiel dafür, wie durch *ökonomisch* rationale Maßnahmen, durch die Wahrnehmung riskanter Gewinnchancen (Baecker 1991: 179),[25] auch ökonomisch induzierte Inklusionshürden genommen werden können.

Inklusion erzeugt immer auch Exklusion. Es scheint recht wahrscheinlich, dass im Zuge der weiteren Ausdifferenzierung von Funktionsbereichen immer höhere Hürden für Personen aufgebaut werden, um kommunikativ relevant zu sein. Die Gefahr, „abgehängt zu werden", ist ein strukturelles Problem der modernen Gesellschaft und vor allem von mega-großen Städten. Schon in Europa sind die Erwartungen an die Integrationskraft von Städten hoch und werden enttäuscht, sodass eine Krise der integrativen Prozesse der sozialen Stadt festgestellt wird (Häußermann 2006: 312). Welche Krisenpotentiale Inklusionsprobleme in den Slums und Armenvierteln von Megastädten hervorrufen, das lässt sich durch die teilweise Kriegsschauplätzen ähnelnden Zustände in Sao Paolo erahnen.[26] Systematisch ergeben sich in vielen Megastädten Probleme der Verkettungen von Exklusionsmomenten. Vielen Migranten werden Stadtbürgerrechte vorenthalten. Sie leben in illegalen Siedlungen und haben keinen offiziellen Wohnsitz und keine Adresse. Dadurch kann keine reguläre Arbeit angenommen werden (wenn es sie gäbe) oder Kinder können nicht zur Schule angemeldet werden, Bildungschancen bleiben aus usw. Ein solches Szenario zeigt, wie eine rechtliche Inklusionshürde viele weitere Exklusionsmomente nach sich zieht.

Wir können auch hier einen Mechanismus der systematischen Risikoproduktion beschreiben, indem wir die Variablen der Inklusionshürden mit Möglichkeiten des Transfers in Relation bringen. Inklusionshürden sind Folgen der Durchrationalisierung von Funktionsbereichen in der Gesellschaft (auf die wiederum Städte angewiesen sind). Sie sind in ihrer Ausprägung variabel, z.B. der Preis für Trinkwasser in Relation zum Einkommen ebenso wie die Möglichkeiten eines Leistungs- bzw. Sozialtransfers, wie für unser Beispiel die behördliche Subventionierung eines bestimmten Wasserkontingents für einkommensschwache Bewohner einer Stadt. Kommen niedrige Inklusionsschwellen und ein hohes Maß an Transfermöglichkeiten in einer Stadt zusammen, dann können wir von einem günstigen Verhältnis von Inklusion und Exklusion sprechen. Diametral entgegengesetzt führen hohe Inklusionshürden in Verbindung mit geringen Transfermöglichkeiten in einen ungünstigen, krisenhaften Zustand. Daneben

---

25   Vgl. dazu grundlegend Knight (1921).
26   Vgl. die SZ vom 17.05.2006. Petra Steinberger schreibt dort: Sao Paulo. „Wir befinden uns im Krieg".

ergeben sich wiederum adaptive Entwicklungen an eine der ungünstigen Ausprägungen.

Megastädte heutiger Prägung haben mit systematischen und massenhaften Exklusionseffekten zu kämpfen. Zum einen sind es soziale Netzwerke der „informellen", oft kriminellen Leistungserstellung, die einen Leistungsbezug (Geld, Arbeit, Bildung usw.) für viele nur durch eine Integration in diese Netzwerke möglich werden lassen: indem man jemanden kennt, der jemanden kennt, der Zugang zu Leistungen hat und gegen zukünftige Gefälligkeiten Zugang gewähren kann. Zum anderen kommt es oft zu spontanen Gewaltausbrüchen, wenn die weitestgehend Exkludierten mit denen auf engem Raum leben, die gut sichtbar vieles besitzen, was andere begehren. Diese Phänomene lassen sich nicht einfach auf die Beobachtung von arm/reich zurückführen. Vielmehr sind sie Ausprägung einer sich funktional ausdifferenzierenden Gesellschaft, die auf der lokalen Ebene der Megastädte stark verdichtet, enorm unterschiedliche Inklusionschancen hervortreten lassen.

**

Was ist bis hierher gewonnen? Erstens konnten invariante Funktionsnotwendigkeiten beschrieben werden, wobei die einzelnen städtischen Ausprägungen der Funktionserfüllung (in Form konkreter Handlungen und Entscheidungen) höchst variantenreich sind. An die Funktionserfüllung schließen sich Mechanismen der systematischen Risikoproduktion an, die auf die Stadt als Institution (1) bzw. die auf die Möglichkeit der synchronen (3) Inklusion (4) in unterschiedliche sachliche Aspekte der Bedarfsdeckung (2) abzielen. Auf diesem Weg können wir für unterschiedliche Hinsichten, die für die Aufrechterhaltung des Stadtlebens vital sind, einen äquivalenten Problembezug angeben: nämlich die Möglichkeit der Selbstgefährdung. Zweitens kann die Frage des Maßstabs der ausreichenden (das physiologische Überleben), der guten (das gute Leben) oder der nachhaltigen (das gute Leben auch für zukünftige Generationen) Funktionserfüllung zunächst unbeantwortet bleiben. Es reicht aus, die vorfindlichen Verhältnisse daraufhin zu beobachten, ob die Bedingungen der Funktionserfüllung bereits Anlagen für eine mögliche Funktionsgefährdung enthalten.

6   Megastadt-Forschung

Wir hatten mit der Feststellung begonnen, dass historische Differenzierungsprozesse allein noch nicht auf einen *Risiko-Lebensraum* Megastadt schließen lassen. Eine Chancen-, Risiko- und Gefahrensemantik verdeutlicht zunächst einmal nur, wie sich historisch Zurechnungsgewohnheiten hinsichtlich von Handlungsfolgen verschieben. Die Risikosemantik ist in heutigen Zeiten deshalb schnell bei der Hand, weil negative, von der Erwartung einer Chance abweichende Konsequenzen auf Entscheidungen zugerechnet werden – woraus sich für Betroffene ebenso eine Gefahrenperspektive ergibt. Risiken und Gefahren sind aber in so vielfältigen wie zahllosen Situationen in Städten Realität, dass man über eine simple Qualifizierung von *Mega*stadt gleich *Mega*risiken nicht hinauskommt. Auch die Dimension des Raums ist über die Beschreibung von sozial-räumlichen Differenzen hinaus kein umfassender Problembezug für eine Gesamtqualifizierung einer Stadt, da sich auch hier Chancen, Risiken und Gefahren wechselseitig bedingen.

In diesem Text wurde thesenartig argumentiert, dass es sich lohnen kann, Megastadtforschung an bestimmten Mechanismen der systematischen Risikoproduktion auszurichten. Diese ermöglichen einen Vergleich unterschiedlicher Risiko- und Gefahrenaspekte in der Stadt hinsichtlich eines gemeinsamen Bezugsproblems: *die Gefährdung städtischer Funktionen durch die Bedingungen ihres Funktionierens selbst.* Damit ist gleichzeitig die Hoffnung verbunden, ganz unterschiedliche Städte unter einer gemeinsamen Perspektive zu untersuchen, da wir nicht von zwangsläufigen, sondern von kontingenten Entwicklungen ausgehen, die mit den Begriffen der Chance, des Risikos und der Gefahr bezeichnet sind.

Die hier vorgestellte Perspektive ist eine soziologische, die aber in den unterschiedlichen sachlichen, zeitlichen und sozialen Problembezügen auf das Spezialwissen anderer Forschungen zurückgreifen muss: Mit Forschungen zu Naturgefahren, Stoffströmen in der Stadt, Verkehrs- oder Abfallsystemen sowie der Klimaforschung und den speziellen Disziplinen zur Stadtplanung und -entwicklung sind nur einige genannt. Die Forschung zu den konkreten Aspekten von Risiko und Gefahr ist notwendigerweise multidisziplinär. Darüber hinaus ergeben sich weitere Fragen, inwieweit die beschriebenen Möglichkeitsräume deckungsgleich mit Beschreibungen der *Resilienz* auf der einen und *Vulnerabilität* auf der anderen Seite sind. Man könnte der Vermutung nachgehen, dass die jeweils günstigsten Ausprägungen der oben beschriebenen Entwicklungen eine hohe Widerstandsfähigkeit der Stadt vor allem gegenüber plötzlichen Entwicklungen widerspiegeln und dass die jeweils krisenhaften Entwicklungen mit einer erhöhten Vulnerabilität korrespondieren. Auch ist die Frage der Relation von Funktion und Nachhaltigkeit noch ungeklärt, wobei zu fragen wäre, ob Funktionserfüllung notwendige und Nachhaltigkeit hinreichende Bedingung für die Aufrechterhaltung von Megastädten als *Habitat* wäre.

Literatur

Arts, Bas (1994): „Nachhaltige Entwicklung. Eine begriffliche Abgrenzung". In: *Periphe-rie* Nr. 54, S. 6-27.

Baecker, Dirk (1991): *Womit handeln Banken? Eine Untersuchung zur Risikoverarbei-tung in der Wirtschaft*. Frankfurt am Main: Suhrkamp.

— (2004): „Miteinander leben, ohne sich zu kennen: Die Ökologie der Stadt". In: *Soziale Systeme*, Band 10, Nr. 2, S. 257-272.

Bahrdt, Hans Paul ([2]2006): *Die moderne Großstadt: soziologische Überlegungen zum Städtebau*. Wiesbaden: VS Verlag für Sozialwissenschaften.

Bechmann, Gotthard (1990): „Großtechnische Systeme, Risiko und gesellschaftliche Unsicherheit". In: Halfmann, Jost/Japp, Klaus Peter (Hrsg.): *Riskante Entscheidun-gen und Katastrophenpotentiale: Elemente einer soziologischen Risikoforschung*. Opladen: Westdeutscher Verlag, S. 123-149.

Bechmann, Gotthard/Japp, Klaus Peter (1997): „Zur gesellschaftlichen Konstruktion von Natur. Soziologische Reflexion der Ökologie". In: Hradil, Stefan (Hrsg.): *Differenz und Integration: die Zukunft moderner Gesellschaften*. Frankfurt am Main: Campus Verlag, S. 551-567.

Berz, Gerhard (Hrsg.) (2004): *Megacities – Megarisks. Trends and Challenges for Insur-ance and Risk Management*. München: Münchener Rückversicherungs-Gesellschaft: Knowledge series.

Brunner, Paul H./Rechberger, Helmut (2004): *Practical Handbook of Material Flow Analysis*. Boca Raton, Florida et al.: Lewis.

Bubner, Rüdiger (2002): *Polis und Staat: Grundlinien der Politischen Philosophie*. Frank-furt am Main: Suhrkamp.

Castells, Manuel (2001): *Das Informationszeitalter I: Die Netzwerkgesellschaft*. Opladen: Leske + Budrich.

Conze, Werner (2004): „Bauer, Bauernstand, Bauerntum". In: Brunner, Otto/Conze, Werner/Koselleck, Reinhart (Hrsg.): *Geschichtliche Grundbegriffe: historisches Le-xikon zur politisch-sozialen Sprache in Deutschland*. Band 1. Stuttgart: Klett-Cotta, S. 407-439.

Feldbauer, Peter/Parnreiter, Christof (1997): „Megastädte – Weltstädte – Global Cities". In: Bronger, Dirk/Feldbauer, Peter/Husa, Karl/Pilz, Erich (Hrsg.): *Mega-Cities: die Metropolen des Südens zwischen Globalisierung und Fragmentierung*. Frankfurt am Main: Brandes & Apsel Verlag et al., S. 9-19.

Feldbauer, Peter/Mar Velasco, Patricia/Parnreiter, Christof (1997): „Megalopolis Mexi-ko". In: Bronger, Dirk/Feldbauer, Peter/Husa, Karl/Pilz, Erich (Hrsg.): *Mega-Cities: die Metropolen des Südens zwischen Globalisierung und Fragmentierung*. Frankfurt am Main: Brandes & Apsel Verlag et al., S. 281-302.

Greiving, Stefan (2002): *Räumliche Planung und Risiko*. München: Gerling Akademie-Verlag.

Grünthal, Gottfried (1984): „Seismische Gefährdung". In: Hurtig, Eckart (Hrsg.): *Erdbe-ben und Erdbebengefährdung*. Berlin: Akademie-Verlag, S. 169-238.

Häußermann, Hartmut (2006): „Die Krise der 'sozialen Stadt'. Warum der sozialräumliche Wandel der Städte eine eigenständige Ursache für Ausgrenzung ist". In: Bude, Heinz/Willisch, Andreas (Hrsg.): *Das Problem der Exklusion: Ausgegrenzte, Entbehrliche, Überflüssige*. Hamburg: Hamburger Ed., S. 295-313.

Holling, Crawfort S. (1978): „Myths of Ecological Stability: Resilience and the Problem of Failure". In: Smart, C. F./Stanbury, W. T. (Hrsg.): *Studies on crisis management*. Toronto, Kanada, S. 97-109.

Hume, David ([16]1975): *A Treatise of Human Nature*. London: Oxford University Press.

Japp, Klaus P./Krohn, Wolfgang (1996): „Soziale Systeme und ihre ökologischen Selbstbeschreibungen". In: *Zeitschrift für Soziologie*, Bd. 25, Nr. 3, S. 207-222.

Knight, Frank H. (1921): *Risk, Uncertainty and Profit*. <www.econlib.org/library/Knight/knRUP.html> (14.04.2009).

König, René (1974): „Definition der Stadt". In: Pehnt, Wolfgang (Hrsg.): *Die Stadt in der Bundesrepublik Deutschland: Lebensbedingungen, Aufgaben, Planung*. Stuttgart: Philipp Reclam jun., S. 11-25.

Kraas, Frauke (2003): „Megacities as Global Risk Areas". In: *Petermanns Geographische Mitteilungen*, Bd. 147, Nr. 4, S. 6-15.

Littlefield, Elizabeth/Rosenberg, Richard (2004): „Breaking Down the Walls Between Microfinance and the Formal Financial System". In: *Finance & Development*, Bd. 41, Nr. 2, S. 38-40.

Löw, Martina (2002a): *Differenzierungen des Städtischen*. Opladen: Leske + Budrich.

— (2002b): Die Stadt: „Eine Verdichtung funktionaler Differenzierung, eine räumlich differenzierte Einheit oder ein geschlechtlich differenzierter Raum?". In: Löw, Martina (Hrsg.): *Differenzierungen des Städtischen*. Opladen: Leske + Budrich, S. 9-26.

Luhmann, Niklas (1993): „Risiko und Gefahr". In: Krohn, Wolfgang/Krücken, Georg (Hrsg.): *Riskante Technologien: Reflexion und Regulation*. Frankfurt am Main: Suhrkamp, S. 138-185.

— ([5]1994): *Soziale Systeme*. Frankfurt am Main: Suhrkamp.

— (1995): „Inklusion und Exklusion". In: Luhmann, Niklas (Hrsg.): *Soziologische Aufklärung 2: Aufsätze zur Theorie der Gesellschaft*. Opladen: Westdeutscher Verlag, S. 237-264.

— (1997): *Die Gesellschaft der Gesellschaft*. Frankfurt am Main: Suhrkamp.

— (2005a): „Die Unwahrscheinlichkeit der Kommunikation". In: Luhmann, Niklas (Hrsg.): *Soziologische Aufklärung 3: Soziales System, Gesellschaft, Organisation*. Wiesbaden: VS Verlag für Sozialwissenschaften, S. 29-40.

— (2005b): „Einführende Bemerkungen zu einer Theorie symbolisch generalisierter Kommunikationsmedien". In: Luhmann, Niklas (Hrsg.): *Soziologische Aufklärung 2: Aufsätze zur Theorie der Gesellschaft*. Wiesbaden: VS Verlag für Sozialwissenschaften, S. 212-240.

— (2005c): „Erleben und Handeln". In: Luhmann, Niklas (Hrsg.): *Soziologische Aufklärung 3: Soziales System, Gesellschaft, Organisation*. Wiesbaden: VS Verlag für Sozialwissenschaften, S. 77-92.

— (2005d): „Partizipation und Legitimation: Die Ideen und die Erfahrungen". In: Luhmann, Niklas (Hrsg.): *Soziologische Aufklärung 4: Beiträge zur funktionalen*

Differenzierung der Gesellschaft. Wiesbaden: VS Verlag für Sozialwissenschaften, S. 159-168.

Marcuse, Peter (2006): „Die 'Stadt' – Begriff und Bedeutung". In: Berking, Helmuth (Hrsg.): *Die Macht des Lokalen in einer Welt ohne Grenzen.* Frankfurt am Main et al.: Campus-Verlag, S. 201-215.

Maruyama, Magoroh (1963): „The Second Cybernetics. Deviation-Amplifying Mutual Causal Processes". In: *American Scientist,* Bd. 51, S. 164-179.

Mehta, Suketu (2006): *Bombay: Maximum City.* Frankfurt am Main: Suhrkamp.

Meier, Christian (2004): „Demokratie. Antike Grundlagen". In: Brunner, Otto/Conze, Werner/Koselleck, Reinhart (Hrsg.): *Geschichtliche Grundbegriffe: historisches Lexikon zur politisch-sozialen Sprache in Deutschland,* Band 1. Stuttgart: Klett-Cotta, S. 821-835.

Nassehi, Armin (2002): „Dichte Räume. Städte als Synchronisations- und Inklusionsmaschinen". In: Löw, Martina (Hrsg.): *Differenzierungen des Städtischen.* Opladen: Leske + Budrich, S. 211-232.

OECD (Organisation for Economic Co-Operation and Development) (2003): *Emerging Risks in the 21st Century. An Agenda for Action.* Paris: OECD.

Ortmann, Günther/Windeler, Arnold/Becker, Albrecht/Schulz, Hans-Joachim (1990): *Computer und Macht in Organisationen. Mikropolitische Analysen.* Opladen: Westdeutscher Verlag.

Pelling, Mark (2003): *The Vulnerability of Cities: Natural Disasters and Social Resilience.* London et al.: Earthscan Publications.

Perrow, Charles, (1992): *Normale Katastophen - Die unvermeidbaren Risiken der Großtechnik.* Frankfurt/New-York: Reihe Campus, 2. Aufl.

Popitz, Heinrich ([2]2004): *Phänomene der Macht.* Tübingen: Mohr.

Ritter, Joachim (1969): *Metaphysik und Politik: Studien zu Aristoteles und Hegel.* Frankfurt am Main: Suhrkamp.

Schroer, Markus (2006): *Räume, Orte, Grenzen: auf dem Weg zu einer Soziologie des Raums.* Frankfurt am Main: Suhrkamp.

Simmel, Georg ([5]2006): *Soziologie: Untersuchungen über die Formen der Vergesellschaftung.* Frankfurt am Main: Suhrkamp.

Sombart, Werner (1983): *Liebe, Luxus und Kapitalismus: über die Entstehung der modernen Welt aus dem Geist der Verschwendung.* Berlin: Wagenbach.

Stichweh, Rudolf (1998): „Raum, Region und Stadt in der Systemtheorie". In: *Soziale Systeme,* Bd. 4, Nr. 2, S. 341-358.

Turner, B. L./Kasperson, Roger E./Matson, Pamela A./McCarthy, James J./Corel, Robert W./Christensen, Lindsey et al. (2003): *A Framework for Vulnerability Analysis in Sustainability Science.* In: *PNAS,* Bd. 100, Nr. 14, S. 8074-8079.

Weber, Max (1964): *Wirtschaft und Gesellschaft: Grundriss der verstehenden Soziologie.* 2. Halbband – Studienausgabe. Köln: Kiepenheuer & Witsch.

Wisner, Ben/Blaikie, Piers/Cannon, Terry/Davies, Ian ([2]2004): *At Risk: Natural Hazards, People's Vulnerability and Disasters.* London et al.: Routledge.

Kulturen als soziomaterielle Welten

Ignacio Farías

1 Die Systemtheorie und der Kulturbegriff im Gegenwind

Mehr als zehn Jahre sind inzwischen vergangen seit Niklas Luhmanns Tod und der Publikation seines *opus magnum: Die Gesellschaft der Gesellschaft* (Luhmann 1997). Es mag noch zu früh sein, um die Reichweite und Nachhaltigkeit des Einflusses seiner Theorie sozialer Systeme (im Folgenden TSS) einzuschätzen, aber ein kurzer Blick auf die zeitgenössischen und am meisten diskutierten Strömungen im Bereich der soziologischen Theorie suggeriert, dass Luhmanns Beiträge wenig wahrgenommen, verstanden und in die soziologische Kommunikation eingeführt werden. Über diese Einschätzung kann natürlich gestritten werden. Es ist beispielsweise schwer einzuschätzen, ob die Existenz einer auf TSS fokussierten Zeitschrift ein Zeichen für ihre wachsende Bedeutung oder für ihre Isolierung ist. Meine eher pessimistische Einschätzung ergibt sich nicht zuletzt aus meiner Suche nach innovativen systemtheoretischen Artikeln für zwei Sammelbände (Farías/Ossandón 2006; im Druck), meiner Teilnahme an vier internationalen Tagungen zu Luhmanns Werk in den letzten Jahren – Mexiko-Stadt (2007), Luzern (2007), Berlin (2007) und Santiago de Chile (2008) –, und meiner gleichzeitigen Beobachtung der raschen Ausbreitung und des größer werdenden Einflusses anderer theoretischer Programme wie der relationalen Netzwerksoziologie (White 2008), der Soziologie der Konventionen (Boltanski/Thévenot 2006) oder der symmetrischen Soziologie (Latour 2005), die sich mit Prozessen, Agenten und Dimensionen beschäftigen, die in Luhmanns Theorie als zweitrangig angesehen werden. Zwar können aus dieser relativen Isolierung der TSS keine endgültigen Schlüsse auf ihre Zukunft gezogen werden, es sollte jedoch klar sein, dass die TSS trotz ihrer reichhaltigen Einsichten und Erkenntnisse zunächst nur als Irritationsfaktor wirkt.

Die Gründe dafür könnte man in der Umwelt der TSS suchen und würde sie dort auch finden. Allochronisierungsstrategien, also den Anderen als Einwohner einer schon vergangenen Zeit zu beschreiben (Fabian 2002), ließen sich ebenfalls gut anwenden: Die Soziologie und die Sozialtheorie seien in Aporien einer dunklen Zeit – etwa Struktur/Aktion, Subjekt/Objekt oder Gesellschaft/Individuum – und in einem längst überholten Humanismus steckengeblieben und blockieren den Aufstieg der Systemtheorie. Mir erscheint es aber wichtiger und mehr im

Sinne von Luhmanns Werk, den Blick auf die Differenz zu lenken und zwar auf die tiefgreifende Differenz zwischen der von der TSS ermöglichten soziologischen Beobachtung der Gesellschaft und der raschen Verbreitung hybrider Phänomene (Latour 1993) wie Klimawandel, Neuromarketing und viele andere, die die Grenzen zwischen dem Materiellen, dem Ökologischen, dem Psychischen und dem Sozialen infrage stellen (Reckwitz 2004). Mein Eindruck ist, dass, wenn die TSS kaum Einfluss in den neuen Strömungen der heutigen Soziologie nachweisen kann, es sehr wohl am immer größer werdenden Abstand liegen mag zwischen dem Interesse an neuen Gegenständen, die sich kaum mittels einer Kommunikationstheorie erklären lassen, und dem Durkheimschen Gestus, mit dem die TSS den Bereich des Sozialen abgrenzt und für sich beansprucht (Luhmann 1984).

Die Ablehnung und das Übersehen der TSS in der heutigen Soziologie basieren nur zum Teil auf Unkenntnis der systemtheoretischen Perspektive für die Beobachtung von Gesellschaft. Es wäre möglich, Neugier für die TSS zu erzeugen (siehe zum Beispiel Rabinow 2007), wenn der systemtheoretische Fokus auf Kommunikationsprozesse nicht gleichzeitig mit dem Anspruch einer Begrenzung des Sozialen auf Kommunikation verknüpft wäre. Die TSS, das wissen wir wohl, basiert auf multiplen Unterscheidungen und verfügt damit über enormes Potenzial zur internen Variation. Viele der interessantesten und gewagtesten Thesen zeitgenössischer Systemtheoretiker basieren tatsächlich genau auf Bewegungen weg von Luhmanns privilegierter Unterscheidung System/Umwelt hin zu anderen theoretischen Leitunterscheidungen wie Medium/Form (Corsi 2008), Unterscheidung/Bezeichnung (Baecker 2005), Operation/Struktur (Göbel 2007), Struktur/Organisation (Mascareño 2003) usw. Während auf diese Weise die Autopoiese der Kommunikation über systemische Kommunikation (Mascareño 2006) gesichert werden sollte, fungiert aber die Begrenzung des Sozialen auf Kommunikation als *obstacle epistemologique* (Farías/Ossandón im Druck), der die Artikulation von TSS mit anderen zeitgenössischen Soziologien erschwert, wenn nicht ganz unmöglich macht.

Die Idee des *obstacle epistemologique* übernahm Luhmann (1997) bekanntlich von Gaston Bachelard, um in der Tradition verhaftete konzeptionelle Vereinfachungen zu identifizieren, die durch Komplexitätsmangel und die damit verbundene Uniformierung der Gegenstände eine ‚wissenschaftliche‘ Analyse der Gesellschaft verhinderten. Trotz der impliziten asymmetrischen Annahme Bachelards, nämlich dass epistemologische Hindernisse von soziokulturellen Traditionen abzuleiten sind, wissenschaftliche Erkenntnisse jedoch nicht (vgl. Bloor 1991), kann dieser Begriff auch Luhmanns Anlehnung an eine soziologische Tradition hervorheben, die zumindest seit der Durchsetzung Emile Durkheims im Rahmen der Kontroverse mit Gabriel Tarde (Latour 2008; Latour/Karsenti 2008) das Soziale als ein emergentes und uniformes Phänomen betrachtet (Latour 2005). Luhmanns Radikalisierung dieser These führt zu einer der wenigen Stellen, wenn nicht der einzigen in seiner TSS, an der man keiner Differenz begegnet, sondern einer Identität: Das Soziale gleicht Kommunikation. Das Soziale wird so als trennbare und separierbare Sphäre gedacht (Reckwitz 2004), bestehend aus einer homogenen Art von Elementen, nämlich Kommunikationen. Luhmanns „eigentliche Besonderheit" (Reckwitz 2004: 218) ergibt sich so aus dieser Anlehnung an die vielleicht klassischste soziologische Tradition, die schon seit Marcel Mauss Begriff des *fait social total* auch kritisch rezipiert worden ist (Lévi-Strauss 1997). Die theoretischen Arbeiten von Luhmanns Zeitgenossen wie Pierre Bourdieu (1994), Michel Foucault (2004a; 2004b) oder Judith Butler (1994) heben genau die Verquickung des Sozialen, Psychischen, Körperlichen und sogar Materiellen hervor; Verquickungen, die die TSS in Schwierigkeiten und vor allem zum Schweigen bringen.

Die große Herausforderung für die TSS scheint mir darin zu bestehen, nach theoretischen Innovationen zu suchen, die diese heterogene Verquickung des Sozialen im Beobachtungsfeld der TSS wiedereinführen lassen, ohne gleichzeitig auf die einzigartigen kommunikationstheoretischen Erkenntnisse der TSS verzichten zu müssen. Die Frage sollte also lauten: Wo findet man ein ‚Fenster‘ in der TSS, die diese zu einer breiteren Theorie des Sozialen jenseits der Selbstreferenz und Autopoiesis der Kommunikation machen kann? Meines Erachtens befindet sich diese ‚Lücke‘ im Kulturbegriff; ein bisher eher missachteter Begriff, der aber neue konzeptionelle Möglichkeiten für die Definition des Sozialen eröffnen kann.

Aber ist Kultur nicht nur ein Begriff der Praxis, eine Semantik für die Selbstbeschreibung (oft auch politisch) der Gesellschaft, als wissenschaftliches Konzept leer und gescheitert (vgl. Mascareño 2007)? Wenn man sich die Position des Kulturbegriffs in der gegenwärtigen Sozialtheorie anschaut, wird einem schnell klar, dass der intensiven Dekonstruktion und Kritik am Kulturbegriff in den 1970er und 1980er Jahren dessen komplette Ausschöpfung gelang, die sich heutzutage vor allem in seiner zunehmenden Vermeidung als analytischer Begriff zeigt.

Diese Vermeidung ist besonders deutlich in der nordamerikanischen ‚Kulturanthropologie‘, die nach der postkolonialen und feministischen Kritik an den hegemonialen und allochronisierenden Untertönen im Kulturbegriff (Abu-Lughod 1991; Asad 1973; Bhabha 1994; Fabian 2002) und nach der postmodernistischen Dekonstruktion der Kultur als Fiktion (Clifford 1991; Clifford/Marcus 1991; Geertz 1994; 2001) die Erforschung von Kultur für sich nicht mehr in Anspruch nimmt. Eine der einflussreichsten Strömungen in der heutigen amerikanischen Kulturanthropologie, die sich aus dem „experimental moment" (Marcus/Fischer 2000) der 1980er Jahre entfaltet hat, versteht ihre Aufgabe als kritisches Engagement mit der Welt aus einer „militant middle-ground position" (Herzfeld 2001),[1] die sich zwischen Positivismus und Dekonstruktion, theoretischer Abstraktion und lokalem Wissen und interessanterweise zwischen Sozial- und Kulturanthropologie verankern will. Diese letzte Unterscheidung wird in Nebensätze verbannt[2] und Kultur wird weder als Gegenstand noch als Teilgegenstand der Anthropologie vorgesehen.

In der Soziologie sieht die Situation nicht wesentlich anders aus. Kultur spielt kaum eine Rolle in den Arbeiten und Theorien vieler einflussreicher lebender Soziologen (vgl. Savage 2009). John Goldthorpes weltweit führende, stark quantitative und vergleichende Arbeiten zu sozialer Stratifikation und intergenerationaler Mobilität in führenden Ländern basieren auf einer Theorie der rationalen Aktion, die keinen Platz für kulturelle Aspekte lässt (Goldthorpe 2007). Bruno Latour und Kollegen haben im Feld der Wissenschaftssoziologie die Akteur-Netzwerk-Theorie entwickelt, die auf Ideen von Gesellschaft und Kultur verzichtet, um ein symmetrisches Verständnis von der aktiven Rolle von nicht menschlichen und menschlichen Aktanten zu verfechten (Callon 2001; Latour 2005; Law/Hassard 1999). Eher schwache Verwendungen des Kulturbegriffes findet man in der von Andrew Abbot (2001) weiterentwickelten Tradition der *Chicago School* sowie in Harrison Whites (2008) bahnbrechenden Arbeiten zur relationalen Netzwerktheorie. Kultur taucht in beiden Traditionen gelegentlich als Metapher, jedoch nicht als eigentlicher Gegenstand auf. Die Unterscheidung zwischen Gesellschaft und Kultur, die ein Neo-Parsonianer wie Jeffrey Alexander (1990) in den Arbeiten und Theorien von Pierre Bourdieu, Michel Foucault, Roland Barthes, Judith Butler und vielen anderen noch beobachten konnte, lässt sich in den zeitgenössischen soziologischen sowie anthropologischen Theorien kaum mehr so deuten.

In Luhmanns TSS findet man einen ähnlichen Verzicht auf Kultur, „einer der schlimmsten Begriffe, die je gebildet worden sind" (Luhmann 1995: 398). Die Gründe dafür, die ich im nächsten Abschnitt erörtern möchte, sind besonders einleuchtend in Bezug auf das Schicksal des Kulturbegriffes in den heutigen Sozialwissenschaften. Wenn man den Begriff weiter verwenden möchte, muss

---

1   Es geht hier um ein ganz besonderes Buch, mit dem Michael Herzfeld von der UNESCO beauftragt wurde, um die Stärken der Anthropologie für das Verstehen gesellschaftliche Dynamiken in einer globalisierenden Welt zu betonen. Herzfeld gab 2000 ein Doppelheft des *International Social Sciences Journal* mit übergreifenden Aufsätzen wichtiger Anthropologen heraus und schrieb anschließend auf Basis dieser Artikel dieses Buch.

2   Am Anfang des zweiten Kapitels ‚Epistemologies' erklärt Herzfeld, dass „Social and cultural anthropology – the precise name is more of an indication of local intellectual histories than of any substantial differences, despite the flur that flew around the distinction in the 1970s – is above all an empirical discipline" (Herzfeld 2001: 21).

dieser neu gedacht und bestimmt werden. Die Systemtheorie hat damit angefangen, indem sie Kultur zunächst als historischen Begriff untersucht und die Frage „wozu Kultur?" gestellt hat (Baecker 2001; Luhmann 1999). Aber diese Neubestimmung muss weiter vorangetrieben werden, damit ein soziologischer Bezug auf Kultur eine komplementäre und erweiternde Perspektive für die TSS eröffnet. Bevor diese Neubestimmung angestrebt werden kann, ist es notwendig zu verstehen, wie die Unterscheidung Gesellschaft und Kultur in der Sozialtheorie gedacht worden ist und auf welchen Grundlagen die systemtheoretische Dekonstruktion dieser Unterscheidung geschah. Beide Aspekte werden im nächsten Abschnitt behandelt.

2   Kultur aus systemtheoretischer Sicht

Zurück zu Franz Boas und den Anfängen der nordamerikanischen Anthropologie rückt die Idee, dass Kultur der eigenständige und eingegrenzte Gegenstand der Anthropologie ist – Robert Lowie beispielsweise behauptete: Kultur „is, indeed, the sole and exclusive subject-matter of ethnology" (Kuper 1999: ix). In dieser Argumentationslinie behaupteten 1952 die damals führenden amerikanischen Anthropologen Alfred Kroeber und Clyde Kluckhohn, dass der Kulturbegriff „[i]n explanatory importance and in generality of application it is comparable to such categories as gravity in physics, disease in medicine, evolution in biology" (Kuper 1999: x). Nach der Revision von 164 Definitionen von Kultur kamen die beiden zu dem Schluss, dass Kultur einen eindeutigen, definierten und erforschbaren Gegenstand konstituiert, der vor allem aus „patterns, explicit and implicit, of and for behavior acquired and transmitted by symbols" besteht und dessen Kern „consists of traditional [...] ideas and specially their attached values" (Kroeber/Kluckhom in Kuper 1999: 58).

Diese Vorstellung von Kultur war insofern wesentlich, als sie eine der einflussreichsten Allianzen in den (nordamerikanischen) Sozialwissenschaften ermöglichte. 1951 veröffentlichte Talcott Parsons sein Buch *Toward a General Theory of Action*, in dem eine präzise Unterscheidung von den bestimmenden Elementen sozialer Handlung eingeführt wird: 1. vom Persönlichkeitssystem definierte Bedürfnisdispositionen, 2. vom Sozialsystem konstruierte soziale Rollen und 3. durch das Kultursystem vermittelte Wertschemata *(value patterns)*. Das Medium des Kultursystems, beobachtete Parsons, bestehe aus Symbolen, die diese Wertschemata vermitteln. Kultur wird so mit einer normativen Orientierungsfunktion gleichgesetzt.

Dirk Baecker (2001) hat gezeigt, dass diese Unterscheidung von Kultur und sozialer Handlung zirkulär gedacht war, da soziale Handlungen sowohl als direkte Ableitungen kultureller Orientierungen als auch als Basis für ihre Entstehung gelten. Die Invisibilisierung dieser Zirkularität erfolgte nur ein paar Jahre später, als Parsons in *Economy and Society* (Parsons/Smelser 1984) das Kultursystem als latent beschrieb. Kultur wurde so vom in Interaktion und sozialen Situationen stattfindenden Wechselspiel zwischen Handlung und Sanktion befreit bzw. externalisiert. Durch die Zuschreibung von Latenz ähnelt nun die Kultur einem Programm für soziale Handlung, das von konkreten Handlungen nicht geändert werden kann. Das war der ausschlaggebende Schritt, der zu einem der einflussreichsten Artikel in den nordamerikanischen Sozialwissenschaften führen sollte.

1958 veröffentlichten Kroeber und Parsons „The Concept of Culture and of Social System"; ein wahrer ‚Waffenstillstand, für den Streit zwischen Soziologen und Anthropologen bezüglich der Frage „ob ‚Kultur, oder ‚Gesellschaft, (beziehungsweise ‚soziales System,) der Grundbegriff der Analyse menschlicher Gemeinschaften sein soll" (Baecker 2001: 138). In diesem Kontext schlugen diese beiden Sozialwissenschaftler gemeinsam eine neue begriffliche Bestimmung vor, die nicht nur wissenschaftlich, sondern auch wissenschaftspolitisch der klaren Trennung zwischen Anthropologie und Soziologie dienen sollte:

> We suggest that it is useful to define the concept *culture* for most usages more narrowly than has been generally the case in the American anthropological tradition, restricting its reference to transmitted and created content and patterns of values, ideas, and other symbolic-meaningful systems as factors in the shaping of human behavior and the artifacts produced through behavior. On the other hand, we suggest that the term *society* — or more generally, *social system* — be used to designate the specifically relational system of interaction among individuals and collectivities. To speak of a „member of a culture" should be understood as an ellipsis meaning a „member of the society of culture Y" (Kroeber/Parsons 1958: 583).

Für Kroeber und Parsons war es von höchster Dringlichkeit, die Verwechslung dieser Begriffe zu vermeiden, da sie nicht nur die Analyse von empirischem Material erschwerte, sondern auch die Arbeit an der eigentlichen Herausforderung verhinderte, nämlich die Identifikation der Anpassungsmechanismen der Gesellschaft an die Kultur und der Kultur an die Gesellschaft. Parsons betonte zunächst eine eher symmetrische „Interrelation" von Kultur und Gesellschaft. Aber im Hinblick auf die Mechanismen war für ihn eindeutig das soziale System der „core of human action systems" (Baecker 2001: 140) und Kultur nur insofern relevant, als sie normative Orientierungen bereitstellte. Dieses Verständnis von Kultur findet sich in dem von Parsons und Shils entwickelten Theorem der doppelten Kontingenz wieder, das die minimalen Bedingungen sozialer Interaktion bzw. sozialer Ordnung zu formalisieren versucht:

There is a *double contingency* inherent in interaction. On the one hand, ego's gratifications are contingent on his selection among available alternatives. But in turn, alter's reaction will be contingent on ego's selection and will result from a complementary selection on alter's part. Because of this double contingency, communication, which is the preoccupation of cultural patterns, could not exist without both generalization from the particularity of the specific situations (which are never identical for ego and alter) and stability of meaning which can only be assured by „conventions" observed by both parties (Parsons/Shils 1951: 16).

Der Schlüssel sind hier die „conventions observed by both parties", da sie auf die Funktion der Kultur als Bereitstellung von Wertschemata hinweisen. Raf Vanderstraeten (2002) hat gezeigt, dass hinter diesem Modell nicht nur die oft kritisierte „oversocialized view of man" steht, sondern auch eine negative Auffassung von doppelter Kontingenz, die diese mit einem nicht-sozialen Zustand gleichsetzt. Die logische Konsequenz davon ist, dass die Ressourcen für eine ‚Lösung' des ‚Problems' der doppelten Kontingenz nicht im Sozialen zu finden sind, sondern im Individuum und dessen introspektiver Überzeugung von der Notwendigkeit geteilter normativer Orientierungen. Parsons appelliert so an ein geteiltes Symbolsystem, das Wertkriterien und Normen für Egos und Alters Selektionen zwischen kontingenten Handlungsalternativen bereitstellt und soziale Koordination ermöglicht. Diese ist für Parsons die einzig mögliche ‚Lösung', da „the elimination of the normative aspect altogether eliminates the concept of action itself" (Parsons 1968: 733).

Luhmann könnte hier Parsons nur zustimmen und – den Handlungsbegriff in Frage stellend – gleichzeitig hinfügen, dass das Problem der doppelten Kontingenz mit dem Kommunikationsbegriff erarbeitet werden sollte. Luhmann zufolge ist die soziale Koordination und Dynamik, die in solch einer Situation entsteht, nicht auf Basis der voneinander abhängigen Handlungen von Individuen zu erklären, so wie es Parsons in Anlehnung an George H. Meads symbolischen Interaktionismus konzipierte, sondern eher als emergente, kommunikative Dynamik, die nicht auf die beteiligten Individuen zurückzuführen ist. Darüber hinaus erfordert Kommunikation keinen vorhandenen Konsens über Wertorientierungen, da Kommunikation sich aus der Situation heraus strukturiert:

> Alter bestimmt in einer noch unklaren Situation sein Verhalten versuchsweise zuerst. Er beginnt mit einem freundlichen Blick, einer Geste, einem Geschenk – und wartet ab, ob und wie Ego die vorgeschlagene Situationsdefinition annimmt. Jeder darauf folgende Schritt ist dann im Lichte dieses Anfangs eine Handlung mit kontingenzreduzierendem, bestimmendem Effekt (Luhmann 1984: 150).

Luhmann wendet hier eine subtile theoretische Strategie an, auf die er immer wieder für die Umgehung mit Paradoxien zurückgreift (Ramos-Torres 1997), nämlich die Einführung von Zeit. Parsons modelliert eine zeitlose Situation doppelter Kontingenz: Ego und Alter treffen in einem abstrakten nicht sozialen und zeitlosen Raum aufeinander. Für Luhmann ist aber die Situation doppelter Kontingenz schon immer eine soziale Situation, in der ein Ereignis zum nächsten führt und dieses wiederum neue Anschlussmöglichkeiten eröffnet.

Luhmann entledigt sich so des Problems des Grundzustands des Systems, er bricht mit der Annahme einer zeitlosen Reziprozität der Perspektiven (*pace* Alfred Schutz) und belebt sozusagen die Situation der doppelten Kontingenz. Zeit einzuführen heißt also, dass die Lösungen für das ‚Problem' der doppelten Kontingenz immer temporär, prekär und instabil sind und dass die Unbestimmbarkeit der doppelten Kontingenz nie endgültig ‚gelöst' wird, sondern jede soziale Situation bestimmt:

> Ego erfährt Alter als alter Ego. Er erfährt mit der *Nichtidentität der Perspektiven* aber zugleich *die Identität dieser* Erfahrung auf *beiden* Seiten. Für beide ist die Situation dadurch unbestimmbar, instabil, unerträglich. In *dieser* Erfahrung konvergieren die Perspektiven, und das ermöglicht es, [...] ein Interesse an Bestimmung zu unterstellen (Luhmann 1984: 172).

Anders als bei Parsons wird hier doppelte Kontingenz nicht als Hindernis einer sozialen Dynamik aufgefasst, sondern ganz im Gegenteil als Anreiz für soziale Kommunikation.

Mit dieser „positiven" Auffassung der doppelten Kontingenz (Vanderstraeten 2002) bricht Luhmann mit der bislang notwendigen Annahme einer Trennung zwischen der symbolisch-normativen Ordnung und den sozialen Strukturen und Prozessen der Gesellschaft. Die Wiedereinführung der von Parsons externalisierten kulturellen Dimension in das Soziale hat jedoch eine logische Konsequenz: die Systemtheorie benötigt keinen Kulturbegriff, zumindest nicht in der gemeinsamen Auffassung von Parsons und Kroeber. Deshalb war Luhmann schon in den 1970er und 1980er Jahren an der Problematik der Kultur eher uninteressiert und setzte sich nur fragmentarisch mit dem Kulturbegriff auseinander.

In seinen frühen Texten verortete Luhmann den Kulturbegriff im Rahmen seiner allgemeinen Überlegungen zum Verhältnis zwischen Semantik und sozialer Struktur. Im Aufsatz „Gesellschaftsstruktur und Semantik" wird die These aufgestellt, dass, während Semantik Themen alltäglicher Nutzung (‚jeder Fluch der Ruderer in den Galeeren') einschließt, Kultur einer ‚gepflegten Semantik' entspricht, die sich als bewahrenswert herausstellte. In *Soziale Systeme* präzisiert Luhmann aber, dass Kultur eher einer Sinnfestlegung entspricht, „die es ermöglicht, in themenbezogene Kommunikation passende und nichtpassende Beiträge oder auch korrekten bzw. inkorrekten Themengebrauch zu unterscheiden" (Luhmann 1984: 224-225). Als solches ähnelt Kultur dem Mechanismus der Moral (vgl. Baecker 2001: 146), die die Zuschreibung von Achtung und Missachtung zu Personen strukturiert. Obwohl der Kulturbegriff sich in dieser Auffassung noch von der Parsonianischen Kodierung ‚korrekt/inkorrekt' von Wertschemata ableitet, stellt er einen ersten Versuch dar, die Kultur als Programm der Gesellschaft zu verstehen.

Zwölf Jahre später schlug Luhmann in dem Aufsatz ‚Kultur als historischer Begriff' (1999) eine zum Teil alternative Definition des Kulturbegriffs vor, die jeglichen Parsonianischen Unterton vermied. Kultur, argumentiert Luhmann, fungiert als Programm der Gesellschaft, in dem sie als ihr Gedächtnis operiert. Als solches ermöglicht Kultur an erster Stelle ein ständiges Vergessen von bereits stattgefundener Kommunikation, das notwendig ist, um die Autopoiesis der Kommunikation in ihrer Gegenwart fortzusetzen. Es gibt dennoch Ausnahmesituationen, beobachtet Luhmann, in denen die Bedingungen für einen weiteren kommunikativen Anschluss aus unterschiedlichen Gründen fehlen. Das ist das Moment des Erinnerns. Die Kultur greift auf das Vergangene zurück, auf die bisherigen Programme der Gesellschaft, also auf Traditionen, prüft und übersetzt sie im Hinblick auf die Gegenwart und erzeugt so neue „strukturelle Varietät" (Baecker 2001: 158), die der Selbstproduktion der Gesellschaft dient. Es ist also nicht aufgrund von geteilten Normen oder Wertschemata, dass Kultur die Fortsetzung der Kommunikation sichern kann, sondern eher dank ihrer Unfähigkeit, Zeit zu unterscheiden:

> Das Gedächtnis [verknüpft] Vergangenheit und Zukunft, weil es das Obsoletgewordensein des Vergangenen nicht bemerkt und sich die Phänomene als bekannt, als vertraut, als bewährt und mit illusion of control erscheinen lässt (Luhmann 1999: 46).

Der Aufsatz ‚Kultur als historischer Begriff' fügt eine weitere Analyseebene der Kultur als historisches Phänomen hinzu. Kultur, behauptet Luhmann, ist eine Errungenschaft der europäischen Moderne. Der Kulturbegriff kommt im 18. Jahrhundert der massiven Erweiterung der Kontakt- und Vergleichsmöglichkeiten mit Anderen entgegen, indem er die Beschreibung von eigenen und fremden Lebensformen als kontingenten Varianten ermöglichte. Kultur als moderne Beobachtungs- und Kommunikationsformel gewann in dem Moment an Wichtigkeit, als herkömmliche Unterscheidungen wie Griechen/Barbaren, Christen/Paganen oder Zivilisierte/Wilde nicht mehr die Begegnungen mit den Anderen und mit dem Selbst in Bezug auf Andere Rechnung tragen konnten:

[...] man jetzt weiß, dass die Menschen zu anderen Zeiten und in anderen Regionen anders leben und anderes für selbstverständlich halten. Andere für Barbaren zu halten, nur weil sie anders sind, ist jetzt nicht mehr möglich. Wer an der Formel dennoch festhält, muß damit rechnen, selbst als Barbar zu gelten (Baecker 2001: 47).

Durch den Vergleich zwischen unterschiedlichen Lebensformen unterstreicht die Kultur die Kontingenz jeglicher sozialen Ordnung und ihrer sonst selbstverständlichen sozialen Praktiken.
 Die Kultur wird so zu einer Metaebene für den Vergleich der Gesellschaft. Sie führt also eine Form von Beobachtung zweiter Ordnung, die jegliche soziale Operation und jegliches soziales Element als kulturelles Merkmal erscheinen lässt. Wie Elena Esposito erklärt:

Alles, was im sozialen Bereich getan, gesagt oder betrachtet wird [...] (eine Redeweise, eine Tasse, ein Telefon) – Luhmann sprach von Gebrauchsinn – [... wird] als kulturelles Phänomen (der Kultur eines Landes, aber auch einer Jugendgruppe, einer Zeit oder einer sozialen Klasse) [beobachtet] (Esposito 2004: 92).

In diesem Sinne fungiert Kultur als Instanz der Duplizierung der Gesellschaft, die verschiedenste und im Prinzip unvergleichbare Aspekte sozialer Ordnungen vergleichbar macht. Als Vergleichsebene der Gesellschaft ist Kultur keinesfalls auf den Vergleich mit Anderen reduziert. Die Kultur ist vor allem auf den Vergleich der Gesellschaft mit sich selbst und mit ihrer Vergangenheit angewiesen und so erfüllt sie ihre Gedächtnisfunktion. Versteht man Kultur als Vergleichsebene der Gesellschaft oder in Bezug auf ihre Gedächtnisfunktion, bleibt sie primär eine Beobachtungs- und Kommunikationsformel, die orthogonal zur Gesellschaft verläuft. Kultur siedelt sich an

auf einer Metaebene [...], die unbestimmt bleibt in Bezug auf Vorrangverhältnisse und die mit der Verschiedenartigkeit von „Werten", wie man jetzt sagt, und mit unterschiedlichen Prioritäten kompatibel bleiben müssen (Luhmann 1999: 36).

Von dieser intern-externen Position erbringt die Kultur zwei zentrale gesellschaftliche Leistungen: Einerseits führt sie Kontingenz und Mehrdeutigkeit in die Gesellschaft ein und relativiert so die Werte gesellschaftlicher Strukturen; andererseits wirkt sie kontingenzreduzierend und identitätsstiftend und wird so zum Programm der Gesellschaft (vgl. Baecker 2001).
 Nach dieser Darstellung der Entwicklung des Kulturbegriffs in der TSS möchte ich zwei Aspekte näher untersuchen, die auf zwei komplementäre Kulturkonzepte hinweisen. Diese Konzepte können anhand von Espositos Zitat verdeutlicht werden. Erstens geht es um die Frage nach den ‚sozialen Klassen, Län-

dern, jugendlichen Gruppen,, denen ,eine, Kultur zugeschrieben wird. Im nächsten Abschnitt möchte ich die These aufstellen, dass Kultur die Unterscheidung von gesellschaftlichen Welten ermöglicht. Zweitens stellt sich die Frage nach den Dingen (‚Tassen, Telefonapparaten') und Praxen (‚Redeweisen'), die eine gesellschaftliche Welt kennzeichnen. Im übernächsten Abschnitt möchte ich auf diese Artefakte und Praxen als materielles Gedächtnis eingehen. Das Verständnis von Kultur im Gegensatz zu Kulturen als materieller Umwelt möchte ich dann im Bezug auf die Situation doppelter Kontingenz plausibilisieren. Damit soll auch das Fenster für die Artikulation der TSS mit zeitgenössischen Soziologien geöffnet werden.

3 Kultur und die Unterscheidung gesellschaftlicher Welten

Der Vergleich, wie Luhmann selbst betonte,

> ist eine dreistellige Operation [...] deshalb, weil nicht nur das Verglichene unterschieden werden muss, sondern auch noch ein Vergleichspunkt gewählt werden muss, der die Selbigkeit des Verschiedenen, also Ähnlichkeit trotz Differenz garantiert (Luhmann 1999: 38).

Wie dieses Zitat andeutet, ist die Systemtheorie von der historischen Entstehung eines kulturellen Vergleichspunktes fasziniert. Sowohl Baecker (2001) als auch Esposito (2004) suggerieren, dass diese Faszination auf einer gewissen Konkurrenzsituation zwischen Kultur und TSS basiert, da beide alternative Vergleichspunkte für die Beobachtung der Gesellschaft bieten. Genau wie Kultur versteht sich die TSS als moderne Erfindung für die Selbstbeschreibung der Gesellschaft, die auf einer vergleichenden Perspektive (obwohl problem- und nicht kulturbezogen) beruht. Welcher auch immer der Grund für diese Fokussierung auf den Vergleichspunkt sein mag, fest steht, dass die Erzeugung des Verglichenen systemtheoretisch wenig beleuchtet worden ist und dadurch systemtheoretische Einblicke in die Konstitution von Kulturen (in Mehrzahl) fehlen. Als Ergänzung zur Diskussion über die Kultur als Metaebene muss daher die Frage gestellt werden, aufgrund welcher Art von Unterscheidungen Kulturen beobachtet und in Vergleich zueinander gebracht werden und welche Form dadurch den Kulturen zugeschrieben wird. Die These, die ich an diesem Punkt einführen möchte, ist, dass die primäre Leistung der Kultur die Unterscheidung gesellschaftlicher Welten ist.

Luhmann hat gezeigt, dass die Arbeit der Kultur nicht nur aus der selbstbezogenen Bearbeitung von kulturellen Zeichen auf einer kulturellen Metaebene besteht; wesentlich ist auch ihre fremdbezogene Orientierung, also ihr Bezug auf die Gesellschaft. Aber diese wird nicht nur dupliziert und verglichen, wie bisher die TSS gezeigt hat. Ständig müssen auch gesellschaftliche Welten unterschieden werden, die dann in Vergleich gesetzt werden. Dieses impliziert keinen Rückfall in den dritten von Luhmann diagnostizierten *obstacle epistemologique* der Soziologie, nämlich, „dass Gesellschaften regionale, territoriale begrenzte Einheiten seien, so dass Brasilien eine andere Gesellschaft ist als Thailand [...]" (Luhmann 1997: 25). Der Begriff der gesellschaftlichen Welt suggeriert nicht die Existenz verschiedener Gesellschaften; vielmehr versucht er zu erklären, wie innerhalb der Gesellschaft Welten entstehen, die als Träger von Kulturen identifiziert werden.

Der Weltbegriff taucht an wichtigen Stellen der TSS immer zu Recht in der Einzahl auf. Im Rahmen Luhmanns phänomenologisch-systemtheoretischer Verortung des Sinnbegriffs bezeichnet ‚Welt' „[d]ie Einheit des Gesamts der Möglichkeiten" (Luhmann 1997: 55),[3] also die Realität als virtuelle Einheit der Aktualität und Potentialität, worauf alle Sinnformen (Gedanken, Kommunikation) verweisen. Da Sinn aber nur durch eine operative Unterscheidung von Aktualität und Potentialität entsteht, also durch Selektion, bleibt die Welt unbeobachtbar und unerreichbar und nur als mitlaufende Verweisung auf einem *unmarked space* präsent. Die Welt ereignet sich in der Kommunikation, aber lässt sich weder beobachten noch bezeichnen. Darüber hinaus bezieht sich in der TSS der Begriff der ‚Weltgesellschaft' auf die moderne Entstehung einer globalen Gesellschaft (Luhmann 1997). Dabei wird aber nicht nur ihre Ausbreitung über die ganze Erde betont, sondern vor allem, dass diese Gesellschaft nur einen und denselben Horizont sinnhaften Erlebens aufweist. Mit ihrer Entstehung, so behauptet Luhmann, kapituliert der dinghafte Weltbegriff der Vormoderne im Sinne einer *aggregatio corporeum* und die Welt wird zum virtuellen Gesamthorizont.

Der Weltbegriff muss also in Luhmanns Theorie der modernen Gesellschaft Singular bleiben, da es in der Moderne nur ein Gesellschaftssystem gibt. Die Unterscheidung von gesellschaftlichen Welten, die hier als Hauptaufgabe der Kultur erarbeitet wird, unterminiert diese Einheit der modernen Welt nicht, da sie als Reflexionsstrategie geschieht, die durch die Bezeichnung unterschiedlicher Horizonte sinnhaften Erlebens die sonst paradoxe Erfahrung einer einheitlichen Welt aufzulösen versucht. Das Paradox ist das „des Weltbeobachters, der sich in der Welt aufhält, aber sich selbst im Beobachten nicht beobachten kann" (Luhmann 1997: 154). Um dieses Paradox zu umgehen, also um das eigene und

---

3   In diesem Sinne habe ich auch in einem früheren Artikel (Farías 2006) von der kulturellen Unterscheidung gesellschaftlicher Einheiten gesprochen. Der Weltbegriff scheint mir heute tragfähiger.

fremde Beobachten beobachten zu können, erscheint der Kulturbegriff im Laufe der Entstehung der Weltgesellschaft geeignet und verbreitet sich dementsprechend rasch. Kultur ermöglicht einen Beobachter und die zweiseitige Form seiner Beobachtung, also das Eingeschlossene und das Ausgeschlossene in seiner Beobachtung zu beobachten und dadurch den Beobachter in einer Welt zu verorten. Kultur ermöglicht also eine Bezeichnung der Welt eines Beobachters und die Unterscheidung dieser Welt von anderen Welten anderer Beobachter.

Die Kultur als Vergleichspunkt führt also Unterscheidungen ein, die orthogonal zur (Welt-)Gesellschaft verlaufen, da sie nicht zwischen Kommunikationsformen unterscheiden (Baecker 2005), sondern zwischen Welten. Dieses Unterscheiden ist aber nicht als kognitive Leistung zu verstehen, nicht als Erkennen unterschiedlicher Gesellschaften, sondern als performative Leistung, durch die gesellschaftliche Welten erzeugt werden. Die Kunst ist ein hervorragendes Beispiel einer nicht repräsentativen Erzeugung der Welt in der Welt, da sie die Beobachtbarkeit des Unbeobachtbaren zu ihrem Referenzproblem macht (Luhmann 1990; 1995). Kunst versucht durch die Produktion von künstlerischen Formen, die die Welt wieder in die Welt einführen, das Paradox der Welt aufzulösen und gilt deshalb als besondere Form der Kultur. Aber während sich die Kunst als ausdifferenziertes Funktionssystem der Weltgesellschaft nur durch künstlerische Formen auf ,die' Welt bezieht, wird der Weltbezug der Kultur durch alle möglichen gesellschaftlichen Ereignisse bedient, da die Kultur diese als Ereignisse unterschiedlicher gesellschaftlichen Welten beobachtet.

Nun sind gesellschaftliche Welten als Formen zu begreifen. Während die Welt der Weltgesellschaft als ,Einheit des Gesamts der Möglichkeiten' einem nicht beobachtbaren Horizont entspricht, sodass „[w]enn man nach oben blickt ist er unten; wenn man nach unten blickt ist er oben" (Luhmann 2000a: 269), werden gesellschaftliche Welten von der Kultur als beobachtbare Horizonte bezeichnet und dadurch geformt. Die Form dieser Welten kann zunächst in drei Schritten spezifiziert werden: erstens in Bezug auf Lebenswelten, dann auf Kommunikationszonen und letztlich auf Wertordnungen bzw. gemeinsame Welten.

Anders als in der Phänomenologie, die Lebenswelt mit Welt gleichsetzt und dadurch das Paradox der Unaussprechbarkeit von geteilten Hintergrundprämissen hervorruft[4] (vgl. Habermas 1987; Husserl 2008), versteht Luhmann (2000a) Lebenswelt als eine durch die Unterscheidung vertraut/unvertraut geformte Be-

---

4   Dieses Paradox ergibt sich aus einer unangebrachten Vermischung von zwei Metaphern für die Lebenswelt: die des Horizonts und die des Bodens. Aber „wenn die Lebenswelt ein Boden ist, ist sie keine Welt, also keine Lebenswelt. Wenn sie aber ein Horizont ist, kann man sie nicht als sicheren Boden benutzen, kann sie auch nicht vertraut sein, weil sie vor jedem Versuch, sie zu erreichen, zurückweicht" (Luhmann 2000: 269).

obachtung der Welt. Lebenswelten können so als Kondensationen von Vertrautheit verstanden werden, die sich aber im Bezug auf Unvertrautes etablieren. Da es sich aber um eine Differenz innerhalb der Welt handelt, kann es zu einer Überschreitung der Grenze ins Unvertraute kommen, „ohne ins weltlose Nichts zu fallen" (Luhmann 2000a: 275). Lebenswelten involvieren eher eine Vertrautheit mit der Unterscheidung vertraut/ unvertraut, sodass ein vertrauter Umgang mit Unvertrautem möglich ist, auch weil man meistens davon ausgehen kann, dass das, was einem hier und jetzt unvertraut erscheint, anderen vertraut ist. Gesellschaftliche Welten können zunächst als durch die Unterscheidung vertraut/unvertraut geformte Welten verstanden werden.

In hoch differenzierten Gesellschaften werden aber Verdichtungen von Vertrautheit nicht nur multipel, sondern auch polykontextural (Luhmann 2000a; 2000b). Luhmann spricht hier von einer Transjunktion der Grunddifferenz vertraut/unvertraut in abgeleiteten Unterscheidungen, die ein polykontexturaler gesellschaftlicher Umgang mit dem Un-/Vertrauten ermöglicht. Die binären Kodierungen von Funktionssystemen, etwa wahr/unwahr, recht/unrecht, immanent/transzendent, können so als Wiedereinführung der Unterscheidung vertraut/ unvertraut ins Vertraute beschrieben werden. In der Weltgesellschaft entstünden multiple Lebenswelten: „Wer würde dies für Laboratorien, Börsen, Gerichtshöfe oder Parlamente bestreiten?", fragt Luhmann (2000a: 278). Interessanterweise verweisen aber Untersuchungen über Laboratorien (Knorr-Cetina 1981; Latour/Woolgar 1986), Börse (Callon/Muniesa 2005; Zaloom 2006) und Gerichtshöfe (Latour 2009; Scheffer et al. 2008) auf keinen exklusiven Vollzug funktional differenzierter Kommunikationsformen, seien diese Wissenschaft, Wirtschaft oder Recht, sondern auf vertraute Verdichtungen und Verquickungen von multiplen Kommunikationsformen.

Gesellschaftliche Welten können so nicht nur als Lebenswelten, also als Verdichtungen von Vertrautheit, sondern auch als ‚Kommunikationszonen' gedacht werden, in denen sich unterschiedliche gesellschaftliche Logiken und Prozesse überlappen. Armin Nassehi (2002a) hat den Begriff der ‚Kommunikationszonen' geprägt, um die Realität der Städte aus systemtheoretischer Sicht zu plausibilisieren. In Städten, eine mögliche Form für gesellschaftliche Welten, verdichten sich zunächst kommunikative Anschlussmöglichkeiten. Darüber hinaus überlappen sich in Städten multiple Kommunikationsformen, sodass eine Koordination und gegenseitige Steuerung von diesen nötig bzw. möglich wird. Nassehis ‚dichte Räume' müssen aber nicht nur topologisch gedacht werden wie im Fall der Stadt, sondern vor allem gesellschaftlich. Es handelt sich um Welten, in denen sich unterschiedliche gesellschaftsdifferenzierte Kommunikationsformen verdichten, gegenseitig beobachten und dadurch sogar überbrücken lassen.

Städte, Labore oder Netzwerke können sich insofern als Kulturphänomene erweisen, als diese durch Unterscheidungen definiert werden, die nicht auf differenzierte Gesellschaftsstrukturen, also auf soziale Systeme hinweisen, sondern auf vertraute Formen der Verdichtung und Koordination zwischen multiplen Kommunikationsformen. Gesellschaftliche Welten entstehen also quer zu den gesellschaftlichen Strukturen und stellen so die „Abgrenzbarkeit von ‚Funktionssystemen' und ihre ‚Funktionslogik'" (Reckwitz 2004: 229) in Frage. Die Logik dieser gesellschaftlichen Welten ist eher eine Logik der Überschreitung. Wenn heute in Anlehnung an Nassehi die Rede von einer Eigenlogik der Städte ist (Berking/Löw 2008; Löw 2008), um das Zusammenspiel von Regeln und Ressourcen zu begreifen, über die Städte verfügen, sollte man auch darauf hinweisen, dass es sich um Regeln und Ressourcen handelt, die lokal eine bestimmte Form der Koordination und Überbrückung zwischen unterschiedlichen gesellschaftlichen Teilsystemen ermöglichen. Ähnlich könnte man von einer Eigenlogik von Laboren oder von Zirkeln sprechen, um dann nicht nur auf die vertraute Verdichtung multipler Kommunikationsformen hinzuweisen, sondern präziser auf die Art und Weise, wie in dieser oder jener gesellschaftlichen Welt multiple Kommunikationsformen koordiniert und überbrückt werden.

Die Unterscheidung von Wertordnungen, die Prämissen und Kriterien für die Koordination und Überbrückung zwischen Kommunikationsformen bereitstellen, wird so ausschlaggebend für die Erzeugung gesellschaftlicher Welten. Diese Wertladung gesellschaftlicher Welten findet einen klaren Ausdruck im Begriff der „gemeinsamen Welten" (Boltanski/Thévenot 2006). In der Soziologie der Konventionen weisen „gemeinsame Welten" auf gemeinsame Äquivalenzprinzipien und Wertverhältnisse hin sowie auf gemeinsame Horizonte, die Handlungsweisen rechtfertigen und, um es mit Luhmann zu sagen, sogar „Objekte erscheinen und Subjekte agieren [lassen]" (vgl. Boltanski/ Thévenot 2006: 140ff.). Interessanterweise basiert die Analyse von Boltanski und Thévenot auf der Beobachtung von Dynamiken der Kritik und der Rechfertigung in einer Öffentlichkeit. Dabei geht es aber nicht nur um das politische System, sondern vielmehr um öffentliche Formen der Reflektion über Wertordnungen, die sich quer zur Differenzierungsform der Gesellschaft ausweiten. Gemeinsame Welten können nicht einem Funktionssystem zugewiesen werden, vielmehr definieren diese die Formen der Koordination und Überbrückung zwischen multiplen Kommunikationsformen.

Mit dem Hinweis auf Wertordnungen sollte auch klargestellt werden, dass gesellschaftliche Welten als Kulturen beobachtet werden, in denen vertraute Koordinationsformen zwischen verdichteten Kommunikationsformen nachgewiesen werden können. Es ist aber eine empirische Frage, ob Städte, Labore oder Netzwerke nur eine Eigenlogik bzw. Wertordnung für die Koordination und

Überbrückung multipler Systembezüge aufweisen können. Es kann auch passieren, dass zwei, drei oder mehrere gesellschaftliche Welten gleichzeitig zu beobachten sind, je nachdem, wie in dieser Stadt, Region, Universität, diesem Expertenkreis, Gerichtshof oder Labor mit multiplen Kommunikationsformen umgegangen wird.

Kultur, kann man jetzt sagen, führt Unterscheidungen in der Gesellschaft ein, die quer zu ihren Kommunikationsstrukturen laufen, da nicht die Form der Kommunikation das Ausschlaggebende ist, sondern vielmehr die Frage nach den Welten bzw. Horizonten der Beobachtung. Kultur unterscheidet und erzeugt dadurch auch gesellschaftliche Welten, die als vertraute Vermittlungsformen zwischen verdichteten Kommunikationsformen verstanden werden können. Gesellschaftliche Welten lassen sich überall in der Gesellschaft, von kleinen Welten (Fine/Harrington 2004; Uzzi/Spiro 2005) bis zu Weltregionen (Mascareño 2008), beobachten; wichtig ist aber, dass ihre Bezeichnung nicht aufgrund der Geschlossenheit und des Selbstbezugs kommunikativer Operationen geschieht, sondern aufgrund der Art der Koordination und Grenzüberschreitungen zwischen Kommunikationsformen. Deswegen sind Gruppierungen, Institutionen oder Städte aus kultureller Perspektive nicht mit Interaktions- oder Organisationssystemen gleichzusetzen. Die Grenzen gesellschaftlicher Welten ergeben sich also nicht aus einem Komplexitätsdifferential – wie im Falle sozialer Systeme –, sondern aus der Reichweite der Ausweitung gemeinsamer Wertordnungen.

Die Unterscheidung gesellschaftlicher Welten lassen Kulturen als wertgeladene Gesamtheiten multipler Kommunikationsformen erscheinen. Dass es um Gesamtheiten und nicht um kommunikative Adressen geht, kann anhand der Unterscheidung zwischen Person und Individuum verdeutlicht werden. Die Form ‚Person' bezeichnet eine vom System erzeugte Adresse für die Zurechnung von Kommunikationen. Personen sind so Ergebnisse von Formen systemischer Inklusion, die Menschen (aber auch Nicht-Menschen wie Tiere, Götter, Maschinen usw. (vgl. Teubner 2006) für bestimmte Handlungen verantwortlich und *accountable* machen. Dabei behandeln soziale Systeme und insbesondere Funktionssysteme Menschen nicht als Individuen, sondern als ‚Dividuen', da die Form Person nur die Maske bzw. Rolle bezeichnet, die den menschlichen oder nicht menschlichen Akteur im Rahmen der systemischen Kommunikation aufgreift. Die Wirtschaft und die Figur des *homo oeconomicus*, das Recht und das Prinzip der individuellen Verantwortung (vgl. Hutter/Teubner 1994), die Politik und die Figur des Bürgers sind einige Beispiele solcher Dividuen, die sich nicht auf den Menschen (bzw. nicht menschlichen Akteur) als Gesamtheit beziehen. Die von der Kunst, Wissenschaft oder Religion erzeugten kommunikativen Adressen bieten weitere Beispiele: der Schaffende, der Autor, der Gläubige.

Der Individuumsbegriff bezeichnet im Gegensatz zum Personenbegriff das Unteilbare. Seit dem 18. Jahrhundert werden Menschen als Individuen beschrieben, um eben ihre Irreduktibilität auf gesellschaftliche Personen hervorzuheben. Das Individuum grenzt sich so von der Gesellschaft ab und taucht als ihr Externum auf. Dabei zwingt es die Gesellschaft dazu, sich selbst als eine emergente, nicht auf Individuen reduzierbare Formation zu beschreiben (vgl. Luhmann 1993). Die Figur des Subjektes, „der anspruchsvollste Titel, den der Mensch sich jemals zugelegt hat" (Luhmann 1994: 48), ist hier von zentraler Bedeutung, da sie das Individuum als Zentrum der Welt darstellt. Die Idee einer Monade oder eines Subjektes, das sich selbst sowie allem anderen zugrunde liegt, bleibt in der Moderne nicht nur ein philosophisches Konstrukt; sie prägt auch die gesellschaftliche Beschreibung des Menschen (dazu beispielsweise Herder: „jeder [ist] sich selbst sein Gott in der Welt"). Interessanterweise entsteht dieser Individuumsbegriff historisch parallel zum Kulturbegriff und bezieht sich auf ein ähnliches Problem, nämlich das Problem der Welt. „Von Welt kann jetzt nur relativ auf das Subjekt die Rede sein", so Luhmanns Behauptung (Luhmann 1997: 1025), die relativiert werden kann. Denn ebenso kann auch von Kulturen als gesellschaftliche Welten, die Horizonte für die Konstitution von Subjekten und Objekten unterscheiden, die Rede sein.

Darüber hinaus steht der Individuumsbegriff für die Eigenart jedes einzelnen Menschen, die sich in den unterschiedlichsten sozialen Situationen und gesellschaftlichen Rollen ausdrücken lässt. Jeder Mensch wird zum Individuum innerhalb der Gesellschaft (also nicht im Sinne vom Subjekt), indem er oder sie eine übergreifende Koordination zwischen unterschiedlichen gesellschaftlichen Rollen und Positionen herstellt. Individualität entsteht so als Antwort auf die multiplen Formen partialer Inklusion, die in einer hochkomplexen Gesellschaft auseinandergehen. Die Koordination multipler, manchmal sogar widersprüchlicher Inklusionsformen, an die die Form der Individualität gebunden ist, ermöglicht, die Lebensgeschichten von Menschen erfahrbar und erzählbar zu machen; Lebensgeschichten, die ohne den Rekurs auf diese Individualität nur als dezentriert und fragmentiert erscheinen würden (Nassehi 2002b). Luhmanns Bemerkung, dass „[d]ie Soziologie wohl davon ausgehen [kann], dass die Individualität [...] ein kulturelles Artefakt ist" (Luhmann 1997: 1016), beruht so auf derselben Beobachtung, die auch dazu führen sollte, gesellschaftliche Welten als kulturelles Artefakt zu erklären. Im Rahmen steigender funktionaler Differenzierung wird also durch Individualität die Koordination multipler Inklusionsformen und durch gesellschaftliche Welten die Koordination multipler Kommunikationsformen möglich.

Ein möglicher Einwand gegen diese Analogie könnte darauf hinweisen, dass die von Kultur erzeugten gesellschaftlichen Welten über kein Medium verfügen, das mit den psychischen Systemen der Menschen vergleichbar wäre. Die These, die ich im nächsten Abschnitt vertreten möchte, suggeriert, dass gesellschaftliche Welten über ein materielles Medium verfügen, das in der Umwelt der Gesellschaft zu verorten ist. Darüber hinaus wird gezeigt, wie Materialität die Situation doppelter Kontingenz neu definiert und inwieweit sie die Gedächtnisfunktion der Kultur ermöglicht.

4   Kultur und die Vergesellschaftung der materiellen Umwelt

Die Unterscheidung gesellschaftlicher Welten ist Bestandteil der Operation Kultur. Die vorliegende Analyse ergänzt so die systemtheoretischen Überlegungen zu Kultur als Vergleichspunkt der Gesellschaft, in dem die Form und Funktion des Verglichenen im Vordergrund stehen. Dabei wird jedoch die systemtheoretische Grundprämisse, dass Kultur als Kommunikationsperspektive zu begreifen ist, nicht in Frage gestellt. Dementsprechend werden gesellschaftliche Welten als von der Kommunikation erzeugte Objekte betrachtet. Der Preis dafür – den die TSS übrigens als Auszeichnung und nicht als Kosten versteht – ist nämlich, dass der Kulturbegriff keinen spezifischen Sachverhalt definiert. Gesellschaftliche Welten als kulturelle Artefakte bleiben so kommunikative Phänomene, deren Auftauchen kommunikationstheoretisch zu erklären sei. Nach dieser Interpretation bezeichnet oder erklärt Kultur keinen Sachverhalt, den die TSS nicht beleuchten könnte.[5] In diesem Abschnitt soll diese Grundprämisse infrage gestellt werden, um einen Kulturbegriff zu entwickeln, der den in der TSS sonst fehlenden Anschluss auf Materialität herzustellen versucht.

Dirk Baecker (2008) hat kürzlich einen ersten Baustein für einen alternativen Kulturbegriff geschaffen, in dem er jetzt Kultur als Phänomen darstellt, welches weder kommunikationstheoretisch noch netzwerktheoretisch zu deuten ist. Kultur, so Baecker, und dieses hätte schon Bronislaw Malinowski in seiner *Scientific Theory of Culture* (1944) erkannt, ist ein Mechanismus dritter Ordnung, der ökologische, organische und psychologische Prozesse mit dem Sozialen, also mit Kommunikation, verstricken lasse. Dabei bleibt Baecker aber systemtheoretisch, indem die Geschlossenheit der beteiligten biologischen, psychologischen und sozialen Systeme nicht infrage gestellt wird: „To be engaged in culture means to reach across neatly separated system references without denying their existence" (Baecker 2008: 7). Es stellt sich aber die Frage, von welchem System ausgehend dieses Engagement mit Kultur möglich ist. Meines

---

5   Luhmanns Hauptanliegen in seinem Aufsatz „Kultur als historischer Begriff" war zu verdeutlichen, „dass die universalistische Perspektive 'Kultur' gesellschaftshistorische Wurzeln hat" (Luhmann 1995: 54).

Erachtens benötigt die Beschreibung von Kultur als nicht rein kommunikatives Phänomen eine gewagtere theoretische Strategie als die einer Multiplikation der Systembezüge, da diese die Wiedereinführung des kulturellen Engagements als Ereignis eines Systems, nämlich des Sozialen, nicht verhindern kann.

In diesem Abschnitt soll ein anderer Weg erforscht werden. Wie letztendlich auch bei Baecker der Fall, wird hier Kultur im Bereich des Sozialen verortet, aber das, was in Frage gestellt wird, ist die Vollständigkeit einer kommunikativen Erzeugung des Sozialen. Mit Baecker wird auch hier davon ausgegangen, dass Kultur sich kommunikationstheoretisch nicht ganz erklären lässt, aber die Folgerung ist eine andere: Das, was das Phänomen der Kultur zeigt, ist, dass das Soziale sich nicht nur im Medium der Kommunikation vollzieht. Das Soziale beinhaltet ein anderes Medium, das der Materialität. Die Frage nach der Materialität bedeutet dennoch, das Terrain der system- und kommunikationstheoretischen Analysen zu verlassen und den Kulturbegriff in Bezug auf die Anordnung und Assoziation materieller Formen zu bestimmen. Damit wird es auch möglich, die materielle Dimension gesellschaftlicher Welten zu beleuchten und den Kulturbegriff präziser zu bestimmen.

Dieser Schritt kann mit Espositos Zitat verdeutlicht werden. Während der Begriff von Kulturen als gesellschaftlichen Welten die Unterscheidung „eines Landes, aber auch einer Jugendgruppe, einer Zeit oder einer sozialen Klasse" beleuchtet, wird hier die Frage gestellt, inwieweit „eine Redeweise, eine Tasse, ein Telefon" Kulturformen sind, die sich in einem materiellen Medium entfalten und neben Kommunikationsformen das Soziale prägen. Materialität muss hier in einem weiten Sinne verstanden werden, sodass sowohl Dinge (Objekte, Maschinen, Technologien) als auch Körper (Praxen, Sinne) gemeint sind. Wichtig ist es aber zu betonen, dass materielle Formen weder auf Kommunikationsträger noch auf kommunikativ erzeugte Gegenstände zu reduzieren sind. Materielle Formen bilden eher die Außenseite der Kommunikation, die Umwelt der Gesellschaft, die durch nicht kommunikative Prozesse das Soziale ermöglicht.

Die konstitutive Rolle der Materialität als Medium des Sozialen kann zunächst anhand der Grundmodellierung einer Situation doppelter Kontingenz plausibel gemacht werden, die Parsons Entwicklung und Luhmanns Ablehnung des Kulturbegriffs zugrunde lag. Provokativ hat Latour (1996) angedeutet, dass bei der soziologischen Modellierung von einfachsten Interaktionen[6] Soziologen

---

6   Latour bezieht sich auf ein Modell von Interaktionen, das genau zur Grunddefinition der Situation doppelter Kontingenz passt: „There must be at least two actors; these two actors must be physically copresent; they must be linked by behaviour that entails an act of communication; and finally, the behaviour of each must evolve as a function of modifications brought to bear on the behaviour of the other in such a way that there is emergence of unexpected properties

Menschen mit Affen verwechselt haben müssen. Die zeitgenössische *sociology of simians* zeige, so Latour (1996), dass das Problem der doppelten Kontingenz einem – wenn nicht dem zentralen – Charakteristikum von Affengesellschaften entspricht. Doppelte und multiple Kontingenz gehören zum Alltag dieser Gesellschaften, die aus aufeinanderfolgend kontingenten Interaktionen bestehen, ohne jegliche dauerhafte Strukturierungseffekte:

> one must have seen a troop of some 100 baboons living in the midst of the savannah, looking incessantly at each other so as to know where the troop is going, who is with whom, who is grooming whom, who is attacking or defending whom (Latour 1996: 231).

Latour weist in diesem Zusammenhang auf drei grundsätzliche Probleme hin, die mit der Bestehung solcher affenartigen Modellierungen von menschlichen Gesellschaften verbunden sind. Zuerst wird dabei im Hinblick auf Menschen übersehen, dass „interaction was never more than a residual category" (Latour 1996: 230). Das Affenartige an bestehenden Modellierungen der Situation doppelter Kontingenz ist nämlich, dass die Gesellschaft als Ganze im Spiel ist. Eine geeignetere Modellierung sollte erklären, wie menschliche Interaktionen gerahmt werden, sodass sie nicht die ganze Gesellschaft mobilisieren. Das zweite Problem liegt in der Idee, dass es sich um eine *face-to-face*-Interaktion handelte, wobei das, was menschliche Interaktionen kennzeichnet, das Einbeziehen von materiellen Formen ist. Habitualisierte Körper, gebaute Umgebungen, Objekte, Zeichnungen, Werkzeuge, Zeichen, Technologien und andere materielle Formen spielen eine wesentliche Rolle in der Erzeugung eines Interaktionsrahmens. Damit behauptet Latour, den größten Fehler der Soziologen identifiziert zu haben: In der Soziologie wird das Soziale als inter-subjektives bzw. kommunikatives Geschehen gedacht. Dabei werden die ‚inter-objektiven' Bedingungen übersehen, also die Tatsache, dass soziale Ordnung nur durch die Einbeziehung materieller Formen möglich ist. Um menschliche Gesellschaften von den nicht menschlichen Varianten wie Affengesellschaften zu unterscheiden, reicht also der Bezug auf das Soziale als Kommunikation nicht aus, weil damit die menschliche Kultur im Sinne einer Erzeugung von materiellen Formen, seien diese Körper, Umgebungen, Werkzeuge oder Technologien, nicht erfasst wird.

Diese *kultur*materiellen Formen spielen eine zentrale Rolle in der Entfaltung und Zirkulation von Handlungen in der Interaktion. Waffen, Häuser, Kleidung und Körper sind weder treue Werkzeuge, die individuelle Handlung ohne Transformation übertragen, noch Infrastrukturen, die Handlungsbedingungen

---

that are more than the sum of the competencies in use by the actors before this interaction" (Latour 1996: 229).

vorbestimmen, noch Projektionsflächen, die einen Handlungssinn reflektieren, sondern mithandelnde Vermittler, die Handlungsprogramme – also eine Abfolge von Zielen, Schritten und Intentionen – mitbestimmen. Handlungen sind also nicht auf Individuen zurückzuführen. Sie werden immer durch sämtliche kulturmateriellen Formen vermittelt, übersetzt und transformiert. Diese Vermittlung zeigt sich zunächst in der „Schöpfung einer Verbindung [zwischen menschlichen und nicht menschlichen Agenten], die vorher nicht da war und die beiden ursprünglichen Elemente oder Agenten in bestimmtem Maße modifiziert" (Latour 2000: 217-218), und in der Übersetzung von Handlungszielen von Agenten, also in der „Schöpfung eines dritten Ziels, das keinem der beiden ursprünglichen Handlungsprogramme mehr entspricht" (Latour 2000: 217).

Mit dieser Analyse distanziert sich Latour von der gängigen Deutung des Interaktionsbegriffs als Zusammenkommen von individuellen Handlungen, die irgendwie koordiniert werden müssen. *Inter*aktion bezeichnet ein kollektives Handlungsprogramm, das unter menschlichen und nicht menschlichen Agenten zirkuliert, transformiert und realisiert wird. Damit wird die Entstehung des Sozialen in einer Situation doppelter Kontingenz wesentlich anders als bei Luhmann gedacht. Luhmann weist auf die konstitutive Rolle und eigene Dynamik des Koordinationsmechanismus – nämlich Kommunikation – hin und versteht Handlung als ex-post Zuschreibung auf Personen, die erst im Medium der Kommunikation konstituiert sind. Latour lehnt den Handlungsbegriff nicht ab, sondern modifiziert ihn, um eben soziale Prozesse zu beleuchten, die durch eine Fokussierung auf Kommunikation ungreifbar bleiben. Materielle Vermittlung und Assoziation sind nicht mit kommunikativen Dynamiken gleichzusetzen. Kulturmaterielle Formen agieren und beziehen sich auf andere Agenten und bilden so kulturmaterielle Gefüge, hybride Anordnungen von Dingen und Körpern, die Handlungsprogramme vermitteln.

Damit wird auch die wichtigste Dimension für die Definition von Kultur modifiziert, nämlich Zeit. Im Unterschied zu Kommunikationen lassen sich kulturmaterielle Formen, die eine Situation rahmen und Handlung vermitteln, nicht aus der Situation heraus erklären. Körper, Technologien, gebaute Umgebungen und weitere kulturmaterielle Formen werden nicht innerhalb der Situation geschaffen. Sie sind vielmehr Ergebnisse von Geschichten, die andere Orte, Akteure und Situationen mit einbeziehen:

> If one attempted to draw a spatio-temporal map of what is present in the interaction [...], one would not sketch out a well-demarcated frame, but a convoluted network with a multiplicity of highly diverse dates, places and people (Latour 1996: 231).

Jede Situation ist also durch die Materialität der Körper und Dinge in multi-lokale bzw. *multi-sited* Netzwerke von Situationen verlagert, so dass physisch abwesende Akteure in der Situation anwesend sein und agieren können. Kultur-materielle Formen vermitteln Handlungsprogramme einer vergangenen Zeit in die Gegenwart der Situation, so dass keine eindeutige Unterscheidung zwischen Vergangenheit und Gegenwart gemacht werden kann. Der Ort und die Zeit der Situation doppelter Kontingenz werden also in multiple Orte und Zeiten verla-gert, bis zu dem Punkt, dass es sich nicht mehr um eine Situation handelt, son-dern um ein Netzwerk.

Die Faltung von Zeit durch Materialität ist in Bezug auf den Kulturbegriff besonders relevant. Im Fall Parsons beispielsweise bewirkt die Ausblendung der Zeitdimension, dass die Situation doppelter Kontingenz ein Problem darstellt, das nur durch einen symmetrischen Bezug beider menschlichen Akteure auf gemeinsame Wertschemata überwunden werden kann. Luhmann (1984: 175f.) asymmetrisiert die Ausgangssituation durch die Einführung von Zeit. Zeit ent-steht in der Situation selbst, indem die Unterscheidung Vergangenheit/Zukunft eingeführt wird, um das Paradox der Selbstreferenz zu überwinden und die Ent-faltung einer sozialen Dynamik zu ermöglichen. Während sich in Luhmanns Modell Zeit als Achse entfaltet, wird diese durch kulturmaterielle Formen wieder gefaltet. Jedes Objekt, jede Technologie und jeder Körper bringt multiple Temporalitäten und Zeithorizonte mit sich, die die Entfaltung der Situation mit-bestimmen.

Nun, wenn man mit Luhmann argumentiert, dass

> Kultur in der Tat nichts anderes ist als das Gedächtnis der Gesellschaft, also der Fil-ter von Vergessen/Erinnern und die Inanspruchnahme von Vergangenheit zur Be-stimmung des Variationsrahmens der Zukunft (Luhmann 1997: 588),

kann die Kultur nicht ohne einen direkten Bezug auf die materielle Faltung von Zeit gedacht werden. Luhmann erkennt das nur teilweise, da für ihn materielle Formen keine Faltung, sondern eine Fixierung von Zeitreferenzen durchführen. In diesem Sinne spricht Luhmann (1997: 585f.) von einer ,Materialisation' vom Gedächtnis in Orten und in Schrift. Ein topographisches Gedächtnis zeichnete frühere Gesellschaften aus, die Orte für wiederholbares Handeln (Plätze, Tempel, Märkte usw.) benötigten, während ein modernes mobileres, schriftliches Ge-dächtnis nur die Erzeugung eines Archivs vorhandener Zeichen ermöglichen würde. Da die Operation des Gedächtnisses weder als Archiv noch als Topologie gedacht werden kann, beschließt Luhmann, dass Gedächtnis nur kommunikativ realisiert werden kann. Aber kulturmaterielle Formen fixieren Zeit nicht. Sie falten Zeit und modifizieren damit die Möglichkeiten der Inanspruchnahme des Vergangenen zur Bestimmung der Zukunft.

Die hier aufgestellte These ist, dass Gedächtnis sich primär im Medium der Materialität entfaltet, indem durch kulturmaterielle Formen multiple Zeithorizonte und Handlungsprogramme vermittelt werden (vgl. Guggenheim 2009). Statt aber von einer Materialisation von Gedächtnis auszugehen, sollte man auf die Vergesellschaftung kulturmaterieller Formen achten. Technologie beispielsweise wird von Latour als „society made durable" (Latour 1991) beschrieben und ähnliches sollte für Objekte, Körper und andere kulturmaterielle Formen gelten. Gedächtnis konstituiert ein Grenzphänomen, das sich zwischen Kommunikation und Materialität verortet und entfaltet. Dabei wird auch klar, warum Kultur, wie Baecker (2008) beobachtet, sich kommunikationstheoretisch nicht erklären lässt. Kultur als Gedächtnis ermöglicht eine Vermittlung zwischen Kommunikation und Materialität, die sich weder systemtheoretisch noch akteur-netzwerktheoretisch erklären lässt.

Um mich der dynamischen Vermittlung zwischen Materialität und Kommunikation, die Kultur als Gedächtnis auszeichnet, anzunähern, möchte ich zunächst die Unterscheidung zwischen Expression und Inhalt einführen, die von Gilles Deleuze und Felix Guattari (1987) entwickelt worden ist. Interessanterweise kommt diese Unterscheidung aus dem Bereich der Geologie und bezieht sich auf die doppelte Formation einer Steinschicht – einerseits durch die Erzeugung, Anordnung und Assoziation materieller Einheiten und andererseits durch die Strukturierung von Funktionen. Während der Inhaltsbegriff die geformte Materie bezeichnet, die eine Steinschicht beinhaltet, bezieht sich der Expressionsbegriff auf die Strukturen und Funktionen, die in der Steinschicht zum Ausdruck kommen. Diese Unterscheidung wurde dann von Deleuze (1988) angewendet, um das Verhältnis zwischen diskursiven Formationen (Expression) und nicht diskursiven Institutionen (Inhalt) im späten Michel Foucault (1997) zu verstehen.

In der Schicht des Sozialen entspricht Kommunikation nur der Formung von Expression, also Prozessen der Strukturierung von Funktionen. Damit ist klar, dass die TSS über die Formung des Inhaltes, also über die Erzeugung von materiellen Formen und Assoziationen, nur schweigen kann. Für Deleuze und Guattari (1987) können beide Aspekte nicht getrennt voneinander gedacht werden:

Form here can have two meanings: it forms or organizes matter; or it forms and finalizes functions and gives them aims. Not only the prison but the hospital, the school, the barracks and the workshop are formed matter. Punishment is a formalized function, as is care, education, training, or enforced work. There is a correspondence, even though the two forms are irreducible (in fact care was not the function of the seventeenth-century hospital [...]) (Deleuze 1988: 33).

Latours Hinweise verschieben die soziologische Aufmerksamkeit zu Recht auf diese materiellen Formen und Assoziationen, führen aber zu einem anderen Fehler. Im Gegensatz zu Luhmann wird das Soziale auf materielle Assoziationen reduziert, womit Formen sinnhafter Kommunikation völlig unbeachtet bleiben. Die angestrebte „generalisierte Symmetrie" (Callon 1986; Latour 1993) berücksichtigt die Differenz und Irreduktibilität zwischen Expression und Inhalt nicht[7] und muss so durch eine eher orthogonale Perspektive ersetzt werden.

Dafür ist der Begriff des Diagramms, den Deleuze (1988) von Foucault übernimmt, von zentraler Bedeutung. Der Begriff des Diagramms bezeichnet die Begegnung zwischen Expressionsformen und Inhaltsformen, also zwischen Kommunikation und Materialität, und beschreibt die abstrakte Einheit, die in dieser Begegnung zu beobachten ist. In *Überwachen und Strafen* beispielsweise beschrieb Foucault (1976) ein disziplinäres Diagramm, das die Begegnung von gesellschaftlichen Funktionen (Erziehung, Recht) und materielle Formen (Schule, Gefängnis) artikuliert. Die Einheit des Diagramms impliziert keine Überwindung der Irreduktibilität zwischen Expression und Inhalt. Als Einheit einer ontologischen Differenz zwischen Kommunikation und Materialität kann das Diagramm sich nur als Dynamik gegenseitiger Bestimmung entfalten (vgl. Massumi 1992). Das Diagramm ermöglicht so eine diagonale Bewegung zwischen Materialität und Kommunikation, durch die einerseits Kommunikation zu einer Kraft werden kann, die materielle Formen schafft und bestimmt und andererseits Materialität zu einer sinnstiftenden Quelle, die die weitere Reproduktion von Kommunikation ermöglicht.

Diese Perspektive ermöglicht eine genauere Betrachtung der gesellschaftlichen Leistung von *kultur*materiellen Formen. Wie hier gezeigt worden ist, konstituiert Materialität nicht nur ein unverzichtbares Medium, in dem das Soziale ermöglicht wird. Durch ihre Formen, die Zeit in sich falten, ermöglicht Materialität auch die Erfüllung der Gedächtnisleistung der Kultur. Materielle Formen vermitteln vergangene Handlungsprogramme in die Gegenwart des Sozialen und orientieren so die Reproduktion der Gesellschaft. In diesem Zusammenhang kann Kultur als Diagramm gefasst werden, das diese diagonale Bewegung zwischen Materialität und Kommunikation ermöglicht. Kultur gleicht nicht materiellen Formen. Sie ermöglicht eher einen Einbruch der materiellen Umwelt in die Gesellschaft.

---

7   Das mag daran liegen, dass, während die STS-Tradition sehr feine Analysen der zwei ersten Begriffe ihres Akronyms, nämlich *science* und *technology* geliefert hat, sie von einem eher unterkomplexen Verständnis des dritten Begriffes, nämlich *society*, geprägt worden ist.

5 Kulturen als Kollektive und Quellen gesellschaftlichen Wandels

In den vorigen Abschnitten habe ich den Kulturbegriff in zwei Richtungen ausgearbeitet, die nun zusammengeführt werden sollen. Einerseits habe ich von Welten als *kultur*gesellschaftliche Formen gesprochen, die sich als vertraute Verdichtungen multipler Kommunikationsformen erkennen lassen und ihr Zusammenwirken ermöglichen. Die Erzeugung von gesellschaftlichen Welten stellt so eine zentrale Leistung der Kultur dar, da sie gesellschaftliche Prozesse und Dynamiken ermöglicht, die quer zur gesellschaftlichen Differenzierung der Weltgesellschaft verlaufen und so eine gegenseitige Irritation und Transformation gesellschaftlicher Strukturen ermöglichen. Andererseits habe ich auf die wesentliche Rolle von *kultur*materiellen Formen in der Ermöglichung des Sozialen und insbesondere eines sozialen Gedächtnisses hingewiesen. Dementsprechend wurde Kultur als vermittelndes Diagramm zwischen Materialität und Kommunikation verstanden, das nicht nur eine gesellschaftliche Formung von Körpern und Dingen ermöglicht, sondern auch einen Einbruch von materiellen Formen in die Gesellschaft.

Die gleichzeitige Betrachtung beider Dimensionen des Kulturbegriffs führt zu einem Verständnis von Kulturen als Kollektiven (Latour 1993; 2004; 2005). Dieser Begriff betont die diagrammatische Konstruktion gesellschaftlicher Welten und hebt diese als Gegenstand der kulturellen Betrachtung der Gesellschaft hervor. Gesellschaftliche Welten sind also keine immateriellen Verdichtungen multipler Kommunikationsformen, sondern hybride Kollektive, die sich nur durch das Einbeziehen von materiellen Formen, also von Körpern, Objekten, gebauten Umgebungen, Technologien usw. als Welten herauskristallisieren lassen. Die soziologische Frage nach der Kultur ist so auf die Erforschung von Kollektiven angewiesen, auf die Untersuchung der genauen Konstitution soziomaterieller Welten. Die soziologische und durchaus empirische Frage lautet also, wie in diesem oder jenem Kollektiv, wie in dieser oder jener Welt menschliche und nicht menschliche Agenten, Formen materieller Assoziation und sinnhafter Kommunikation, multiple gesellschaftliche Kommunikations- und Erwartungsstrukturen artikuliert werden und zusammenwirken.

Diese Neubestimmung des Kulturbegriffs sollte zunächst dazu beitragen, eine klare Unterscheidung zwischen gesellschaftlichen Strukturen und kulturellen Kollektiven zu ziehen. Während Gesellschaft in Bezug auf Kommunikation zu verorten ist und damit auf Fragen gesellschaftlicher Strukturierung und Differenzierung, bezieht sich Kultur auf das Problem der Konstruktion einer soziomateriellen Welt, eines Kollektivs, in dem die Gesellschaft verortet wird und Kommunikation auf Materialität trifft. In diesem Sinne vollzieht die Kultur eine Verdoppelung des Sozialen. In den Kollektiven und Welten artikulieren sich zwar gesellschaftliche Strukturen und materielle Formen, aber dies heißt nicht, dass alles zu Kultur wird. Die Kultur definiert sich durch die Art und Weise, wie diese Strukturen und Formen in einer Welt artikuliert werden und wie sie zusammenwirken. Die klassische ethnologische Definition von Kultur als „a whole way of life" und als „complex whole", jene Definition, die Parsons und Kroebers Abkommen in den nordamerikanischen Sozialwissenschaften praktisch abgeschafft hat, muss also wiedererweckt und als ergänzende Perspektive für die Analyse der Gesellschaft eingeführt werden. Wichtig ist aber zu verstehen, dass Kollektive nicht ganzen Gesellschaften entsprechen, sondern auf multiplen Ebenen und überall zu beobachten sind, wo sich Verdichtungen multipler Kommunikationsformen erweisen, die mit materiellen Formen, Körpern und Dingen, verbunden sind. Eine Stadt kann als Kollektiv betrachtet werden, aber auch ein Büro, ein Labor, eine Weltregion, eine Gruppierung usw.

Diese Definition ermöglicht meines Erachtens eine Revitalisierung bzw. eine Rückgewinnung des sonst abgenutzten Kulturbegriffs, da dieser nun für die Beschreibung und Erklärung eines spezifischen Sachverhalts bestimmt wird. Das Problem mit dem Parsons'schen Kulturbegriff ist nämlich, dass er für die Erklärung von Gesellschaft angewendet wurde und Kultur so als das definiert wurde, was die Entstehung gesellschaftlicher Strukturen ermöglicht. Die Betonung auf geteilte normative Orientierung wurde aber nicht nur stark kritisiert, sondern auch als Fiktion dekonstruiert. Kulturen in dem hier dargestellten Sinne beziehen sich auf eine andere Problematik, die von der Problematik der Gesellschaft unterschieden werden muss. Damit sollte auch deutlich werden, dass die Gegenüberstellung von Systemtheorie und den Kulturtheorien als zwei Alternativen, unter denen eine Entscheidung fallen muss (vgl. Reckwitz 2004), zu kurz greift. Die Fokussierung von zeitgenössischen Kulturtheorien auf die Verquickungen unterschiedlicher ontologischer Ebenen, also von Artefakten, Körpern, Psyche und Kommunikation, sowie auf die Verschwommenheit gesellschaftlicher Grenzen widerspricht der systemtheoretischen Beobachtung der Autopoiesis der Kommunikation und der Selbstreferenz gesellschaftlicher Strukturen nicht. Sie zeigt vielmehr, dass das Spezifikum kultureller Formationen, hier als Diagramm soziomaterieller Welten verstanden, nur in Bezug auf Gesellschaft zu begreifen ist. Gesellschaftliche Schließung und Binnendifferenzierung ist wiederum möglich, nur weil kulturelle Formationen eine Vermittlung zwischen differenzierten kommunikativen Erwartungsstrukturen sowie zwischen diesen Kommunikationsformen und dem materiellen Medium des Sozialen schafft.

Während Luhmann von Kultur als „Zusammenwirken aller Kommunikationsmedien" (Luhmann 1997: 409) gesprochen hat, ermöglicht diese neue Perspektive, von Kulturen als Zusammenwirken aller Medien zu sprechen, also vom Zusammenwirken innerhalb einer Welt oder eines Kollektivs von multiplen

Kommunikationsstrukturen und materiellen Formen. Der Hinweis auf dieses Zusammenwirken macht die Erforschung von Kulturen unverzichtbar, da sie neue Einblicke bezüglich gesellschaftlichen Wandels schafft. Kultur als Zusammenwirken wird hier nicht wie bei Parsons als eine Art Katalysator der Gesellschaft gedacht, sondern als eine doppelte Form der Vermittlung, die eine ständige Irritation gesellschaftlicher Strukturen ermöglicht – einerseits durch die Verdichtung und Koordination multipler Kommunikationsformen und andererseits durch Diagramme diagonaler Bewegungen zwischen materiellen und kommunikativen Formen. Kultur fungiert so als Quelle gesellschaftlichen Wandels, indem sie die Bedingungen schafft, intensive Irritationen der selbstreferenziellen Dynamiken gesellschaftlicher Strukturen zu ermöglichen.

Literatur

Abbott, Andrew (2001): *Time Matters: On Theory and Method*. Chicago: University of Chicago Press.

Abu-Lughod, Lila (1991): „Writing Against Culture". In: Fox, Richard (Hrsg.): *Recapturing Anthropology: Working in the Present*. Santa Fe: School of American Research Press, S. 137-154.

Alexander, Jeffrey C. (1990): „Analytic Debates: Understanding the Relative Autonomy of Culture". In: Alexander, Jeffrey C./Seidman, Steven (Hrsg.): *Culture and Society. Contemporary Debates*. Cambridge: Cambridge University Press, S. 1-27.

Asad, Talal (1973): *Anthropology and the Colonial Encounter*. London: Ithaca Press.

Baecker, Dirk (^{2}2001): *Wozu Kultur?* Berlin: Kulturverlag Kadmos.

—   (2005): *Form und Formen der Kommunikation*. Frankfurt am Main: Suhrkamp.

—   (2008): *„Systems, Network, and Culture"*. Symposium: *Relational Sociology: Transatlantic Impulses for the Social Sciences*. Berlin: Humboldt Universität.

Berking, Helmuth/Löw, Martina (Hrsg.) (2008): *Eigenlogik der Städte*. Frankfurt am Main/New York: Campus.

Bhabha, Homi K.? (1994): *The Location of Culture*. London/New York: Routledge.

Bloor, David (1991): *Knowledge and Social Imagery*. Chicago: University of Chicago Press.

Boltanski, Luc/Thévenot, Laurent (2006): *On Justification. Economies of Worth*. Princeton/ Oxford: Princeton University Press.

Bourdieu, Pierre (1994): *Le sens Pratique*. Paris: Les Editions de Minuit.

Butler, Judith (1994): *Das Unbehagen der Geschlechter*. Frankfurt am Main: Suhrkamp.

Callon, Michel (1986): „Some Elements of a Sociology of Translation: Domestication of the Scallops and the Fishermen of St-Brieuc Bay". In: Law, John (Hrsg.): *Power, Action, and Belief: A New Sociology of Knowledge?* London: Routledge/Kegan Paul, S. 196-229.

—   (2001): „Actor-Network Theory". In: *International Encyclopedia of the Social and Behavioral Sciences*: 62-66.

Callon, Michel/Muniesa, Fabian (2005): „Economic Markets as Calculative Collective Devices". In: *Organization Studies*, 26, 8, S. 1229-1250.

Clifford, James (1991): „Verdades Parciales". In: Clifford, James/Marcus, George E. (Hrsg.): *Retóricas de la Antropología*. Madrid: Júcar Universidad, S. 25-60.

Clifford, James/Marcus, George E. (Hrsg.) ([1]1991): *Retóricas de la Antropología*. Madrid: Júcar Universidad.

Corsi, Giancarlo (2008): „Lo mismo de otro modo: ¿Medio/forma como distinción directriz de una teoría sociológica general?". Vortrag im Rahmen der Tagung *Niklas Luhmann, a diez años: el desafío de observar una sociedad compleja*. Santiago de Chile: Goethe Institut.

Deleuze, Gilles (1988): *Foucault*. Minneapolis: University of Minnesota Press.

Deleuze, Gilles/Guattari, Felix (1987): *A Thousands Plateaus: Capitalism and Schizophrenia*. Minneapolis: University of Minnesota Press.

Esposito, Elena (2004): „Kulturbezug und Problembezug". In: Burkart, Günter/Runkel, Gunter (Hrsg.): *Luhmann und die Kulturtheorie*. Frankfurt am Main: Suhrkamp, S. 91-101.

Fabian, Johannes (2002): *Time and the Other. How Anthropology Makes its Object*. New York: Columbia University Press.

Farías, Ignacio (2006): „Cultura: La distinción de ‚unidades societales'". In: Farías, Ignacio/Ossandón, José (Hrsg.): *Observando sistemas. Nuevos apropiaciones y usos de la teoría de Niklas Luhmann*. Santiago de Chile: RIL Editores/Fundación SOLES, 323-364.

Farías, Ignacio/Ossandón, José (Hrsg.) (2006): *Observando sistemas. Nuevas apropiaciones y usos de la teoría de Niklas Luhmann*. Santiago de Chile: RIL Editores/Fundación SOLES.

—   (2010): *¿Luhmann para qué?*. Santiago de Chile: Universidad Diego Portales (Working papers ICSO UDP – N° 1).

—   (Hrsg.) (im Druck): *Observando Sistemas 2*. México, D.F.: Universidad Iberoamericana.

Fine, Gary A./Harrington, Brooke (2004): „Tiny Publics: Small Groups and Civil Society". In: *Sociological Theory*, 22, 3, S. 341-356.

Foucault, Michel (1976): *Überwachen und Strafen: Die Geburt des Gefängnisses*. Frankfurt am Main: Suhrkamp.

—   (1997): *Vigilar y Castigar*. México, D.F.: Fondo de Cultura Económica.

—   (2004a): *Geschichte der Gouvernementalität. 1. Sicherheit, Territorium, Bevölkerung*. Frankfurt am Main: Suhrkamp.

—   (2004b): *Geschichte der Gouvernementalität. 2: Die Geburt der Biopolitik*. Frankfurt am Main: Suhrkamp.

Geertz, Clifford ([1]1994): *Conocimiento Local. Ensayos sobre la interpretación de las culturas*. Barcelona: Paidós.

—   ([11]2001): *La interpretación de las culturas*. Barcelona: Gedisa.

Göbel, Andreas (2007): „Gesellschaftsbegriff und Gesellschaftstheorie. Der Gesellschaftsbegriff der Systemtheorie – zwischen operativem Konstruktivismus und Differenzierungstheorie". Vortrag im Rahmen der Tagung *La Sociedad como Pasión*, México, D.F.: Universidad Iberoamericana.

Goldthorpe, John (2007): *On Sociology*. Stanford: Stanford University Press.
Guggenheim, Michael (2009): „Building Memory: Architecture, Networks and Users". In: *Memory Studies*, 2, 1, S. 39-53.
Habermas, Jürgen (1987): *The Theory of Action Communicative*. Bd. 2. Cambridge: Polity.
Herzfeld, Michael (2001): *Anthropology. Theoretical Practice in Culture and Society*. Malden/Oxford/Melbourne/Berlin: UNESCO.
Husserl, Edmund (2008): *Die Lebenswelt: Auslegungen der vorgegebenen Welt und ihrer Konstitution: Texte aus dem Nachlass (1916-1937)*. Dordrecht: Springer.
Hutter, Michael/Teubner, Gunther (1994): „Der Gesellschaft fette Beute: Homo juridicus und homo oeconomicus als kommunikationserhaltende Fiktionen". In: Fuchs, Peter/Göbel, Andreas (Hrsg.): *Der Mensch – das Medium der Gesellschaft?* Frankfurt am Main: Suhrkamp, S. 110-145.
Knorr-Cetina, Katrin (1981): *The Manufacture of Knowledge: An Essay on the Constructivist and Contextual Nature of Science*. Oxford: Pergamon Press.
Kroeber, Alfred/Parsons, Talcott (1958): „The Concepts of Culture and of Social System". In: *American Sociological Review*, 23, S. 582-583.
Kuper, Adam (1999): *Culture. The Anthropologists' Account*. Cambridge/London: Harvard University Press.
Latour, Bruno (1991): „Technology is Society Made Durable". In: Law, John (Hrsg.): *A Sociology of Monsters: Essays on Power, Technology and Domination*. London: Routledge, S. 103-131.
— (1993): *We Have Never Been Modern*. Cambridge: Harvard University Press.
— (1996): „On Interobjectivity". In: *Mind, Culture, and Activity*, 3, 4, S. 228-245.
— (2000): *Die Hoffnung der Pandora*. Frankfurt am Main: Suhrkamp.
— (2004): *Politics of Nature: How to Bring the Sciences into Democracy*. Cambridge: Harvard University.
— (2005): *Reassembling the Social: An Introduction to Actor-Network Theory*. Oxford/New York: Oxford University Press.
— (2008): „Eine andere Wissenschaft des Sozialen? Vorwort zur deutschen Ausgabe". In: Tarde, Gabriel (Hrsg.): *Monadologie und Soziologie*, Frankfurt am Main: Suhrkamp, S. 7-15.
— (2009): *The Making of Law: An Ethnography of the Conseil D'Etat*. Cambridge: Polity Press.
Latour, Bruno/Karsenti, Bruno (2008): „The Debate. A Re-enactment of a Debate Held in 1903 Between Gabriel Tarde and Emile Durkheim". In: Tarde, Gabriel/Durkheim, Emile: *Trajectories of the social*. Cambridge University.
Latour, Bruno/Woolgar, Steve (1986): *Laboratory Life. The Construction of Scientific Facts*. Princeton: Princeton University Press.
Law, John/Hassard, John (1999): *Actor Network Theory and After*. Oxford: Blackwell/*The Sociological Review*.
Lévi-Strauss, Claude (1997): „Selection from Introduction to the Work of Marcel Mauss". In: Schrift, Alan D. (Hrsg.): *The Logic of the Gift: Toward an Ethic of Generosity*. New York/London: Routledge, S. 45-69.
Löw, Martina (2008): *Soziologie der Städte*. Frankfurt am Main: Suhrkamp.

Luhmann, Niklas (1984): *Soziale Systeme. Grundrisse einer allgemeinen Theorie*. Frankfurt am Main: Suhrkamp.
— (1990): „Weltkunst". In: Luhmann, Niklas/Bunsen, Frederick/Baecker, Dirk (Hrsg.): *Unbeobachtbare Welt. Über Kunst und Architektur*. Bielefeld: Cordula Haux.
— (1993): „Individuum, Individualität, Individualismus". In: Luhmann, Niklas: *Gesellschaftsstruktur und Semantik. Studien zur Wissenssoziologie der modernen Gesellschaft*. Bd. 3. Frankfurt am Main: Suhrkamp, S. 149-258.
— (1994): „Die Tücke des Subjekts und die Frage nach dem Menschen". In: Fuchs, Peter/Göbel, Andreas (Hrsg.): *Der Mensch – das Medium der Gesellschaft*. Frankfurt am Main: Suhrkamp, S. 40-56.
— (1995): *Die Kunst der Gesellschaft*. Frankfurt am Main: Suhrkamp.
— (1997): *Die Gesellschaft der Gesellschaft*. Frankfurt am Main: Suhrkamp.
— (1999): „Kultur als historischer Begriff". In: Luhmann, Niklas: *Gesellschaftsstruktur und Semantik. Studien zur Wissenssoziologie der modernen Gesellschaft*. Bd. 4, Frankfurt am Main: Suhrkamp, S. 31-54.
— (2000a): „Die Lebenswelt – nach Rücksprache mit Phänomenologen". In: Preyer, Gerhard/Peter, Georg/Ulfig, Alexander (Hrsg.): *Protosoziologie im Kontext. „Lebenswelt" und „System" in Philosophie und Soziologie*. Frankfurt am Main: Humanities Online, S. 268-289.
— (2000b): „Familiarity, Confidence and Trust: Problems and Alternatives". In: Gambetta, Diego (Hrsg.): *Trust: Making and Breaking Cooperative Relations*. Electronic edition: Oxford: Department of Sociology/University of Oxford, S. 94-107.
Malinowski, Bronislaw (1944): *A Scientific Theory of Culture and Other Essays*. Chapel Hill: University of North Carolina Press.
Marcus, George E./Fischer, Michael (2000): *La antropología como crítica cultural. Un momento experimental en las ciencias humanas*. Buenos Aires: Amorrortu.
Mascareño, Aldo (2003): „Teoría de Sistemas en América Latina. Conceptos Fundamentales para la descripción de una diferenciación funcional concéntrica". In: *Persona y Sociedad*, XVII, 2, S. 9-26.
— (2006): „Die Alt- und Jungluhmannianer. La autopoiesis de la comunicación acerca de la comunicación sistémica". In: Farías, Ignacio/Ossandón, José (Hrsg.): *Observando sistemas. Nuevas apropiaciones y usos de la teoría de Niklas Luhmann*. Santiago de Chile: RIL Editores/Fundación SOLES, S. 365-389.
— (2007): „Sociología de la Cultura: La Deconstrucción de lo Mapuche". In: *Centro de Estudios Públicos*, 105, S. 61-112.
— (2008): *Lateinamerika als Region der Weltgesellschaft*. Berlin: Sigma.
Massumi, Brian (1992): *A User's Guide to Capitalism and Schizophrenia. Deviations from Deleuze and Guattari*. Cambridge/London: MIT Press.
Nassehi, Armin (2002a): „Dichte Räume. Städte als Synchronisations- und Inklusionsmaschinen". In: Löw, Martina (Hrsg.): *Differenzierungen des Städtischen*. Opladen: Leske + Budrich, S. 211-232.
— (2002b): „Exclusion Individuality or Individualization by Inclusion". In: *Soziale Systeme*, 8, S. 124-135.
Parsons, Talcott (1951): *Toward a General Theory of Action: Theoretical Foundations for the Social Sciences*. Cambridge: Harvard University Press.

— (1968): *The Structure of Social Action: Marshall, Pareto, Durkheim.* New York: Free Press.

Parsons, Talcott/Shils, Edward (Hrsg.) (1951): *Toward a General Theory of Action.* New York: Harper & Row.

Parsons, Talcott/Smelser, Neil (1984): *Economy and Society. A Study in the Integration of Economic and Social Theory.* London/Boston: Routledge/Kegan Paul.

Rabinow, Paul (2007): *Marking Time: On the Anthropology of the Contemporary.* Princeton/Oxford: Princeton University Press.

Ramos-Torres, Ramón (1997): „Dios, Epiménides y Tristam Shandy: destinos de las paradojas en la sociología de N. Luhmann". In: *Revista Anthropos* 173/174 (Themenheft „Niklas Luhmann: Hacia una teoría científica de la sociedad"), S. 137-144.

Reckwitz, Andreas (2004): „Die Logik der Grenzerhaltung und die Logik der Grenzüberschreitungen: Niklas Luhmann und die Kulturtheorien". In: Burkart, Günter/Runkel, Gunter (Hrsg.): *Luhmann und die Kulturtheorie.* Frankfurt am Main: Suhrkamp, S. 213-240.

Savage, M. (2009): „Contemporary Sociology and the Challenge of Descriptive Assemblage". In: *European Journal of Social Theory*, 12, 1, S. 155-174.

Scheffer, Thomas/Hannken-Illjes, Kati/Kozin, Alexander (2008): „How Courts Know: Comparing English Crown Court, U.S. American State Court and German District Court". In: *Space and Culture*, 12, 2, S. 183-204.

Teubner, Gunther (2006): „Rights of Non-humans? Electronic Agents and Animals as New Actors in Politics and Law". In: *Journal of Law and Society*, 33, 4, S. 497.

Uzzi, Brian/Spiro, Jarrett (2005): „Collaboration and Creativity: The Small World Problem". In: *American Journal of Sociology*, 111, 2, S. 447-504.

Vanderstraeten, Raf (2002): „Parsons, Luhmann and the Theorem of Double Contingency". In: *Journal of Classical Sociology*, 2, 1, S. 77-92.

White, Harrison ([2]2008): *Identity & Control. How do Social Formations Emerge.* Princeton/Oxford: Princeton University Press.

Zaloom, Caitlin (2006): *Out of the Pits: Traders and Technology from Chicago to London.* Chicago: University of Chicago Press.

Niklas Luhmanns „Religion der (Welt-) Gesellschaft" – Theoretische Probleme und lateinamerikanische Perspektiven

Martin Petzke

1 Einleitung

Folgt man der Luhmann'schen Gesellschaftstheorie, so kommt in der Moderne Gesellschaft nur noch im Singular vor – als Weltgesellschaft. Diese These hat Luhmann erstmals grundlegend 1971 in seinem Aufsatz „Die Weltgesellschaft" formuliert und er gründet sie vor allem auf zweierlei Argumente. In einer kommunikationstheoretischen Überlegung wird einerseits von der These ausgegangen, dass Grenzen von Gesellschaft(en) mit den Grenzen der Kommunikation zusammenfallen. Mit den modernen Verkehrs- und Kommunikationstechnologien, die potentiell alle Kommunikationen füreinander erreichbar werden lassen, wird ein einziger, weltumfassender Kommunikationszusammenhang möglich. Das Argument für Weltgesellschaft liegt allerdings nicht in der Feststellung einer sämtliche Distanzen übergreifenden kommunikativen Erreichbarkeit. Vielmehr bildet diese erst die Prämisse für die Herausbildung von Weltgesellschaft im Sinne einer „reale(n) Einheit des Welthorizonts für alle" (Luhmann [1971] 1975: 68) – das Konvergieren also von ehemals vielfältigen Weltentwürfen zu einer einzigen Weltperspektive, bezüglich der erwartet werden kann, dass auch andere anderswo auf der Welt in Kongruenz mit ihr erwarten. Entspricht der potentiellen Globalität von kommunikativen Vernetzungen eine Weltgesellschaft „an sich", so wird diese erst im Hinblick auf einen unifizierten Weltentwurf zu einer Weltgesellschaft „für sich", in der nicht mehr mit sozialen Außenlagen gerechnet wird.

Ein zweites Argument stützt sich demgegenüber auf differenzierungstheoretische Überlegungen. Mit der Ausdifferenzierung und zunehmenden Autonomisierung von Funktionssystemen lassen sich Gesellschaftsgrenzen schwerlich an den Grenzen von Nationalstaaten festmachen. Funktionssysteme fordern jeweils für ihr spezifisches Bezugsproblem gesellschaftliche „Höchstrelevanz" und orientieren damit ihre Operationsweise primär an funktionsspezifischen Sachgesichtspunkten. Damit kommen die zu inkludierenden Populationen und räumlichen Extensionen zunehmend allein nach Maßgabe der Funktionsperspektive in den Blick. Infolgedessen fallen die Grenzen der Funktionssysteme nicht mehr einheitlich an Staatsgrenzen zusammen: „Die einzelnen Teilsysteme fordern jeweils andere Grenzen nicht nur für sich selbst, sondern auch für ihre Gesellschaft" (Luhmann [1971] 1975: 75). Dies spricht gegen eine Differenzierung in nationalstaatlich oder regional begrenzte Gesellschaften; die Einheit aller Funktionen lässt sich nur noch als Weltgesellschaft denken.[1]

Insbesondere diese zweite These ist für den vorliegenden Zusammenhang von Interesse. Das Argument ist zunächst allein gegen die Annahme einer den Funktionssystemen übergeordneten nationalstaatlichen bzw. regionalen Differenzierung in je autarke Gesellschaftsgebilde gerichtet. Doch Luhmann scheint daraus die zusätzliche und m.E. nicht zwingende Konsequenz zu ziehen, dass nicht nur Gesellschaft, sondern auch jedes Funktionssystem fortan nur noch im Singular zu denken ist; als ein im Hinblick auf eine Funktion weltweit singulärer Operationszusammenhang, der allenfalls noch interne Differenzierungen nach funktionalen Gesichtspunkten erlaubt. Im frühen Aufsatz spricht Luhmann ([1971] 1975: 68) den Funktionssystemen zwar noch unterschiedliche Globalisierungschancen zu. Für die Wirtschaft und die Wissenschaft wird in dieser Hinsicht eine Vorreiterstellung geltend gemacht, die Luhmann auf ihren primär kognitiven, lernbereiten Erwartungsstil stützt; im Gegenzug werden hier noch dem Recht, der Politik, z.T. auch der Religion schlechte Voraussetzungen für Weltgesellschaftlichkeit zugesprochen, insofern sie primär einem normativen, an Moral orientierten Erwartungsstil folgen. Solche Bedenken scheinen allerdings in den späteren Publikationen auch für diese Systeme weggewischt. Ganz selbstverständlich wird von einem Weltsystem Recht und einem Weltsystem Religion ausgegangen. Diese These wird allerdings recht unambitiös plausibilisiert; etwa über eine global beobachtbare Kapazität „Rechtsfragen von anderen Fragen" (Luhmann 1993: 573) oder „religiöse Kommunikationen [...] von anders orientierten Kommunikationen" (Luhmann 2000: 341) unterscheiden zu können.[2]

Gerade im Falle des Funktionssystems Religion lässt die Annahme eines alle spezifischen Religionen umfassenden Operationszusammenhangs jedoch Zweifel aufkommen. Für diesen Gegenstand vermittelt Luhmann in seiner posthum veröffentlichten Monographie (2000) ein buntes Bild weltreligiöser Diversität. Dabei fällt auf, wie sehr Luhmann für dieses Buch aus Anschauungen schöpft, die er bei seinen Lateinamerikaaufenthalten sammeln konnte. Die Beschreibung der weltweiten Diversifikation von religiösen Formen wird nahezu

---

1   Für weitere Formen der Strukturbildung, die für Weltgesellschaft sprechen, vgl. Stichweh (2005: 10ff.).

2   Für das Familiensystem schließt Luhmann indes die Annahme eines einzigen Funktionssystems mit Familien als segmentäre Binnendifferenzierung aus (vgl. Luhmann 1990b: 201).

ausschließlich mit Illustrationen ausgeschmückt, die aus einem lateinamerikanischen Kontext stammen. Zu den Beispielen gehören der brasilianische Spiritismus (Luhmann 2000: 274), der Maria-Lionza-Kult Venezuelas (Luhmann 2000: 346), die in Südamerika zu findenden „wunderlichsten Synkretismen indianischer, afrikanischer und christlich-europäischer Provenienz" (Luhmann 2000: 342), indianische Pilzkulte (Luhmann 2000: 119) sowie Fälle von „Spontangenese" abweichender Formen von Religion (Luhmann 2000: 351). Trotz dieser Diversität wird allerdings für den Fall der Religion, der doch zunächst stark gegen die weltgesellschaftliche Einheit eines Funktionssystems zu sprechen scheint, so deutlich wie sonst für kein anderes Funktionssystem der Weltgesellschaftsgedanke herausgekehrt (Stichweh 2002: 290). Die Heterogenität von religiösen Formen wird unter diesem Gesichtspunkt als segmentäre Binnendifferenzierung eines übergreifenden Systemzusammenhangs von Religion gesehen, die parallel zum Weltpolitiksystem und seiner segmentären Differenzierung in Staaten zu verstehen ist (Luhmann 2000: 272; Luhmann 1995a: 12). Gerade dieses Argument kann indes nicht voll überzeugen. Wie Hartmann Tyrell (2005: 43f.) in diesem Zusammenhang zu bedenken gibt, stützt sich der Begriff der Segmentierung im Allgemeinen – und für das Politiksystem im Besonderen – auf die strukturelle Gleichheit der Teile, auf „Isomorphien", die im Falle der Politik zudem noch in wechselseitigen Anerkennungszusammenhängen forciert werden. In der *Religion der Gesellschaft* wird demgegenüber das Fehlen struktureller Gleichheit zwischen religiösen „Subsystemen" noch bewusst illustriert. Diversifikation und mangelnde Kontrolle von „Formenwanderungen" (Luhmann 2000: 342), die gegen eine Domestikation durch einen übergeordneten Systemzusammenhang sprechen, werden gerade als das Charakteristikum des Religions-„systems" dargestellt.

Angesichts dieser theoretisch unsicheren Ausgangslage für ein Weltfunktionssystem Religion unternimmt der vorliegende Beitrag den Versuch, die Annahme eines religionsübergreifenden Systemzusammenhangs einer genaueren Prüfung zu unterziehen. Hierfür gilt es in einem ersten Teil, vermittels einer vergleichenden Sichtung der Luhmann'schen Erörterungen zu den Funktionssystemen die drei Problemkomplexe systemtheoretisch genauer zu beleuchten, die im Falle Religion besonders scharf hervortreten. Es sind dies 1. Fragen der *Grenzkonstitution* einer den Teilsystemen übergeordneten Systemebene; 2. Fragen der *Integration* der Teilsysteme; 3. Kriterien und Konzeptionen von funktionssystembezogener *Weltgesellschaftlichkeit*. In einem zweiten Teil soll vor diesem Hintergrund die Religion hinsichtlich ihres fraglichen Status als Weltfunktionssystem ins Relief gesetzt werden. In einem dritten Teil schließlich gilt es, unter den herausgearbeiteten Gesichtspunkten eine Beschreibung für die religiöse Situation in Lateinamerika anzubieten.

2   Die Funktionssysteme im Vergleich

2.1 Grenzkonstitution

Fragen der Grenzkonstitution eines Funktionssystems betreffen einerseits das Problem des Erkennens der Systemzugehörigkeit kommunikativer Elemente. Hierfür gilt es, grenzkonstitutive Semantiken in den Blick zu nehmen (a). Andererseits ist damit der Punkt einer ausdifferenzierenden Rekursivität von systemspezifischen Basiselementen bzw. „Elementartakten" (Stichweh 1987: 464) angesprochen (b).

a) Grenzsemantiken
In den frühen Publikationen wird die Problemstelle des Erkennens systemzugehöriger Kommunikationen durch die Figur der „mitlaufenden Selbstreferenz" (Luhmann 1984: 624) besetzt. Diese hatte funktionsspezifische *Selbstbeschreibungen* bzw. *Zusatzsemantiken* bezeichnet, die die grenzkonstitutive Selbstbeobachtung steuern, indem sie Bezüge zur Einheit des Systems als einen „immer mitzubenutzenden Verweisungsstrang allen Operationen zur Verfügung" (Luhmann 1984: 624) stellen. Im Falle der Wirtschaft lassen sich in diesem Sinne Operationen schon durch die Bezugnahme auf Geld als systemzugehörig ausweisen (Luhmann 1984: 625). Für Systeme, in denen sich zu der hohen „Integrationskraft" und „technischen Präzision" des Geldsymbols (Luhmann 1984: 626) keine Entsprechungen finden, sind elaboriertere Semantiken vonnöten. So kann sich nach Luhmann politischer Machtgebrauch von gesellschaftlich ubiquitärem Machtgebrauch erst durch den Bezug auf die Staatsformel unterscheiden. Diese

> ist ein semantisches Artefakt, mit dem es möglich ist, die Selbstreferenz des politischen Systems zu konzentrieren, sie von der Beurteilung konkreter Machtlagen unabhängig zu machen und sie, ähnlich wie im Falle von Geld, zur mitlaufenden Selbstverweisung aller Operationen zu machen, die Anspruch darauf erheben, als Elemente des politischen Systems zu fungieren (Luhmann 1984: 627).

Im Falle des aus Familienstrukturen ausdifferenzierten Erziehungssystems liegt das funktionale Äquivalent nach Luhmann (1984: 628) im Bezug zur Lernfähigkeit überhaupt, zum Lernen des Lernens, und der entsprechenden Semantik der Bildung.
    In späteren Publikationen wird die Funktion, Systemzugehörigkeit auszuweisen, dem funktionsspezifischen Code übertragen (Luhmann 1990a: 174; 1993: 70; 1995a: 304). Das Konzept der „mitlaufenden Selbstreferenz" taucht im Zuge dessen namentlich nicht mehr auf. Gleichwohl bleiben auch in späteren Publikationen voraussetzungsvollere Semantiken der Grenzkonstitution im

Blick. In den obigen Beispielen der Politik und Erziehung ist bereits deutlich geworden, dass diese Semantiken gerade auch eine Ausdifferenzierung gegenüber weniger voraussetzungsvollen, bereits diffus in lebensweltlicher Kommunikation angelegten Strukturen konditionieren. Letzterem Gedanken bleibt Luhmann auch weiterhin verpflichtet:

> Selbstverständlich gibt es zahllose normative Erwartungen ohne Rechtsqualität – so wie es ja auch zahllose Wahrheiten ohne wissenschaftliche Qualität oder zahllose Güter (zum Beispiel saubere Luft) ohne wirtschaftliche Qualität und viel Macht ohne politische Qualität gibt. Die Funktionssystembildung zieht aus dem gesellschaftlichen Alltagsleben nur die irgendwie problematischen Erwartungen heraus; sie reagiert nur auf eine sich im Laufe der Evolution steigernde Unwahrscheinlichkeit des Erfolgs von Kommunikationen. Und dann bilden sich autopoietische Systeme im Hinblick auf Steigerungsmöglichkeiten, die an schon vorhandenen Strukturen ablesbar sind. Deren evolutionäre Ausdifferenzierung setzt, wie wir noch sehen werden, vorbereitetes Terrain voraus. Gerade deshalb differenzieren sich dann aber autopoietische Systeme gegen die Selbstverständlichkeiten des Alltags (Luhmann 1993: 136f.)

Dieser Gedanke eines Steigerungsverhältnisses gegenüber bereits in undifferenzierten Strukturen angelegten Momenten findet sich schon bei Georg Simmel (1898). Ganz analog wird dort für Recht, Wissenschaft, Politik, Kunst und Religion beschrieben, wie diese „eine Steigerung, Durchbildung und Verfeinerung" dessen darstellen, was „gleichsam versuchsweise, keimhaft, in Verwebung mit anderen Formen und Inhalten" im Alltag vorkommt (Simmel 1898: 111f.). Eine solche Steigerung bildet sich bei Luhmann nun aber nicht im Code ab, sondern kommt auch weiterhin in Bezügen zu voraussetzungsvolleren Semantiken, Programmstrukturen oder Selbstbeschreibungsformeln zur Geltung, die, ganz im Sinne der frühen Theoriefigur der mitlaufenden Selbstreferenz, die Grenzen betreuen: So stellt die Wissenschaft Luhmann zufolge den Wahrheitsansprüchen des Alltagswissens theoretisch und methodisch abgesichertes Wissen entgegen (Luhmann 1990a: 428). Entsprechende Verweise auf Theorien und Methoden gehören zu den „Voraussetzungen der Zugehörigkeit zum Wissenschaftssystem" (Luhmann 1990a: 446). Gerade über die damit implizierten „eigensinnigen Begriffsverwendungen" wird Wissenschaft von sonstiger Kommunikation unterscheidbar (vgl. Luhmann 1990a: 124). Für Recht wirkt erst der „Bezug auf jeweils bestimmte Texte, die als 'geltendes Recht' fungieren" (Luhmann 1993: 215), abgrenzend gegenüber dem „wildwüchsigen Normieren" der Moral, das ja ebenfalls Situationen binär nach Erwartungserfüllung und -enttäuschung strukturiert. Kunst wiederum unterscheidet sich von anderen Artefakten mit fremdausgerichteten Zwecken nach Luhmann (1995a: 207) durch die „dem gesellschaftlichen Alltag abgetrotzte Unwahrscheinlichkeit des kombinatorischen Formengefüges der Kunst, die den Beobachter an den Beobachter verweist"; sie provoziert zu der Frage: „wozu?" (Luhmann 1995a: 42).

Die grenzbetreuende Selbstbeobachtung von Funktionssystemen orientiert sich folglich an spezifischen Selbstbeschreibungssemantiken oder einheitlichen Programmstrukturen, die Elemente als systemzugehörig ausweisen und ein Steigerungsverhältnis gegenüber weniger voraussetzungsvollen Kommunikationszusammenhängen ausbilden, das im Code allein nicht ausreichend abgebildet wird. Einzig für den Gegenstand der Religion entfernt sich Luhmann von diesem Gedanken, wie noch zu zeigen sein wird.

b) Elementarakt
Semantisch betreute Steigerungsverhältnisse fundieren eine Ausdifferenzierung im Sinne einer voraussetzungsvollen Konditionierung von Kommunikation, die auch situativ erfolgen kann und nicht zwingend mit einem Systemcharakter einhergehen muss. In der Errichtung eines rekursiv geschlossenen und damit fortlaufenden Operationszusammenhangs spielt vielmehr die Figur des „Elementarakts" (Stichweh 1987: 464) die entscheidende Rolle. Es findet sich in den Untersuchungen zu den Funktionssystemen durchgehend der Gedanke einer elementaren Form, die die „harte" Autopoiesis des Systems vollzieht und Fundament seiner operativen Schließung und Ausdifferenzierung ist. Im Wesentlichen setzt diese sich durch eine erhöhte und systemdurchgreifende Anschlussfähigkeit von solchen Elementen ab, die auch im System vorkommen, dieses aber nicht oder nur marginal reproduzieren. Für die Wirtschaft sind nach Luhmann solche fundierenden Elementarakte *Zahlungen*:

> In dem Maße, wie wirtschaftliches Verhalten sich an Geldzahlungen orientiert, kann man deshalb von einem funktional ausdifferenzierten Wirtschaftssystem sprechen, das von den Zahlungen her dann auch nichtzahlendes Verhalten, zum Beispiel Arbeit, Übereignung von Gütern, exklusive Besitznutzungen usw., ordnet (Luhmann 1988: 14).

Das Pendant wird für die Wissenschaft in *Publikationen* gesehen:

> Erst in der Form von Publikationen erreicht die moderne Wissenschaft autopoietische Anschlußfähigkeit. Publikationen sind gleichsam das Zahlungsmittel der Wissenschaft, das operative Medium ihrer Autopoiesis. [...] Nur mit Hilfe von Publikationen werden wissenschaftliche Resultate zitierfähig und so mit durch sie selbst limitierten Anschlußmöglichkeiten versorgt (Luhmann 1990a: 432; vgl. auch Stichweh 1987).

Forschungsvorbereitende Tätigkeiten, Kolloquien, Diskussionen können auf dieser Basis ebenfalls im System vorkommen, haben aber im Hinblick auf Systemreproduktion einen anderen Stellenwert. Für das Recht liegt das fundierende Basiselement in *Rechtsentscheidungen*. Mit der dadurch bewirkten Zirkulation von Geltung verhält es sich ganz analog zu den übrigen Elementarakten:

> Ähnlich wie im Wirtschaftssystem die Geldzahlung ist auch im Rechtssystem der Geltungstransfer nicht identisch mit der Gesamtheit der Systemoperationen; aber es handelt sich um diejenigen Operationen, die die Autopoiesis des Systems vollziehen und ohne die die Ausdifferenzierung eines operativ geschlossenen Rechtssystems nicht möglich wäre (Luhmann 1993: 108).

Der politische Elementarakt ist der Machtgebrauch in der Form *kollektiv bindenden Entscheidens*, das „andere, ebenfalls durchsetzbare Entscheidung in Aussicht" (Luhmann [1991] 2004: 182) stellt. Im Falle der Erziehung ist nach Luhmann das Analogon in der *Ausweisung von „Lernfähigkeit"* zu sehen, etwa durch Lebensläufe bzw. Zertifikate, an die dann voraussetzungsvollere Absichten der Erziehung, auch an anderen Institutionen, anschließen können (Luhmann [1991] 2004: 181ff.; [1997] 2004). Träger der Ausdifferenzierung von Kunst schließlich ist die rekursive Vernetzung von *Kunstwerken*, die über Stilmomente, Zitationen, kurzum: „Intertextualität" aufeinander Bezug nehmen. Darauf kann sich Kunstkritik gleichsam als „sekundäre Kommunikation" (Luhmann 1995a: 40) stützen.

Bezieht man den Gedanken der funktionalen Differenzierung auf die Ebenenunterscheidung von Interaktion, Organisation und Gesellschaft zurück,[3] so scheint mir gerade diesen Elementarakten die Eigenschaft zuzufallen, das jeweilige Funktionssystem auf der Makroebene der Gesellschaft „einzuhängen". Erst die durch diese basalen Elemente getragenen Rekursionen heben das System von der Interaktions- und Organisationsebene ab, indem sie einen Vermittlungszusammenhang instituieren, der sich weder auf Interaktionszusammenhänge noch einzelne Organisationen reduzieren lässt. Vielmehr können sich, wie etwa im Fall von Zahlungsverkehr zwischen Organisationen, kommunikative „Drittsysteme" (Kneer 2001: 418) auf die Elementarakte stützen. Gerade angesichts der „Wucherung" neuer Vorschläge von Funktionssystemen in der Literatur wird man deshalb zu fragen haben, ob wir es in jedem Fall tatsächlich mit einem genuinen Funktionssystem auf Gesellschaftsebene zu tun haben oder ob nicht le-

---

3   Zu dieser Typologie vgl. Luhmann (1975). Für eine darauf bezogene werkgeschichtliche Analyse vgl. Tyrell (2006).

diglich ein spezifischer Arbeitsbereich für Organisationen ausgemacht worden
ist (etwa im Falle von Tourismus, Sozialer Hilfe etc.).

2.2 Integration

Die Funktionssysteme sind auf der Basis ihrer operativen Schließung und durch
Zusatzsemantiken gesteuerten Selbstbeobachtungen ausdifferenziert. Gleichzeitig weisen sie allesamt interne Differenzierungen auf, die das Problem der Aus-
einanderentwicklung der Teilsysteme und Fragen der Systemintegration aufwerfen. In der klassischen Soziologie stand an dieser Stelle der Gedanke einer komplementären Dynamik zwischen Differenzierung und Integration, die bei Parsons
im Gesetz zunehmender Wertgeneralisierung bei fortschreitender Binnendifferenzierung formuliert ist. Ausgehend von der paradigmatischen Umstellung auf
die Unterscheidung von System und Umwelt bezieht Luhmann den Begriff der
Integration indes nicht auf eine Beziehung zwischen Teilen und Ganzem, sondern auf Beziehungen zwischen den Teilsystemen selbst. Infolgedessen wird
Integration als „wechselseitige Einschränkung von Freiheitsgraden" definiert
(Luhmann 1997: 601ff.). Für die Integration auf Gesellschaftsebene mit Funktionssystemen als den primären Teilsystemen wird vor allem der Begriff der
„strukturellen Kopplung" veranschlagt (Luhmann 1997: 776ff.). Er bezieht sich
auf hochselektive Irritationsverhältnisse zwischen den Systemen, die die Margen
möglicher Strukturbildung innerhalb der jeweiligen Systeme limitieren. Auf der
Ebene des Funktionssystems und seiner Binnendifferenzierung findet sich bei
Luhmann währenddessen keine Elaboration von Formen struktureller Kopplung,
sondern ein gänzlicher Verzicht auf den Begriff. Vielmehr wird hier der auf
Claude Bernard zurückgehende Gedanke einer internen Umwelt („milieu interne") lanciert, um Integrationsformen des Funktionssystems zu konzeptualisieren
(Luhmann 2005: 238f.; siehe auch Stichweh 1984: Kap. 1.3; 2007). So gründet
die Einheit der Weltpolitik etwa in der Orientierung von Staaten an anderen
Staaten innerhalb des Weltpolitiksystems. Die an weltkulturelle Vorgaben ge-
bundene Anerkennung in den Staatenzusammenhängen schränkt die Freiheitsgrade der politischen Ausgestaltung der jeweiligen Territorien ein (Meyer et al.
1997). Ähnlich wird von Stichweh (1984: Kap. 1.3; 2004; 2007) die Integration
der Wissenschaft angesichts ihrer Differenzierung in wissenschaftliche Disziplinen gedacht. Disziplinen bilden innerhalb der Wissenschaft für jede einzelne
Disziplin eine interne Umwelt, von der Impulse für transdisziplinäre Importe von
Theorien und Methoden, interdisziplinäre Kooperationen oder fachkonstitutive
Konkurrenzen ausgehen können. Für das Kunstsystem mit seiner Differenzierung in Gattungen ließe sich eine solche interne Umwelt aus den gattungsüber-

greifenden Stilen deduzieren sowie aus formenbezogenen Innovationen, deren Adaptation nicht auf eine Gattung beschränkt bleibt. In der Wirtschaft wiederum orientieren sich an der Peripherie Konsum und Produktion an den anderen Wirtschaftsaktivitäten in der internen Umwelt des Marktes und sind dabei auf ein zentrales Bankensystem angewiesen, das Kredite zur Ausnutzung von Marktchancen bereitstellt (Luhmann 2000: 250; 1988: 91ff.).

Die integrative Einschränkung der Freiheitsgrade der jeweiligen Teilsysteme innerhalb des Funktionssystems kann folglich durch Konflikt/Konkurrenz oder Kooperation erfolgen (Luhmann 1997: 604). Sie findet ihre Grundlage aber auf jeden Fall in einer Orientierung an den anderen Teilsystemen innerhalb des Funktionssystems und deren spezifischen Orientierungen (Stichweh 1984: 48f.). Auf diesen verdichteten Beobachtungsverhältnissen können dann insbesondere bei segmentären Differenzierungsformen systemeigene Diffusionsprozesse aufruhen, wie sie sich etwa in der Herausbildung von „Isomorphien" zwischen den Teilsystemen manifestieren. Letztere können so Bezugspunkte systeminterner sozialer Kontrollen bilden, die spezifische Konformitäten normativ fordern (Stichweh 1984: 51). In diesem Falle ließen sich solche Isomorphien bzw. Standardisierungen wiederum den grenzkonstitutiven Semantiken zuordnen, was für einen wechselseitigen Zusammenhang von Grenzkonstitution und Integration spricht.

Die Einbettung in einen übergreifenden Systemzusammenhang erfolgt damit über ein „milieu interne", das über Beobachtungsverhältnisse zwischen den funktionssysteminternen Teilsystemen einschränkend auf die Freiheitsgrade eines jeden einzelnen Teilsystems wirkt.

2.3 Weltgesellschaftlichkeit

Wie eingangs bemerkt, beziehen sich weltgesellschaftstheoretische Überlegungen Luhmanns zu den Funktionssystemen auf eher unambitiöse Kriterien für eine Diagnose funktionsspezifischer Weltgesellschaftlichkeit. Sie läuft letztlich auf ein global auffindbares Vermögen hinaus, funktionsspezifische Kommunikation von anderen Kommunikationszusammenhängen zu unterscheiden. Ein solcher Begriff von Weltgesellschaftlichkeit würde die Weltgesellschaftsthese meines Erachtens trivialisieren. Solche Gemeinsamkeiten in Unterscheidungspraxen lassen sich auch für Sachverhalte geltend machen, die gemeinhin nicht als Indikator für Weltgesellschaft verstanden werden. Schließlich wird man auch unterstellen dürfen, dass weltweit Familien und Intimbeziehungen von anderen Sachverhalten unterschieden werden können – darauf würde aber selbst Luhmann kein „Weltfamiliensystem" gründen wollen.[4] Für konzeptuell ambitioniertere Überlegungen zur Weltgesellschaftlichkeit von Funktionssystemen und ihren Kriterien hat man sich folglich an Weiterentwicklungen der Luhmann'schen Gesellschaftstheorie durch andere Autoren zu wenden.

Mir scheint in diesem Zusammenhang insbesondere Stichwehs Unterscheidung (1996: 330) zwischen diffusionsbezogenen und vernetzungsbezogenen Formen von Globalität instruktiv, um weitere Formen von Weltgesellschaftlichkeit auf den Begriff zu bringen. Damit ließen sich insgesamt drei Formen von Weltgesellschaftlichkeit eines Funktionssystems differenzieren und mit den vorherigen Überlegungen zur Grenzkonstitution und Integration in Zusammenhang bringen. Es handelt sich hier nicht um ein evolutionstheoretisches Stufenmodell, sondern um eine analytische Unterscheidung von Ordnungen der Weltgesellschaftlichkeit.

1) Globale *begriffliche* Ausdifferenzierung: Hiermit ist die globale Institutionalisierung (im Sinne von Luhmann 1987a: 64ff.) eines *Unterscheidungsvermögens* von funktionsspezifischer Kommunikation in Form einer kompetenten Handhabung der *grenzkonstitutiven Semantiken* gemeint. Institutionalisierung würde in diesem Zusammenhang bedeuten, global (d.h. für alle erreichbaren Kommunikationszusammenhänge) könne erwartet werden, dass Dritte miterwarten, ein solches Unterscheidungsvermögen könne erwartet werden. In dem Maße, in dem diese Erwartung für alle Kommunikationszusammenhänge aufrecht erhalten werden kann, kann man von globaler Institutionalisierung sprechen. Dies entspricht der allgemein-weltgesellschaftstheoretischen These einer „Unifizierung der Weltentwürfe" (Stichweh 2005: 5) zu einem weitgehend konvergenten Weltentwurf, in dem Wissenschaft, Recht, Kunst etc. als gesellschaftliche Realitäten vorkommen, die man in Rechnung zu stellen hat.

2) *Diffusion* spezifischer Konditionierungen von Kommunikation: Funktionsspezifische Kommunikationszusammenhänge verbreiten sich über den Entstehungskontext hinaus und bilden lokal einen ausdifferenzierten Systemzusammenhang aus. Jenseits eines Prozesses der Diffusion mit potentiellen Rückwirkungen auf den Entstehungskontext gibt es jedoch keine global zusammenfließenden kommunikativen Vernetzungen. Es bestehen vielmehr regionale Interdependenzunterbrechungen fort, die sich darin manifestieren, dass z.B. an wissenschaftliche Forschungsergebnisse, sportliche Leistungen, rechtliche Entscheidungen, Kunstproduktionen etc., die sich an bestimmten

---

4   Vgl. hierzu die Bemerkungen Luhmanns (1990/2005: 201), in denen die Rede von einem (segmentär differenzierten) Funktionssystem Familie abgelehnt wird.

Orten der Welt lokalisieren lassen, nicht angeschlossen wird. Es lässt sich also auf dieser Ordnungsstufe nicht von einem einzigen System sprechen. Diese Ordnung von Weltgesellschaftlichkeit ließe sich möglicherweise für die Wissenschaft des frühen 19. Jahrhunderts behaupten (Stichweh 2003).

3) Globale *Rekursivität*: Eine Anschlussfähigkeit unabhängig von regionalen Grenzen fundiert einen einzigen rekursiven Gesamtzusammenhang, bei dem stets von nur einem Systemzustand auszugehen ist. Interdependenzunterbrechungen liegen nur noch in der Sachdimension, etwa in systeminternen Disziplingrenzen in der Wissenschaft, und lassen sich nicht territorial begründen.[5] Voraussetzung dafür ist eine hinreichende Konvergenz in den *grenznormierenden Semantiken* und den Formen der konstitutiven *Elementarakte*, die globale Anschlussfähigkeit sichern. Für den Sport gründen diese Rekursivitäten auf den leistungsbezogenen „Vergleichsereignissen" (Werron 2007: 256),[6] die für alle verbindliche Weltrekorde instituieren, für die Wissenschaft auf Publikationen, die einen weltweiten Forschungsstand wiedergeben und verbindlich machen. Weiter lassen sich die Rekombinationsmöglichkeiten im Kunstwerk nennen, das sich Kunstformen aller Kulturen und Regionen bedienen kann, um wiederum stilbildend, d.h. anschlussfähig, zu sein (man denke etwa an die Mischung lateinamerikanischer Klänge oder indischer Musikelemente mit westlichen Musikstilen). Hinzu kommen die schulischen Abschlüsse, die gegebenenfalls weltweit zu entsprechenden Weiterbildungen an standardisierten Bildungsinstitutionen qualifizieren. Ebenso sind die Möglichkeiten des weltweiten Zahlungsverkehrs zu nennen. Auch teilsystemübergreifende Rekursivitäten sind dort denkbar, wo territoriale Gesichtspunkte die Binnendifferenzierung noch stark prägen. So zeigen sich Ansätze zu einem Weltrecht, etwa in Entscheidungen auf Basis einer „lex mercatoria", auf die sich weitere Rechtsentscheidungen unabhängig von territorialen Grenzen berufen können (vgl. hierzu Lieckweg 2003; Albert 2002: 235ff.). Ferner fundieren die Anerkennungszusammenhänge der Staatengemeinschaften Rekursivitäten in Form von Entscheidungen, die globale Durchsetzbarkeiten, beispielsweise in Menschenrechtsfragen, taxieren und reproduzieren (Risse/Ropp/Sikkink 1999). In all diesen Fällen reproduzieren diese Elementarakte *einen gemeinsamen* Horizont, der je aktuell die weiteren Möglichkeiten funktionsspezifischen Handelns und Erlebens durchgreifend einschränkt.

---

5 Eine Ausnahme bildet freilich die Politik, in der territorial durchgesetzte Gewaltmonopole gerade das sachliche Prinzip der Binnendifferenzierung darstellen.

6 Die von Werron (2007) in diesem Zusammenhang genannten „Vergleichskriterien" bzw. -standards lassen sich indes den disziplinenspezifischen grenznormierenden Semantiken zuordnen.

Eine funktionsspezifische Weltgesellschaftlichkeit im intuitiven Sinne des Konzepts scheint mir dann gegeben, wenn für einen auf Rekursivität oder Integration basierenden funktionsspezifisch singulären Systemzusammenhang (3) erwartet werden kann, dass er global als solcher unterscheidbar und bekannt ist (1) und dieser gleichzeitig für die Weltpopulation potentiell vollinkludierend wirkt. Sind Regionen von den Funktionen und Leistungen, die ein Funktionssystem erbringt, ausgeschlossen, wird dessen Weltgesellschaftlichkeit fraglich, nicht zuletzt, weil dann auch das unter (1) verhandelte kommunikative Unterscheidungsvermögen an Relevanz verlieren dürfte. Globalität von Funktionssystemen muss meines Erachtens letztlich auch gerade dann potentielle Vollinklusion der Erdbevölkerung bedeuten, wenn man dem Gedanken der Funktionserfüllung für *eine* emergente Weltgesellschaft mit einer Primärdifferenzierung nach Funktionssystemen gerecht bleiben will. Das scheint mir auch die Intuition Luhmanns zu sein, wenn er angesichts eines massiven Ausschlusses erheblicher Bevölkerungsteile eine mögliche Primärdifferenzierung nach der Leitunterscheidung Inklusion/Exklusion erwägt – ein Gedanke, der wiederum nicht zuletzt in Verbindung mit dem Lateinamerikaaufenthalt und dem Zeugnis von den brasilianischen *favelas* steht (Luhmann 2005: 275ff.).

3   Im Vergleich: Die Religion der Weltgesellschaft

Im Folgenden gilt es nun, vor dem Hintergrund der vergleichend herausgearbeiteten theoretischen Aspekte bezüglich Grenzkonstitution, Integration und Weltgesellschaftlichkeit von Funktionssystemen die Religionstheorie Luhmanns in den Blick zu nehmen.

3.1 Grenzkonstitution

a) Grenzsemantiken
Es ist herausgearbeitet worden, dass eine genaue Lesart von Luhmann streng genommen nicht erlaubt, alleinig einem Code die Funktion zuzuschreiben, kommunikative Operation als systemzugehörige Elemente auszuweisen, wie Luhmann stellenweise zu verstehen gibt. Vielmehr konnte gezeigt werden, dass für Luhmann der Gedanke funktionssystemischer Ausdifferenzierung mit der Annahme von Steigerungsverhältnissen gegenüber bereits in der Alltagskommunikation angelegten Strukturmerkmalen verbunden ist. Diese manifestieren sich insbesondere in hochselektiven und unwahrscheinlichen „Zusatzsemantiken". Auch für das Religiöse hat dieser Gedanke in der Soziologie Tradition. So unter-

schied Simmel zwischen „Religioidem" und Religiösem und hatte mit ersterem „religiöse Halbprodukte" (Simmel [1912] 1995: 61) im Blick, die gerade einer diffusen Gemengelage des Alltäglichen noch nicht entwunden wurden.

Bliebe man beim Gedanken eines Steigerungsverhältnisses, das das selektiv Religiöse an der kommunikativen Operationen beobachtbar werden lässt und es gegen das bloß „Religioide" ausdifferenziert, so bedürfte es zusätzlich zum Code immanent/transzendent einer Semantik, die die mitlaufende und grenzkonstitutive Selbstbeobachtung instruiert. Luhmann verzichtet indes für den religionsübergreifenden Kommunikationszusammenhang explizit auf jede Semantik der Grenznormierung, die über den bloßen Transzendenzbezug hinausgeht: „Religion erkennt sich selbst als Religion, wenn sie alles, was immanent erfahrbar ist, auf Transzendenz bezieht – *wie immer dieses Gebot semantisch eingelöst wird*" (Luhmann 2000: 272, meine Hervorhebung).[7] Auch von gleichförmigen Programmstrukturen wird hier nicht ausgegangen; stattdessen wird die These vertreten, dass sich mit der Auflösung der „prekären Allianz" von Religion und Moral der Code weitgehend beliebig und zufällig mit programmatischen Inhalten anreichert (vgl. Luhmann 2000: 101). Damit fallen aber nun die vielfältigsten und alltäglichsten Kommunikationszusammenhänge mit Transzendenzbezügen, wie sie sich etwa auch in Philosophie, Sexualität, Drogenkonsum und Literatur finden, potentiell in das Religionssystem hinein (vgl. auch Pollack 2003: 34f.). Für Luhmann scheint hierin allerdings gerade ein Charakteristikum der Religion in der modernen Weltgesellschaft zu liegen:

> Mehr Gestaltungsfreiheiten werden möglich. Das führt dazu, dass dogmatisch vorgeprägte Erkennungsverfahren, etwa Gottesglauben als Kriterium, nicht mehr ausreichen und dass die klassisch-soziologische Unterscheidung zwischen sakral und religiös (Durkheim, auch Simmel) sich auflöst (Luhmann 2000: 146).

Dies rückt die Luhmann'sche Religionstheorie in die Nähe zu Individualisierungsansätzen der Religionssoziologie. Sehr deutlich wird dies in Stichwehs (2002) Lesart der Luhmann'schen Religionstheorie:

---

7   Selbst der Transzendenzbezug scheint nicht unproblematisch, um als kleinster gemeinsamer Nenner dessen zu dienen, was gemeinhin als Religion (auch seitens anderer Religionen) anerkannt wird. Es ließe sich nur bei weitester Auslegung des Begriffs ein Transzendenzkonzept im Sinne einer „Realitätsverdopplung" (Luhmann 2000a: 58) etwa im Theravada-Buddhismus ausmachen, doch müsste man dann im Grunde auch den wissenschaftlichen Konstruktivismus miteinbeziehen. Beyer (1998; 2006) hat zudem ausführlich diskutiert, dass die Unterscheidung von Transzendenz und Immanenz in nicht-christlichen Religionen, selbst dort, wo sich prinzipiell Transzendenzannahmen finden, sehr untergeordnet ist.

Unter Bedingungen der Individualisierung der Verhaltenswahl werden religiöse Ideen relativ frei miteinander kombinierbar, und das führt auf eine Theorie der Weltreligion hin, die diese als eine globale Population religiöser Überzeugungen denkt, deren einzelne Komponenten für individuell und lokal verschiedene Arrangements zur Verfügung stehen (Stichweh 2002: 290; vgl. auch Stichweh 2001).

Es scheint mir dies letztlich eine globalisierungstheoretisch frisierte Version des Luckmann'schen (1979) Konzepts der „bricolage" religiöser Überzeugungen zu sein. Nur werden bei Luhmann diese „naiven" individuellen Adaptationen von religiösen Formen noch als eine Reproduktion eines Funktionssystems „Religion" erachtet. Das scheint zunächst sehr deutlich den Gedanken eines durch eine normierende Grenzbeobachtung konsolidierten Steigerungsverhältnisses des Funktionssystems zu unterminieren. Das mag man wollen und angesichts der empirisch beobachtbaren Vielfalt von „Religiosität" für angemessen halten; wie noch zu diskutieren sein wird, ergeben sich damit allerdings Konsequenzen für Fragen der Integration und Weltgesellschaftlichkeit, die den „Singular" des Religionssystems in Frage stellen.

b) Elementarakt

Der Religion mangelt es in Luhmanns Darstellung an einem spezifischen Elementarakt, das die Autopoiesis interpunktiert und sichtbare Anknüpfungspunkte für die Systemreproduktion bietet. Es fehlen funktionale Äquivalente zur wissenschaftlichen Publikation, der zertifizierten Lernfähigkeit, der rechtswirksamen Entscheidung, dem Kunstwerk, der Zahlung etc. Gegen religiöse Zeremonien, Predigten, Erweckungserlebnisse etc. lässt sich für das Religionssystem einwenden, was Stichweh (1987: 469) gegen Forschungshandeln und wissenschaftliches Arbeiten außerhalb des Publikationsakts für das Wissenschaftssystem geltend macht:

> [...] daß man auf der Ebene dieser Handlungs- und Arbeitsvollzüge das [System] nicht integrieren kann, weil sie als Handlungs- und Arbeitsvollzüge nicht anschlußfähig sind, man sie nicht unmittelbar – zumindest nicht gesellschaftsweit – miteinander verknüpfen kann.

Es fehlt ein sichtbarer Referenzpunkt für potentiell systemweites Anschlusshandeln. Damit steht schon die Situierung einer konkreten Religion auf der Gesellschaftsebene in Zweifel, wenn sich rekursive Anschlüsse religiöser Art eigentlich nur innerhalb von Organisationen (in Form von verbindlichen Auslegungen etwa) und Interaktionszusammenhängen finden. Eine „religiöse Formendiversifikation" (Luhmann 2000: 348) bildet schließlich keinen Anschlusszusammenhang. Damit wird auch der Unterschied zur Kunst deutlich, die zunächst einmal in der Theorie mit der Religion das Charakteristikum teilt, Formbildungen durch Rekombination und Zitation anderer Formengefüge im System, hier andere Kunstwerke, zu erzeugen. Im Falle der Kunst sind es indes ephemere strikte Kopplungen von Stilmomenten im Kunstwerk, die im Moment ihrer Aktualisierung schon wieder in ihrer Aktualität verblassen und für daran anschließende Aktualisierungen im Medium der Kunst selbst als Formenreservoir zur Verfügung stehen. Die neuen religiösen Formenbestände sind im Gegensatz dazu keine operativen Aktualisierungen von Religion, sondern semantische Rekombinationen, die Operationen instruieren, welche zunächst einmal in keinem autopoietischen Zusammenhang zu den Operationen anderer religiöser Systeme stehen, sich vielmehr als Formenbestand operativ „insulieren" (Luhmann 2000: 343). Das lässt nicht zuletzt auch Fragen der Integration aufkommen.

3.2 Integration

Eine Systemintegration der Teilsysteme über die allgemeine Orientierung an einer internen Umwelt lässt sich im Falle der Religion nicht gut zusammen mit anderen Annahmen Luhmanns zur Religion denken. Zwar scheinen sich neue Formen von Religiosität in ihrer Genese an bereits existierenden Formenarrangements zu orientieren und sich dieser selektiv zu bedienen. Nach der Herausbildung schließt sich indes der Formenbestand und es kommt zu einer Insulierung der jeweiligen Religionsform (Luhmann 2000: 343). Das schließt Kontakte mit anderen Religionen nicht aus, allerdings lässt sich von einer „Einschränkung der Freiheitsgrade" angesichts der gleichzeitigen Annahme semantischer und operativer Selbstgenügsamkeit der religiösen Subsysteme schwerlich sprechen. Ein so gerüsteter Blick in die religiöse Landschaft untermauert diese Skepsis noch empirisch:

> [...] das religiöse Feld sieht „feindliche Konstellationen" (im Gefolge von Schismen etwa) und Konkurrenzen so gut wie gänzliches Desinteresse und Ignoranz vor [...]. Man muss also sagen: die verschiedenen Religionen sind einander in einem deutlich anderen Sinne *Umwelt*, als es die Staaten füreinander sind (Tyrell 2005: 44).

Anders formuliert indes Beyer (2006). Seine „neo-institutionalistisch" inspirierte Studie zielt deutlich auf das Herausarbeiten von Isomorphien zwischen den Religionen ab, die sich beispielsweise in Orthodoxifizierungsbemühungen oder in der Adaptation von Konversionsmöglichkeiten in ehedem ethnisch-askriptiven Formen von Religiosität bemerkbar machen (vgl. Beyer 2006: 201f.; siehe für solche Rekonstruktionen der Weltreligionen auch Bayly 2004: 325ff.). Dabei optiert er dezidiert für die klassische Argumentation eines Steigerungsverhältnisses und der Selektivität gegenüber einem breiten Feld an weniger voraussetzungsvollen Formen von Religiosität. Allerdings lassen sich derartige Rekonstruktionsbemühungen bei Beyer hauptsächlich für die Weltreligionen nachweisen und da auch nur sehr selektiv. Die Anerkennung neuer religiöser Formen hängt in Beyers Darstellung indes eher von *staatlichen* Behörden als von den Anerkennungszusammenhängen einer internen Umwelt des Religionssystems ab (Beyer 2006: 285f.). Der Gedanke einer *autonomen* Konstitution des Religionssystems ist hier fraglich. Mit Beyers Studie ist direkt der im Folgenden zu be handelnde letzte Punkt der Weltgesellschaftlichkeit berührt.

3.3 Weltgesellschaftlichkeit

Es gilt das Religionssystem auf die drei Formen von Weltgesellschaftlichkeit hin in den Blick zu nehmen. Bereits bei einem global institutionalisierten *Unterscheidungsvermögen* von Religion darf man stutzig werden. Viele Autoren bestreiten, dass fernöstliche Praktiken, die sich aus westlicher Perspektive als religiös qualifizieren lassen, in der Selbstbeschreibung als distinkte Sphäre erfahren werden (vgl. nur Fitzgerald 1997; Matthes 1993). Allerdings dürfte es hier weniger an Unterscheidungsvermögen von Religion mangeln als vielmehr an globaler Einstimmigkeit, was dem Begriff zu subsumieren bzw. inwiefern er über westliche Verhältnisse hinaus zu generalisieren ist.

Ohne Weiteres ist empirisch zu konzedieren, dass bestimmte religiöse Formenbestände global *diffundieren*, so dass sich nahezu weltweit lokal situierte Kommunikationen beobachten lassen, die bestimmte religiöse Glaubensrichtungen reproduzieren. Ferner lassen sich solche Zusammenhänge etwa über entsprechende Redundanzen, die sie mit dem weltweiten Gesamtbestand an religiösen Überzeugungen teilen, als Religion (nach Maßgabe des Unterscheidungsvermögens) identifizieren. Für die meisten religiösen Erscheinungen wird man eine solche Diffusion behaupten können.

Schon für einzelne Glaubensrichtungen ist jedoch ein globaler *autopoietischer Zusammenhang* auf Gesellschaftsebene kaum theoretisch greifbar. Ein christlicher Gottesdienst in Ghana liefert keine erkennbaren Einschränkungen für christliche Kommunikation in Brasilien, die die Rede von einem einzigen Anschlusszusammenhang sinnvoll erscheinen lassen. Wie bereits erörtert wurde, bedürfte es hierfür eines konstitutiven religiösen Elementarakts als ein global anschlussfähiger Referenzpunkt weiterer Kommunikation. So mag es hier systemtheoretisch näher liegen, hinsichtlich des Christentums und anderer Religionen weniger von übergreifenden (Binnen-)Systemen als von Kultur, Semantiken,

Traditionsbeständen auszugehen, die auf der Ebene vieler *Organisationen* o.ä. je autonom reproduziert werden. Für *religionsübergreifende* Rekursivitäten gelten solche Vorbehalte freilich umso mehr. Ein globaler Singular der Religion ist damit schon in operativer Hinsicht fraglich. Auch über Integrationsgedanken lässt sich eine solche Einheit, wie oben illustriert, kaum plausibilisieren. Eine durchgreifende Orientierung an einer internen Umwelt und die daraus hervorgehenden strukturell folgenreichen Irritationsverhältnisse rücken bei der Vielfalt der religiösen Phänomene, die Luhmann dem Funktionssystem zuordnet, in weite Ferne.

Es lassen sich somit grundlegende Einwände gegen Luhmanns Beschreibung eines einzigen Funktionssystems Religion erheben. Das liegt nicht zuletzt an den theoretischen Vorentscheidungen in Bezug auf den Gegenstand Religion, die sich aus der Theorie selbst nicht zwingend ergeben, aber nicht mit einem „Systemsingular" zusammenzudenken sind – so etwa dem Verzicht auf die Annahme von grenzkonstitutiven Semantiken und den daraus folgenden theoretischen Konsequenzen. Es ist derweil die Frage, ob solche Grenznormierungen über einen Code immanent/transzendent hinaus nicht doch auch im religionsübergreifenden Zusammenhang eine Rolle spielen. Eine tatsächliche Beobachtung zweiter Ordnung der Selbstbeobachtung von Religion findet sich im empirischen Sinne in den Untersuchungen Luhmanns nämlich nicht. So fehlen in seiner Darstellung nicht nur religionsübergreifende Selbstbeschreibungen, sondern auch plausible Illustrationen dafür, dass die Synthese eines derartig disparaten Zusammenhangs auch von religiöser Seite *selbst* getragen und in seinen Grenzen kontrolliert wird. Entsprechend ist auch nicht klar, welche Anschlüsse eigentlich einer Gruppierung in Luhmanns „System" entzogen werden könnten, die keine Transzendenzbezüge aufweist und gleichwohl den Anspruch erhebt, „Religion" zu sein. Man hätte also die Frage zu stellen, ob man die Grenzen eines Religionssystems nicht enger ziehen müsste als den Gesamtbestand solcher Phänomene, die eher von Luhmann als von einem Religionssystem als religiös qualifiziert werden. Möglicherweise ist auch von vielfältigen, je lokal gebrochenen interreligiösen Beobachtungszusammenhängen auf der Basis unterschiedlicher „Selbstbeschreibungen" auszugehen, die sich nicht zu einem globalen System aggregieren lassen. Ein möglicher Ansatzpunkt für derartige Analysen liegt nicht zuletzt beim pfingstlich-evangelikalen Christentum, das gerade durch seine „Weltmission" vielfältige interreligiöse Beobachtungen und Reaktionen im lokalen wie globalen Maßstab provoziert.[8] Dies kann hier nur angedeutet werden. Gerade im lateinamerikanischen Raum aber hat die Pfingstbewegung maßgeb-

---

8   Vgl. zur Pfingstbewegung und ihrer globalen Mission etwa Anderson (2004); Brouwer/Gifford/Rose (1996); Cox (1995); Martin (2002).

lich zur Ausdifferenzierung eines interreligiösen bzw. interkonfessionellen Beobachtungsverhältnisses beigetragen. Im folgenden Abschnitt soll dies skizziert werden.

4   Religiöse Konkurrenz in Lateinamerika

Die religiöse Szenerie in Lateinamerika war bis ins 20. Jahrhundert von einer unangefochtenen Monopolstellung der katholischen Kirche geprägt (Martin 1990: 49ff; Chesnut 2003: 17ff.). Ein bunter Volkskatholizismus mit Synkretismen indianischer, afrikanischer und christlich-europäischer Elemente konnte aufgrund des Priestermangels weitestgehend florieren (Prien: 1978: 844f.), ersetzte insofern aber gerade eine offene Herausforderung der katholischen Orthodoxie, als er nominal dem Katholizismus verpflichtet blieb und sich aufgrund der Vielfalt in der Ausgestaltung nicht zu einem alternativen religiösen Block formierte (Lehmann 2003: 366). Insbesondere der Einfall des pfingstlichevangelikalen Protestantismus hat im letzten Jahrhundert das Monopol des Katholizismus zunehmend ins Wanken gebracht. Schon kurz nachdem die Pfingstbewegung vom Azusa-Street-Revival 1906 in Los Angeles ihren Ausgang nahm, fassten die ersten Pfingstkirchen in Lateinamerika Fuß; inzwischen war die Trennung von Staat und Kirche und die Durchsetzung von Religionsfreiheit in den meisten Ländern vollzogen (Stewart-Gambino/Wilson 1997). In den fünfziger Jahren erreichte die Missionsinitiative aus Nordamerika dann neue Dimensionen, nachdem der Kommunismus der protestantischen Mission in China und anderswo ein Ende gesetzt hatte (Cleary 1997: 10). Ungefähr zu dieser Zeit nimmt der pfingstlich-evangelikale Wachstumserfolg in Lateinamerika seinen Anfang. Bereits 1962 nannte das Time-Magazine den lateinamerikanischen Pentekostalismus „the fastest growing church in the Western Hemisphere" (zit. n. Cleary 1997: 2). Dabei trat der Erfolg nicht in allen Ländern in gleichem Maße oder auch nur zur gleichen Zeit ein. Brasilien und Chile verzeichneten bereits in den fünfziger Jahren ein beachtliches Wachstum (Freston 1998: 337). In Brasilien etwa breitete sich schon in den 1950ern und 1960ern von den Gründerkirchen eine zweite Generation von Kirchen aus, von denen einige Mitgliederzahlen von über 100.000 aufweisen (Ireland 1997: 123). Seit den siebziger Jahren ziehen insbesondere die zentralamerikanischen Länder nach, allen voran Guatemala und El Salvador (Freston 1998: 337).

Die Pfingstkirchen haben insbesondere bei den unteren Bevölkerungsteilen den größten Erfolg, die eher locker und rein nominell in den Katholizismus eingebunden sind. Wie Prien (1990: 460) bemerkt, hatte sich im Zuge der Jahrhunderte währenden Monopolstellung ein „Kulturkatholizismus" etabliert, der nicht fest in der Bevölkerung verankert war, sondern „dem die Einhaltung der äußeren Formen der Frömmigkeit genügte." Anders als die heterodoxen Synkretismen beziehen die Pfingstler dabei offen Stellung gegen die Katholiken und instituieren ein Konkurrenzverhältnis, das von katholischer Seite auch als ein solches registriert wird. Gerade Konversionen avancieren hier zum Akt, der das interreligiöse Geschehen in den wechselseitigen Beobachtungen interpunktiert. Insbesondere Anthony Gill (1998; 1999) und R. Andrew Chesnut (2003) haben hier das vielfältige Material zusammengetragen, in denen die katholische Sorge um die pfingstlich-evangelikalen Bekehrungen deutlich zum Ausdruck kommt. Die Pfingstkirchen neigen darüber hinaus zu einer diabolisierenden und vollnegatorischen Haltung gegenüber den vielfältigen afrikanisch-indigenen Religionsformen wie Umbanda und Candomblé (Armbruster 2003: 32, 36). John Burdick (1993: 8) spricht mit Bezug auf dieses gegenseitige Beobachtungsverhältnis in Lateinamerika von einer religiösen „Arena". Angesichts dieser Konkurrenzlogik liegen hier in systemtheoretischer Hinsicht somit religionsbezogene Analogien zum Markt näher als etwa zur segmentären Differenzierung der Weltpolitik: Religiöse Organisationen bzw. Anbieter konkurrieren hier um eine knappe Klientel. Die sich beständig verschiebenden religiösen Zugehörigkeiten bilden dabei die Struktur, auf die hin gleichsinnig beobachtet wird. Nicht von ungefähr fühlen sich Chesnut (2003) und Gill (1998) in ihren Analysen der religiösen Situation in Lateinamerika dem ökonomischen Marktmodell der Religionssoziologie von Stark/Bainbridge (1987) verpflichtet. Anders als bei diesen Autoren wären freilich in einem differenzierungstheoretischen Zusammenhang die genuin religiösen Ziele dieser Konkurrenz stärker herauszuarbeiten.

Zugleich lassen sich auf diesen Konkurrenzzusammenhang bemerkenswerte Entwicklungen im lateinamerikanischen Katholizismus zurechnen, die für ein interkonfessionelles Integrationsverhältnis sprechen. So ziehen die katholischen Geistlichen in Lateinamerika im Hinblick auf Nutzung elektronischer Medien für die Verbreitung religiöser Botschaften den Pfingstkirchen nach. Massengottesdienste auf Großleinwänden und religiöse Rundfunkveranstaltungen, ehedem überwiegend Kommunikationsformen der Pfingstkirchen, finden sich zunehmend auch auf katholischer Seite (Chesnut 2003: 94ff.; Armbruster 2003: 38ff.). Auch Formen der „Haus-zu-Haus-Evangelisation", eine typische Missionsmethode der Pfingstevangelikalen, werden von katholischer Seite zunehmend empfohlen; dabei wird ausdrücklich auf den pfingstlichen Konkurrenten verwiesen (vgl. Chesnut 2003: 86). Schließlich deutet die Duldung bis hin zur gezielten Förderung charismatischer Elemente innerhalb der katholischen Kirche in Lateinamerika auf den „isomorphogenen" Einfluss einer spezifisch religiösen Umwelt, insbesondere der charismatischen Pfingstbewegung, hin (Chesnut 2003: 69ff.; Smith 1998).

Es zeigt sich damit in Lateinamerika im Zuge des pfingstlich-evangelikalen Wachstumserfolgs ein interreligiöser bzw. interkonfessioneller Beobachtungs- und Handlungszusammenhang, in dessen Zentrum eine Konkurrenz um Bekehrungen steht. Insbesondere David Martin (1990) hat hinsichtlich des pfingstlich-evangelikalen Erfolgs den damit einhergehenden religiösen Ausdifferenzierungsschub hervorgehoben, insoweit hier die traditionelle Einheit von katholischer Kirche und Staat und der kulturell umfassende katholische Sinnkosmos aufgebrochen werden. Angesichts der globalen Mission der Pfingstbewegung hätte man zu fragen, ob dort, wo Mitgliedschaftsorientierungen in der Religion eine Rolle spielen oder zu spielen beginnen, sich auch andere Religionen, über den Katholizismus hinaus, in einen auf Dauer gestellten Beobachtungs- und Handlungszusammenhang hineinziehen lassen, der sich im lokalen oder globalen Maßstab für Bekehrungen unter Konkurrenzgesichtspunkten interessiert. Hier lägen Ansatzpunkte für die Analyse eines globalen interreligiösen „Systems", das sich gegenüber dem Weltfunktionssystem Luhmanns viel eingeschränkter zeigen würde.

Literatur

Albert, Mathias (2002): *Zur Politik der Weltgesellschaft. Identität und Recht im Kontext internationaler Vergesellschaftung*. Weilerswist: Velbrück Wissenschaft.

Anderson, Allan (2004): *An Introduction to Pentecostalism. Global Charismatic Christianity*. Reprinted. Cambridge: Cambridge University Press.

Armbruster, Claudius (2003): „Medien und Religionen in Brasilien am Anfang des dritten Jahrtausends. Formen der Theatralisierung, Inszenierung und Spektakularisierung des Religiösen". In: Armbruster, Claudius (Hrsg.): *Brasilien an der Schwelle zum dritten Jahrtausend: Religion – Medien – Film – Literatur*. Frankfurt am Main: IKO Verlag, S. 27-53.

Baecker, Dirk (1994): „Soziale Hilfe als Funktionssystem der Gesellschaft". In: *Zeitschrift für Soziologie* 23, S. 93-110.

Bayly, Christopher A. (2004): *The Birth of the Modern World 1780-1914*. Malden et al.: Blackwell Publishing.

Beyer, Peter (1998): „Globalizing Systems, Global Cultural Models and Religion(s)". In: *International Sociology* 13, S. 79-94.

— (2006): *Religions in Global Society*. London/New York: Routledge.

Brouwer, Steve/Gifford, Paul; Rose/Susan D. (1996): *Exporting the American Gospel. Global Christian Fundamentalism*. New York, NY: Routledge.

Burdick, John (1993): *Looking for God in Brazil: The Progressive Catholic Church in Urban Brazil's religious arena*. Los Angeles: University of California Press.

Chesnut, R. Andrew (2003): *Competitive Spirits. Latin America's New Religious Economy*. Oxford/New York: Oxford University Press.

Cleary, Edward L. (1997): Introduction: Pentecostals, Prominence, and Politics. In: Cleary, Edward L./Stewart-Gambino, Hannah W. (Hrsg.): *Power, Politics, and Pentecostals in Latin America*. Boulder, CO: Westview, S. 1-24.

Cox, Harvey (1995): *Fire from Heaven. The Rise of Pentecostal Spirituality and the Reshaping of Religion in the Twenty-First Century*. Reading, MA: Addison-Wesley.Fitzgerald, Timothy (1997): „A Critique of 'Religion' as a Cross-Cultural Category". In: *Method & Theory in the Study of Religion* 9, S. 91-110.

Freston, Paul (1998). Pentecostalism in Latin America. Characteristics and Controversies. In: *Social Compass* 45, S. 335-358.

Gill, Anthony (1998): *Rendering unto Caesar: The Catholic Church and the State in Latin America*. Chicago: University of Chicago Press.

— (1999): „The Struggle to Be Soul Provider. Catholic Responses to Protestant Growth in Latin America". In: Smith, Christian/Prokopy, Joshua (Hrsg.): *Latin American Religion in Motion*. New York, NY: Routledge, S. 17-42.

Ireland, Rowan (1997): Pentecostalism, Conversions, and Politics in Brazil. In: Cleary, Edward L./Stewart-Gambino, Hannah W. (Hrsg.): *Power, politics, and Pentecostals in Latin America*. Boulder, CO: Westview Press, S. 123-137.

Kneer, Georg (2001): „Organisation und Gesellschaft. Zum ungeklärten Verhältnis von Organisations- und Funktionssystemen in Niklas Luhmanns Theorie sozialer Systeme". In: *Zeitschrift für Soziologie* 30, S. 407-428.

Lehmann, David (2003): „Was trennt die katholische Charismatische Erneuerung von den Pfingstkirchen? Dissidenz und Konformismus in religiösen Bewegungen". In: *Concilium* 39, S. 361-378.

Lieckweg, Tania (2003): *Das Recht der Weltgesellschaft. Systemtheoretische Perspektiven auf die Globalisierung des Rechts am Beispiel der Lex Mercatoria*. Stuttgart: Lucius & Lucius.

Luckmann Thomas (1979): „The Structural Conditions of Religious Consciousness in Modern Societies". In: *Japanese Journal of Religious Studies* 6, S. 121-137.

Luhmann, Niklas ([1971] 1975): „Die Weltgesellschaft". In: Luhmann, Niklas: *Soziologische Aufklärung* 2. Opladen: Westdeutscher Verlag, S. 51-71.

— (1975): „Interaktion, Organisation, Gesellschaft". In: Luhmann, Niklas: *Soziologische Aufklärung* 2. Opladen: Westdeutscher Verlag, S. 9-20.

— (1984): *Soziale Systeme. Grundriß einer allgemeinen Theorie*. Frankfurt am Main: Suhrkamp.

— (1987a): *Rechtssoziologie*. Opladen: Westdeutscher Verlag.

— (1987b): „Staat und Politik. Zur Semantik der Selbstbeschreibung politischer Systeme". In: Luhmann, Niklas: *Soziologische Aufklärung* 4. Opladen: Westdeutscher Verlag, S. 77-107.

— (1988): *Die Wirtschaft der Gesellschaft*. Frankfurt am Main: Suhrkamp.

— (1990a): *Die Wissenschaft der Gesellschaft*. Frankfurt am Main: Suhrkamp.

— (1990b): „Das Sozialsystem Familie". In: Luhmann, Niklas: *Soziologische Aufklärung* 5, Opladen: Westdeutscher Verlag, S. 189-209.

— (1993): *Das Recht der Gesellschaft*. Frankfurt am Main: Suhrkamp.

— (1995a): Die Kunst der Gesellschaft. Frankfurt am Main: Suhrkamp.

— (1995b): „Die Weltgesellschaft und ihre Religion". In: *Solidarität* 9/10, S. 11-12.

—   (1997): *Die Gesellschaft der Gesellschaft*. Frankfurt am Main: Suhrkamp.
—   (2000): *Die Religion der Gesellschaft*. Frankfurt am Main: Suhrkamp.
—   ([1991] 2004): „Das Kind als Medium der Erziehung". In: Luhmann, Niklas: *Schriften zur Pädagogik*. Frankfurt am Main: Suhrkamp, S. 159-186.
—   ([1997] 2004): „Erziehung als Formung des Lebenslaufes". In: Luhmann, Niklas: *Schriften zur Pädagogik*. Frankfurt am Main: Suhrkamp, S. 260-277.
—   (2005): *Einführung in die Theorie der Gesellschaft*. Heidelberg: Carl-Auer-Verlag.
Martin, David (1990): *Tongues of Fire: The Explosion of Protestantism in Latin America*. Oxford: Basil Blackwell.
—   (2002): *Pentecostalism. The World Their Parish*. Oxford: Blackwell.
Matthes, Joachim (1993): „Was ist anders an anderen Religionen? Anmerkungen zur zentristischen Organisation des religionssoziologischen Denkens". In: Hahn, Alois/Bergmann, Jörg R./Luckmann, Thomas (Hrsg.): *Religion und Kultur*. Opladen: Westdeutscher Verlag, S. 16-30.
Meyer, John W./Boli, John/Thomas, George M./Ramirez, Francisco O. (1997): „World Society and the Nation State". In: *American Journal of Sociology* 103, S. 144-181.
Pollack, Detlef (2003): Was ist Religion? Versuch einer Definition. In: Pollack, Detlef: *Säkularisierung. Ein moderner Mythos?* Tübingen: Mohr Siebeck, S. 28-55.
Prien, Hans-Jürgen (1978): *Die Geschichte des Christentums in Lateinamerika*. Göttingen: Vandenhoeck.
Prien, Hans-Jürgen (1990): Lateinamerika. In: *Theologische Realenzyklopädie*. Bd. 20. Hrsg. von Gerhard Müller. Berlin/New York: de Gruyter, S. 451-480.
Risse, Thomas/Ropp, Stephen C./Sikkink, Katheryn (Hrsg.) (1999): *The Power of Human Rights. International Norms and Domestic Change*. Cambridge: Cambridge University Press.
Simmel, Georg (1898): „Zur Soziologie der Religion". In: *Neue Deutsche Rundschau* 9, S. 111-123.
Simmel, Georg ([1912] 1995): „Die Religion". In: Simmel, Georg: *Gesamtausgabe*. Bd. 10. Frankfurt am Main: Suhrkamp, S. 39-118.
Smith, Brian H. (1998): *Religious Politics in Latin America. Pentecostal vs. Catholic*. Notre Dame: Notre Dame University Press.
Stark, Rodney/Bainbridge, William S. (1987): *A Theory of Religion*. New York: Rutgers University Press.
Stewart-Gambino, Hannah W./Wilson, Everett (1997): „Latin American Pentecostals: Old Stereotypes and New Challenges". In: Cleary, Edward/Stewart-Gambino, Hannah: *Power, Politics, and Pentecostals in Latin America*. Boulder: Westview Press, S. 227-246.
Stichweh, Rudolf (1984): *Zur Entstehung des modernen Systems wissenschaftlicher Disziplinen – Physik in Deutschland 1740-1890*. Frankfurt am Main: Suhrkamp.
—   (1987): „Die Autopoiesis der Wissenschaft". In: Baecker, Dirk/Stichweh, Rudolf/ Markowitz, Jürgen/Tyrell, Hartmann/Willke Helmut (Hrsg.): *Theorie als Passion*. Frankfurt am Main: Suhrkamp, S. 447-481.
—   (1996): „Science in the System of World Society". In: *Social Science Information* 35, S. 327-340.
—   (2001): „Weltreligion oder Weltreligionen?". In: *Soziale Systeme* 7, S. 118-124.

—   (2002): „Politik und Weltgesellschaft". In: Hellmann, Kai-Uwe/Schmalz-Bruns, Rainer (Hrsg.): *Theorie der Politik. Niklas Luhmanns politische Soziologie.* Frankfurt am Main: Suhrkamp, S. 287-296.

—   (2003): „Genese des globalen Wissenschaftssystems". In: *Soziale Systeme* 9, S. 3-26.

—   (2004): *Evolution and the Cultures of Science.* <http://www.unilu.ch/files/28stwcultsci.pdf> (31.03.2008).

—   (2007): „Einheit und Differenz im Wissenschaftssystem der Moderne". In: Halfmann, Jost/Rohbeck, Johannes (Hrsg.): *Zwei Kulturen der Wissenschaft – revisited.* Weilerswist: Velbrück, S. 213-228.

—   (2009): *Das Konzept der Weltgesellschaft: Genese und Strukturbildung eines globalen Gesellschaftssystems.* Working Paper des Soziologischen Seminars der Universität Luzern.

Tyrell, Hartmann (2005): „Singular oder Plural – Einleitende Bemerkungen zu Globalisierung und Weltgesellschaft". In: Heintz, Bettina/Münch, Richard/Tyrell, Hartmann (Hrsg.): *Weltgesellschaft. Theoretische Zugänge und empirische Problemlagen.* Stuttgart: Lucius & Lucius, S. 1-44.

—   (2006): „Zweierlei Differenzierung: Funktionale *und* Ebenendifferenzierung im Frühwerk Niklas Luhmanns". In: *Soziale Systeme* 12, 2, S. 294-310.

Werron, Tobias (2007): „Die zwei Wirklichkeiten des modernen Sports. Soziologische Thesen zur Sportstatistik". In: Mennicken, Andrea/Vollmer, Hendrik (Hrsg.): *Zahlenwerk.* Wiesbaden: VS Verlag für Sozialwissenschaften, S. 247-270.

Konturen der Weltgesellschaft. Die *Emerging Powers* und die Grenzen des Kosmopolitismus[*]

Alejandro Pelfini

Der Kosmopolitismus bemüht sich, das ethisch-politische Pendant zur Globalisierung zu werden. Mit seinem abstrakten Universalismus und seinen normativen Ansprüchen ist er in seiner heutigen Form jedoch kaum in der Lage, der Komplexität und den Ungleichheiten der Weltgesellschaft Rechnung zu tragen. Sei es als Korrektur und Zähmung der Globalisierung oder bloß als Utopie – der Kosmopolitismus erlebt derzeit eine Expansion. In Anlehnung an den Kosmopolitismus des 18. Jahrhunderts nehmen die sogenannten „Neuen Kosmopolitismen" in den Sozialwissenschaften und in der globalen Öffentlichkeit fast einen *mainstream*-Status an.

Kosmopolitismus bzw. Weltbürgerschaft lässt sich definieren als eine ideengeschichtliche Perspektive, die die Zugehörigkeit zu einer politischen Gemeinschaft (sei es die Polis oder der Nationalstaat), der Zugehörigkeit zur Menschheit oder zum Globus unterordnet sowie die Solidarität, Gastfreundlichkeit und Toleranz gegenüber Fremden als hochwertige Tugend postuliert. In Kontinuität der Grundgedanken der kantianischen und rousseaunischen Ansätze gehen die neuen Kosmopolitismen jedoch einen Schritt weiter, indem sie solche ethisch-politischen Prinzipien in eine Diagnose globaler Interdependenz verwandeln: Gemäß seinen wichtigsten Vertretern in den Sozialwissenschaften (Archibugi, Beck, Held) wie auch in der politischen Philosophie (Derrida, Habermas, Nussbaum) erleben wir seit dem Kollaps des historischen Sozialismus im Jahr 1989 eine „postnationale" Konstellation, welche die Bedingungen zur Entstehung eines Weltstaates und einer „zweiten Aufklärung" anbietet.[1] Dabei wäre die Zugehörigkeit zu einem Nationalstaat nicht mehr entscheidend und verliert ihre Relevanz durch die Zugehörigkeit zur globalen Gemeinschaft. Nicht

[*] Ich danke Sérgio Costa und Aldo Mascareño für ihre hilfreichen Kommentare.

1 Als „neue Kosmopolitismen" werden die eher institutionalistischen Ansätze bezeichnet, die – in Anlehnung an die universalistischen und emanzipatorischen Ansprüche der Aufklärung – der Bildung demokratischer Regierungsformen jenseits des Nationalstaates gewidmet sind. Postkoloniale, „vernacular" oder „rooted" Kosmopolitismen (dazu Köhler 2006) als eher interaktionistische Ansätze werden in die Kategorie „kritischer Kosmopolitismus" integriert, die eine Basis für einen minimalistischen Kosmopolitismus anbieten (Punkt 2).

zuletzt wegen seiner Verankerung in einer partikulären Tradition der europäischen Moderne als auch wegen seiner normativen Ansprüche ist allerdings zu bezweifeln, ob der Kosmopolitismus – bzw. die vermeintlichen Neuen Kosmopolitismen – die wesentliche Semantik der Weltgesellschaft werden kann. Ihre Vertreter teilen weiterhin die Überzeugung von der Überlegenheit der liberalen Demokratie (Mouffe 2007: 119).

Die Weltgesellschaft besteht nicht aus der Hoffnung auf Gleichartigkeit der Lebensbedingungen und des Zivilisationsstandes, sondern sie erkennt ihre Diskrepanz an.[2] Die gegenwärtige Entstehung von aufstrebenden Gesellschaften in der Semiperipherie – die sogenannten *Emerging Powers* wie China, Indien, Südafrika, Brasilien u.a. – ist ein Zeichen dieser Vielschichtigkeit und Kontingenz sowie für das Überleben des Nationalstaats, welche die Grenzen des Kosmopolitismus deutlich machen. In diesem Text versuche ich jedoch nicht Argumente für einen Antikosmopolitismus zu sammeln. Mir geht es vielmehr darum, die aktuelle Expansion des Kosmopolitismus skeptisch zu betrachten und für einen minimalistischen Kosmopolitismus zu plädieren. Anhand des Beispiels des aktuellen Protagonismus einiger lateinamerikanischer Gesellschaften in der Gestaltung der globalen Szene möchte ich zeigen, wie 1. eine traditionelle Anknüpfung an einen beschränkten, einseitigen Kosmopolitismus allmählich durch einen pragmatischen und pluralistischen Kosmopolitismus ersetzt werden kann; wie 2. die Nationalstaaten – trotz des mehrmals ausgestellten Totenscheins – nicht nur weiterhin bedeutende Instanzen in der Weltgesellschaft sind, sondern die Entfaltung eines minimalistischen Kosmopolitismus sogar vorantreiben können; und 3., welche Formen eine Weltgesellschaft konkret annimmt, deren Konturen nicht definitiv abgeschlossen sind.

1   Einschränkungen des Kosmopolitismus: Systemtheorie und Postkolonialismus

Das erste Problem des Kosmopolitismus ist zentral für jede Theorie sozialer Systeme und besteht darin, dass er sich als ein Diskurs bzw. als eine Interaktionsebene definiert, die nur inklusiv sein kann. Solange der Kosmopolitismus an die Menschheit an sich appelliert, darf infolgedessen niemand ausgeschlossen

---

2   „Eben deshalb muss eine Theorie gesucht werden, die mit solchen Unterschieden kompatibel ist und sie interpretieren kann. Eine solche Theorie wird nicht behaupten (denn dafür gibt es wenig Anhaltspunkte), dass regionale Unterschiede allmählich verschwinden würden (Konvergenzthese). Andererseits ist damit die Annahme einer Weltgesellschaft nicht widerlegt. Das Ungleichheitsargument ist kein Argument gegen, sondern ein Argument für die Weltgesellschaft" (Luhmann 1997: 161-162).

werden. Außerhalb der Kosmopolis zu sein, bedeutet viel mehr als die Nicht-Zugehörigkeit zu einer bestimmten politischen Gemeinschaft, es bedeutet, tatsächlich von der Menschheit ausgeschlossen zu bleiben. In dieser Weise muss der Kosmopolitismus sogar diejenigen, die gegen diese Konzeption sind, einschließen. Es ist hier, zunächst kulturtheoretisch, nach der Kraft und Intensität einer Identitätsvorstellung zu fragen, die keine Art von Opposition bzw. Antagonismus bildet. Diese besteht aus einer Abstraktion eines „Wir", welche nur affirmativ ist, aber keine Anderen bzw. kein „Sie" voraussetzt. Systemtheoretisch ist es wiederum fraglich, wie eine Semantik konzipiert werden kann, welche die Mechanismen der Selektion und der Unterscheidung von Innen und Außen nicht kennt. Im Kosmopolitismus wären sie erst denkbar, wenn die Menschheit mit außerirdischen Figuren konfrontiert würde.

Ein weiteres Problem betrifft das Verhältnis zwischen dem Partikulären und dem Universalen. Es betrifft allerdings nicht nur die Systemtheorie. Mit jeder Form von Kosmopolitismus liegt eine Partikularität zugrunde, die eine Konzeption von der Menschheit entwickelt und eine Vorstellung der Universalität beansprucht. Eine Schwierigkeit des europäischen Kosmopolitismus an sich und der neuen Kosmopolitismen insbesondere besteht jedoch darin, dass sie sich nicht als *eine* partikuläre Form der Repräsentation des Universalen verstehen, sondern als *die* Repräsentation des Universalen. Ihre Entwicklung ist von den historischen Bedingungen seiner Entstehung kaum zu trennen: Nicht als Idee, wie in Deutschland, sondern als konkrete Erfahrung, wie in Frankreich und Großbritannien, hat der Kosmopolitismus seine Wurzeln in den Weltregierungsvorstellungen alter Kolonialmächte (dazu Gilroy 2005). Eng damit verbunden ist eine besondere Schwierigkeit dieser Kosmopolitismen, die ihre Diffusion und reale Universalisierung verhindert, nämlich der Säkularismus – sofern der nicht sogar zum Laizismus wird –, wie er in den gegenwärtigen Visionen des Kosmopolitismus anwesend ist; z.B. durch Positionen wie denen von Julia Kristeva (1993). Mit ihrem kontraktualistischen Modell der Nationenbildung bietet sie einen Balsam für okzidentale Ohren, obwohl der Reichtum der Aufklärung auf die französisch-revolutionäre Form verengt wird (dazu Albrecht 2004) und kaum universalisierbar ist, solange andere Teile der Welt und andere tausendjährige Zivilisationen – ganz zu schweigen vom Islam – lebendige religiöse Kosmovisionen beibehalten. In diesem Punkt mögen die Ansätze von Hans Küng und das Projekt „Weltethos" (Küng 1997) als naiv erscheinen, nichtsdestotrotz enthalten sie etwas Kluges und Unumgängliches: Eine Dosis von Religion oder vom „Theologisch-Politischen" scheint in jeder kosmopolitischen Vorstellung unvermeidlich zu sein.

Weitere Probleme, die unter anderen Gesichtspunkten erscheinen, können zu den oben genannten in Verbindung gesetzt werden. Die aktuellen Formen des

Kosmopolitismus haben einen Defekt oder sogar eine *fallacy* gemeinsam; in den Worten von Fine und Chernilo den sogenannten „Presentism":

> What we mean by this is the tendency to turn the present into a ῾ism῾ by prematurely declaring the redundancy of traditional concepts and by turning any major event or series of events that catches the public eye into a sign of a new epoch (Fine/Chernilo 2004: 28-29).

Damit werden die Neuigkeiten eines vermeintlichen epochalen Umbruchs hervorgehoben. Durch den „Presentism" werden die Anknüpfungen der Gegenwart an vergangene Prozesse und Ereignisse ausgeblendet und diejenigen der Gegenwart zur Zukunft übertrieben. Der Kosmopolitismus wird dabei als eine neue große Idee betrachtet – wohl aber nicht eine Meta-Erzählung. Er sei eine Idee, die zur Bildung eines kosmopolitischen Staates durch die Zivilisierung und Befriedung der globalen Ordnung entscheidend beiträgt.[3]

Ein anderes Problem des neuen Kosmopolitismus besteht darin, dass er sich explizit normativ darstellt: die Idee von einer zweiten Aufklärung bzw. einer zweiten Moderne, die auf der Entfaltung der Reflexivität und der Beachtung der Folgen der Nebenfolgen beruht (Beck 2004). Diese sei viel mehr als eine Utopie, die in der Zukunft zu verwirklichen sei. Sie sei eine Eigenschaft der „neuen" Epoche, die bereits verbreitet sei, nachdem „die Wirklichkeit selbst kosmopolitisch geworden ist" (Beck 2004: 8). Ein abstraktes Ideal, das prädestiniert sei, die Menschheit zu retten. Man muss nicht unbedingt systemtheoretisch denken, um solche Vorstellungen skeptisch zu betrachten. Es ist dafür ausreichend, die von der Krise bestimmte Entstehung der Sozialwissenschaft nicht zu vergessen, um der Kontingenz soziologischer Erkenntnis Rechnung zu tragen.

2   Der minimalistische Kosmopolitismus als die wesentliche Semantik der Weltgesellschaft

Im Gegensatz zu diesen Vorstellungen des Kosmopolitismus, die auf eine bestimmte Konzeption des Universalen und der Menschheit fixiert sind, braucht die Semantik der Weltgesellschaft eher einen minimalistischen Kosmopolitismus in dem Sinne, dass er nur für ein beschränktes thematisches Spektrum plädiert: Sein

---

3   Z.B. bei Beck/Grande wird Europa als Träger dieser Idee betrachtet, sowohl in der Denktradition als auch in der Institutionenbildung mit der originellen Erfahrung der EU-Integration: „Europa steht für die unbegriffenste Sache der Welt, für ein mächtiges Nicht – nicht Staat und nicht Gesellschaft, jedenfalls nicht in dem Sinne, in dem beispielsweise die Vereinigten Staaten von Amerika beides sind" (Beck/Grande 2004: 10).

Gegenstand sind dann nicht alle Formen des Umgangs mit dem Anderssein, sondern Themen, die alle betreffen als eine globale Agenda, sei es für die Bereitstellung und Bewahrung von globalen öffentlichen Gütern oder für die Regulierung der Interaktionsformen zwischen Fremden.

Eher als die politischen und institutionellen Dimensionen des Kosmopolitismus betonen neue Ansätze seine ethischen und formellen Komponenten. Der Kosmopolitismus wird dann minimalistisch definiert als Zivilisiertheit, als die Existenz von Spielregeln für die Interaktion und für die Kommunikation in Kontexten, die nicht im gleichen Raum und in der gleichen Zeit verankert sind. Nicht die Überlegenheit der Erreichung einer vermeintlich letzten, postkonventionellen Stufe moralischen Urteils ist, was der Kosmopolitismus ermöglicht, sondern die Anerkennung unserer Verletzlichkeit (und der Welt an sich) gegenüber den Taten der Anderen. Dafür handelt es sich um die Festlegung von bestimmten Pflichten gegenüber den Anderen, obwohl (oder gerade weil) sie Fremde sind (Appiah 2007). Der Inhalt dieser Pflichten bleibt relativ offen. Er wird minimalistisch definiert, weil die einzige Pflicht, die im Voraus bestimmt wird, darin besteht, das Leben der Anderen zu respektieren. Es handelt sich außerdem um eine pluralistische Form des Kosmopolitismus in dem Maße, dass dieser verschiedene Konzeptionen des Guten erlaubt. Da unsere Konzeptionen des Guten immer prekär und kontingent sind, benötigen sie den Kontakt zu anderen Konzeptionen, um einen universalen Anspruch zu erlangen und den Provinzialismus zu vermeiden. Diese Betrachtung des Kosmopolitismus lässt mehr Raum für heterogene Anlehnungen zu, welche je nach Region, Kultur und Tradition unterschiedlich sein können. In diesem Sinne umfasst der minimalistische Kosmopolitismus keine definitiven Vorstellungen von Toleranz und Wahrheit, sondern nur Kriterien zum Zusammenleben („conviviality" in Gilroys Worten) zwischen Fremden, sei es auf einer lokalen oder auf einer planetarischen Ebene.[4] Eine der Weltgesellschaft angemessene Semantik kann nur diejenige sein, die zunächst eine Koexistenz von verschiedenen Partikulären mit unterschiedlichen Vorstellungen des Universalen erlaubt und dazu eine Koexistenz von verschiedenen politischen und rechtlichen Ebenen toleriert. Ansonsten und wie Chantal Mouffe betonte, „bringt der Kosmopolitismus ein noch ernsteres Problem mit sich: die Gefahr, die alten Rechte der Souveränität im Tausch gegen jene fiktiven neuen Rechte zu opfern" (Mouffe 2007: 133).

Alles in allem geht es dabei um die Kombination der Anerkennung eines universalistischen *point of view* mit der Vielfalt menschlichen Lebens sowie um

---

4   „It does not describe the absence of racism or the triumph of tolerance. Instead, it suggests a different setting for their empty, interpersonal rituals, which, I suggest, have started to mean different things in the absence of any strong belief in absolute or integral races" (Gilroy 2005: XV).

die Artikulation verschiedener Ebenen politischen Handelns. Das ist eine Kombination, die nicht unbedingt harmonisch verlaufen muss, sondern eher ein schwer zu lösender Widerspruch ist, allerdings gehört sie zum Genom der Moderne. Wenn wir nicht mehr „alteuropäisch" denken, sollten wir das Ende der Widersprüche und Konflikte in einer künftigen Versöhnung nicht mehr anstreben. Mit anderen Worten geht es hier um den Abschied von jeder Art von akteurszentriertem Voluntarismus. Viel produktiver scheint eine minimalistische Konzeption des Kosmopolitismus, die nicht für alle gesellschaftlichen Probleme steht und alle Differenzierungsprozesse in einer gemeinsamen Sprache übersetzt, aber die relativ spezifische – wenn man das sagen kann – Agenda der Weltgesellschaft prägt und gestaltet; d.h. für bestimmte Themen, Rechte und Pflichten, die das Nationalstaatliche überwinden. So verstanden ist die Konzeption immer noch eine abstrakte Idee, die sicherlich kaum Begeisterung und Mobilisierung mit sich bringt. Als eine allgemeine Semantik braucht sie eine Kontextualisierung in konkreten Streitthemen und eine Verbindung zu historischen politischen Traditionen.

3   Die Entstehung der *Emerging Powers* und die Abwertung der amerikanischen und europäischen Erzählungen der Globalisierung

Die Gründe für die Abwertung des Kosmopolitismus als fundamentaler Diskurs einer neuen Epoche sind nicht nur theoretisch, sondern auch empirisch. Gewiss lassen sich zahlreiche Reformen und Trends nennen, die zu globalen Verständigungs- und Steuerungsprozessen beitragen. Dazu zählt die Verankerung der Menschenrechte in weltweit verbindlichen Konventionen, die Entwicklung von internationalen Regimen in Bereichen wie Umweltschutz und Strafrecht, die Bereitschaft, militärisch zu intervenieren, um Verbrechen gegen die Menschlichkeit zu verhindern, sowie die Aktivierung globaler zivilgesellschaftlicher Bewegungen zum Protest gegen den Unilateralismus. Allerdings sind auch zahlreiche entgegengesetzte Trends zu beobachten, die von der verbliebenen Relevanz der nationalstaatlichen Macht und wiederum von einer gewissen Rückkehr des Realismus in den internationalen Beziehungen sprechen.

Gerade wenn die nordamerikanische Erzählung der Globalisierung (verstanden als Kombination von Liberalisierung des Welthandels und aktiver Verbreitung der repräsentativen Demokratie) und die europäische Erzählung der Globalisierung (verstanden als eine Kombination von emanzipatorischem Individualismus und dem Streben nach kosmopolitischen, multilateralen Regierungsformen) nicht mehr allein den Ton angeben, lassen sich Modelle und Erklärungszusammenhänge nicht ohne Schwierigkeiten exportieren – insbesondere dann nicht, wenn diese Erzählungen als Idealtypen mit normativem Anspruch auftreten. Die westliche Rationalität – ehemals mit einem Anspruch auf Weltherrschaft angetreten (Max Weber) – sieht ihre Kraft reduziert, obwohl keine andere Erzählung dazu fähig scheint, sie zu ersetzen oder zumindest den jüngsten Transformationen einen Sinn zu verleihen und die Zukunft vorauszusehen. Je mehr sich die Globalisierung in ihrer einfachen, linearen Form erschöpft – und das ist offenbar der Fall –, umso mehr werden „Kehren" in der Verwendung theoretischer Kategorien interessant und insbesondere wird die These der Konvergenz und Diffusion der okzidentalen Werte, also die absolute Äquivalenz von Modernität und Globalisierung, in Frage gestellt.

Es ist gerade diese Erschöpfung, welche die Entstehung von aufstrebenden Gesellschaften zum Extrem führt und die amerikanischen sowie die europäischen evolutionistischen Erzählungen der Globalisierung herausfordert. Man spricht in diesem Zusammenhang von China und Indien, aber auch von Südostasien, Südafrika und Südamerika – Argentinien, Brasilien, Chile, vielleicht auch Venezuela –, von aufstrebenden Mächten in dem Sinne, dass dadurch die globale OECD-Ordnung, anders als im Falle der ostasiatischen Tigerstaaten Korea, Taiwan, Hongkong und Singapur, zum ersten Mal tatsächlich strukturell herausgefordert wird. Im Rahmen der Komplexität der Globalität lässt sich der Bedeutungsgewinn von aufstrebenden Gesellschaften in der Semiperipherie als eine Entstehung von *Emerging Powers* verstehen, in der sich politische Assoziationen, wirtschaftliche Interdependenz und kulturelle Netzwerke zwischen diesen Ländern (Süd-Süd-Kooperation) zunehmend verdichten und konsolidieren.

Südamerika ist vielleicht nicht die wichtigste dieser an Bedeutung gewinnenden Regionen, aber es befindet sich in einer besonderen Phase des „Postneoliberalismus" und des zunehmenden globalen Protagonismus. Man kann dies als eine Art Subjektivierung im Sinne des zunehmenden Gebrauchs einer eigenen Stimme bei der Mitgestaltung der globalen Agenda bezeichnen. Dabei werden andere und originelle Gesprächs- und Handelpartner gefunden. In den folgenden Abschnitten ist zu fragen, inwiefern in dieser Subjektivierung Zeichen für einen minimalistischen, der Weltgesellschaft angemessenen Kosmopolitismus zu spüren sind. Dafür ist zunächst zu analysieren, welche Anknüpfung an den Kosmopolitismus in Lateinamerika traditionell erfolgte und wie Kosmopolitismus dort verstanden wurde.

4 Die traditionelle Anlehnung Lateinamerikas an einen beschränkten Kosmopolitismus

Der lateinamerikanische Kontinent ist – so García Canclini – ein Resultat der Sedimentierung, Aneinanderreihung und Überschneidung von indigenen Traditionen, kolonial-katholischem Hispanismus und modernen politischen, bildungspolitischen und kommunikationalen Programmen (García Canclini 1991: 71). Trotz der sogenannten Hybridisierung – oder gerade deswegen – sind Spannungen zwischen diesen identitätsstiftenden Diskursen nicht selten; vor allem zwischen denjenigen, die eher lokal oder regional verbunden sind und als Traditionalisten bezeichnet werden (sei es als Indigenisten, Nationalisten, Nativisten oder Postmodernisten), und denjenigen, die sich selber gerne als Kräfte des Fortschritts und der Moderne bezeichnen. Der Modernismus und der Populismus erscheinen hier als besonders komplexe, schwer zu entziffernde Mischformen. Dies kann vielleicht ein Grund dafür sein, dass sie so häufig und prägnant in der Geschichte des Kontinentes in ihren nicht gelösten, mangelhaften *nation-building*-Prozessen sind. Obwohl der Modernismus wegen seines avantgardistischen Charakters häufig ohne weitere Überlegungen als kosmopolitisch bezeichnet wird, stellt er einen ernsthaften Versuch dar, nationale, moderne Kulturen zu gründen nach einer Form, die eher als „Kosmopolitismus aus den Rändern" oder als der oben skizzierte minimalistische Kosmopolitismus eingeordnet werden könnte:

> Cosmopolitanism from the margins meant making use of European culture to rebuild national culture and to establish equitable dialogues between traditions ... (it) offers a counterpoint to European cosmopolitanism; it meant increasing and expanding worldviews by adding new points of reference, new contexts, and understandings of social and cultural phenomena (Fojas 2005: 4-5).

Gewiss sind im Populismus wenige Verwandtschaften zum Kosmopolitismus zu identifizieren, allerdings und trotz seiner konfliktreichen Beziehung zum Liberalismus besteht Konsens darin, dass der historische Populismus in Lateinamerika zur Erweiterung der politischen und sozialen Dimension der *citizenship* entscheidend beigetragen hat in einem Prozess, der sich als fundamentale Demokratisierung bezeichnen lässt (Vilas 1994).

In der Selbstbeobachtung Lateinamerikas – eine wegen der kontroversen Identitätsbildung beliebte Praktik – sind in der Regel solche fortschrittsorientierten Diskurse diejenigen, die eine Anlehnung an die eher aktualisierten Perspektiven in der westlichen Welt suchen und stärker kosmopolitisch denken. Im Folgenden handelt es sich um einen kurzen Überblick, um nur einige politische Diskurse anzureißen.

Illustration: Trotz des Einflusses der Tradition einer spanischen Staatstheorie, die demokratische Elemente enthielt, wird der Geist der kreolischen Revolutionen am Anfang des 19. Jahrhunderts von dem Elan der französischen und nordamerikanischen Revolutionen erheblich geprägt.

Liberalismus: Die Zeit nach den Unabhängigkeitskriegen wird von den Konflikten zwischen Konservativen und Liberalen bzw. „Unitarios" und „Federales" geprägt. Der Traum der Liberalen, die Träger der Zivilisation zu werden, wird von ihnen nicht mehr losgelassen.

Positivismus: Mit den Oligarchien von „Ordnung und Fortschritt" am Ende des 19. Jahrhunderts wird der Glaube verbreitet, dass mit den Prinzipien und Methoden der modernen Wissenschaft das Soziale und das Politische rational gestaltet werden können.

Neoliberalismus: Die Anwendung von strukturellen Anpassungsprogrammen und Staatsabbau wird so unkritisch nachgeahmt, als ob sie einen definitiven Eingang zur sogenannten „Ersten Welt" garantiert.

Was alle diese Versionen gemeinsam haben, ist die Anknüpfung an einen Kosmopolitismus, der als atlantischer Kosmopolitismus betrachtet werden kann, d.h. eine Extension der weltpolitischen Vorstellungen der westeuropäischen Länder und der Vereinigten Staaten im Sinne der These der Konvergenz. Damit ist gemeint, dass die Diffusion der Prinzipien des Liberalismus und Republikanismus alle Partikularismen, Archaismen und die Barbarei auslöschen werde. Dieser Kosmopolitismus stellt sich als ein Zeichen der Moderne und der Zivilisation dar, das sich als einzigen Weg sieht, um die autoritäre Trägheit der Kolonialzeit zu überwinden. In seinen Varianten ist dieser einseitige Kosmopolitismus nicht dazu bereit, die Andersartigkeit des Barbaren, Caudillos oder Populisten anzuerkennen und sie in seine eigene Konzeption kreativ zu integrieren. Er operiert nach Kriterien der Exklusion, nach einer Logik des „Entweder-oder": native, sogar *mestizo*-Lebensweisen werden als primitiv, unmenschlich oder irrational bezeichnet und automatisch von würdiger Bürgerschaft und Zivilisation entfernt. Daher lässt sich diesbezüglich fragen, inwiefern es sich hier um kosmopolitische Vorstellungen oder bloß um international orientierte Formen handelt, die versuchen, die Grenzen des eigenen Provinzialismus und Patriotismus aufzulockern.

An dieser Stelle erscheint es sinnvoll, eine neuere Unterscheidung von zwei konzeptuellen Ebenen einzuführen, welche über die Einschränkungen des lateinamerikanischen Kosmopolitismus hinausgeht und dem Verständnis des Kosmopolitismus im Allgemeinen dient. Beide Ebenen werden im Gebrauch des Begriffs häufig verwechselt: Eine gehört zum Alltagsgebrauch, in dem der Kosmopolitismus, bloß als Weltoffenheit verstanden, dem Provinzialismus und Lokalismus gegenübersteht; die andere ist die philosophische bzw. sozialwissenschaftliche Ebene, in der ein minimalistischer bzw. kontextueller Kosmopolitismus dem vermeintlich universalistischen Kosmopolitismus, der eigentlich partikularistisch imperial basiert ist, entgegengesetzt wird. Zum ersten Fall zählen die in der Literaturszene wiederholten Streitereien zwischen Nativisten und Kosmopoliten, beispielhaft illustriert in der Polemik zwischen José María Arguedas und Julio Cortázar aus den 1960er Jahren oder im in jeder Nationalliteratur zu findenden Argwohn gegen als wurzellos betrachtete Schriftsteller wie Machado de Assis, Darío, Lezama Lima und Borges (dazu Schwarz 1983). Im zweiten Fall sind die kosmopolitischen Darstellungen und Konsumstile nicht viel mehr als eine Nachahmung der Kulturproduktion und politischen Orientierungen, die das Zentrum ausstrahlt: Die „schlechten Kopien" reichen dabei bis in den Bereich der Stadtplanung, wo Paris als Modell des Kosmopolitismus und als Quintessenz der Distinktion und Rationalität die Modernisierung unterschiedlicher Städte in Lateinamerika in ihrem jeweiligen Übergang von einer kleinen Stadt zur Metropole inspiriert (dazu Anzotti Salgueiro 2001).

Eine Ausnahme in diesem ideengeschichtlichen Überblick stellt in gewissem Maße der Internationalismus der Linken dar. Am Ende des 19. Jahrhunderts ließ er sich noch als eine Extension des europäischen Sozialismus, Kommunismus und Anarchismus verstehen. Allerdings lässt sich anhand der Entwicklung origineller theoretischer Ansätze, sowie der Geschlossenheit des Stalinismus und der „Dritte Welt-Bewegung" eine allmähliche Tendenz der lateinamerikanischen Linken bis zum Antiimperialismus aufzeigen.[5] Beide Formen des Internationalismus – die eher atlantische, wie in den oben genannten herrschenden politischen Diskursen in der Geschichte Lateinamerikas, sowie die an der Dritten Welt und am Antiimperialismus orientierte – sind segmentäre Formen von Kosmopolitismus. Sie sind insofern nicht kosmopolitisch, als ihre internationale Solidarität nicht inklusiv und klassenübergreifend, sondern nur für die Klassengenossen konzipiert ist. Diese Klassengenossen stehen zugleich in einer konfrontativen Opposition zu den Klassenfeinden, seien diese das Bürgertum, die Aristokratien, das internationale Kapital oder die alten Kolonialmächte in den Industrienationen.[6]

---

5   Für den Fall Argentiniens wird diese Entwicklung von Sebreli (2001) analysiert.
6   Es sind wohl einige Ansätze in dieser Tradition zu finden, die mit der Idee von Befreiung und dem „neuen Menschen" (*hombre nuevo*) sowohl im Guevarismus als auch in der Befreiungstheologie in gewissem Maße an die Menschheit appellieren. Diese Ansätze wurden jedoch so konfrontativ und gewalttätig angewandt, dass sie kaum mit kosmopolitischen Vorstellungen zu vereinbaren sind.

5   Die Erweiterung des Kosmopolitismus in der aktuellen „Subjektivierung" mancher Länder Südamerikas

Ich möchte hier nicht den Eindruck erwecken, als ob Lateinamerika aufgrund des Auftauchens der sogenannten „Emerging Powers" plötzlich einen neuen Kosmopolitismus erfinde. In der Außenpolitik und in den kulturellen Orientierungen von Ländern wie Argentinien, Brasilien und Chile sind heutzutage allerdings *einige* Anzeichen zu finden, die zur Erweiterung des Begriffes in einer Richtung beitragen, die sich als minimalistisch bezeichnen lässt.

Im Gestrüpp der Kulturpolitik, der Bildung einer internationalen Identität und der kulturellen Orientierungen im Allgemeinen bilden sich allmählich Vorbilder und Motive heraus, die nicht nur auf den nordatlantischen Raum bezogen sind. In Brasilien z.B. ist seit den 1980er Jahren eine Infragestellung der konsolidierten Idee der „Rassendemokratie" zu beobachten, die zur Wiederentdeckung und Aufwertung der afrikanischen Wurzeln sowie zu einer Intensivierung der Beziehungen zu vielen Ländern vor allem in Westafrika führte. In Chile gewinnt der pazifische Raum immer mehr an Bedeutung und der Erfolg der sogenannten Tigerstaaten wird in das Bild des „lateinamerikanischen Jaguars" übertragen. Die Argentinier sind traditionell eher mit sich selbst beschäftigt. Nach der Krise von 2001 geriet der Mythos einer Sonderstellung des Landes in Lateinamerika allerdings ins Wanken und mittlerweile stehen die Nachbarländer dort hoch im Kurs.

Einmalig in diesem Globalisierungsschub und der ihn begleitenden politischen Subjektivierung ist die Abwesenheit systematischer Ideologien, die das Handeln der Akteure orientiert und legitimiert. Im Gegensatz zu den 1990er Jahren, in denen man den Neoliberalismus illusorisch als eine Eintrittskarte in die „Erste Welt" betrachtete und politische Programme technokratisch und autoritär eingeführt wurden, steht heutzutage keine unbezweifelbare Richtlinie mehr zur Verfügung außer derjenigen des Pragmatismus.[7] Dabei werden traditionelle politische Links/Rechts-Schemata aufgehoben, aber es sind hier auch populistische Orientierungen nach tiefen strukturellen Krisen zu finden. In diesem von Kontingenz und Ungewissheit geprägten Kontext besteht das kosmopolitische Ideal aus der Suche nach Spielregeln und zivilisierten Umgangsformen, die zum einen die Inangriffnahme globaler Probleme ermöglicht und zum anderen einen Rahmen für die Durchsetzung realpolitischer nationaler Interessen anbietet.

In der Außenpolitik einiger aufstrebender südamerikanischer Gesellschaften ist in letzter Zeit eine Art minimalistischer Kosmopolitismus zu spüren, der hauptsächlich auf den Multilateralismus, auf die Setzung von universalen Spiel-

---

7   Die Wiederkehr des Pragmatismus nach der Entwertung anspruchsvollerer Ideologien (zuletzt des Neoliberalismus) lässt sich als Weltpragmatismus betrachten, d.h. als Offenheit gegenüber dem Zufall und dem Scheitern an einer überraschenden Realität (Schwengel 2004).

regeln und auf die Anerkennung der eigenen Stimme gerichtet ist. Brasilien zählt mit seinem Protagonismus im Zusammenhang mit der Bildung der G-20 im Rahmen der WTO-Verhandlungen sicherlich zu diesen Ländern. Dabei geht es um eine Reaktion auf den ständigen Druck der Industriestaaten zur Liberalisierung des Handels in den Entwicklungsländern, ohne dass die Industriestaaten selbst bereit wären, ihre Märkte für Agrarprodukte aus dem Süden zu öffnen. Das Prinzip lautet hier: „Verlange von den Anderen nicht, was du nicht selbst zu tun bereit bist". Im Rahmen der Verhandlungen zur Rückzahlung seiner Außenschulden hat Argentinien entscheidend zur Delegitimation der internationalen Finanzorganisationen wie dem IWF (Internationaler Währungsfonds) und der Weltbank beigetragen. Nach dem Motto „Wenn sie zur Selbstkritik nicht bereit sind, dürfen die Mitverursacher von Wirtschaftskrisen mit alten Rezepten ein Land auch nicht retten". Es wird dabei gegen das Rationalitätsmonopol bestimmter Akteure und Diskurse agiert und für eine stärkere Beteiligung der Entwicklungsländer an Entscheidungen im Rahmen internationaler Organisationen und Verhandlungen plädiert. Das dritte Beispiel führt uns zum zweiten Irakkrieg, als Chile und Mexiko Vertreter der lateinamerikanischen Länder im Sicherheitsrat der UNO waren. Obwohl beide Länder Integrationsprozesse bzw. Freihandelsabkommen mit den USA vereinbart haben, stimmten sie im Weltsicherheitsrat gegen den Krieg. Für Mexiko mag dieses Zeichen diplomatischer Autonomie keine Neuigkeit gewesen sein. Für Chile hingegen war es ein klares Votum für den Multilateralismus und das Prinzip der Nicht-Intervention.

Wenn Kosmopolitismus überhaupt möglich ist, muss er – in der Logik der *Emerging Powers* – sowohl die universalen, neutralen Aspekte der Transparenz und den Universalismus der Spielregeln erfüllen als auch Platz für das Partikuläre gewähren, das jede Region und Tradition enthält. Die Region, die regionalen Integrationsprozesse und die Süd-Süd-Kooperation bilden eine neue und privilegierte Interaktionsebene, die als Pendant zur vermeintlichen Konvergenz in den nordatlantischen politischen Werten verstanden werden kann. Dann können wir mit Becks Worten feststellen, dass für das Erfassen der Vielschichtigkeit und Kontingenz der Weltgesellschaft die Logik des „Sowohl-als-auch" geeigneter ist als die Logik des „Entweder-oder". Der Kosmopolitismus ist nicht da, weil die Nationalstaaten abgewertet werden, sondern er ist als universelles Projekt denkbar, gerade weil die Nationalstaaten und die Gesellschaften der Weltgesellschaft immer noch eine wichtige Rolle spielen.

Literatur

Albrecht, Andrea (2005): *Kosmopolitismus. Weltbürgerdiskurse in Literatur, Philosophie und Publizistik um 1800*. Berlin: De Gruyter.

Anzotti Salgueiro, Heliana (Hrsg.) (2001): *Cidades Capitais do Século XIX*. São Paulo: EDUSP.

Appiah, Kwame (2007): *Cosmopolitanism. Ethics in a World of Strangers*. New York: Norton.

Beck, Ulrich (2004): *Der kosmopolitische Blick oder: Krieg ist Frieden*. Frankfurt am Main: Suhrkamp.

Beck, Ulrich/Grande, Edgar (2004): *Das kosmopolitische Europa*. Frankfurt am Main: Suhrkamp.

Fine, Robert/Chernilo, Daniel (2004): „Between Past and Future: The Equivocations of the New Cosmopolitanism". In: *Studies in Law, Politics and Society* 31, S. 25-44.

Fojas, Camilla ((2005): *Cosmopolitanism in the Americas*. West Lafayette: Purdue University Press.

García Canclini, Néstor (1991): *Culturas híbridas*. Mexiko, D.F.: Grijalbo.

Gilroy, Paul (2005): *Postcolonial Melancholia*. New York: Columbia University Press.

Köhler, Benedikt (2006): *Soziologie des Neuen Kosmopolitismus*. Wiesbaden: VS Verlag für Sozialwissenschaften.

Kristeva, Julia (1993): *Nations Without Nationalism*. New York: Columbia University Press.

Küng, Hans (1997): *Weltethos für Weltpolitik und Weltwirtschaft*. München: Piper.

Luhmann, Niklas (1997): *Die Gesellschaft der Gesellschaft*. Frankfurt am Main: Suhrkamp.

Mouffe, Chantal (2007): *Über das Politische. Wider die kosmopolitische Illusion*. Frankfurt am Main: Suhrkamp.

Schwarz, Jorge (1983): *Vanguarda e cosmopolitismo*. São Paulo: Perspectiva.

Schwengel, Hermann (2004): „Was kommt nach dem Leben? Way of life, Globalisierung und Weltpragmatismus". In: Bröckling, Ulrich/Paul, Axel/Kaufmann, Stefan (Hrsg.): *Vernunft – Entwicklung – Leben. Schlüsselbegriffe der Moderne*. München: Wilhelm Fink, S. 358-369.

Sebreli, Juan J. (2001): *Crítica de las ideas políticas argentinas*. Buenos Aires: Sudamericana.

Stichweh, Rudolf (2000): *Die Weltgesellschaft*. Frankfurt am Main: Suhrkamp.

Terán, Oscar (Hrsg.) (2004: *Ideas en el siglo. Intelectuales y cultura en el siglo XX latinoamericano*. Buenos Aires: Siglo XXI.

Vilas, Carlos (1994): „Estudio preliminar. El populismo o la democratización fundamental de America Latina". In: Vilas, Carlos (Hrsg.): *La democratización fundamental. El populismo en America Latina*. Mexiko, D.F.: Consejo Nacional para la Cultura y las Artes, S. 11-149.

Der Schutzmantel als Mechanismus der Variation

Darío Rodríguez

Um die funktionale Differenzierung von Gesellschaften zu betrachten, ist es möglich – jenseits der Spezifikationen der Funktionen selbst – eine bestimmte Kohärenz, die das Verhältnis des Sinns von Handlungen innerhalb der Gesellschaft charakterisiert, zu abstrahieren. Das heißt mit anderen Worten, dass die unterschiedlichen sozialen Funktionen durch unterschiedliche Subsysteme der Gesellschaft ausgeführt werden, dass jedoch Prämissen für die Selektion von Komplexität existieren, die all diesen Funktionen gemeinsam sind. Aus dieser Perspektive ist es schwer vorstellbar, dass soziale Subsysteme existieren, deren Selektionsstrukturen anderen Prämissen gehorchen: Ein solches Subsystem würde nicht in eine Gesellschaft hineinpassen, ganz egal, wie komplex diese ist. Da dies jedoch nicht notwendigerweise der Fall ist und im Lauf der Geschichte Teilsysteme entstanden sind, die – ohne aufzuhören, dem Globalsystem anzugehören – anderen Selektionskriterien gehorchen als denen im Globalsystem vorherrschenden, möchten wir im Folgenden eine Möglichkeit zum Auftreten – und zur Aufrechterhaltung – solcher Teilsysteme aufzeigen. In der vorliegenden Arbeit versuchen wir die Logik der Konstruktion von sozialen Systemen zu ergründen. Es geht uns darum, diejenigen Mechanismen zu verstehen, welche aus der Perspektive des Globalsystems anscheinend anomale Konstruktionen ermöglichen, die aber gleichwohl Teil des Globalsystems bleiben.

In der Systemtheorie wird ein soziales System durch die Sinngebungen charakterisiert, die die Kommunikationen einer Personengruppe haben, die eben durch diese Sinngebung von anderen, nicht zugehörigen Kommunikationen unterscheidbar sind.

> Die Besonderheit sozialer Systeme besteht darin, daß diese sich in der Form von Sinn an Komplexität orientieren... Das bedeutet, daß die Differenz von Umwelt und System ausschließlich durch *Sinngrenzen* vermittelt wird (Luhmann 1984: 265).

Das System bildet sich durch Innen- und Außendifferenzierung, was die Bildung von Systemgrenzen und Teilsystemen impliziert: „Systemdifferenzierung ist nichts weiter als Wiederholung der Systembildung in Systemen" (Luhmann 1984: 37). Das bedeutet, dass eine Selektion unter vielfältigen Möglichkeiten stattfindet: In einem Prozess der Selbstselektion wird die Komplexität durch den Ausschluss eines Teils der Möglichkeiten, die sich anbieten, reduziert.

> Selbstreferentielle autopoietische Systeme sind endogen unruhig und reproduktions-
> bereit. Sie entwickeln zur Fortsetzung ihrer Autopoiesis eigene Strukturen. Dabei
> bleibt die Umwelt als Bedingung der Möglichkeit und als Beschränkung vorausge-
> setzt (Luhmann 1986: 36).

Das selbstreferentielle System bezieht sich, indem es sich von seiner Umwelt unterscheidet, stets auf sich selbst (Luhmann 1983: 992). Diese Selbstselektion bestimmt den Sinn des Systemaufbaus durch die Komplexitätsdifferenz zu seiner Umwelt.

> Die Theorie selbstreferentieller Systeme behauptet, daß eine Ausdifferenzierung von
> Systemen nur durch Selbstreferenz zustandekommen kann, das heißt dadurch, daß
> die Systeme in der Konstitution ihrer Elemente und ihrer elementaren Operationen
> auf sich selbst (sei es auf Elementen desselben Systems, sei es auf Operationen des-
> selben Systems, sei es auf die Einheit desselben Systems) Bezug nehmen (Luhmann
> 1984: 25).

Auch ein Teilsystem bildet sich in einem Prozess der Selbstselektion heraus und durch die Errichtung von Grenzen, das heißt, indem es seine Differenz an Komplexitätsgraden im Hinblick auf die Umwelt stabilisiert. Dazu muss angemerkt werden, dass die Beziehungen der verschiedenen Teilsysteme untereinander und zum Globalsystem dadurch gekennzeichnet sind, dass jedes funktionale Teilsystem eine Funktion erfüllt, die seine Beziehung zum Globalsystem definiert. Es entwickelt eine Leistung, durch die es sich mit den übrigen Teilsystemen in Beziehung setzt. Schließlich nimmt es in der Reflexion auf sich selbst Bezug, wodurch das Teilsystem *seine* Identität gewinnt und die Beziehung zwischen Funktion und Leistung reguliert, also die Verknüpfung zwischen der Beziehung zum Globalsystem einerseits und den Beziehungen zu den anderen Teilsystemen andererseits (Luhmann 1980: 29). Die Funktion, die jedes Teilsystem ausübt, ist für es selbst wichtig, weil sie die Trennung zwischen dem System und *seiner* Umwelt herstellt und darüber hinaus die eigene Innendifferenzierung des Teilsystems ermöglicht.

Der Stellenwert dieser Funktion kann jedoch nicht auf das Globalsystem übertragen werden, etwa in dem Sinne, dass das Teilsystem eine Ordnung der eigenen internen Funktionen herbeiführen könnte, ebenso wenig wie jedes Teilsystem das Globalsystem als solches repräsentieren kann, sondern nur aus der partiellen Perspektive seiner besonderen Orientierung her (Luhmann 1980: 28).

Vom Blickpunkt des Teilsystems aus betrachtet ist die Umwelt durch Sinn-gebung organisiert, d.h. durch die Reduktion von Komplexität in jener Umwelt. Die verschiedenen Teilsysteme geben der Vielfalt von Reizen aus ihrer Umwelt unterschiedliche Bedeutungen: Relative Prioritäten, Mittelwahl etc. So erlauben sie sich eine innere Organisation, ein Weltbild, das seinerseits eine eigene, orga-nisierte Antwort gibt die typisch für das Teilsystem ist, d.h. seine Funktion bil-det. Diese Transformation der Komplexität der Umwelt in eine Leistung des Teilsystems mit eigenem Sinn erlaubt es erst, von der Identität des entsprechen-den sozialen Systems zu sprechen (Willke 1978: 231). Das bedeutet, dass die verschiedenen Teilsysteme unterschiedliche Formen der Reduktion der Komple-xität des Globalsystems aufweisen und folglich auch ihre Identität unterschied-lich bestimmen. Jedoch bedeutet dies nicht, dass das Globalsystem seine Rele-vanz gegenüber den Teilsystemen verliert, da diese die vom Globalsystem ge-stellten Bedingungen als Prämisse für ihre partikulären Selektionsprozesse betrachten. Das Globalsystem ist in einem zweifachen Sinne für ein Teilsystem relevant: Es setzt die Prämissen für den Prozess der Selbstselektion und be-stimmt gleichzeitig die unmittelbare Umwelt für das Teilsystem. Diese doppelte Relevanz ist die Bedingung für die Freiheit von systemischen Entwicklungen.

> Jede Teilsystembildung zerlegt die Einheit des Gesamtsystems in eine spezifische Differenz von System und Umwelt, nämlich von Teilsystem und gesamtsystemin-terner Umwelt. Anhand einer solchen Grenzlinie kann jedes Teilsystem daher das Gesamtsystem reflektieren, freilich auf jeweils spezifische Weise, die andere Mög-lichkeiten der Teilsystembildung offen läßt (Luhmann 1986: 204).

Die Konstitutionsform der Teilsysteme mittels der Definition der Differenz der eigenen Komplexität zu derjenigen der Umwelt erlaubt es, Systeme zu bilden, die sowohl Unterschiede zum Globalsystem als auch zu den anderen Teilsyste-men aufweisen. Jedoch können diese Unterschiede, die das Wesen der Identität der Teilsysteme ausmachen, nie zu dem Punkt gelangen, die doppelte Relevanz des Globalsystems zu vergessen, nämlich unmittelbare Umwelt einerseits und Prämisse für den Prozess der Selbstselektion andererseits zu sein.

> Mit funktionaler Differenzierung wird das Prinzip der elastischen Anpassung durch Substitutionsvorgänge zum Prinzip der Spezifikation von Teilsystemen. Das hat zur Folge, daß funktionale Äquivalente mehr als je zuvor entworfen und verwirklicht werden können, *aber nur im Rahmen der Teilsystemfunktionen und ihrer Codierun-gen* (Luhmann 1986: 207).

In dem Maße, wie die Systembildung fortschreitet und systemische Entwicklun-gen stattfinden, wird das Feld der möglichen Variation der folgenden Prämissen für die Selbstselektion und der unmittelbaren Umwelt enger. Es setzen sich also Selektionsweisen durch, die als gültige anerkannt werden, während andere ihre Fähigkeit verlieren, sich zu verallgemeinern. Auf diese Weise werden in konkreten Gesellschaften ganz bestimmte und keine anderen allgemein akzeptierten Esssitten, ökonomischen Organisationsformen oder Muster von politischen Aktivitäten etc. produziert. In diesem Zusammenhang ist das Auftreten von Teilsystemen, deren Rationalität auf anderen oder gar dazu im Wiederspruch stehenden Prämissen beruht, höchst unwahrscheinlich.[1] Diese Unwahrscheinlichkeit beruht auf der doppelten Relevanz des Globalsystems, unmittelbare Umwelt und Prämisse für die Selbstselektion zu sein. Die Möglichkeit, die Wahrscheinlichkeit des Auftretens – oder der Aufrechterhaltung – von solchen sozialen System zu erhöhen, stützt sich auf die Möglichkeit, dass Strukturen vorhanden sind, die als alternative unmittelbare Umwelt für diese Systeme dienen und zur Selektion der Prämissen für deren Selbstselektion beitragen. Dieser Strukturtyp, den wir Schutzmantel nennen wollen, gehört zum Globalsystem und verfügt über die Möglichkeit, dergestalt Macht gegenüber der Umwelt auszuüben, dass sich die Wahrscheinlichkeit für das Auftreten oder den Erhalt von Teilsystemen erhöht, deren Auftreten oder Erhalt sonst hochgradig unwahrscheinlich wäre (Rodríguez 1981).

Dies bedeutet, dass der Schutzmantel seine eigene Interpretation des Globalsystems entwirft und sich somit die Möglichkeit schafft, das Globalsystem gegenüber dem Teilsystem zu repräsentieren. Es ermöglicht sich also, die Gesamtgesellschaft gegenüber dem Teilsystem zu reproduzieren. Ein solcher Anspruch ergäbe eine vertikale Differenzierung, in der die obere Schicht beansprucht, die Gesamtheit darzustellen, „die Gesellschaft schlechthin" zu sein (Elias 1979; Luhmann 1980).

Der Gegensatz dazu wäre eine horizontale, also funktionale Differenzierung, innerhalb derer jedes Funktionssystem zwar für sich selbst „plausibel annehmen [kann], die Gesellschaft zu sein" (Luhmann 1986: 204), aber nicht beanspruchen kann, „die Gesellschaft schlechthin" zu sein, ja nicht einmal, in dauerhafter Weise – also über konjunkturelle Umstände hinaus – das wichtigste Teilsystem zu sein.

Auf diesem Anspruch beruht zugleich die Schwäche und Stärke des Schutzmantels insofern, als einerseits das Scheitern des Versuchs, das Globalsystem überzeugend zu repräsentieren, zum Zusammenbruch der intendierten Tätigkeit führt und andererseits aber der Schutzmantel die Komplexität des Globalsys-

---

1   In diesem Sinne führt uns das Verständnis der sozio- und psychogenetischen Grundlagen des Zivilisationsprozesses in den Untersuchungen von Elias (1979) dazu, an der Wahrscheinlichkeit des Auftretens von plötzlichen Änderungen bei diesem Prozess oder von andersartigen Denk- und Verhaltensweisen auf derselben Ebene eines gegebenen Systems zu zweifeln.

tems erweitert, indem er die Verwirklichung einer anderen Form der Systembildung erleichtert. In dem Maße, in dem der Anspruch des Schutzmantels auf Repräsentation überzeugt, kann er als Vermittler zwischen dem weiteren Sozialsystem und dem engeren Teilsystem dienen und erlaubt somit – wenigstens für kurze Zeit – deren Koexistenz ohne notwendigen Kontakt zwischen beiden Systemen.

Dies kann nur unter der Voraussetzung geschehen, dass Elemente zur Reduktion von Komplexität und zur Sinnstiftung vorhanden sind, die mit dem weiteren sozialen System kompatibel sind sowie mit den Elementen des Teilsystems koinzidieren und dadurch einen Teil des Komplexitätsgefälles absorbieren. Das heißt, in der Struktur der Beziehung Globalsystem-Schutzmantel-Teilsystem besitzt das Globalsystem eine größere Komplexität als das Teilsystem und eine unterschiedliche Reduktionsorientierung, wobei die Selektivität dieser Komplexität durch den Schutzmantel mitbestimmt wird. Deshalb benutzt das Teilsystem den Schutzmantel als seine unmittelbare Umwelt und bezieht von dort die Prämissen für seine Selbstselektion. Evolutionstheoretisch gesehen erfüllt der Schutzmantel einige Bedingungen der Entwicklung von Sonderformen der Systembildung. Er ist also eine der Möglichkeiten der Abweichungsverstärkung:

> Die Änderung muß bei *ausgeprägten Strukturen* ansetzen können... Sie kann nicht Neues aus dem Nichts schaffen (Luhmann 1987: 29).
> Die Struktur des Systems muß in der Lage sein, Zufälle zu entrandomisieren und zur Morphogenese auszunutzen (Luhmann 1987: 30).

Die Identität des Teilsystems bezieht sich also in erster Linie auf den Schutzmantel und auf die relative Autonomie, die es ihm gegenüber hat. Diese relative Autonomie ist umso geringer, je größer das Bedürfnis nach einem Schutzmantel zur Reduktion der Komplexität des Globalsystems ist oder je größer die Differenz zwischen den Prämissen der Selbstselektion des Teilsystems und denjenigen ist, die sich vom Globalsystem ableiten. Am Extrempunkt dieser Abhängigkeit verliert das Teilsystem seine Identität und verwandelt sich in eine Entelechie des Schutzmantels ohne eigene Existenz.

Dagegen ist die relative Autonomie umso größer, je geringer die Differenz zwischen dem globalen Sozialsystem und dem Teilsystem ist, sodass das Teilsystem mehr eigene Selektionsprämissen am Globalsystem orientieren kann und damit die Vermittlung des Schutzmantels einschränkt, indem es die Prämissen beiden Systemen entnimmt. In diesem Fall bedeutet das Extrem, dass das Teilsystem seine Selektionsprämissen vollständig dem Globalsystem entnimmt (das bedeutet, dass der Schutzmantel bloß als eines unter vielen Subsystemen der Umwelt fungiert), womit der Schutzmantel gänzlich die Kontrolle verliert und in seinem Anspruch scheitert.

Das bisher Gesagte bedeutet, dass das soziale Teilsystem seine relative Autonomie aus dem Wechselspiel seiner Beziehungen zur unmittelbaren Umwelt, zum Schutzmantel, zur weiteren Umwelt, dem Globalsystem und zu sich selbst in der Reflexion begründet. Aus diesem Wechselspiel geht die Form der Systemidentität hervor. Das heißt, dass sich das Teilsystem an einer Vielzahl von eigenen Kriterien orientiert (Luhmann 1976: 135). Einfluss bei der Bestimmung seiner Identität haben sowohl die relevanten Umwelten als auch die Beziehung des Teilsystems zu den beiden Umwelten (Globalsystem und Schutzmantel). Das führt uns zu dem Sachverhalt, dass die Kontingenz dieser Beziehungen zu verschiedenen Systemformen und Sinnorientierungen führen kann.

Der Schutzmantel erlaubt also aufgrund seiner Vermittlerfunktion das Zusammenbestehen von zwei unterschiedlichen Systemen, leitet aber aus dieser Vermittlertätigkeit Macht ab, die ihrerseits die Durchführung dieser Tätigkeit ermöglicht. So werden vom Teilsystem wegen seiner relativen Abhängigkeit in größerem oder geringerem Maße die Kriterien der Reduktion von Komplexität des Schutzmantels akzeptiert, was Macht bedeutet (Luhmann 1975b: 4-18). Darüber hinaus erhöht das Wissen um die privilegierte Position des Schutzmantels, insofern er nämlich eine Struktur ist, die mit dem globalen Sozialsystem übereinstimmt und in dem er sich halten und funktionieren kann, die Akzeptanz durch das Teilsystem. Hinsichtlich des globalen Sozialsystems bedeutet der Schutzmantel die Möglichkeit, andere offene Möglichkeiten der Systembildung zu handhaben, das heißt, die Kontrolle über andere Kontingenzen zu gewinnen, die sich von der systemischen Orientierung bei der Komplexitätsreduktion unterscheiden.

Durch den Schutzmantel erhöht sich also die Fähigkeit des Globalsystems, die Komplexität in den Griff zu bekommen. Damit wächst auch die Macht des Schutzmantels gegenüber dem Globalsystem, indem er nämlich eine Struktur bildet, die auf die Kontrolle von bestimmten Kontingenzen spezialisiert ist und dessen Form von Reduktion der entsprechenden Komplexität akzeptiert wird. Mit anderen Worten: das Vorhandensein eines Schutzmantels bedeutet die Zunahme der Wahrscheinlichkeit, dass in einem gegebenen Kontext Sozialsysteme auftreten oder sich erhalten, deren Rationalität sich auf vom Kontext unterschiedliche oder gar diesen widersprechende Prämissen bezieht. Der Schutzmantel bedeutet aber auch die Möglichkeit, diese Sozialsysteme unter Kontrolle zu halten.

Die Fähigkeit des Schutzmantels, die Wahrscheinlichkeit des Auftretens oder des Bestands von veränderten Systemen zu erhöhen und gleichzeitig deren Expansion einzuschränken, also sowohl die Entwicklung von bestimmten Formen der Selektion zu fördern als auch einzuschränken, bedeutet hinsichtlich der zeitlichen Dimension die Möglichkeit der Koexistenz von verschiedenen Zeit-formen.

Für ein soziales Teilsystem, das die Verwirklichung einer Form der Selbst-selektion anstrebt, die nicht mit der gegenwärtigen Gegenwart des Globalsys-tems übereinstimmen kann, impliziert die bloße Möglichkeit des Bestehens unter dem Schutz des Schutzmantels die Verschiebung der Verwirklichung des Pro-jekts der Selbstselektion auf eine zukünftige Gegenwart. Auch wenn diese nicht mit den zukünftigen Gegenwarten übereinstimmt, die vom Globalsystem erwar-tet werden, hat sie doch eine gewisse Wahrscheinlichkeit, realisiert zu werden, die erhöht werden kann und zu der die bloße Existenz des Teilsystems beiträgt.

Dies bedeutet auf keinen Fall, dass es sich hier um einen zielbewussten Pro-zess handelt. Wir möchten nur einen Mechanismus zeigen, der zu einer „Bifurka-tion neben alten Gesellschaftsordnungen" (Luhmann 1987: 30) führen kann. „Wenn es zur Bifurkation führt, entsteht ein Ausgangspunkt für eine differentiel-le Geschichte, die irreversibel wird" (Luhmann 1987: 30).

Anders gesagt: In der zeitlichen Dimension ist der Schutzmantel ein Me-chanismus der Evolution, indem er das Vorhandensein von Alternativen erlaubt, die sich an einer zukünftigen Gegenwart orientieren, die von der des Globalsys-tems unterschieden ist, oder an einer Vergangenheit, die nicht mit der gegenwär-tigen Gegenwart oder mit der Geschichte jenes Globalsystems übereinstimmt. Die Alternativen bedeuten Arten der Reduktion von Komplexität, die bei der Selektion des Globalsystems nicht vorgesehen waren. Der Schutz des Schutz-mantels kann auch als Zeitgewinn für die Vorbereitung der Auseinandersetzung mit dem Globalsystem verstanden werden.

In der sachlichen Dimension bietet der Schutzmantel eine Erweiterung der Möglichkeiten für die Systembildung und versucht, zwei unterschiedliche For-men der Komplexitätsreduktion kompatibel zu machen. Bei dieser Maßnahme wirkt er als Übersetzer zwischen unterschiedlichen Rationalisierungskriterien. Das heißt, aus der Beziehung zum Teilsystem erhält er dessen Leistung und formt sie zu einem annehmbaren und für das Globalsystem interessanten Produkt um und umgekehrt. Auch ist es möglich, dass Nebenprodukte als Hauptprodukte erhalten werden, womit sich das Verständnis der Leistung des Teilsystems än-dert, was durch die Benutzung des Schutzmantels gerade das angestrebte Ergeb-nis sein kann.

Damit sind wir zur sozialen Dimension gelangt, in der der Schutzmantel zur Kommunikation zwischen den unterschiedlichen Selektionsweisen von Global-system und Teilsystem beiträgt, indem er die Übersetzung zwischen den Codes, die in jedem System vorherrschen, übernimmt, sodass die Systeme durch seine Vermittlung den Kontakt zueinander herstellen können. Bei dieser Übersetzungsarbeit und der Übermittlung von Informationen des einen Codes in den anderen entstehen gewisse Verluste, die vom Schutzmantel ausgenutzt werden.

Ein konkretes Beispiel eines Schutzmantels ist im chilenischen Fall der *Servicio de Cooperación Técnica* und dessen Rolle bei Bildung von Arbeiterunternehmen (Rodríguez 1982), bei der die Entstehung von Organisationsformen mit unterschiedlicher Entscheidungsstruktur und dem späteren Scheitern zum Teil aus der Beziehung erklärt werden kann, die diese Organisationsformen zur Funktion des Schutzmantels hatten, die der *Servicio de Cooperación Técnica* ausübte. Diese Behörde glaubte, sie habe einen gesamtgesellschaftlichen Entwicklungsauftrag und deswegen handelte es sich um Selbstlegitimation. Sie sprach sozusagen für die Gesellschaft, ohne die Gesellschaft zu sein; dadurch entstand ein Unsicherheitsfaktor. Der Misserfolg hatte seine Wurzeln in der großen Abhängigkeit der entstandenen Organisationen gegenüber ihrem Schutzmantel und dessen Unfähigkeit – aufgrund veränderter Bedingungen des Globalsystems –, ein alternatives Medium und arbeitsfähige Prämissen zur Orientierung der Selbstselektion der Organisationen zu schaffen. Das Ergebnis war eine Annäherung an gegebene Grenzen in dem Sinne, dass eine große Ähnlichkeit zwischen dem sozialen Globalsystem und den Organisationen in Bezug auf das Versagen des Schutzmantels und seinem innovativen Anspruch erzeugt wurde.

Möglicherweise kann auch die Beziehung zwischen *Cofradía* und *Ayllu* (Celestino 1980) mit der Funktion eines Schutzmantels erklärt werden, die von der *Cofradía* ausgeübt wurde und die Reproduktion der Identität des *Ayllu* unter dem spanischen Kolonialsystem erlaubte.

Ein anderes Beispiel könnte möglicherweise die Mikrokredite vergebende Grameen Bank sein, die vom Friedensnobelpreisträger Muhammad Yunus gegründet worden ist. Yunus,[2] einer der Gründer des Mikrofinanzgedankens, empfiehlt, auch arbeitslose Menschen mit Mikrokrediten dazu anzuregen, ihr persönliches unternehmerisches Potenzial und ihre kreativen Talente zu entwickeln. „In jedem Menschen steckt ein Unternehmer", ist er sich sicher. Die Gesellschaft dürfe das Individuum aber in seiner Entfaltung nicht beschränken. Ein wichtiger Punkt sei hierbei die Ausbildung junger Menschen. „Individuen sollten nicht nur ausgebildet werden, Anweisungen zu folgen. Ihnen muss die Möglichkeit eröffnet werden, ihr Leben und ihre Ziele selbst zu gestalten".

Die Methodologie der Grameen Bank, so Yunus, ist beinahe gegenteilig zur Methodologie üblicher Banken, weil das normale Bankensystem auf dem Grundsatz basiert, dass, je mehr man hat, desto mehr man bekommen kann. Mit anderen Worten, wenn man nur wenig oder nichts hat, bekommt man auch nichts. Daraus schließt Yunus, es sei das Ergebnis des Bankensystems, dass mehr als die

---

2   <http://de.wikipedia.org/wiki/Muhammad_Yunus> (15.11.2007).

Hälfte der Weltbevölkerung ohne jede Bankendienstleistung ist. Das normale Bankensystem gründet sich auf Garantien, das Grameen-Banksystem ist garantiefrei.

„Banken handeln mit Geld und mit Zeit" (Baecker 1991: 13); deswegen – erklärt Dirk Baecker – bewegen sie die Selbstreferenz der Wirtschaft. Geld ist das symbolisch generalisierte Medium des Wirtschaftssystems, mit dem Banken im Unterschied zu anderen Unternehmern direkt arbeiten. Zeit wird durch Fristen in die Wirtschaft eingeführt. Risiko besteht durch die Ungewissheit der befristeten Zahlung. Jeder Teilnehmer der wirtschaftlichen Prozesse – sei es eine Person oder eine Organisation – beobachtet die Märkte durch die Preise. Die Märkte ihrerseits beobachten die Organisationen und Personen durch Banken. „Die Risiken, die die Banken zu bewältigen haben, sind die Risiken, die mit Zahlungsversprechen einhergehen" (Baecker 1991: 16).

Es handelt sich also um die Art und Weise, wie Risiken wahrgenommen werden und um „die Tragik der notwendigen Verlierer, die sich einstellt, wenn ein subsistenzwirtschaftlich orientiertes System markwirtschaftlichen Bedingungen ausgesetzt wird" (Luhmann 1988: 123).

Diejenigen, die von der Grameen Bank Kredite aufnehmen, sind nicht in der Lage, die Bedingungen zu erfüllen, die die normalen Banken verlangen, um ihnen Kredite zu gewähren. Diese Banken haben auch keine Instrumente, die dafür geeignet sind, die Zahlungsversprechen arbeitsloser Menschen richtig zu behandeln. Die Zahlungsversprechen dieser Personen würden ein derart hohes Risiko bedeuten, dass sie überhaupt nicht in Anspruch genommen werden und dadurch auch kein Risiko für das Bankensystem bedeuten. Die Grameen Bank kann also eine Schutzmantelfunktion leisten, indem sie zwischen den subsistenzwirtschaftlich orientierten arbeitslosen Menschen und den marktwirtschaftlichen Bedingungen vermittelt.

Aus den Beispielen kann abgeleitet werden, dass die Funktion des Schutzmantels von Strukturen mit unterschiedlichem Formalisierungsgrad ausgeübt werden kann, die verschiedene Formen der Systembildung darstellen (eine kulturelle oder religiöse Institution oder formale Organisationen); auch variieren die Formen, wie sich die Beziehung zwischen Schutzmantel und Teilsystem herstellt, da Letzteres aus dem Schutzmantel als Produkt von Differenzierungs- und Entscheidungsprozessen hervorgehen kann oder sich neben ihm als eine Form herauszubilden beginnt, die ein bestehendes Schema reproduziert, wobei es gewisse formale Vorteile ausnutzt. Auch gibt es Unterschiede im Grad der Autonomie, die vom Teilsystem erreicht werden kann, obwohl es sich – gleichgültig welches es auch ist – auf die Interaktion zwischen den Beziehungen zum Globalsystem, zum Schutzmantel und zu seiner eigenen Repräsentation beziehen muss.

Hierbei spielt auch die relative Position des Schutzmantels innerhalb der Struktur des globalen Sozialsystems eine Rolle.

Literatur

Baecker, Dirk (1991): *Womit handeln Banken?* Frankfurt am Main: Suhrkamp.

Celestino, Olinda (1980): *Identité et reproduction socials dans les Andres du Pérou: La cofradía et le calendrier des fêtes (XVIe – XXe siécle).* (Unveröffentlicht).

Elias, Norbert (1979): *Über den Prozess der Zivilisation.* Frankfurt am Main: Suhrkamp.

Luhmann, Niklas (1975a): *Soziologische Aufklärung 2.* Opladen: Westdeutscher Verlag.

— (1975b): *Macht.* Stuttgart: Enke.

— (1976): „The Future Cannot Begin: Temporal Structures in Modern Society". In: *Social Research*, 43, S. 130-152.

— (1980): *Gesellschaftsstruktur und Semantik.* Bd. 1. Frankfurt am Main: Suhrkamp.

— (1983): „Insistence on Systems Theory: Perspectives from Germany". In: *Social Forces*, 61, 1, S. 987-998.

— (1984): *Soziale Systeme.* Frankfurt am Main: Suhrkamp.

— (1986): *Ökologische Kommunikation.* Opladen: Westdeutscher Verlag.

— (1987): *The Paradox of System Differentiation and the Evolution of Society* (Verweise im Text beziehen sich auf eine Manuskriptversion aus dem Jahr 1987; der Beitrag wurde später veröffentlicht in: Alexander, Jeffrey C./Comloy, Paul Burbank (Hrsg.) (1990): *Differentiation Theory and Social Change: Comparative and Historical Perspectives.* New York: Columbia University Press, S. 409-440).

— (1988): *Die Wirtschaft der Gesellschaft.* Frankfurt am Main: Suhrkamp.

Rodríguez, Darío (1981): „El Concepto de Manto Protector". In: *Estudios Sociales*, 27, 1, S. 55-61.

— (1982): *Formación de Oligarquías en Procesos de Autogestión, Instituto de Sociología.* Santiago de Chile: Pontificia Universidad Católica de Chile.

Willke, Helmut (1978): „Zum Problem der Integration komplexer Sozialsysteme: ein theoretisches Konzept". In: *Kölner Zeitschrift für Soziologie und Sozialpsychologie*, 30, S. 228-255.

Autorinnen und Autoren

Dr. Peter Birle ist Politikwissenschaftler. Er leitet die Forschungsabteilung des Ibero-Amerikanischen Instituts der Stiftung Preußischer Kulturbesitz in Berlin und ist Lehrbeauftragter an der FU Berlin. E-Mail: birle@iai.spk-berlin.de

Dr. Christian Büscher arbeitet als Wissenschaftlicher Mitarbeiter am Institut für Technikfolgenabschätzung und Systemanalyse (ITAS), Karlsruher Institut für Technologie (KIT). Er hat in Bielefeld und Edinburgh (GB) Soziologie studiert und an der TU Darmstadt promoviert. E-Mail: christian.buescher@kit.edu

Dr. Klaus Dammann ist Professor für Soziologie an der Universität Bielefeld. E-Mail: klaus.dammann@uni-bielefeld.de

Dr. Matias Dewey arbeitet am Max-Planck-Institut für Gesellschaftsforschung in Köln. Er hat an der Universidad del Salvador in Buenos Aires (Argentinien) studiert und am Institut für Politik- und Verwaltungswissenschaften der Universität Rostock promoviert. E-Mail: dewey@mpifg.de

Dr. Ignacio Farias ist Wissenschaftlicher Mitarbeiter der Abteilung Kulturelle Quellen von Neuheit am Wissenschaftszentrum Berlin für Sozialforschung und Assoziierter Wissenschaftler der Universidad Diego Portales, Chile. Er hat an der Humboldt Universität zu Berlin im Fach Europäische Ethnologie promoviert. E-Mail: farias@wzb.eu

Dr. Fatima Kastner ist Rechtssoziologin. Sie hat Rechtswissenschaften, Philosophie und Soziologie in London und Paris studiert und in Frankfurt am Main promoviert. Sie arbeitet als wissenschaftliche Mitarbeiterin am Hamburger Institut für Sozialforschung sowie als Lehrbeauftragte an der Fakultät für Wirtschafts- und Sozialwissenschaften an der Universität Hamburg. Seit 2010 ist sie Forschungsmitglied des Instituts für Weltgesellschaft an der Universität Bielefeld. E-Mail: Fatima.Kastner@his-online.de

Dr. Michael Klode ist Rechtswissenschaftler. Er hat an der Universidad de Salamanca (Spanien) promoviert und ist gegenwärtig als Berater in dem Projekt „Unterstützung der rechtsstaatlichen Entwicklung einer interkulturellen Rechtsordnung der Deutschen Gesellschaft für Internationale Zusammenarbeit (GIZ) GmbH in Bolivien tätig. E-Mail: michael.klode@giz.de

Dr. Aldo Mascareño ist Sozialanthropologe. Er bekleidet eine Forschungsprofessur an der Escuela de Gobierno der Universidad Adolfo Ibáñez in Santiago de Chile. Er hat an der Universität Bielefeld im Fach Soziologie promoviert. E-Mail: aldo.mascareno@uai.cl

Dr. Marcelo Neves ist Professor für Öffentliches Recht an der Universidade de Brasília. Er hat 1991 in Bremen promoviert und sich im Jahr 2000 in Freiburg (Schweiz) habilitiert. E-Mail: mneves57@yahoo.com.br

Dr. Alejandro Pelfini ist Direktor des Instituts für Soziologie an der Universidad Alberto Hurtado in Santiago de Chile und Direktor des Lateinamerikanischen Moduls des Global Studies Programme von FLACSO-Argentina. Er hat an der Universidad del Salvador in Buenos Aires (Argentinien) Soziologie studiert und in Freiburg im Breisgau promoviert. E-Mail: apelfini@uahurtado.cl

Martin Petzke, M.A. ist Wissenschaftlicher Mitarbeiter am Soziologischen Seminar der Universität Luzern. Er hat an der Universität Trier Soziologie, Psychologie und Informatik studiert. Bis 2010 war er Stipendiat des DFG-Graduiertenkollegs „Weltgesellschaft. Die Herstellung und Repräsentation von Globalität" an der Universität Bielefeld. E-Mail: martin.petzke@unilu.ch

Dr. Darío Rodríguez Mansilla ist Professor für Organisationstheorie an der Universidad Diego Portales. Er hat an der Universidad Católica de Chile Soziologie studiert und 1981 an der Universität Bielefeld promoviert. E-Mail: dariorodrigue@gmail.com

MIX
Papier aus verantwortungsvollen Quellen
Paper from responsible sources
FSC® C105338